VUIBERT DROIT

Collection dirigée par Frédéric Debove

Directeur de l'Institut de droit et d'économie de l'université Paris II-Melun
Ancien membre du Conseil national des universités

DROIT ADMINISTRATIF

9e édition

Serge Velley

Maître de conférences
à l'université Paris Ouest Nanterre La Défense

Vuibert

ISBN 978-2-311-00899-9

Liste des principaux sigles utilisés

AAI	Autorité administrative indépendante
C	Constitution de 1958 (art. 13C, article 13 de la Constitution de 1958)
CAA	Cour administrative d'appel
C cass	Cour de cassation
CC	Conseil constitutionnel
CE	Conseil d'État
CE Ass.	Conseil d'État, Assemblée
CEDH	Cour européenne des droits de l'homme
CJA	Code de justice administrative
CT	Collectivités territoriales
DAU	Décision administrative unilatérale
EMA	Erreur manifeste d'appréciation
EP	Établissement public
EPA	Établissement public administratif
EPIC	Établissement public industriel et commercial
GAJA	Grands arrêts de la jurisprudence administrative
GIP	Groupement d'intérêt public
IG	Intérêt général
OP	Ordre public
PAC	Procédure administrative contentieuse
PANC	Procédure administrative non contentieuse
PGD	Principe général du droit
PFRLR	Principe fondamental reconnu par les lois de la République
PPP	Prérogative de puissance publique
PM	Premier ministre
PR	Président de la République
R	Recueil des décisions du CC ou du CE
REP	Recours pour excès de pouvoir
SP	Service public
SPA	Service public administratif
SPIC	Service public industriel et commercial
TA	Tribunal administratif
TC	Tribunal des conflits

NB : Les arrêts commentés dans les « grandes décisions du Conseil constitutionnel » et dans les « grands arrêts de la jurisprudence administrative » sont inscrits en caractères gras.

Première partie

L'intégralité du cours

Introduction

(1) L'État de droit

« Vous devez donc savoir, expose Machiavel, qu'il y a deux manières de combattre : l'une par les lois, l'autre par la force. La première est le propre de l'homme, la seconde des bêtes. Mais comme souvent, la première ne suffit pas, il faut recourir à la seconde : de ce fait, il est nécessaire à un prince de bien savoir user de la bête et de l'homme. »[1]

Il y a des pays où les gouvernants semblent ne savoir « user » que de la bête. Le pouvoir y est comme un félin qui s'acharne sur sa proie, et les règles qui s'appliquent – car tout État, même le plus tyrannique, ne peut se passer du procédé juridique, de la règle de droit[2] – y sont iniques. Les gouvernés peuvent être emprisonnés sans raison, et tués en toute impunité[3]. Il est des pays, en revanche, où l'État doit respecter un droit présentant certaines qualités : démocratiquement élaboré et protecteur de certaines libertés considérées comme fondamentales. Ces États sont ceux que l'on nomme communément des **États de droit**. En France, l'État de droit s'exprime par le **principe de constitutionnalité** qui, depuis la création du Conseil constitutionnel, subordonne effectivement le législateur à la Constitution, et par le **principe de légalité**, plus ancien, qui soumet l'administration à la « loi » *largo sensu*.

(2) État de droit et droit administratif

Dans les pays anglo-saxons, l'État ne rencontra guère de rivaux et le principe de légalité put s'exprimer par la soumission de l'administration au droit commun, applicable aux particuliers. Le contentieux né de l'action administrative fut en conséquence renvoyé devant le juge judiciaire ou devant des juges spécialisés, mais intégrés dans l'ordre judiciaire.

1. *Le Prince*, chap. 18. Paris, PUF, 2000, coll. Fondements de la politique, pp. 149-150.
2. « L'État, affirme le grand juriste allemand G. Jellinek, ne se trouve pas tellement au-dessus du droit qu'il puisse s'affranchir du droit lui-même » (*L'État moderne et son droit*, Paris, trad. fr., 1913, t. 2, p. 130). En ce sens, tout État est un État de droit dès lors qu'il ne peut agir qu'en utilisant la technique juridique. Ce n'est pas là toutefois l'acception commune de l'expression, ni celle que nous retiendrons.
3. « Il n'y a point de plus cruelle tyrannie, relevait déjà Montesquieu, que celle que l'on exerce à l'ombre des lois et avec les couleurs de la justice » (*Considérations sur la grandeur des Romains et de leur décadence*, 1734, chap. 14, rééd. Garnier-Flammarion, Paris, 1968, p. 111).

En France, l'État ne triompha que lentement de ses ennemis, et dut pour cela être placé fort au-dessus des particuliers. Richelieu se fit le chantre d'une **raison d'État** bien différente de celle qui gouvernait les sujets du roi, et la Révolution imposa un principe de légalité qui sanctionnait un compromis déjà mis en œuvre sous l'Ancien Régime. La puissance publique n'acceptait de se soumettre qu'à un **droit spécial, inégalitaire** – le droit administratif – préservant des prérogatives justifiées par sa **mission d'intérêt général**. Un droit spécifique, donc, mais non point exorbitant ou dérogatoire dès lors que ces deux notions ne peuvent se concevoir qu'en rapport avec un droit – le droit civil – perçu comme le droit commun, le seul « véritable » droit.

Un droit de privilèges appliqué – autre privilège – par un juge administratif indépendant de l'ordre judiciaire, mieux « à même de reconnaître la mesure dans laquelle l'intérêt public sera compatible avec l'intérêt privé », du fait de sa proximité avec l'administration[1]. Le droit administratif français est au demeurant traditionnellement qualifié de « **prétorien** »[2] en raison du rôle longtemps déterminant joué par le Conseil d'État dans la construction et la diffusion de ce droit. Une participation fortement soulignée et relayée par la **doctrine** publiciste, entendue comme l'ensemble des professionnels du droit qui, par leurs écrits (ouvrages, articles, notes ou commentaires), s'efforcent de structurer, de théoriser et d'expliquer la matière.

Les progrès de l'État de droit et l'influence des juges européens – Cour européenne des droits de l'homme et Cour de justice de l'Union européenne – ont cependant conduit à l'apparition d'un nouvel équilibre, plus favorable aux administrés. En témoignent, par exemple, la consécration récente d'un nouveau principe général du droit relatif à la sécurité juridique, ou la possibilité pour le juge administratif de moduler les effets d'une annulation contentieuse ; la création de véritables référés administratifs, ou la réduction substantielle des hypothèses où la responsabilité de l'administration ne peut être engagée que sur le terrain de la faute lourde. L'existence d'un droit et d'un juge administratif n'est donc plus perçue comme un frein à l'établissement de l'État de droit : c'est désormais le modèle majoritaire dans l'Union européenne (15 États membres sur 27), adopté dans la mesure où il semble contribuer à une meilleure protection des libertés[3].

(3) Droit administratif et droit de l'administration

Le droit administratif français fut élaboré au XIXe siècle dans le cadre d'un État peu interventionniste, classiquement qualifié d'**État-gendarme**. C'est alors le droit spécial et autonome qui régit l'**ensemble** des activités administratives et,

1. Conclusions du commissaire du gouvernement Perret sur TC 8 février 1873, Planque et Papelard.

2. § 208.

3. Y. Aguila, « La justice administrative, un modèle majoritaire en Europe », AJDA 2007, pp. 290 et s.

donc, des relations que l'administration et les administrés sont susceptibles d'entretenir. L'association de l'économie de marché et de l'interventionnisme croissant de la puissance publique dans la version française de l'**État-providence** induit cependant, après la Première Guerre mondiale, un **phénomène de privatisation** appelé à bouleverser la structure et les méthodes de l'administration. **Privatisation du mode de gestion**, des méthodes du service public (SP) avec l'apparition, en 1921, de **services publics industriels et commerciaux** (SPIC) ; **privatisation du gestionnaire** avec la généralisation, en 1938, de la faculté accordée à une personne privée de gérer un service public.

Ce phénomène de privatisation **remet en cause le critère organique** selon lequel serait administratif toute décision unilatérale prise, ou tout contrat passé par une autorité administrative[1], et médiatise le lien existant entre le droit administratif et l'activité administrative. Les services publics privatisés sont en effet soumis, sauf exception, au droit privé et au juge judiciaire ; c'est là la principale raison d'être de cette mutation. Dès lors, **le droit administratif ne se confond plus avec le droit d'une administration largement réglée par le droit privé.** Le droit administratif n'est plus le droit de l'ensemble des activités administratives, mais seulement de celles qui demeurent soustraites à l'application du droit privé.

Définition : Le droit administratif est donc **le droit spécial qui s'applique à la partie des activités administratives que l'État ne peut ou ne veut pas soumettre au droit privé.**

(4) Droit administratif et droit de la concurrence

La crise de l'État-providence, la mondialisation du système capitaliste et la construction européenne ont provoqué, à partir des années 1980, une nouvelle transformation du système administratif français, marquée par le désengagement (apparent ? provisoire ?) de l'État, et par la confrontation du droit administratif et d'un droit de la concurrence magnifié par l'Union européenne.

Évolution, révolution ? Pour certains, le résultat ne semble guère faire de doute : la disparition du monopole accordé aux grands SPIC (La Poste, France Télécom, EDF-GDF...) et la privatisation de leur statut annonceraient la fin du droit administratif, banalisé par l'irruption brutale du droit de la concurrence dans les méthodes de gestion de l'administration. Pour d'autres, en revanche, cette confrontation ne constituerait qu'une étape dans la longue histoire d'un droit caractérisé par ses remarquables facultés d'adaptation. Ainsi, plus qu'à un effacement, c'est à une symbiose que l'on assisterait avec l'apparition d'un droit public de la concurrence conciliant, selon des techniques propres au juge administratif, concurrence et impératifs d'intérêt général relatifs à la protection

1. Une autorité administrative ne prend pas nécessairement des actes administratifs et, inversement, tout acte administratif ne sera pas nécessairement pris par une autorité administrative. *Cf. infra* §§ 46 et s, 156, 178 et 180-181 sur les limites du critère organique.

des consommateurs, du domaine public ou à certaines considérations d'ordre social[1].

Un droit administratif en pleine évolution, donc, mais toujours vigoureux, qui règle l'organisation (titre 1), les missions (titre 2) et les obligations (titre 3) de l'administration française.

1. *Cf.* par ex. J.-P. Colson et P. Idoux, *Droit public économique*, Paris, LGDJ, 2008 (4e éd.), pp. 15 et s, 37 et s, 177 et s ; O. Fuchs, « La conciliation des intérêts dans le contentieux administratif de la concurrence », AJDA 2006, pp. 746 et s. *Cf.* aussi la mise au point de J. Caillosse, sur quelques problèmes actuels du droit administratif français. Bref essai de mise en perspective. AJDA 2010.931.

Titre 1
Organisation

(5) L'administration

En latin, *administrare* signifie « servir ». L'administration apparaît donc comme l'ensemble des services qui servent le Prince, puis le pouvoir exécutif, après la consécration du principe de séparation des pouvoirs par la Révolution. Ainsi, selon l'article 20 de la Constitution du 4 octobre 1958 (art. 20C), « le gouvernement détermine et conduit la politique de la nation », et « dispose » pour ce faire « de l'administration et de la force armée ». Le verbe utilisé est extrêmement fort : il exprime l'entière subordination de l'administration civile et militaire au gouvernement.

Le terme « administration » n'est cependant pas univoque. Il peut désigner le service, l'organe qui administre : c'est l'**approche organique** du phénomène administratif, l'Administration avec un grand A, c'est-à-dire l'ensemble des personnes morales de droit public et de droit privé qui administrent. Une personne morale, selon le dictionnaire Le Robert, est un « groupement ou établissement titulaire d'un patrimoine collectif et d'une certaine capacité juridique, mais n'ayant pas d'existence corporelle », à la différence des personnes physiques que sont les individus. Il existe des personnes morales de droit public (État, régions, départements, communes, établissements publics) et des personnes morales de droit privé (sociétés, associations). À la suite du phénomène de privatisation évoqué dans l'introduction, l'administration associe désormais ces deux catégories de personnes morales dans la gestion des services publics.

Mais l'administration, ce peut être aussi l'action d'administrer. C'est là l'**approche fonctionnelle**, qui s'intéresse à l'activité de l'administration et non plus à ceux qui l'exercent. Certaines missions – justice, police, défense, instruction, protection sociale – peuvent être caractérisées par une finalité particulière, la **satisfaction de l'intérêt général**. Elles seront donc considérées comme essentiellement administratives, ladite satisfaction pouvant au demeurant être confiée à des personnes morales de droit public ou de droit privé.

(6) Ses principes

Trois grands principes structurent l'administration française :

1. Le premier, solennellement consacré au début de la Révolution, s'impose sans retard ni faiblesse et conduit à l'apparition de la notion moderne d'administration. C'est le **principe de séparation des autorités administratives et judiciaires**.

2. Le deuxième, initié sous le Consulat et le premier Empire, ne produira ses effets que lentement, avec le développement longtemps hésitant d'une justice administrative. C'est le **principe de séparation de la justice administrative et de l'administration active**.

3. Le troisième, fort récent puisque consacré par la révision constitutionnelle du 28 mars 2003, amende l'effort de centralisation pluriséculaire de la monarchie d'Ancien Régime, réaménagé et renforcé par la Révolution et le Consulat : C'est le **principe décentralisateur**.

Chapitre 1

Séparation des autorités administratives et judiciaires

Après l'étude du principe (I), nous aborderons les critères qui en règlent les modalités d'application (II), les exceptions (III) et, enfin, la sanction (IV).

I. Principe

I.1. L'administration judiciaire de l'Ancien Régime

(7) **Confusion des pouvoirs et « administration »**

L'Ancien Régime fut, jusqu'à sa disparition en 1789, un système de confusion des pouvoirs, et ce à quelque niveau que l'on se place. Le roi y exerçait des prérogatives qui furent ensuite séparées et distribuées aux pouvoirs législatif, exécutif et judiciaire. Grand justicier du royaume, il faisait la loi et décidait de la paix ou de la guerre, fixait le montant des impositions et maintenait l'ordre. Ses agents – officiers de justice, de finances et intendants – exerçaient en conséquence des compétences qui seraient aujourd'hui réparties entre l'administration et la justice.

Les multiples juridictions créées au fil des siècles – Parlements[1], Cour des aides, Chambre des comptes, greniers à sels, élections... – jugeaient et édictaient des règlements[2] dont elles contrôlaient l'application et réprimaient les violations. Aux côtés de ces officiers de justice ou de finances auxquels la vénalité des charges conférait une indépendance préoccupante pour l'autorité royale, le XVIIe siècle vit apparaître des intendants nommés et librement révoqués par le roi. Comme l'indique leur titre d'« intendant de justice, police et finances », ces agents exerçaient des fonctions qui seraient distribuées de nos jours entre l'administration, le juge administratif et le juge judiciaire. Toutefois, ils jugeaient et administraient selon des méthodes nouvelles, plus « bureaucra-

1. Les parlements d'Ancien Régime étaient des cours de justice, et non l'organe d'édiction des lois des régimes politiques modernes.
2. Les fameux « arrêts de règlement » prohibés par la Révolution.

tiques », c'est-à-dire débarrassées de tout ou partie des « formes judiciaires » qui réglaient l'activité des officiers de justice ou de finances.

Dès lors, si le mot « administration » est utilisé à cette époque, l'administration au sens moderne du terme n'existe pas. Reposant sur la confusion des pouvoirs, la monarchie absolue ne connut qu'une **administration judiciaire** mêlant fonctions administratives et judiciaires et « administrant », sauf exception, selon des formes judiciaires[1].

I.2. Une conception nouvelle de l'administration

(8) Une administration moderne, séparée du judiciaire

L'administration moderne est une création de la Révolution et, plus précisément, de la **loi des 16 et 24 août** 1790, qui pose le principe de la séparation des autorités administratives et judiciaires. « Les fonctions judiciaires, dispose-t-elle dans l'article 13 de son titre 2, sont distinctes et demeureront toujours séparées des fonctions administratives. Les juges ne pourront, à peine de forfaiture, troubler de quelque manière que ce soit les opérations des corps administratifs. »

Les révolutionnaires devaient en effet compter avec l'opposition déclarée des cours de justice de la monarchie, accoutumées pour certaines à se présenter depuis la deuxième moitié du XVIIIe siècle comme les représentants de la nation. Une prétention et une concurrence inacceptables pour l'Assemblée constituante, inquiète de la menace que ces juges pouvaient faire peser sur son œuvre. L'une de ses premières mesures fut donc de décréter, le 3 novembre 1789, la « mise en vacance » des cours de justice, puis d'installer un système judiciaire radicalement nouveau, séparé du judiciaire et soumis à la loi, devenue « l'expression de la volonté générale »[2]. En 1790 encore, Thouret, rapporteur du comité de constitution sur le projet d'organisation du pouvoir judiciaire, ne se faisait pas faute de rappeler à ses collègues la puissance acquise par le juge sous l'Ancien Régime : « émule de la puissance législative, il révisait, modifiait ou rejetait les lois. Rival du pouvoir administratif, il en troublait les opérations, en arrêtait le mouvement, et en inquiétait les agents »[3].

---

1. *Cf.* not. G. Bigot, *Introduction historique au droit administratif depuis 1789*, Paris, PUF, coll. « Droit fondamental », 2002 ; F. Burdeau, *Histoire du droit administratif de la Révolution au début des années 1970*, Paris, PUF, coll. « Thémis », 1995 ; J.-L. Mestre, *Introduction historique au droit administratif français*, Paris, PUF, coll. « Droit fondamental », 1985 ; R. Mousnier, *Les Institutions de la France sous la monarchie absolue*, Paris, PUF, 1990-1992 (2e éd.), 2 vol. ; F. Saint-Bonnet et Y. Sassier, *Histoire des institutions avant 1789*, Domat Montchrestien, 2008 (3e ed.).
2. Déclaration des droits de l'homme et du citoyen du 26 août 1789, article 6.
3. Rapport du 24 mars 1790.

I.3. Une conception française de la séparation des pouvoirs ?

(9) Administration, justice et justice administrative

Cette méfiance, qui s'accordait à l'idée ancienne d'une puissance publique garante de l'intérêt public et bénéficiant comme telle de certains privilèges, devait conduire à une interprétation particulière du principe de séparation des autorités administratives et judiciaires, tôt conçu comme interdisant au juge civil de régler les litiges intéressant l'administration. **Le principe de non-ingérence du juge judiciaire dans l'activité administrative l'empêchera en définitive de connaître du contentieux de l'administration.** Celui-ci sera renvoyé dans un premier temps devant l'administration elle-même – c'est la solution, guère satisfaisante, de l'**administrateur-juge** – puis devant un ordre de juridictions entièrement distinct et séparé de l'ordre judiciaire[1].

Cette interprétation restrictive de la compétence judiciaire sera ensuite présentée comme l'expression d'une prétendue « conception française de la séparation des pouvoirs ». Cette notion dépourvue de toute réalité historique[2] autorisera le tribunal des conflits à renvoyer devant le juge administratif le contentieux de la puissance publique résultant d'une faute de service[3], avant d'être consacrée un siècle plus tard comme l'assise constitutionnelle de la compétence conférée au juge administratif. Dans sa décision du 23 janvier 1987, le Conseil constitutionnel, s'il admet que les dispositions révolutionnaires posant le principe de séparation des autorités administratives et judiciaires « n'ont pas en elles-mêmes valeur constitutionnelle », estime en effet que « la conception française de la séparation des pouvoirs » n'en a pas moins donné naissance à un principe fondamental reconnu par les lois de la République (PFRLR)[4] réservant au juge administratif « l'annulation ou la réformation des décisions prises, dans l'exercice des prérogatives de puissance publique, par les autorités exerçant le pouvoir exécutif, leurs agents, les collectivités territoriales de la République ou les organismes publics placés sous leur autorité ou leur contrôle »[5].

II. Modalités d'application

L'application du principe de séparation des autorités administratives et judiciaires suppose l'existence d'un ou de plusieurs critères de répartition des compétences entre le juge judiciaire et l'administration, concernant le traitement du

1. *Cf. infra* §§ 24 et s.
2. *Cf.* sur cette question M. Troper, *La Séparation des pouvoirs et l'histoire constitutionnelle française*, Paris, LGDJ, 1980 (2e éd.).
3. **TC 30 juillet 1873, Pelletier**, concl. David, R. 1er suppl. 117. *Cf. infra* § 250.
4. Principes dotés d'une valeur constitutionnelle depuis la célèbre décision du Conseil constitutionnel 71-44 DC du **16 juillet 1971, liberté d'association**, R. 29.
5. Décision 86-224 DC du **23 janvier 1987, Conseil de la concurrence**, R. 8.

contentieux administratif. En un peu plus de deux siècles, cette « ligne de partage »[1] a connu nombre de modifications, au gré des interventions du législateur et du juge lui-même.

II.1. Le critère perdu du service public

(10) A. L'arrêt Blanco (TC 8 février 1873)

Pour nous en tenir au droit administratif classique développé sous la Troisième République, un célèbre arrêt du **tribunal des conflits du 8 février 1873, sieur Blanco,** imposera le service public comme le critère unique de l'application du droit administratif et de la compétence du juge administratif. C'est cependant dans les conclusions du commissaire du gouvernement David, rendues à l'occasion de cet arrêt bien plus que dans la décision elle-même, que se trouve formulée l'idée selon laquelle les juges judiciaires « sont radicalement incompétents pour connaître de toutes les demandes formées contre l'administration à raison des services publics ». Dès lors « toutes les réclamations formées contre l'État à raison des services publics » entrent « dans le domaine naturel de la compétence administrative ».

L'arrêt Blanco fut ainsi présenté par la doctrine comme établissant une identité presque parfaite entre activité de service public, gestion par une personne publique, application du droit administratif et compétence du juge administratif pour régler les litiges issus de l'activité de ces services. Ce **triptyque** devait faire de cette notion de service public la « pierre angulaire » du droit administratif[2].

(11) B. La « crise » du service public

Il est souvent fait allusion à la crise du service public. L'expression appelle deux commentaires, relatifs à l'idée même de crise et à son objet. Peut-on en effet parler de « crise » pour désigner un phénomène qui perdure depuis près d'un siècle et remet en cause une solution – celle de l'arrêt Blanco – mise en œuvre pendant moins de cinquante ans (1873-1921) ? C'est, nous semble-t-il, bien plus d'une évolution que d'une crise dont il est question. De surcroît, la « crise » du service public comme critère unique d'application du droit administratif et de compétence du juge administratif résulte directement du succès du service public comme mode de gestion d'activités d'intérêt général de plus en plus nombreuses, « arborescence » qui conduira à la privatisation d'une bonne partie de l'action de la puissance publique[3].

Dès 1912, le Conseil d'État avait admis l'existence d'une gestion privée du service public, en ouvrant à l'administration la faculté de conclure des contrats de droit privé relevant de la compétence du juge judiciaire[4]. Une première brèche,

---

1. P.-L. Fier et J. Petit, *Précis de droit administratif*, Domat Montchrestien, 2008 (5e éd.), p. 399.
2. G. Jèze, *Principes généraux du droit administratif*, Paris, 1914 (2e éd.), p. X.
3. § 114 et s.
4. **CE 31 juillet 1912, soc. Des granits porphyroïdes des Vosges**, R. 909, concl. Blum.

suivie moins de dix ans plus tard par la remise en cause radicale du triptyque établi par l'arrêt Blanco entre activité de service public – gestion par une personne publique –, application du droit administratif et compétence du juge administratif.

La fracture se fera en deux temps, avec :

– l'apparition, en 1921, de **services publics industriels et commerciaux** (SPIC) gérés, sauf exception, comme des entreprises privées, soumis au droit privé et au juge judiciaire **(privatisation du mode de gestion)**[1] ;

– la consécration et la généralisation, en 1938, de la possibilité donnée à des personnes privées de gérer des services publics **(privatisation du gestionnaire)**.[2]

À la suite de cette privatisation rendue possible du mode de gestion (SPIC) et/ou du gestionnaire du service public, celui-ci ne peut plus prétendre servir de critère unique de compétence du juge administratif. Il existe désormais des services publics (SPIC ou SP gérés par des personnes privées) soumis, sauf exception, au droit privé et au juge judiciaire. Un critère qui ne peut non plus être trouvé dans la nature du service public : les services publics administratifs (SPA) peuvent prendre, sous certaines conditions, des actes de droit privé, et les services publics industriels et commerciaux sont quant à eux susceptibles d'édicter parfois des décisions administratives[3].

II.2. Le critère dépassé de la puissance publique

(12) CC 23 janvier 1987 (Conseil de la concurrence)

Dans cette décision, le Conseil constitutionnel consacre l'existence d'une compétence constitutionnellement reconnue au juge administratif, limitée à « l'annulation ou la réformation des décisions prises, dans l'exercice des prérogatives de puissance publique, par les autorités exerçant le pouvoir exécutif, leurs agents, les collectivités territoriales de la République, ou les organismes publics placés sous leur autorité ou leur contrôle »[4]. Le critère retenu fait place à un élément relatif à l'**auteur de l'acte** (autorités relevant du pouvoir exécutif...) et à un élément portant sur le **contenu de l'acte** (utilisation de prérogatives de puissance publique).

Le Conseil constitutionnel semble réactiver de la sorte l'**ancien critère de la puissance publique** qui avait précédé, au XIXe siècle, celui du service public. Force est cependant de constater que cette solution n'est susceptible de s'appliquer qu'au « noyau dur »[5] du contentieux administratif. Celui-ci intègre en effet le contentieux de certains actes édictés par des personnes privées, ou de décisions qui ne sont pas nécessairement prises « dans l'exercice des prérogatives de puissance publique ».

1. **TC 22 janvier 1921, soc. Commerciale de l'Ouest africain**, dite aussi « bac d'Eloka », R. 91 ; D. 1321.3.1, concl. Matter (§ 127 et s).
2. **CE 13 mai 1938, Caisse primaire « Aide et protection »**, R. 417 ; RDP 1938.830, concl. Latournerie (§ 123 et s).
3. §§ 132 et s.
4. § 9.
5. Expression utilisée par B. Genevois dans sa note sous cette décision, RFDA 1987, 287 et s.

II.3. Des critères modulables

(13) L'auteur, l'objet de l'acte et les moyens employés

Le phénomène de privatisation du système administratif français a rendu la jurisprudence si complexe qu'il est aujourd'hui impossible de dégager un critère de compétence unique du juge administratif. Celui-ci se fonde désormais sur trois éléments, relatifs à l'**auteur** de l'acte ou du comportement (personne morale de droit public ou de droit privé), à son **objet** (mission de SP), et aux **moyens employés** (utilisation de prérogatives de puissance publique) – modulables qui plus est en fonction de la nature du service public (SPA ou SPIC), de la qualité (publique ou privée) de son gestionnaire et du procédé utilisé (contrat ou décision unilatérale).

C'est ainsi par exemple qu'un contrat sera administratif s'il est conclu par une personne privée (1er élét.) et s'il contient des clauses exorbitantes du droit commun (3e élét.) ou s'il fait participer le cocontractant de l'administration à l'exécution du service public (2e élét.). Une décision de portée générale prise par une personne privée gérant un service public administratif sera administrative si elle porte sur l'organisation ou le fonctionnement du service, et comporte l'emploi de prérogatives de puissance publique (2e et 3e éléts.). Une mesure semblable, édictée par un service public industriel et commercial, présentera en revanche un caractère administratif sans qu'il soit besoin d'utiliser ce type de prérogatives (2e élét.)[1] !

III. Exceptions

Comme le rappelle le Conseil constitutionnel dans sa décision du 23 janvier 1987 évoquée ci-dessus, les critères de compétence du juge administratif s'appliquent « à l'exception des matières réservées par nature à l'autorité judiciaire ».[2] Le principe de séparation des autorités administratives et judiciaires doit en effet être concilié avec certains éléments auxquels l'**État de droit** accorde une importance particulière : indépendance du juge judiciaire et protection de certains droits.

Certaines de ces exceptions ont été prévues par la loi ; d'autres ont été dégagées par la jurisprudence.

---

1. Sur toutes ces questions, *cf. infra* §§ 134 et s.

2. Selon cette même décision, certaines dérogations au principe peuvent aussi être fondées sur la bonne administration de la justice, devenue objectif de valeur constitutionnelle (OVC) avec CC 2009-595 DC du 3 déc. 2009 (LO relative à la QPC). Sur cette question, *cf.* not. H. Apchain, *Retour sur la notion de bonne administration de la justice*, AJDA 2012.587.

III.1. Exceptions liées à l'indépendance du juge judiciaire

(14) A. Compétence du juge judiciaire pour connaître du contentieux des actes relatifs au fonctionnement du SP de la justice

Le principe de séparation des autorités administratives et judiciaires implique l'indépendance réciproque de l'administration et du juge judiciaire. La justice se présente cependant aussi comme un service public, relevant comme tel de la compétence du juge administratif. Le compromis se fera autour de la distinction opérée par le tribunal des conflits entre mesures d'**organisation** ou de **fonctionnement du service**[1] :

– le contentieux de toutes les mesures d'**organisation** relève de la compétence du **juge administratif** ; création ou suppression de tribunaux, mesures relatives au recrutement, au statut et à la carrière des magistrats de l'ordre judiciaire[2]... ;

– le contentieux portant sur le **fonctionnement** de ce service public, sur l'exercice même de la fonction juridictionnelle, relève en revanche de la compétence du **juge judiciaire** ; décisions de justice, mais aussi toute mesure relative à la saisine d'une juridiction, à l'instruction d'une affaire ou à l'exécution d'un jugement.

La distinction mise en œuvre est cependant loin d'être évidente[3], et la tâche encore compliquée par l'application de la **théorie des actes détachables**. Certains actes sont en effet considérés par le juge administratif comme pouvant être « détachés » du fonctionnement du service de la justice : le contentieux des interventions de la force publique pour faire exécuter un jugement relève ainsi de la compétence du juge administratif.

(15) B. Compétence du juge judiciaire en matière d'interprétation ou d'appréciation de la légalité d'une décision administrative

Le juge judiciaire peut, à l'occasion d'un procès, être amené à interpréter ou à apprécier la légalité d'une décision administrative. Le principe de séparation des autorités administratives et judiciaires se heurte ici à un autre principe, touchant à la **plénitude de juridiction du juge judiciaire**. Le compromis opéré conduit ici à distinguer entre les juridictions civiles répressives et non répressives :

---

1. **TC 27 novembre 1952, Préfet de la Guyane**, R. 642.

2. La carrière des magistrats de l'ordre judiciaire est gérée par le Conseil supérieur de la magistrature. La révision constitutionnelle du 27 juillet 1993 avait considérablement réduit les compétences du chef de l'État, qui continuait cependant de le présider. La révision du 23 juillet 2008 lui ôte cette prérogative : la formation compétente pour les magistrats du siège est désormais présidée par le premier président de la Cour de cassation ; la formation compétente à l'égard des magistrats du parquet, par le procureur général près la même Cour (art. 65C révisé).

3. Ainsi, des mesures d'application des peines : décisions administratives, dès lors qu'elles n'affectent ni la nature, ni les effets de la peine – juridictionnelles dans le cas contraire (TC 22 février 1960, Dame Fargeaud d'Épied, R. 855). En cas de litige, la décision de placer un condamné sous surveillance électronique relèvera du juge judiciaire ; les mesures pratiques de mise en œuvre, du juge administratif ! (CE 26 oct. 2011, M.A., AJDA 2012.434, note C. Éveillard.)

– En vertu de l'article L. 111-5 du Code pénal, le juge judiciaire répressif (le **juge pénal**) dispose désormais de la **plénitude de compétence pour interpréter et apprécier la légalité de toutes les décisions administratives** (réglementaires ou individuelles) dont dépend l'issue du procès[1] ;

– Jusqu'en 2011, selon une jurisprudence Septfonds remontant à 1923, la compétence du juge judiciaire non répressif (le juge civil) se limitait à l'interprétation des décisions administratives à caractère réglementaire. Sauf voie de fait[2], l'appréciation de la légalité des actes administratifs lui demeurait aussi interdite. Toutes ces interrogations devaient faire l'objet de **questions préjudicielles** portées devant le juge administratif[3].

Cette jurisprudence traditionnelle vient d'être sérieusement amendée par le tribunal des conflits. Après avoir étendu la compétence du juge administratif à toutes les décisions prises dans l'exercice de prérogatives de puissance publiques[4], celui-ci formule en effet **deux dérogations** à la mise en œuvre des questions préjudicielles, justifiées par les principes de bonne administration de la justice et du délai raisonnable. La première permet aux juridictions judiciaires de se fonder sur une « jurisprudence établie » du juge administratif pour régler sans plus attendre un litige mettant en cause la légalité d'une décision administrative. Conséquence inédite de l'effectivité du droit communautaire, la seconde autorise le juge judiciaire à saisir directement la CJUE à titre préjudiciel, en cas de difficulté d'interprétation d'un acte communautaire, ou à vider le litige en appliquant la disposition du droit européen ignorée ou violée par la décision administrative[5].

III.2. Exceptions liées à la protection particulière accordée à certains droits

(16) A. Exceptions prévues par la loi

Le législateur a longtemps disposé d'une liberté complète pour modifier et rectifier la frontière séparant les compétences administratives et judiciaires[6]. Cette faculté est désormais encadrée par les principes dégagés par le Conseil

---

1. Le tribunal des conflits limitait auparavant la compétence du juge pénal aux actes administratifs réglementaires (TC 5 juillet 1951, Avranches et Desmarets, R. 638). Une jurisprudence contestée par la Cour de cassation, qui étendait cette compétence à toutes les décisions administratives (Cass. Crim. 21 déc. 1961, Dame Leroux, bull. n° 551.1053).

2. § 17.

3. TC 16 juin 1923, Septfonds, R. 498 ; D. 1924.3.41, concl. Matter. *Cf.* aussi § 19.

4. Et non plus aux seules décisions réglementaires. Une modification qui renvoie au champ de compétence du juge administratif, tel qu'il fut déterminé par CC 23 janv. 1987 (§ 12).

5. TC 17 oct. 2011, SCEA du Chéneau ; 12 déc. 2011, soc. Greenyellow, AJDA 2011.2041 et 2503 ; 2012.27, chron. M. Guyomar et X. Domino.

6. Le contentieux des contributions indirectes sera ainsi confié dès 1790 au juge judicaire. Lui seront renvoyés ensuite : le contentieux de la Sécurité sociale, la réparation des préjudices causés par ou aux élèves de l'enseignement public et privé sous contrat (loi du 5 avril 1937) et des dommages causés par un véhicule (loi du 31 déc. 1957).

constitutionnel dans sa décision du 23 janvier 1987 (précitée). Nous n'aborderons ici que trois chefs de compétence, conférés par la loi au juge judiciaire, en raison de l'importance particulière accordée aux droits en cause.

1) **Le juge judiciaire, gardien de la liberté individuelle.** L'article 66C fait de l'autorité judiciaire « la gardienne de la liberté individuelle », et l'article 136 du Code de procédure pénale consacre sa compétence exclusive « dans tous les cas d'atteinte à la liberté individuelle ». En dépit de leur formulation très générale, ces dispositions sont interprétées strictement. La compétence du juge pénal porte essentiellement sur les **arrestations** et les **détentions arbitraires**, ainsi que sur les **atteintes à l'inviolabilité du domicile**[1]. Le juge civil n'intervient que pour réparer le ou les préjudice(s) causé(s) ; il ne peut, sauf voie de fait, apprécier la légalité des mesures contestées[2].

2) **Le juge judiciaire, gardien de l'état et de la capacité des personnes** (mariage, filiation[3], divorce, décès). Sa compétence s'étend aux questions relatives à la **nationalité** (validité des certificats de nationalité et refus de les délivrer)[4] et à la **qualité d'électeur** (contentieux relatif à l'inscription, ou au refus d'inscription sur les listes électorales).

3) **Le juge judiciaire, gardien « naturel » du droit de propriété.** Il faut toutefois qu'il y ait dépossession, et non une « simple » atteinte à ce droit. La loi lui confère de la sorte compétence pour connaître des contentieux de l'**expropriation pour cause d'utilité publique** et, sauf exception, des **réquisitions**[5]. Depuis 1989, cette compétence se fonde sur un principe fondamental reconnu par les lois de la République.[6]

(17) B. La voie de fait

La voie de fait est **une atteinte d'une exceptionnelle gravité**, portée par l'administration à la **propriété privée** ou à une **liberté fondamentale**. Dans un considérant de principe, le tribunal des conflits rappelle qu'il n'y a voie de fait « que dans la mesure où l'administration soit a procédé à l'exécution forcée, dans des conditions irrégulières, d'une décision, même régulière, portant une atteinte grave au droit de propriété ou à une liberté fondamentale, soit a pris une décision ayant l'un ou l'autre de ces effets à la condition toutefois que cette dernière

---

1. Le contentieux relatif à la liberté d'aller et venir (et not. celui des arrêtés de reconduite à la frontière) se trouve ainsi exclu de la compétence judiciaire en vertu d'une interprétation restrictive et contestable du CC (déc. 89-261 DC du 28 juill. 1989, R. 81).
2. TC 12 mai 1997, Préfet de police de Paris, R. 528 ; RFDA 1997.514, concl. Arrighi de Casanova.
3. Cf. pour ex. CE 11 mars 2010. M. Papy Matutu Niombo (AJDA 2010.524) : le juge administratif ne peut ordonner l'exécution de tests ADN pour étudier une filiation ; compétence du juge judiciaire.
4. En revanche, le contentieux relatif à l'acquisition de la nationalité française relève du juge administratif.
5. Loi du 8 mars 1810 concernant l'expropriation ; loi du 3 juillet 1877 relative aux réquisitions militaires...
6. CC 89-256 DC du 25 juillet 1989, R. 53.

décision soit elle-même manifestement insusceptible d'être rattachée à un pouvoir appartenant à l'autorité administrative »[1].

Deux conditions, donc, pour qu'il y ait voie de fait :

a) **Une atteinte d'une gravité toute particulière**, puisque l'acte ou le comportement administratif contesté doit être, selon la formule traditionnelle, « manifestement insusceptible de se rattacher à l'exercice d'un pouvoir conféré à l'administration »[2]. Cet élément de définition assure l'existence et l'autonomie de la voie de fait au regard du **référé-liberté** institué par la loi du 30 juin 2000, applicable quant à lui en cas d'*urgence* et d'atteinte « grave et manifestement illégale » à une liberté fondamentale, portée par l'administration *« dans l'exercice de ses pouvoirs »*[3].

b) Une atteinte portée **à la propriété privée** (mobilière ou immobilière) **ou à une liberté fondamentale** (liberté individuelle, liberté de la presse, secret des correspondances...).

La voie de fait peut porter sur la décision administrative elle-même[4] et/ou sur son exécution[5]. Quelle que soit l'hypothèse envisagée, elle emporte des conséquences radicales. L'illégalité est telle, l'atteinte si inacceptable, que l'acte entaché de voie de fait se trouve littéralement « dénaturé » et disqualifié : il perd son caractère administratif et l'administration perd en conséquence son privilège de juridiction. Le juge administratif peut seulement constater la voie de fait[6], alors que les tribunaux judiciaires disposent de la plénitude de juridiction pour en faire la constatation et attribuer toutes réparations utiles à la ou aux victime(s)[7]. Ils peuvent même adresser des injonctions à l'administration pour prévenir la commission ou pour faire cesser une voie de fait. L'existence de **circonstances exceptionnelles** peut cependant permettre de déclassifier la voie de fait en une « simple » illégalité, relevant comme telle des tribunaux administratifs[8].

(18) C. L'emprise

L'emprise peut être définie comme **toute dépossession d'une propriété privée immobilière** par l'administration ou un entrepreneur de travaux publics. Deux

1. TC 19 novembre 2007, Préfet du Val-de-Marne c/ Cour d'appel de Paris, AJDA 2008.885, note Verpeaux.

2. CE Ass. 18 nov. 1949, Carlier, R. 490 ; RDP 1950.172, concl. Gazier.

3. Réaffirmation et autonomie nettement réaffirmées par TC 19 novembre 2007, Préfet du Val-de-Marne c/ Cour d'appel de Paris, préc.

4. Saisie de plaques photographiques (Carlier, préc.), enlèvement de documents au domicile d'un officier, interception de correspondance, refus d'admettre sur le territoire de la République une personne présentant un certificat de nationalité française (en cas de doute sur la validité du document, l'administration peut seulement saisir le juge judicaire, en application des règles évoquées au § 16, 2)...

5. Exécution forcée illégale résultant par exemple du défaut d'ordre de réquisition ou de décision prescrivant l'hospitalisation d'office dans un établissement psychiatrique...

6. TC 27 juin 1966, Guigon, R. 830 ; JCP 1967.15135, concl. Lindon.

7. L'existence d'une voie de fait implique réparation, quelle que soit l'étendue du préjudice subi : Civ. 3e, 9 sept. 2009, M. Pongérard, AJDA 2009.1639.

8. TC 27 mars 1952, Dame de la Murette, R. 626.

précisions apparaissent nécessaires : il faut qu'il y ait dépossession, et non une « simple » atteinte au droit en cause ; l'emprise peut aussi s'appliquer aux droits réels immobiliers[1].

L'emprise couvre un domaine plus large et plus restreint que celui de la voie de fait. Plus large, dès lors que le degré d'illégalité réclamé est moins élevé : une dépossession, certes, mais pas nécessairement « insusceptible de se rattacher à l'exercice d'un pouvoir conféré à l'administration ». Plus restreint, dans la mesure où l'emprise ne concerne que la propriété privée immobilière ou un droit réel immobilier, à la différence de la voie de fait qui touche à la propriété privée (mobilière ou immobilière) et aux libertés fondamentales.

Les effets de l'emprise sont beaucoup plus limités que ceux de la voie de fait. L'emprise peut en effet être **régulière** (expropriations, réquisitions) ; son contentieux relève alors, sauf exception, de la compétence des tribunaux administratifs[2]. Enfin, même dans l'hypothèse d'une **emprise irrégulière**, la compétence des tribunaux judiciaires se limite à la réparation du préjudice, les juridictions administratives demeurant seules compétentes pour apprécier le caractère régulier ou irrégulier de l'emprise[3].

IV. Sanction

Le respect du principe de séparation des autorités administratives et judiciaires s'exprime par la technique des questions préjudicielles, et conduit à l'apparition d'une juridiction spécialisée dans la résolution des problèmes de compétence susceptibles de s'élever entre les deux ordres de juridictions : le Tribunal des conflits.

IV.1. Les questions préjudicielles

(19) Que reste-t-il de la jurisprudence Septfonds ?

La résolution d'un conflit peut parfois dépendre d'une question relevant de la compétence de l'autre ordre de juridiction. Il en est ainsi, par exemple, lorsque le juge administratif doit trancher une affaire dont la solution soulève une question relative à la capacité ou à la nationalité d'une personne ou, au contraire, lorsque l'issue d'un procès porté devant le juge civil suppose d'apprécier la légalité d'une décision administrative[4]. Le juge saisi doit alors **surseoir à statuer**, dans l'attente de la réponse apportée par l'autre ordre de juridiction à ce que l'on nomme une **question préjudicielle**.

Cette règle, traduction concrète du principe de séparation des autorités administratives et judiciaires, connaît cependant des aménagements très importants.

1. La théorie de l'emprise trouve ainsi à s'appliquer en cas de dépossession d'une concession funéraire (inhumation dans un caveau de famille d'une personne n'appartenant pas à ladite famille). TC 4 juillet 1983, François, R. 539 ; JCP 1985.20331, concl. Labetoulle.

2. CE 15 février 1961, Werquin, R. 118 ; RDP 1961.321, concl. Braibant.

3. TC 17 mars 1949, soc. Rivoli-Sébastopol, R. 594 ; D. 1949.209, concl. Delvolvé.

4. *Cf. supra* § 15 et s.

– Depuis une décision du tribunal des conflits Avranches et Desmarets[1], consacrée par l'article L 111-5 du code pénal, le juge civil répressif (le juge pénal) dispose en effet de la plénitude de compétence pour interpréter et/ou apprécier la légalité d'une décision administrative dont dépend l'issue du procès porté devant lui.

– La compétence du juge civil non répressif, jusque-là fortement restreinte par la jurisprudence Septfonds de 1923[2], vient de se voir considérablement renforcée par deux décisions du TC de 2011, autorisant celui-ci à se prononcer directement, lorsque la solution à apporter au problème de légalité ou d'interprétation de l'acte administratif apparaît clairement, « au vu notamment d'une jurisprudence établie », ou lorsqu'est en cause l'application d'une disposition du droit communautaire[3].

IV.2. Les conflits

(20) A. Le Tribunal des conflits

Les modalités d'application du principe de séparation des autorités administratives et judiciaires peuvent donner lieu à de multiples difficultés, voire même violer le droit à un recours effectif[4]. Dans un premier temps, le Conseil d'État sera chargé de résoudre ces difficultés sous l'autorité du chef de l'État. Apparu en l'an VIII (1799), ce système extrêmement critiquable en raison de la confusion des genres institué pour le plus grand avantage de l'exécutif – à la fois juge et partie – sera abandonné une première fois en 1848[5], rétabli en 1852 après le coup d'État de Louis Napoléon Bonaparte, puis définitivement abandonné en 1872.

S'inspirant du précédent de 1848, la **loi du 24 mai 1872** crée un Tribunal des conflits, en charge du respect du principe de séparation des autorités administratives et judiciaires[6]. Composé de quatre conseillers d'État et de quatre conseillers à la Cour de cassation, il est présidé par le ministre de la Justice,

1. TC 5 juillet 1951, préc. § 15.
2. TC 16 juin 1923, préc. § 15.
3. TC 17 oct. 2011, SCEA du Chéneau ; 12 déc. 2011, soc. Greenyellow, préc. § 15.
4. CEDH 18 nov. 2010 M.B c/France, AJDA 2010.2239 : décisions d'hospitalisation d'office annulées par le juge administratif « sans que jamais l'intéressé n'obtienne une décision des tribunaux judiciaires mettant fin à la mesure d'hospitalisation ». Une répartition des compétences qui porte atteinte, en l'espèce, au droit à un recours effectif protégé par la Conv. EDH.
5. L'article 89 de la Constitution du 4 novembre 1848 prévoyait la création d'un « tribunal spécial », composé de membres de la Cour de cassation et du Conseil d'État, présidé par le ministre de la Justice et chargé de trancher « les conflits d'attribution entre l'autorité administrative et l'autorité judiciaire ».
6. De manière très exceptionnelle, le Tribunal des conflits peut être conduit à trancher une **question de fond**. La **loi du 20 avril 1932** l'autorise à juger les affaires qui, portant sur le même objet (1re cond.), ont donné lieu à deux jugements contradictoires **sur le fond** (et non sur une question de compétence) des juridictions administratives et judiciaires (2e cond.), conduisant à un déni de justice (3e cond.). Le TC doit alors être saisi dans les deux mois qui suivent la date à laquelle le dernier jugement rendu est devenu définitif ; le ministère d'un avocat aux conseils est obligatoire.

qui dispose d'une voix prépondérante en cas de partage des suffrages – ultime protection de l'administration face aux éventuels empiétements du juge judiciaire[1] ! Son activité est relativement faible : une cinquantaine d'affaires dans l'année, dont plus de la moitié porte sur la prévention de conflits négatifs. Les difficultés les plus fréquemment rencontrées ont trait à la distinction entre police administrative et police judiciaire, ou à l'application de la loi du 31 décembre 1957, relative aux dommages causés par un véhicule[2]. Il se prononce en séance publique, après avoir entendu les avocats des parties (avocats aux conseils dont le ministère est obligatoire) et le commissaire du gouvernement (maître des requêtes au Conseil d'État ou avocat général à la Cour de cassation)[3].

Il peut être saisi selon **les deux procédures** étudiées ci-après.

(21) B. Les conflits positifs

Cette procédure permet à l'administration de s'opposer aux atteintes portées par le juge judiciaire à la compétence des juridictions administratives ou à la prérogative gouvernementale, dès lors qu'est examiné un acte de gouvernement[4]. Le préfet, seul compétent en la matière, peut agir tant que le juge concerné n'a pas rendu de jugement définitif ; il lui adresse un **déclinatoire de compétence** et dispose, dans l'hypothèse d'une réponse négative, de quinze jours pour « **élever le conflit** ». Le Tribunal des conflits devra alors trancher dans les trois mois.

Le conflit ne peut être élevé devant la Cour de cassation, les tribunaux répressifs (sauf exception), et en cas d'atteinte portée par l'administration à la liberté individuelle[5].

Remarquons-le, le conflit positif ne joue qu'à « sens unique »[6] : il n'existe pas de procédure semblable, permettant de protéger le juge judiciaire des éventuelles atteintes à sa compétence infligées par une juridiction administrative.

(22) C. Les conflits négatifs

Cette procédure a pour objet, non de défendre le juge administratif ou le gouvernement contre les empiétements du juge judiciaire, mais de donner un juge aux justiciables.

Pour qu'il y ait conflit négatif, il faut non seulement que deux jugements d'incompétence émanant d'un juge judiciaire et d'un juge administratif soient rendus dans un même litige[7], mais encore que l'un de ces deux jugements soit

1. Prérogative utilisée notamment pour donner une solution au problème de compétence soulevé par l'affaire Blanco.
2. §§ 141, 142 et 260.
3. P. Gonod et L. Cadiet (sous la direction de), *Le Tribunal des conflits. Bilan et perspectives*, Paris, Dalloz, 2009.
4. Sur cette notion, *infra* § 47.
5. Prohibition instituée par l'article 136 du Code de procédure pénale, qui fait du juge judicaire le gardien de la liberté individuelle (§ 16).
6. Frier et Petit, 2008, p. 426.
7. Ce qui suppose une triple identité : des parties, de la cause et du fondement juridiques.

erroné. Il n'y a pas, en effet, de conflit négatif si l'acte attaqué est un acte de gouvernement, ou si le juge compétent est le Conseil constitutionnel.

La procédure est engagée par les requérants (ministre ou administré) et aucun délai n'est fixé, omission révélatrice du moindre intérêt suscité par une procédure qui ne vient pas sanctionner l'atteinte portée aux pouvoirs de l'administration. Le Tribunal des conflits rejette le recours si les conditions précitées ne sont pas réunies ; dans le cas contraire, il annule le jugement pris en méconnaissance de la compétence de son auteur.

Donnant lieu à des instances très longues, **les conflits négatifs ont presque disparu aujourd'hui**. Un **décret du 25 juillet 1960** s'est en effet efforcé d'en prévenir la survenance en instituant une **procédure de renvoi obligatoire**. Celle-ci impose à toute juridiction inférieure, saisie d'un litige sur lequel l'autre ordre de juridiction se serait déclaré incompétent par un jugement devenu définitif, de saisir le Tribunal des conflits lorsqu'elle s'estime incompétente pour connaître de l'affaire. Le Tribunal des conflits pourra alors estimer le renvoi **irrecevable**, si celui-ci ne satisfait pas aux conditions posées par le décret de 1960 ; **mal fondé**, si la première juridiction saisie s'est déclarée incompétente à bon droit – la procédure reprend alors devant le juge qui a provoqué le renvoi ; ou **fondé**, ce qui se traduit par l'annulation du jugement par lequel le premier juge saisi s'était déclaré incompétent.

IV.3. Les « difficultés sérieuses »

(23) Une procédure de renvoi facultatif

Dans sa volonté de prévenir les conflits, le décret du 25 juillet 1960 instaure aussi une **procédure de renvoi facultatif**, qui autorise les seules juridictions suprêmes (Conseil d'État et Cour de cassation) à renvoyer devant le tribunal des conflits – **et alors même qu'aucun conflit ne s'est encore produit**[1] – toute question survenue à l'occasion d'un litige porté devant elles et susceptible de soulever « une difficulté sérieuse (et) mettant en jeu la séparation des autorités administratives et judiciaires ».

1. Cette procédure ne peut donc être utilisée dans l'hypothèse ou l'autre ordre de juridictions a déjà retenu sa compétence, par une décision de justice devenue définitive ; le principe de l'autorité de la chose jugée s'y oppose (TC 18 août 2010, C^{ne} de Draveil c/soc Unifergie et soc. Avenance, Enseignement et Santé, AJDA 2010.2028).

Chapitre 2

Séparation de la justice administrative et de l'administration active

L'exposé du principe (I) sera suivi de l'étude des différentes juridictions administratives (II), des recours susceptibles d'être empruntés par les administrés (III), puis des décisions de la justice administrative (IV).

I. Le principe

Contrairement au principe de séparation des autorités judiciaires et administratives, le principe de séparation de l'administration dite « active » et de la juridiction administrative n'a pas été formellement consacré par la Révolution. Il est le produit d'une lente et difficile maturation des autorités en charge de l'expédition du contentieux administratif.

I.1. Administrateur-juge et justice administrative

(24) #### A. Le système de l'administrateur-juge

Le principe de séparation des autorités administratives et judiciaires n'emportait pas nécessairement le dessaisissement du juge de droit commun pour connaître du contentieux suscité par l'activité de l'administration. Ce que la **loi des 16-24 août 1790** entendait prohiber, c'était seulement l'institution d'un juge qui s'autorisait à outrepasser les bornes de sa compétence légitime et « naturelle ». « Les parlements étaient dangereux, expose Le Chapelier, non parce qu'ils étaient juges, mais parce qu'ils étaient administrateurs et législateurs »[1].

Au demeurant, l'Assemblée constituante hésitera longtemps entre le renvoi devant le juge judiciaire ou devant des juges spécialisés, mais intégrés dans le pouvoir judiciaire. La solution de l'**administrateur-juge**, qui laisse l'administration expédier le contentieux né de son activité, plus économique et relativement protectrice des droits des administrés à une époque où administrateurs et

1. Séance du 23 juillet 1790. *Cf.* aussi la citation de Thouret, § 8.

juges étaient élus, ne s'imposera que progressivement. La **loi des 6, 7-11 septembre 1790** n'accorde en effet à l'administration qu'une compétence d'attribution limitée au contentieux des contributions directes, de la voirie et des marchés publics. Elle sera ensuite complétée par un grand nombre de textes rendus nécessaires par la loi des 16-24 août 1790, qui exigeait que toute atteinte portée à la compétence du juge de droit commun soit expressément prévue et autorisée par la loi, condamnant par là même toute idée de contentieux administratif par nature[1].

La guerre et les soubresauts révolutionnaires allaient cependant conduire au renforcement rapide du pouvoir exécutif. La **centralisation** est désormais à l'ordre du jour, et avec elle s'impose progressivement l'idée d'un contentieux administratif par nature. Le Directoire (1795-1799) édicte de la sorte des prohibitions dont le caractère très général tranche avec la précision des textes de la période précédente. Ainsi, du **décret du 16 fructidor an III** (3 sept. 1795), qui fait « défenses itératives » aux tribunaux « de connaître des actes d'administration, de quelque nature qu'ils soient », ou d'un arrêté du 2 germinal an V excluant de la compétence judiciaire « toutes les opérations qui s'exécutent par ordre du gouvernement, par ses agents immédiats et avec les fonds fournis par le Trésor public ».

(25) B. Les réformes napoléoniennes

L'arrivée au pouvoir de Bonaparte, en 1799, va conduire à l'adoption de principes d'administration qui seront appliqués sans grands changements pendant la majeure partie du XIXe siècle. Son ambition et son sentiment le portent à instituer des pouvoirs « forts et stables », seuls en mesure de « garantir les droits des citoyens et les intérêts de l'État »[2]. La centralisation administrative s'en trouve renforcée et magnifiée : la **loi du 28 pluviôse an VIII** (17 févr. 1800) crée l'institution préfectorale, alors que la Constitution de l'an VIII consacre le principe de la nomination des agents publics[3].

Cette dernière réforme pose en termes renouvelés la question du contentieux suscité par l'action d'administrateurs désormais soustraits à toute appréciation des administrés. En dépit des critiques que peut soulever un système où

1. Titre 2, article 17 : « L'ordre constitutionnel des juridictions ne pourra être troublé, ni les justiciables distraits de leurs juges naturels par aucune commission, ni par d'autres attributions ou évocations que celles qui sont déterminées par la loi ». Sur ces questions, *cf.* G. Bigot, 2002, pp. 34 et s ; F. Burdeau, 1995, pp. 48 et s, 60 et s ; J. Chevalier, *L'élaboration historique du principe de séparation de la juridiction administrative et de l'administration active*, thèse, Paris, LGDJ, 1970 ; R. Dareste, *La Justice administrative en France*, Paris, 1862, pp. 166 et s ; P. Sandevoir, *Études sur le recours de pleine juridiction*, thèse, Paris, LGDJ, 1964.

2. Proclamation des consuls de la République du 24 frimaire an 8 (15 déc. 1799), présentant la Constitution du 22 frimaire an 8 (13 déc. 1799).

3. L'article 41 donne au Premier consul (Bonaparte) le pouvoir de nommer et de révoquer « à volonté » l'ensemble des agents de l'administration. Le principe de l'élection des agents publics, qui avait certes connu de multiples atteintes depuis sa proclamation en 1789, se trouve ainsi proprement renversé.

l'administration est à la fois juge et partie dans sa propre cause, le principe de l'administrateur-juge sera maintenu, à peine amendé par l'apparition d'un conseil d'État et de conseils de préfecture que l'on peut hésiter à qualifier de juges en raison des graves imperfections qui grèvent leur statut.

La Constitution de l'an VIII prévoyait en effet en son article 52 l'existence d'un **Conseil d'État** placé « sous la direction des consuls », chargé « de résoudre les difficultés qui s'élèvent en matière administrative ». Cette mesure sera suivie par la création, en 1806, d'une **commission du contentieux** au sein de ce Conseil[1]. Le souci des administrés n'est certes pas absent des préoccupations de celui qui est devenu entre-temps empereur des Français, mais il se concilie avec d'importantes considérations relatives à l'intérêt bien compris d'un État efficace, puisque convenablement réglé.

Intervenant devant le Conseil d'État, Napoléon exprimera sa volonté d'instituer « un corps demi-administratif, demi-judiciaire, qui réglera l'emploi de cette portion d'arbitraire nécessaire dans l'administration de l'État [...] »[2]. « Napoléon, note l'un des témoins de la scène, aimait le pouvoir arbitraire en ce sens qu'il voulait être maître de décider ; mais [...] il pensait avec raison que l'arbitraire ne peut être justifié et maintenu que par le bon usage que l'on en fait. »[3] Le Conseil d'État constitue au demeurant une juridiction bien imparfaite. Ses membres en sont librement nommés et révoqués par le Premier consul puis par l'empereur[4], et le Conseil lui-même se trouve placé sous le régime de la **justice retenue** : il rend de simples avis, que seule l'acceptation du chef de l'État transforme en décision de justice.

La loi du 28 pluviôse an VIII crée quant à elle des **conseils de préfecture** dont le statut n'est pas plus satisfaisant. Ses membres en sont librement nommés et révoqués par le Premier consul ; présidés par le préfet, ils ne disposent que d'une **compétence d'attribution** initialement limitée au contentieux des contributions directes, des travaux publics, de la grande voirie et des domaines nationaux. Pendant la majeure partie du XIXe siècle, c'est un administrateur, le ministre, qui demeurera la juridiction de droit commun du contentieux administratif en premier ressort, en vertu de la **théorie du ministre-juge.**

(26) C. Un système stabilisé (1815-1870)

Le système mis en place sous le Consulat et le premier Empire (1799-1814, 1815) ne connaîtra guère de changements jusqu'à l'avènement de la IIIe République, en 1870[5]. L'existence même d'une justice administrative

1. Décret du 11 juin 1806.
2. PJC Pelet de la Lozère, *Opinions de Napoléon sur divers sujets de politique et d'administration*, Paris, 1833, pp. 190 et s.
3. *Ibid.*, pp. 182-183.
4. Constitution de l'an 8, art. 41.
5. La Constitution de 1848 transformera complètement le rôle et la composition du Conseil d'État. Ces changements seront brutalement abandonnés après le coup d'État du 2 décembre 1851, la justice administrative retournant alors à la situation antérieure.

sera certes remise en cause par l'opposition libérale de la Restauration et de la monarchie de Juillet (1814, 1815-1830 et 1830-1848), mais sans succès. La monarchie aura en effet le souci de préserver et d'utiliser pour son profit l'instrument extraordinairement docile et obéissant qu'était devenue l'administration napoléonienne.

Consacrée sous le premier Empire[1], la **théorie du ministre-juge** sera maintenue jusqu'en 1889[2], cantonnant le Conseil d'État dans une mission de juge d'appel des jugements rendus par les ministres et les conseils de préfecture. Deux exceptions à cette compétence : le Conseil juge en premier et dernier ressort des **recours pour incompétence et excès de pouvoir** dirigés contre les décisions des autorités administratives[3], et il est juge de cassation des arrêts rendus par des juridictions administratives spécialisées comme la Cour des comptes, créée en 1807.

La situation statutaire de ces « juges » administratifs demeure cependant précaire, dès lors qu'ils sont librement nommés et révoqués par l'exécutif. Le Conseil d'État lui-même se trouve maintenu sous le régime de la **justice retenue**.

I.2. La consécration du principe

(27) ### A. Perfectionnements

C'est seulement après la chute du second Empire (1852-1870) que le principe de séparation de la justice administrative et de l'administration active se perfectionnera. La **loi du 24 mai 1872** crée le Tribunal des conflits[4] et substitue le régime de la **justice déléguée** à celui de la justice retenue. Le Conseil d'État rend désormais de véritables arrêts, et non plus de simples avis ; pour la première fois depuis sa création en l'an 8 (1799), il juge sans l'intervention du chef de l'État. Ce changement de statut s'accompagne, en 1889, de l'**abandon de la théorie du ministre-juge**, qui fait du Conseil le juge de droit commun de l'ensemble du contentieux administratif.

La deuxième étape apparaît être la conséquence directe de l'explosion du contentieux due aux multiples mesures de réquisition et d'épuration provoquées par la Seconde Guerre mondiale. Le Conseil d'État ne peut plus suffire à la tâche, et deux décrets des 30 septembre et 28 novembre 1953 transforment alors les anciens conseils de préfecture en **tribunaux administratifs** (TA), juges de droit commun du contentieux administratif en premier ressort. Le Conseil devient le juge d'appel de ces tribunaux, mais n'en conserve pas moins certaines compétences

1. CE 22 mars 1813, Chenantais, R. 446 ; 26 mars 1814, Rey, R. 520...
2. CE 13 décembre 1889, sieur Cadot, R. 1148.
3. Affirmée dès 1813 (CE 21 janv. 1813, Carbonnel, R. 410), cette spécificité du recours pour incompétence et excès de pouvoir sera solennellement consacrée sous la Restauration, dans une décision du CE du 18 novembre 1818, Egret-Thomassin : « C'est devant Nous, en notre Conseil d'État, que doivent être déférés les actes administratifs attaqués pour incompétence et excès de pouvoir » (R. 424). *Cf.* par ex. G. Bigot, 2002, pp. 82 et s ; F. Burdeau, 1995, pp. 151 et s.
4. § 20.

en premier et dernier ressort et demeure le juge de cassation des juridictions administratives spécialisées[1].

La troisième étape est le fait du Conseil constitutionnel, qui érige en 1980 l'**indépendance de la juridiction administrative** en principe fondamental reconnu par les lois de la République[2]. Cette première intervention sera complétée en 1987 par une décision déjà étudiée, qui détermine la **compétence constitutionnellement reconnue au juge administratif**[3].

L'incessante augmentation du nombre des recours conduira enfin le législateur à créer, par la **loi du 31 décembre 1987**, des **cours administratives d'appel** (CAA) chargées de traiter des appels formés contre les jugements des tribunaux administratifs.

Les avancées de ces trente dernières années confortent donc grandement le principe de séparation de la justice administrative et de l'administration active. Il existe aujourd'hui un ordre de juridictions administratives nettement distinguées du reste de l'administration, bénéficiant de garanties statutaires non négligeables, dont l'organisation se trouve désormais « calquée » sur celle de l'ordre judiciaire, avec des tribunaux administratif, des cours administratives d'appel, et un Conseil d'État devenu principalement juge de cassation.

(28) B. Spécificités

Ces juges administratifs n'en conservent pas moins des liens étroits avec l'administration active. En témoigne le fait que ce ne sont pas des magistrats mais des fonctionnaires, principalement recrutés par la voie du concours de l'ENA[4] et répartis en deux « corps » : celui des conseillers de tribunaux administratifs et de cours administratives d'appel, et celui des membres du Conseil d'État. Ces derniers peuvent au demeurant être « détachés » temporairement auprès d'entreprises nationales, dans les cabinets ministériels ou dans les grandes directions de certains ministères particulièrement prestigieux.

À la fonction juridictionnelle de ces juges un peu particuliers s'ajoute une importante **fonction consultative**. Le Conseil d'État est, comme son nom l'indique, le conseiller juridique du gouvernement, et c'est à ce titre qu'il jouera un rôle essentiel dans la préparation des Codes napoléoniens, au début du XIXe siècle. Cette fonction connaîtra ensuite des fortunes diverses jusqu'à l'avènement de la Ve République. Qu'il suffise de rappeler que la loi constitutionnelle du 3 juin 1958 prévoyait que le texte de la future Constitution serait obligatoirement soumis pour avis au Conseil d'État, et que celle-ci dispose que

1. § 30.

2. Déc. 80-119 DC du 22 juillet 1980 (validation d'actes administratifs). L'indépendance du juge administratif devient un principe de valeur constitutionnelle, insusceptible d'être remis en cause par le législateur ou le gouvernement.

3. CC 23 janvier 87 (Conseil de la concurrence) ; §§ 9 et 12.

4. Tel est le principe. S'y ajoutent la procédure du « tour extérieur », qui autorise le gouvernement à recruter un certain pourcentage d'agents en dehors de tout concours, et des concours spéciaux, nécessaires pour faire face à l'augmentation du nombre des recours et des juridictions.

les projets de loi ne pourront être « délibérés en Conseil des ministres (qu')après avis du Conseil d'État »[1]. Une procédure semblable est instituée pour les ordonnances de l'article 38C et certains décrets particulièrement importants. Le Conseil peut ainsi jouer un rôle non négligeable dans l'immense entreprise de codification effectuée par voie d'ordonnances, depuis le début du XXIe siècle.

(29) C. Indépendance et impartialité du juge administratif

Cette dualité fonctionnelle ne se concilie pas toujours aisément avec les exigences de la **Convention européenne de sauvegarde des droits de l'homme et des libertés fondamentales**[2], relatives à la nécessaire indépendance et impartialité des juges[3]. Si ces deux qualités sont étroitement liées, elles ne peuvent pour autant être confondues. « L'indépendance du juge, soulignent MM. Autin et Sudre, est la condition préalable à son impartialité. »[4] La première suppose un juge libéré de toute influence « extérieure » ; la seconde renvoie quant à elle à sa liberté « intérieure », à son absence de préjugés, d'animosité ou d'intérêt personnel.

Les conseillers de TA et de CAA voient leur indépendance et leur inamovibilité garanties. La loi du 31 décembre 1987 a transféré leur gestion au CE ; la loi du 12 mars 2012 leur confère – enfin – le statut de magistrat (art. L. 231-1 CJA modifié). La condition des membres du Conseil d'État demeure quant à elle plus problématique, qui relève principalement du pouvoir réglementaire. L'indépendance de ses membres, certes consacrée par la décision du **Conseil constitutionnel du 22 juillet 1980** (préc.), ne se trouve inscrite dans aucun texte ; elle résulte, pour l'essentiel, d'une longue tradition et du prestige dont est entouré le Conseil.

Toutefois, comment admettre que le Conseil d'État statuant au contentieux puisse censurer un règlement élaboré avec la collaboration de l'une de ses sections

1. Art. 39C. La révision constitutionnelle du 23 juillet 2008 autorise désormais le président de l'Assemblée nationale ou du Sénat à « soumettre pour avis au Conseil d'État » les propositions de lois déposées par un membre de leur assemblée (député ou sénateur), à condition toutefois que ce dernier ne s'y oppose pas.

2. La Convention européenne de sauvegarde des droits de l'homme et des libertés fondamentales (Conv. EDH) a été signée le 4 novembre 1950 sous l'égide du Conseil de l'Europe, créé en 1949. La Convention est entrée en vigueur en 1953, mais la France ne l'a ratifiée qu'en 1974 et n'a accepté qu'en 1981 la possibilité pour les individus d'intenter un recours devant la Cour. La Convention consacre, au niveau européen, des droits et libertés tels que le droit à la vie, l'interdiction de la torture et de l'esclavage, la liberté, la sûreté, la liberté de pensée, la liberté de religion… Les atteintes portées à ces droits par les États membres du Conseil de l'Europe peuvent être sanctionnées par la Cour européenne des droits de l'homme (CEDH).

3. Conv. EDH, art. 6 § 1 : « Toute personne a droit à ce que sa cause soit équitablement entendue, dans un délai raisonnable, par un tribunal indépendant et impartial […] » La question n'épargne pas non plus l'ordre judiciaire. La CEDH vient ainsi d'affirmer que le statut des membres du ministère public ne remplissait pas les conditions d'indépendance et d'unipartialité inhérentes à la qualité de magistrat (CEDH 23 nov. 2010, Moulin c/France, tirant les conséquences d'un précédent arrêt Medvedev en date du 29 mars 2010, et directement contrainte à la solution dégagée par le CC : CC 1993-326 DC du 11 août 1993).

4. Note sous CEDH 9 nov. 2006, soc. Sacilor-Lorminès, RFDA 2007.342.

administratives ? Une décision remarquée de la Cour européenne des droits de l'homme (CEDH) sanctionnera de la sorte un arrêt du **Conseil d'État luxembourgeois**, très inspiré du modèle français, pour atteinte portée au principe d'impartialité[1]. La réaction du Conseil d'État français ne se fit guère attendre. Depuis longtemps mis en œuvre[2], le **principe d'impartialité** sera érigé en **principe général du droit**, applicable comme tel devant toutes les juridictions et autorités administratives françaises[3]. Le Conseil va jusqu'à en étendre le champ d'application au commissaire du gouvernement, alors même que ce dernier ne participe plus au délibéré de ses arrêts[4].

Un décret du 6 mars 2008 est venu renforcer la séparation de ses activités administratives et juridictionnelles en consacrant l'interdiction pour les membres de ses sections administratives de siéger dans ses formations de jugement, exception faite de l'Assemblée du contentieux. Un autre décret, en date du 23 décembre 2011, interdit aux membres du CE jugeant un acte pris après avis de ce même CE, de prendre connaissance de cet avis, lorsque celui-ci n'a pas été publié.

Ces efforts semblent avoir porté leurs fruits. Un arrêt récent de la Cour européenne des droits de l'homme (CEDH) repousse en effet l'idée d'une incompatibilité de principe entre le cumul des fonctions administratives et juridictionnelles inhérent à l'organisation de la justice administrative française, et l'exigence du procès équitable posée par la Convention[5].

II. Les juges

(30) Juridictions administratives générales et spécialisées

Le plus souvent, la qualité « administrative » ou « juridictionnelle » d'une autorité se trouve déterminée par le texte qui l'institue. Le silence occasionnel du législateur a cependant conduit le juge administratif à déterminer les critères jurisprudentiels permettant de qualifier une juridiction. La composition de l'organisme considéré[6] et la procédure suivie devant lui s'effacent devant

1. CEDH 28 septembre 1995, Procola c/ Luxembourg, RFDA 1996.777, note J.-L. Autin et F. Sudre (arrêt rendu par une formation du CE luxembourgeois où 4 conseillers sur 5 avaient déjà eu à connaître de la question dans le cadre de leurs fonctions consultatives).

2. CE 11 août 1867, ville de Montpellier, R. 767 (concernant les juridictions administratives) ; CE 29 avril 1949, Bourdeaux, R. 188 (concernant des autorités administratives, en l'espèce les commissions d'épuration établies après 1944).

3. Concernant les autorités administratives, CE Ass. 3 décembre 1999, Didier (concl. A. Seban, RFDA 2000.584) et Caisse de crédit mutuel de Bain-Tresboeuf (concl. J.-D. Combrexelle, RFDA 2000.574). Pour les juridictions administratives, CE 20 avril 2005, Karsenty et autres, RFDA 2005.693.

4. CE 7 août 2008, M. Aguilar, AJDA 2008.2181.

5. CEDH 9 novembre 2006, soc. Sacilor-Lominès, préc. : membre du CE ayant participé à la délibération d'un arrêt concernant une décision du ministre des Finances, « détaché » quelques semaines plus tard auprès de ce même ministre.

6. De fait, les **membres du CE ne sont pas des magistrats**, et certaines juridictions administratives spécialisées sont formées de fonctionnaires, voire même de fonctionnaires et d'usagers du SP. *Cf.* par ex. les conseils de discipline des universités, où siègent des enseignants et des étudiants.

l'autorité conférée à ses actes : seront des juridictions les autorités chargées de **trancher un litige**, dont les décisions se voient revêtues de l'**autorité de chose jugée**[1].

Il existe des **juridictions administratives spécialisées** : Cour des comptes, Cour de discipline budgétaire et financière, juridictions ordinales sanctionnant le respect de certaines règles déontologiques imposées à certaines professions (médecins, avocats, architectes)... Toutes relèvent du Conseil d'État par la **cassation**, voie de recours qui est la « marque » de leur intégration au sein de l'ordre juridictionnel administratif. Celui-ci comprend aussi des **juridictions administratives générales** (TA, CAA, CE) qui seront seules étudiées ci-après.

II.1. Tribunaux administratifs et cours administratives d'appel

(31) A. L'aboutissement d'un long processus : les tribunaux administratifs

Les tribunaux administratifs (TA) succèdent en 1953 aux anciens conseils de préfecture créés par Bonaparte. Sauf exception[2], ils sont **juges de droit commun en premier ressort du contentieux administratif**. Ils connaissent à ce titre de la plupart des recours pour excès de pouvoir et des recours de pleine juridiction dirigés contre des décisions administratives, ainsi que des questions préjudicielles adressées par les juridictions de l'ordre judiciaire. Portant sur des décisions administratives prises dans le but de satisfaire l'intérêt général, ces recours ne sont en principe pas suspensifs[3].

Les tribunaux administratifs sont actuellement au nombre de 40, dont 29 pour la seule métropole. Ils sont composés d'une ou de plusieurs chambres constituées de trois juges, et d'un **rapporteur public**[4] qui ne participe pas à la délibération.

L'image souvent utilisée d'une « explosion » du contentieux n'a rien d'exagéré : en dix ans, le nombre de requêtes a plus que doublé, pour atteindre le chiffre de 170 000 en 2007. Le délai moyen de traitement d'une affaire est désormais inférieur à un an, étant entendu que plus de la moitié des litiges se

1. CE Ass. 12 décembre 1953, De Bayo, R. 544 : l'inscription au « tableau » de l'ordre des vétérinaires n'a pas « eu égard à la nature de cette matière et quelles que soient les formes dans lesquelles elles interviennent le caractère de décisions rendues par une juridiction ».

2. § 37. Le CC vient de valider ce mode d'organisation : l'institution du juge unique ne porte pas atteinte au principe de l'égalité devant la justice, et demeure « sans effet sur l'obligation de respecter les droits de la défense » (CC 2010-54QPC du 14 oct. 2010, Union syndicale des magistrats administratifs).

3. Pour les exceptions, *cf. infra* §§ 51 et s.

4. Un décret du 8 janvier 2009 décide que l'appellation traditionnelle mais trompeuse de commissaire du gouvernement sera remplacée, à compter du 1er février 2009, par celle de rapporteur public (*cf. infra* § 36).

trouve désormais expédiée par un **juge unique**[1]. Cette solution, commode et peu coûteuse, n'est pas totalement satisfaisante. L'efficacité, la rentabilité et la célérité participent certes d'une bonne administration de la justice ; doivent-elles pour autant en devenir le critère essentiel et ce, au prix d'un affaiblissement notable des garanties offertes aux justiciables ? La terrible affaire d'Outreau a révélé une fois de plus les dangers du juge unique ; remis en cause dans le domaine pénal, ce système se voit pourtant étendu sans cesse dans les contentieux réputés moins « sensibles » de la justice civile non répressive ou de la justice administrative.

En moyenne, les tribunaux administratifs ne donnent satisfaction (partielle ou totale) aux requérants que dans un cas sur quatre, mais **seuls 15 à 16 % de leurs jugements se voient contestés par la voie de l'appel.**

(32) B. Une création récente : les cours administratives d'appel

Créées par la **loi du 31 décembre 1987**, les cours administratives d'appel (CAA) sont désormais au nombre de **huit**. Elles ont été installées dans des villes de tradition « judiciaire » comme Bordeaux, Douai, Lyon, Marseille, Nancy, Nantes, Paris et Versailles. Sauf exception[2], elles sont **juges d'appel de droit commun** des jugements rendus par les tribunaux administratifs. Portant sur des décisions administratives prises dans le but de satisfaire l'intérêt général, l'appel formé devant ces cours n'est pas non plus suspensif, sauf demande (chichement accordée) d'un **sursis à exécution**[3] du jugement rendu par le tribunal administratif.

En dépit du faible taux d'appel des jugements des tribunaux administratifs, les cours ont été confrontées à des hausses spectaculaires du nombre des requêtes portées devant elles : 26 % d'augmentation, dus essentiellement au contentieux des étrangers, et 29 268 recours pour la seule année 2009. Comme nombre de tribunaux administratifs, elles sont divisées en chambres, mais fonctionnent aussi selon le système du **juge unique** pour 40 % des litiges portés devant elles. Des mesures récentes généralisent **le ministère d'avocat**, censé améliorer la qualité de la défense et l'administration de la justice, en offrant aux juges des dossiers plus aisément et plus rapidement exploitables[4].

Surtout, le Conseil d'État et le Conseil constitutionnel ont estimé que la mise en œuvre d'un **double degré de juridiction** ne constituait pas un principe général du droit[5], et n'avait pas « en lui-même, valeur constitution-

1. Contentieux des étrangers, qui représente près de 30 % des requêtes en 2011, du permis de construire et de la taxe foncière, contentieux indemnitaires portant sur des sommes inférieures à 10 000 euros...

2. § 37.

3. § 52.

4. La dispense du ministère d'avocat reste maintenue en ce qui concerne les recours pour excès de pouvoir formés par les fonctionnaires et autres agents publics. Sur cette question, *cf.* le dossier de l'AJDA (2006, n° 24) consacré à l'appel dans le contentieux administratif.

5. CE 17 décembre 2003 Meyet, AJDA 2004.712, note J.-P. Markus. Le CE estime aussi que les dispositions de la Conv. EDH relatives au procès équitable « n'imposent pas l'existence d'un double degré de juridiction » : CE 9 février 2000, Comparois, R. 38, RFDA 2000.480.

nelle »[1]. L'appel voit donc son existence subordonnée à celle d'un texte l'instituant, et peut être supprimé aussi bien par l'autorité réglementaire que par le législateur. Un décret du 24 juin 2003 a pu ainsi abolir cette voie de recours pour les litiges considérés comme « mineurs »[2], alors même que des affaires financièrement insignifiantes furent souvent l'occasion de poser des questions de droit essentielles, et de donner naissance à des jurisprudences très importantes[3]. Ici encore, les considérations relatives à la célérité, à l'efficacité et à la rentabilité de la justice administrative l'ont emporté sur la garantie fondamentale que constitue pour les justiciables la faculté de faire rejuger leur cause[4].

Grâce à ce train de réformes, la durée moyenne de traitement d'une affaire devant une cour administrative d'appel est désormais de moins d'un an. Seuls 10 % des litiges réglés par les cours administratives font l'objet d'un recours en cassation devant le Conseil d'État.

II.2. Le Conseil d'État

(33) A. Composition

Prévu par l'article 52 de la Constitution de l'an VIII (1799) et constamment maintenu depuis, le Conseil d'État est l'une des plus anciennes institutions françaises[5]. Il est composé de **membres ordinaires** (environ 275) et de **membres extraordinaires** : le **Premier ministre**, qui préside officiellement le Conseil d'État, et douze conseillers d'État nommés pour quatre ans par décret pris en Conseil des ministres, qui ne participent pas aux fonctions juridictionnelles du Conseil. Les membres ordinaires se répartissent en trois catégories : les **auditeurs**, les **maîtres des requêtes** et les **conseillers d'État**. Les auditeurs sont exclusivement recrutés par le concours de l'ENA ; les maîtres des requêtes sont pris pour les trois quarts d'entre eux parmi les auditeurs, et les conseillers d'État sont, pour les deux tiers d'entre eux, d'anciens maîtres des requêtes. Les

1. CC 2004-491 DC du 12 février 2004. « En lui-même », ce qui signifie que la suppression de la voie d'appel est susceptible de remettre en cause certains principes de valeur constitutionnelle : égalité devant la justice, droits de la défense... Sur ces questions, M. Deguergue, Le double degré de juridiction, AJDA 2006.1308.

2. Litiges portant sur moins de 8 000 euros, seuil nettement plus élevé qu'en matière civile ou commerciale, où l'appel est désormais impossible pour les litiges portant sur une somme inférieure à 3 800 euros (décrets des 27 avril 2001 et 3 déc. 2002).

3. Pour nous en tenir aux GAJA, citons les décisions Dame Veuve Trompier-Gravier, sieur Dehaene, époux Bertin...

4. *Cf.* E. Costa, Des chiffres sans les lettres. La dérive managériale de la justice administrative (AJDA 2010.1623). Un article qui dénonce le culte du « chiffre-roi », et la reprise de « mécanismes de pilotage utilisés dans le secteur marchand ».

5. Signalons toutefois la rupture opérée par la Constitution de 1848. Les membres du CE étaient désormais nommés par l'Assemblée nationale dès lors qu'il suppléait, pour partie, l'absence d'une deuxième Chambre législative. Il exerçait aussi certains contrôles sur l'activité normative du gouvernement (art. 71 et s).

autres postes sont pourvus par le « tour extérieur », qui permet au gouvernement de recruter certains agents publics en dehors de la voie du concours[1].

(34) B. Organisation

Exerçant des fonctions juridictionnelles et administratives, le Conseil d'État est habituellement présidé par son **vice-président**. Il comprend une **section du contentieux** et **six sections administratives** : les sections de l'intérieur, des finances et des travaux publics, une section sociale, la section du rapport et des études et, nouvellement créée par un **décret du 6 mars 2008**, une section de l'administration, compétente pour tout ce qui porte sur la fonction publique, la procédure administrative non contentieuse (PANC) et les relations avec les administrés.

La section du contentieux est divisée en **dix sous-sections**. En fonction de son importance, une affaire sera jugée par une sous-section, par deux ou plusieurs[2] sous-sections réunies ou, beaucoup plus rarement, par la section du contentieux ou par l'Assemblée du contentieux, composée du vice-président, des 7 présidents de section, des 3 présidents-adjoints de la section du contentieux, de 5 présidents de sous-section et du rapporteur de la sous-section d'instruction.

Le décret du 30 juillet 1963, pris à la suite d'une période très conflictuelle avec le général de Gaulle, avait réorganisé le Conseil d'État en mêlant plus étroitement ses fonctions administratives et juridictionnelles afin d'en renforcer « l'esprit » administratif. La jurisprudence de la Cour européenne des droits de l'homme, relative à la nécessaire indépendance et impartialité des juges[3], a contraint le gouvernement français à revenir, pour partie, sur ces mesures. Le **décret du 6 mars 2006** exclut de la sorte les membres des sections administratives de l'activité contentieuse du Conseil, réserve faite des hypothèses – rares mais toujours importantes – où l'affaire sera jugée par l'Assemblée du contentieux[4]. Un décret du 23 décembre 2011 interdit enfin aux membres du CE participant au jugement d'une décision prise après avis de ce même CE, de prendre connaissance de cet avis, si celui-ci n'a pas été publié.

(35) C. Du commissaire du gouvernement au rapporteur public

Les commissaires du gouvernement font partie des victimes des ajustements requis par l'application de la Conv. EDH. Créés en 1831 sous le nom de commissaires du roi, ils interviennent désormais devant le Conseil d'État, les cours administratives d'appel et les tribunaux administratifs. Dès l'origine, ils eurent pour fonction, non de défendre les intérêts du gouvernement comme pourrait le laisser penser leur titre, mais de « dire le droit », c'est-à-dire d'indi-

1. Le Conseil d'État, saisi d'un litige, n'exerce qu'un contrôle minimum sur ce genre de nominations.
2. Cette dernière possibilité, ouverte par un décret en date du 22 février 2010.
3. § 29.
4. Le CE a ainsi refusé de transmettre au CC une QPC portant sur sa dualité fonctionnelle, au motif qu'elle ne lui paraissait ni sérieuse, ni nouvelle (CE 16 avril 2010 ass. Alcaly, AJDA 2010.812).

quer dans leurs « conclusions » la solution qui leur semble juridiquement exacte, et que le juge administratif reste libre de suivre.

Longtemps protégée par son prestige et sa réputation d'indépendance, l'institution commença d'être critiquée à la fin des années 1980. En 1998, le Conseil d'État estima nécessaire de préciser que l'intervention des commissaires du gouvernement se faisait au niveau du jugement, et non de l'instruction, seule soumise selon lui au **principe du contradictoire** ; leurs conclusions n'avaient donc pas à être communiquées aux parties[1]. Le raisonnement ne convainquit pas la Cour européenne des droits de l'homme, qui décida au contraire que le commissaire du gouvernement se trouvait soumis au principe du contradictoire et qu'il ne pouvait en conséquence participer au délibéré de la décision[2]. Un décret du 19 décembre 2005 tenta certes de jouer sur les mots en prétendant que le commissaire du gouvernement assistait sans participer au délibéré, mais en vain. Cet ersatz de solution fut balayé par la CEDH[3], et un décret du 1er août 2006 dut exclure le commissaire du gouvernement du délibéré des tribunaux administratifs et des cours administratives d'appel. Devant le Conseil d'État, sa présence n'est maintenue que si l'une des parties ne s'y oppose pas[4].

Une décision du Conseil d'État vint préciser que le principe d'impartialité s'appliquait au commissaire du gouvernement[5], et un décret du 8 janvier 2009 se résigna à lui ôter un titre devenu source d'embarras, pour celui, plus neutre, de **rapporteur public**[6]. Son rôle évolue aussi, avec le souci d'une plus grande efficacité et rentabilité de la justice administrative. Un décret du 23 décembre 2011 établit de la sorte la liste des matières pour lesquelles le rapporteur public peut, à sa demande, se voir dispensé de prononcer des conclusions : contentieux du permis de conduire et de l'exécution forcée des décisions de justice ; de la taxe d'habitation et de la taxe foncière ; de l'entrée du séjour, de l'éloignement et de la naturalisation des étrangers[7].

---

1. CE 29 juillet 1998, Me Esclatine, R. 321 ; D. 1999.84, concl. Chauvaux.
2. CEDH 7 juin 2001, Kress c/ France, DA 2001.175. Ce faisant, la CEDH appliquait en l'espèce ce que l'on nomme la **théorie des apparences**. La justice ne doit pas seulement être rendue, elle doit aussi donner l'impression d'avoir été rendue ; le juge ne doit pas seulement être indépendant et impartial, il doit aussi en donner l'apparence. La procédure suivie devant le CE respectait certes le principe du contradictoire, mais la théorie des apparences exigeait que le commissaire du gouvernement fût exclu du délibéré.
3. CEDH, Grd Chbr, 12 avril 2006, Martinie c/ France, AJDA 2006.986, note F. Rolin.
4. La CEDH vient d'admettre la conventionnalité de la présence (facultative) du rapporteur public au délibéré devant le CE (CEDH 15 sept. 2009, M. Étienne c/ France, AJDA 2009.1920.
5. CE 7 août 2008, M. Aguilar, AJDA 2008.2181.
6. Les commissaires du gouvernement devant la Cour des comptes et les chambres régionales des comptes prennent quant à eux le titre de « représentants du ministère public ».
7. Sur cette question, *cf.* not. C.-L. Vier, Le rapporteur et la simplification, paradoxes d'une réforme, AJDA 2011.1189.

(36) D. Compétences administratives

Conseil du gouvernement, le Conseil d'État est obligatoirement consulté sur les **projets de loi**, les **ordonnances**[1] et sur **certains décrets** pour lesquels la loi prévoit son intervention (décrets pris après avis du Conseil d'État). L'activité normative de l'État augmentant sans cesse, l'activité consultative du Conseil croît en proportion[2]. Il doit aussi être consulté lorsque le gouvernement désire déclasser une loi promulguée avant l'entrée en vigueur de la Constitution de 1958, mais portant sur une matière ne relevant plus désormais de la compétence du législateur (art. 37-2C). Les membres du gouvernement peuvent enfin le consulter sur tout texte ou toute question qu'il leur plaira de lui soumettre. Sauf décision contraire du gouvernement ou de l'un de ses membres, ces avis ne sont pas publiés. En 1989, le ministre de l'Éducation nationale, L. Jospin, réclama de la sorte un avis – rendu public – sur le port du « foulard islamique » dans les écoles, collèges et lycées publics. Sauf exception rarissime et expressément prévue par la loi, **ces avis n'ont d'autre valeur que consultative** : ils ne lient pas le gouvernement.

La révision constitutionnelle du 23 juillet 2008 est venue confier une mission très atypique au Conseil d'État. Celui-ci peut en effet être saisi par le président de l'Assemblée nationale ou du Sénat de toute **proposition de loi** respectivement déposée par un député ou un sénateur, à la condition toutefois que l'auteur du texte ne s'y oppose pas[3]. Le bon usage de cette prérogative nouvelle dépendra bien entendu de l'intérêt porté par les parlementaires, mais aussi du Conseil lui-même, des délais de réponse trop importants risquant de décourager ce genre de demandes. Pour la première fois depuis 1848, le Conseil d'État n'est donc plus « seulement » le conseiller du gouvernement[4] !

(37) E. Compétences contentieuses

Le Conseil d'État exerce une fonction contentieuse beaucoup plus diversifiée que celle de la Cour de cassation, qui reflète pour partie le lent et difficile processus d'apparition de la justice administrative. Il est en effet :

1) **Juge de premier et dernier ressort** pour des actes considérés comme particulièrement importants, ou qui dépassent la compétence territoriale d'un tribunal administratif. Il connaît ainsi directement :

---

1. Art. 39C : « [...] Les projets de loi sont délibérés en Conseil des ministres après avis du Conseil d'État [...] » ; art. 38C : « [...] Les ordonnances sont prises en Conseil des ministres après avis du Conseil d'État [...] » ; art. 74-1C, portant sur certaines ordonnances spécifiques, relatives à la Nouvelle-Calédonie et à certaines collectivités d'outre-mer.

2. Le volume des lois a été multiplié par dix en 40 ans, et par deux ces 15 dernières années. Le CE a quant à lui rendu 1 411 avis en 2006, contre 1 390 l'année précédente. *Cf.* V. Dussart, « De l'utilité des organismes consultatifs », in *La Constitution de la Ve République. Réflexions pour un cinquantenaire* (dir. P. Jan), Études de la Doc. fr., Paris, 2008, pp. 167 et s.

3. Art. 39C révisé. En 2010, le CE a ainsi examiné 128 projets de loi et 2 propositions de loi ; 26 ordonnances et 810 décrets (AJDA 2011.868).

4. L'article 75 de la Constitution de 1848 prévoyait en effet la possibilité de consulter le Conseil « sur les projets d'initiative parlementaire que l'Assemblée lui aura renvoyés ».

• des recours dirigés contre les décrets du président de la République et du Premier ministre, les ordonnances de l'article 38C (avant leur ratification par le Parlement, qui leur donne valeur législative), les décisions réglementaires des ministres ou de certaines autorités administratives indépendantes de compétence nationale (CSA, CNIL...) désormais énumérées par le décret du 22 février 2010[1] ;

• des recours intentés par les fonctionnaires nommés par le président de la République, dès lors qu'ils portent sur des questions de recrutement ou de discipline[2] ;

• de certains litiges dont le champ d'application dépasse le ressort d'un tribunal administratif (**contentieux des élections régionales ou européennes**)[3].

2) **Juge d'appel**. Auparavant juge d'appel de droit commun des jugements rendus par les tribunaux administratifs, le Conseil d'État a vu cette compétence presque totalement transférée aux cours administratives d'appel par les lois du 31 décembre 1987 et du 8 février 1995. Deux exceptions importantes cependant, concernant le **contentieux des élections municipales et cantonales**, que l'on estime devoir être réglé dans les plus brefs délais.

3) **Juge de cassation** des arrêts rendus par les cours administratives d'appel et les juridictions administratives spécialisées comme la Cour des comptes. C'est là désormais sa **compétence juridictionnelle de droit commun**, qui lui permet de maintenir l'unité de la jurisprudence administrative et, par là même, l'unité d'application du droit administratif par les juges administratifs.

Comme tout juge de cassation, il peut soit rejeter le pourvoi mal fondé en droit, soit casser l'arrêt qui aura fait une mauvaise application du droit et renvoyer l'affaire devant une cour administrative d'appel, conformément à la conception traditionnelle de la cassation[4]. Mais il peut aussi, et c'est là une compétence tout à fait exceptionnelle, conférée par la loi du 31 décembre 1987, juger directement l'affaire au fond dès lors que « l'intérêt d'une bonne administration de la justice le justifie ».

Doivent enfin être signalées les compétences accordées au Conseil dans le cadre de la **question prioritaire de constitutionnalité** par la révision constitutionnelle du 23 juillet 2008[5].

---

1. *Cf.* les commentaires de J. Arrighi de Casanova et J. H. Stahl in RFDA 2010.307 ; D. Chauvaux et J. Courtil in AJDA 2010.605.
2. Restriction apportée par le décret du 22 février 2010.
3. Un décret du 22 février 2010 vient en effet de supprimer la compétence de principe du CE, concernant le contentieux de ce type de décisions.
4. Juge de cassation, le CE est juge du droit, et non juge du fait. Une distinction apparemment simple, mais dont la mise en œuvre soulève nombre de difficultés. C'est ainsi que le CE, s'il examine l'exactitude matérielle des faits et leur qualification juridique, se refuse en revanche à contrôler, sauf dénaturation, l'appréciation des faits opérée par une CAA. *Cf.* par ex. CE 19 mars 2008, Gollnisch, AJDA 2008.821 et 1055 (refus de contrôler l'adéquation de la sanction à la faute commise par un fonctionnaire, en l'occurrence un professeur d'université).
5. *Cf.* infra § 197 bis.

Dans le cadre de ses diverses compétences juridictionnelles, le Conseil d'État a expédié près de 10 000 requêtes en 2007. Le délai moyen de jugement d'une affaire est désormais de 9 mois.

(38) F. Les « avis contentieux » du Conseil d'État

Le CE remplit aussi une **importante fonction consultative auprès des juridictions administratives. L'article 12 de la loi du 31 décembre 1987** autorise en effet les tribunaux administratifs et les cours administratives d'appel à renvoyer devant le Conseil d'État toute « question de droit nouvelle » soulevant une « difficulté sérieuse », susceptible de se poser dans de « nombreux litiges ». L'une des sous-sections du contentieux se prononce alors par un avis rendu dans les trois mois.

Ces « avis contentieux »[1] ne présentent certes aucun caractère obligatoire, mais le prestige du Conseil et l'éventualité d'un pourvoi en cassation se conjuguent pour leur conférer une autorité considérable qui dissuade visiblement les tribunaux et les cours de recourir à cette procédure[2].

III. Les recours

(39) A. Recours administratifs et recours contentieux

Les **recours administratifs** sont adressés à l'administration dite « active », c'est-à-dire à une **autorité administrative** comme le maire, le préfet, un président d'université ou un ministre. L'administré qui conteste la régularité ou l'opportunité d'une décision administrative et/ou invoque un préjudice causé par l'administration peut (et parfois doit) s'adresser préalablement à l'administration elle-même. Il a la possibilité de former un **recours gracieux** devant l'auteur de l'acte, ou un **recours hiérarchique** devant son supérieur (lorsqu'il en a un). Dans ces deux hypothèses, il en appelle à l'administration, à sa bienveillance et à sa bonté, et lui demande de reconsidérer librement sa décision.

Dans l'ordre administratif, les **recours contentieux** se font devant un **juge administratif**. L'administré peut alors contester :

1) <u>la décision d'une autre juridiction administrative</u>, par la voie de l'**appel** (du jugement d'un TA devant une CAA) ou de la **cassation** (d'un arrêt de CAA ou de la Cour des comptes devant le CE) ;

2) <u>la décision d'une autorité administrative</u> (maire, préfet, ministre...). Plusieurs catégories de recours s'offrent alors à lui :

1. Frier et Petit, *op. cit.*, p. 390.

2. 241 demandes entre le 1er janvier 1989, date d'entrée en vigueur de la loi du 31 décembre 1987, et l'année 2008. À rapporter aux 200 000 décisions de justice rendues par les TA et les CAA pour la seule année 2009. Sur cette question H. Bebrhali-Bernard, Les avis contentieux du CE : remarques sur 20 années de pratique, AJDA 2010.364.

– le **recours pour excès de pouvoir** (REP), ouvert, même sans texte, contre toute décision administrative, lui permettra d'en obtenir l'annulation en cas d'illégalité[1] ;

– le **recours de plein contentieux ou de pleine juridiction** lui permettra d'obtenir l'annulation, mais aussi la réformation de la décision administrative contestée, ainsi que la condamnation de l'administration à réparer le ou les préjudices causés. Le recours de plein contentieux aurorise donc le juge à « **substituer sa propre décision** à celle qui lui est déférée »[2]. Relèvent de cette voie de droit : le contentieux de la responsabilité administrative extra-contractuelle, celui des contrats administratifs, le contentieux fiscal et le contentieux électoral ;

– le **recours en interprétation ou en appréciation de la légalité** d'un acte administratif, dans le cadre d'une question préjudicielle[3] ;

– les **recours relevant du contentieux de la répression**, qui concernent essentiellement les contraventions de grande voirie réprimant les atteintes portées aux dépendances des domaines publics fluviaux, maritimes et ferroviaires, ainsi qu'aux installations de télécommunications.

(40) **B. La procédure administrative contentieuse**

La procédure administrative contentieuse (PAC) sera longtemps abandonnée au pouvoir réglementaire, seulement encadré par quelques principes généraux du droit (PGD) énoncés par le Conseil d'État. Ce constat est désormais dépassé[4], tant en raison du rôle joué par le législateur dans le Code de justice administrative (CJA), entré en vigueur le 1er janvier 2001, que des règles et principes édictés par le Conseil constitutionnel et la Cour européenne des droits de l'homme[5].

La procédure suivie devant le juge administratif est **écrite** (elle s'organise autour de « mémoires »), **inquisitoriale** (c'est-à-dire dirigée par le juge) et **contradictoire**[6]. La requête doit être enregistrée au greffe de la juridiction saisie ; le dossier est ensuite constitué par un juge-rapporteur (une sous-section d'instruction devant le Conseil d'État), qui prend toute mesure utile au jugement de l'affaire et, notamment, les demandes d'expertise. Le juge-rapporteur clôt son instruction en rédigeant un projet de décision transmis avec l'ensemble du dossier au rappor-

1. §§ 226 et s.

2. Chapus, t. 1, p. 774 (souligné par l'auteur).

3. § 19.

4. Le CE a cependant pris soin de réaffirmer la compétence générale du Premier ministre en la matière, dès lors que les mesures prises n'entrent pas dans le domaine de la loi (CE 17 déc. 2003, M. Meyet, RFDA 2004.191).

5. Règles et principes souvent semblables, mais non pas identiques, portant sur le droit à un procès équitable et à un recours effectif, le respect des droits de la défense, l'indépendance et l'impartialité du juge, le principe du contradictoire... *Cf.* not. §§ 29 et 35.

6. *Cf.* par ex. § 35, sur les conséquences du principe du contradictoire sur le statut et les fonctions du commissaire du gouvernement. *Cf.* aussi P. Idoux, « Vers un redéploiement de la contradiction en droit administratif français », AJDA 2009.637.

teur public (ex-commissaire du gouvernement), qui livrera éventuellement[1] ses « conclusions » devant une formation de jugement siégeant en audience publique. Celle-ci prendra sa décision au terme d'un « délibéré » qui n'est pas ouvert au public et auquel, sauf exception, le rapporteur public n'assiste plus[2]. Le jugement ou l'arrêt fera ensuite l'objet d'une « lecture » qui détermine la date de la décision de justice.

Rappelons enfin que le Conseil constitutionnel et le Conseil d'État ont refusé de consacrer le caractère nécessaire de l'appel et, donc, d'un double degré de juridiction[3].

III.1. Conditions de recevabilité

(41) ### Diversité

L'exercice des recours contentieux devant le juge administratif est soumis à certaines conditions de recevabilité. Les requêtes doivent être rédigées **en langue française**, comporter toutes indications nécessaires à l'identification de leur auteur et énoncer clairement les « **moyens** », c'est-à-dire les raisons de fait et de droit invoquées à l'appui des « conclusions » présentées devant le juge. Le ministère d'avocat (l'assistance d'un avocat) est en principe obligatoire[4]. La règle connaissait d'importantes exceptions, aujourd'hui en voie de réduction afin d'améliorer l'efficacité et la rentabilité de la justice. Dans certaines hypothèses, de plus en plus nombreuses (par exemple, en matière de marchés publics ou de recours de pleins contentieux), le recours contentieux doit obligatoirement être précédé d'un recours administratif : recours gracieux devant l'agent qui a pris la décision contestée, ou recours hiérarchique adressé à son supérieur[5].

Trois conditions de recevabilité présentent un intérêt particulier, qui portent sur l'auteur de la requête (A), l'acte attaqué (B) et le délai prescrit pour saisir le juge (C).

1. *Cf.* § 36. Un décret du 23 février 2010 applique à la justice administrative, le système de l'*amicus curiae*, personne susceptible d'éclairer le juge sur des questions particulièrement délicates – juridiques, mais aussi médicales, scientifiques, éthiques... *cf.* C. Brugnon, *L'amicus curiae, facteur de démocratisation du procès administratif*, AJDA 2011.1608.

2. Au terme d'un long « bras de fer » avec la CEDH, le rapporteur public (ex-commissaire du gouvernement) est désormais exclu du « délibéré », réserve faite du CE où il demeure présent, sauf demande contraire de l'une des parties (§ 35).

3. La question prioritaire de constitutionnalité doit faire l'objet d'un mémoire distinct.

4. Avocats aux conseils pour les recours devant le Conseil d'État, la Cour de cassation et le Tribunal des conflits.

5. Selon le CE, il existerait plus de 140 recours administratifs préalables obligatoires (RAPO), traduction de la volonté des pouvoirs publics de développer les procédures précontentieuses. Depuis la loi du 17 mai 2001, dite de simplification du droit, les décisions obtenues dans le cadre d'un RAPO doivent être notifiées avec les délais prescrits et les voies de recours ouvertes ; les décisions de rejet doivent être motivées.

A. L'intérêt pour agir du requérant

(42) Qualité et intérêt pour agir

Apparemment voisines, ces deux notions n'en doivent pas moins être soigneusement distinguées, dès lors que telle ou telle qualité invoquée par le requérant ne lui donnera pas nécessairement un intérêt pour agir, lui ouvrant l'accès au juge administratif. Un intérêt qui doit être **réel**, **direct**, **personnel**, **légitime** et **certain**.

C'est ainsi, par exemple, que la seule qualité de contribuable national[1] ou de parlementaire[2] ne se traduit pas par un intérêt pour agir présentant les attributs précédemment énumérés. Bien évidemment, la seule qualité de tiers ne permet pas non plus d'accéder au juge. Une jurisprudence ancienne, qui a pour objet de leur interdire de s'immiscer dans l'organisation et le fonctionnement du service public en contestant, par exemple, l'insuffisance de la sanction disciplinaire infligée par l'administration à un agent qui leur aurait causé un préjudice[3].

La jurisprudence récente du CE s'est faite plus stricte, restreignant l'accès au juge dès lors que l'absence d'intérêt pour agir est un **moyen d'ordre public**, susceptible d'être soulevé par le juge à tout moment de l'instance. Trop systématiques, les seules qualités d'usager du service public ou de contribuable local, autrefois suffisantes pour garantir l'accès au juge, s'effacent de la sorte devant la recherche plus concrète et exigeante d'un intérêt pour agir réel, direct, personnel, légitime et certain[4].

L'intérêt pour agir doit bien entendu être **légal**. Le Conseil d'État déclarera irrecevable une requête présentée par une association de défense des droits des militaires, « groupement professionnel à caractère syndical constitué en méconnaissance des dispositions de l'article L 4121-4 du Code de la défense », qui les déclare « incompatibles avec les règles de la discipline militaire »[5].

---

1. *Cf.* par ex. CE 23 nov. 1988, Dumont, R. 418 ; 26 juillet 2011, Stroussi, AJDA 2011.1959, note P. Cassia.
2. Solution traditionnelle confirmée par CE 23 nov. 2011, M. Masson, AJDA 2011.2317 et 2012.781, note P. Brunet. Le CE fait ici primer sa volonté de ne pas s'immiscer dans les relations entre le Parlement et le gouvernement, sur l'obligation constitutionnelle d'adopter les règlements nécessaires à l'application des lois.
3. CE 17 mai 2006, Bellanger, R. 257 : défaut d'intérêt pour agir d'un tiers, victime d'un accident de circulation provoqué par un agent public en état d'ébriété.
4. CE 11 mai 2011, soc. Lyonnaise des eaux, AJDA 2011.2027, note B. Rousseau. Une décision qui revient sur une vieille jurisprudence posée par CE 29 mars 1901, Casanova, R. 333 ; S. 1901.3.73, note Hauriou (recours des contribuables d'une commune contre la création d'un service médical municipal) et CE 21 déc. 1906, ass. des propriétaires et contribuables du quartier Croix de Séguey- Tivoli, R. 962, concl. Romieu (recours contre la suppression d'une ligne de tramway). Sur cette question, *cf.* aussi E. Langelier, Nouvelles variations sur l'intérêt pour agir dans le recours en annulation, AJDA 2012.417.
5. CE 31 décembre 2008, Ass. de défense des droits des militaires, AJDA 2009.148. Le CE estime cette disposition compatible avec l'article 11 de la Conv. EDH consacrant les libertés de réunion et d'association : « [...] ; qu'eu égard aux exigences qui découlent de la discipline militaire et des contraintes inhérentes à l'exercice de leur mission par les forces armées, les dispositions précitées [...] constituent des restrictions légitimes au sens de ces stipulations de l'article 11 ».

L'intérêt pour agir peut être **moral** aussi bien que **matériel, individuel** ou **collectif**[1]. Les requérants peuvent être des personnes physiques, usagers des services publics ou agents publics, ou des personnes morales : collectivités locales, établissements publics, associations ou syndicats...

B. L'acte attaqué

(43) Décision d'une juridiction administrative ou acte administratif

Les recours portés devant le juge administratif peuvent être intentés contre des **jugements** – principalement par la voie de l'appel ou de la cassation – ou des actes administratifs : décisions administratives (DAU) pour le recours pour excès de pouvoir (REP) ; décisions ou contrats administratifs pour le recours de plein contentieux. L'intervention du juge se trouve alors subordonnée à deux ordres de considérations qui semblent relever de l'évidence, mais qui n'en soulèvent pas moins certaines difficultés : il faut une décision, administrative qui plus est[2].

1. La règle de la décision préalable

(44) Une décision administrative unilatérale

Pour être recevable, le recours doit être dirigé contre une décision, c'est-à-dire à une manifestation de volonté unilatérale de l'administration. Dans un souci de précision, la doctrine utilise l'expression de **décision administrative unilatérale** (DAU). Elle peut être écrite, verbale[3] ou même gestuelle[4], explicite ou **implicite**. Dans ce dernier cas, le silence gardé par l'administration pendant **deux mois** sur une demande présentée par un administré vaut décision de rejet[5]. Le recours de plein contentieux peut aussi venir sanctionner un comportement de l'autorité administrative que le requérant ne peut attaquer directement. Il lui faut obtenir en premier lieu une décision **(règle de la décision préalable)** par la voie d'un recours administratif, décision qui lui permet seule de « lier le contentieux ».

Enfin, pour des raisons essentiellement pratiques tenant à la volonté de ne pas submerger le juge administratif sous des dizaines de milliers de recours, certaines décisions, bien qu'ayant une incidence certaine sur la situation des usagers, ne peuvent être contestées devant lui. Tel est le cas, notamment, des décisions prises par les jurys d'examen ou de concours[6].

---

1. CE 28 décembre 1906, Synd. des patrons coiffeurs de Limoges, R. 977, concl. Romieu, S 1907.3.23.
2. Pour les contrats administratifs, *cf.* § 178 et s.
3. L'ordre de présenter ses papiers, donné par un agent de police.
4. L'ordre d'avancer ou de s'arrêter, donné par un agent de police au conducteur d'un véhicule ou à un piéton.
5. Loi du 12 avril 2000, art. 21, modifiant la loi du 17 juillet 1900, qui établissait un délai de 4 mois. La règle connaît, bien entendu, de nombreuses exceptions.
6. Solution traditionnelle, rappelée par CE 27 juin 2007, M. Lesourd, AJDA 2007.2130.

(45) Une décision « faisant grief » : l'exclusion des mesures d'ordre intérieur

Le juge exige une **décision « faisant grief »**, qui modifie ou refuse de modifier l'ordre juridique existant et emporte donc certaines conséquences sur la situation du requérant. Les décisions confirmatives d'un acte[1], les mesures préparatoires d'une décision administrative telles que des avis, recommandations ou propositions faites par l'administration ne font pas « grief » et ne peuvent donc être attaquées devant le juge administratif[2].

Pour cette même raison, les mesures dites « d'ordre intérieur » échappent elles aussi au contentieux.

1°) Les innombrables **circulaires** prises par tout chef de service ne font pas grief, dès lors qu'elles ne présentent pas de caractère impératif[3]. Un arrêt du conseil d'État en date du 18 décembre 2002, Me Duvignères[4], est en effet revenu pour partie sur la jurisprudence traditionnelle opposant circulaires interprétatives (légales) et réglementaires (illégales, puisque prises par une autorité incompétente[5]). Le juge distingue désormais nettement les questions de recevabilité et de légalité. Une circulaire, même interprétative, constitue aujourd'hui une décision faisant grief, dès lors qu'elle contient des dispositions impératives formulant une obligation[6]. Ce n'est qu'ensuite que le juge s'intéresse à leur légalité, qui ne s'apprécie plus seulement au regard du texte (loi ou décret) interprété, mais en rapport avec l'ensemble de la hiérarchie des normes. L'illégalité peut ainsi consister dans l'édition d'une règle nouvelle, mais aussi dans le simple rappel d'une règle contraire au droit.

La **loi du 17 juillet 1978** avait certes prévu la publication des circulaires, directives et autres instructions de service et le décret du 28 novembre 1983, ouvert la faculté pour les administrés d'en invoquer le contenu. Des dispositions

1. CE 28 mars 1952, Martin, Piteau et L'Huillier, R. 198, RDP 1952.487, concl. Donnedieu de Vabres.

2. Les **recommandations** de la Halde (Haute autorité de lutte contre les discriminations et pour l'égalité) ou du médiateur de la République, Autorité administrative indépendante (AAI) remplacées en 2011 par le défenseur des droits, étaient ainsi considérées comme de simples avis, et non comme des décisions faisant grief. De même, les vœux émis par l'assemblée délibérante d'une collectivité locale ne sont pas des décisions faisant grief (CE 30 déc. 2009, Dépt du Gers, AJDA 2010-734).

3. **CE 18 décembre 2002, Me Duvignères** (RFDA 2003.280, concl. Fombeur), revenant pour partie sur une jurisprudence traditionnelle posée par un décision du CE du 29 janvier 1954, Institution Notre-Dame du Kreisker, R. 64. Sur cette question, *cf.* not. G. Koubi, Distinguer « l'impératif » du « réglementaire » au sein des circulaires interprétatives, RDP 2004.499.

4. GAJA et RFDA 2003.280, Concl. Fombeur.

5. CE 29 janv. 1954, institution Notre-Dame du Kreisker, R. 64. Sauf texte contraire, le ministre ne dispose pas, en effet, du pouvoir réglementaire. *Cf.* § 213 et s.

6. Cf. les « observations » des GAJA : « (...) ce n'est pas parce qu'une circulaire donne une interprétation des textes applicables qu'elle ne fait pas grief. La solution dépend non de son objet (l'interprétation) mais de son effet (l'obligation) ». Une circulaire même interprétative peut en effet ordonner ou commander l'application des règles concernées. Cf. aussi G. Koubi, Distinguer « l'impératif » du « réglementaire » au sein des circulaires interprétatives, RDP 2004-499.

peu et mal appliquées, qui n'avaient guère contribué à la disparition de ce qui apparaît aux yeux de nombre de requérants comme un **véritable « droit souterrain »**[1]. Un décret du 8 juin 2006 est finalement venu abroger le décret de 1983, et un décret du 8 décembre 2008, sans revenir sur l'obligation de publication instaurée en 1978, impose désormais – sous peine d'inopposabilité aux administrés – la mise en ligne de toutes les circulaires ministérielles sur un site Internet relevant du Premier ministre[2].

2°) Les **directives**, qui définissent certains critères autorisant un traitement plus rapide et plus égalitaire de décisions en série, ne peuvent non plus être discutées devant le juge administratif dès lors qu'elles n'excluent pas l'examen particulier de chaque dossier[3].

3°) Il en va de même pour les **instructions de service**, particulièrement nombreuses dans l'Éducation nationale, la Défense nationale et l'administration pénitentiaire, qui doivent elles aussi être publiées sur le site internet du Premier ministre[4]. Bien que produisant parfois certains effets sur les administrés, elles seront longtemps ignorées du juge en raison de leur portée – censément négligeable – et comme relevant d'un ordre interne à l'administration[5]. Le champ de cette immunité juridictionnelle s'est cependant considérablement réduit ces dernières années, expression du renforcement des droits des administrés et d'une jurisprudence très protectrice de la Cour européenne des droits de l'homme, portant sur le droit à un procès équitable et à un recours effectif (art. 6-1 et 13 Conv. EDH).

Dans le **domaine scolaire**, le Conseil d'État a ainsi admis la recevabilité d'un recours dirigé contre le règlement intérieur d'un collège interdisant le port du « foulard islamique »[6], tout en maintenant la distinction entre sanctions et punitions. N'étant pas inscrites sur le livret scolaire, ces dernières n'exercent aucune influence sur la scolarité ultérieure de l'enfant et ne font donc pas grief[7].

1. P. Combeau et S. Formery, « Le décret du 8 décembre 2008 : un nouvel éclairage sur le "droit souterrain" ? », AJDA 2009.809.

2. Décret n 2008-1281 du 8 décembre 2008 relatif aux conditions de publication des instructions et circulaires, *JO* 10 déc. 2008. La mesure s'applique aux circulaires déjà en vigueur, qui sont « réputées abrogées si elles ne sont pas reprises sur le site mentionné à l'article 1 ». En revanche, **le décret ne concerne que les circulaires ministérielles**, à l'exclusion des autres circulaires ou des directives.

3. **CE 11 décembre 1970, Crédit foncier de France**, R. 750, concl. Bertrand.

4. Décret du 8 déc. 2008. Le CE a étendu cette obligation de publication aux instructions ministérielles non écrites, CE 16 avril 2010, M. Azelvanche, AJDA 2010.813.

5. Jurisprudence presque aussi ancienne que le CE. *Cf.* CE 17 janvier 1814, Siebert et Pleyel, R. I p. 503, rejetant le recours dirigé contre deux « actes » du ministre des Finances, qui n'étaient « évidemment, de leur nature, que des instructions adressées à la régie pour guider les préposés dans le mode de perception, et pour fixer l'attitude de l'administration sur le sens dans lequel elle doit défendre les dispositions de la loi devant les tribunaux ».

6. CE 2 novembre 1992, Khérouaa, R. 389, RFDA 1993.112, concl. Kessler. Jurisprudence abandonnée après l'adoption de la loi du 15 mars 2004, qui interdit le port de tout signe religieux **ostensible** dans les écoles, collèges et lycées publics. *Cf. infra* § 104.

7. CE 8 mars 2006, Fédération des conseils de parents d'élèves des écoles publiques, AJDA 2006.1107, concl. Keller.

Dans le **domaine militaire**, en revanche, les recours dirigés contre les « simples » punitions disciplinaires sont désormais recevables, en raison de leurs conséquences sur la situation de ces agents[1].

Mais c'est certainement dans le **domaine pénitentiaire** que les avancées réalisées ont été les plus remarquables, tant pour ce qui est des conditions d'engagement de la responsabilité de l'administration[2] que de la réduction drastique du nombre des mesures d'ordre intérieur : la punition de cellule[3], le placement en isolement[4], le transfert d'une maison centrale à une maison d'arrêt[5] ou la décision limitant le nombre de personnes admises au parloir[6] sont désormais considérés comme des décisions faisant grief. Le juge ne s'attache plus seulement aux conséquences juridiques de la mesure, mais à sa nature et à ses conséquences matérielles sur la situation concrète des détenus, sachant que toute mesure mettant en cause un droit ou une liberté fondamentale peut dorénavant être contestée devant le juge[7]. L'influence de la CEDH s'est montrée ici déterminante, qui a conduit en quelques années à la mise en place d'un « véritable droit commun européen de la détention »[8].

2. Une décision administrative

(46) Les limites du critère organique

Si le principe est simple – la décision administrative est, *a priori*, une décision édictée par une autorité administrative – son application l'est moins. Certaines décisions de l'administration peuvent en effet relever de la compétence du juge judiciaire et, à l'inverse, des personnes n'appartenant pas à l'administration sont susceptibles de prendre, sous certaines conditions, des actes relevant de la compétence du juge administratif. C'est là, pour partie, l'une des manifestations de la remise en cause du critère organique par le phénomène de **privatisation** de

1. CE Ass. 17 février 1995, Hardouin, R. 83, concl. Frydman : recevabilité du recours contentieux dirigé contre une punition se traduisant par 10 jours de mise aux « arrêts ».
2. Désormais mise en cause pour faute simple, et non plus pour faute lourde (§ 266).
3. CE Ass. 17 février 1995, Marie, R. 83.
4. CE 30 juillet 2003, Remli, R. 366.
5. CE 9 avril 2008, Rogier, AJDA 2008.1827, note D. Costa.
6. CE 26 nov. 2010, Min. État, Garde des sceaux, min. justice et lib., AJDA 2010.2285.
7. CE Ass. 14 décembre 2007, MM. Planchenault, Boussouar et Payet (3 esp.), AJDA 2008.128 ; RFDA 2008.87. Bien entendu, « l'exercice de ces libertés est subordonné aux contraintes inhérentes à (la) détention » (CE 27 mai 2005, sect. française de l'OIP, R. 232), et encore faut-il qu'il y ait atteinte à une liberté fondamentale. Tel n'est pas le cas de l'objectif de réinsertion sociale des détenus (CE 19 janv. 2005, M. Chevallier), du « droit à la santé », selon l'expression curieuse et inexacte du CE (8 sept. 2005, M. Bunel, R. 388), ou de la liberté de réunion (CE 27 mai 2005 sect. fr. de l'OIP, préc.). Sur cette question, voir le dossier spécial de l'AJDA, consacré au droit pénitentiaire (n° 8, pp. 403 et s).
8. B. Belda, « L'innovante protection des droits du détenu élaborée par le juge européen des droits de l'homme », AJDA 2009.406. *Cf.* not. CEDH 21 février 1975, Golder c/ RU (droit au procès équitable) ; 27 avril 1988, Boyle et Rice c / RU et 4 juillet 2006, Ramirez Sanchez c/ France (droit à un recours effectif) ; 12 juin 2007, Frérot c/ France (liberté de correspondance)...

l'administration française, qui conduit à la dissociation partielle du droit administratif et du droit de l'administration[1].

(47) **Les restrictions apportées à la compétence du juge administratif**

L'application du critère organique devrait conduire à **inclure toutes les décisions prises par une autorité administrative**. Le principe connaît cependant d'**importantes exceptions** :

1) **les décisions présidentielles de l'article 16C**, portant sur une matière qui relèverait en temps ordinaire de la compétence du législateur, sont ainsi considérées comme prises dans l'exercice du pouvoir législatif, et ne peuvent donc être contestées devant le juge administratif[2] ;

2) les actes de gouvernement. Ces actes bénéficient d'une véritable **immunité juridictionnelle**, dès lors qu'ils ne peuvent être attaqués devant aucun juge, administratif aussi bien que constitutionnel ou de droit commun. Il y a là une exception acceptée à la théorie de l'État de droit et à l'application de l'article 13 de la Convention européenne des droits de l'homme, qui garantit à toute personne l'existence d'un recours effectif contre toute décision portant atteinte à ses droits et libertés.

Au XIXe siècle, cette immunité trouvait sa justification dans le **mobile politique** qui aurait présidé à l'édiction de ces actes. Cette théorie dangereuse, susceptible de recouvrir bien des abus, fut abandonnée à la fin du second Empire et au début de la IIIe République[3], le juge et la doctrine se contentant désormais de dresser la liste des actes de gouvernement reconnus comme tels par la jurisprudence du Conseil d'État.

ACTES DE GOUVERNEMENT	
Dans l'ordre interne	Dans l'ordre international
– Décrets du PR portant convocation ou clôture des sessions extraordinaires du Parlement. – Décrets du PR décidant de la dissolution de l'Assemblée nationale. – Décrets de promulgation de la loi. – Décrets du PR demandant une nouvelle délibération de la loi. – Décrets du PR décidant de soumettre un projet ou une proposition de loi au référendum. – Décrets du PR décidant de l'application de l'article 16C. – Décrets de nomination du Premier ministre et de constitution du gouvernement. – Décrets de nomination d'un membre du Conseil constitutionnel. – Décisions du PR (ou du Premier ministre) de saisir (ou de ne pas saisir) le Conseil constitutionnel...	– **Toutes les mesures susceptibles d'être rattachées à la conduite des relations diplomatiques de la France** (ex. : toutes les mesures relatives à la négociation ou à l'exécution d'un accord international). **ATTENTION : ne sont pas considérés comme des actes de gouvernement :** – les traités et accords internationaux eux-mêmes ; – les actes détachables de la conduite des relations diplomatiques de la France tels que les décisions d'expulsion ou d'extradition, les interdictions d'exportation, les demandes de permis de construire déposées par un État étranger...

1. § 3.
2. **CE Ass. 2 mars 1962, Rubin de Servens**, R. 143, RDP 1962.288, concl. Henry. *Cf. infra* §§ 219 et 224.
3. CE 19 février 1875, Prince Napoléon, R. 155, concl. David.

Près d'un siècle plus tard, le commissaire du gouvernement Célier avancera la théorie dite « de l'acte mixte » pour tenter de justifier cette solution. L'incompétence du juge administratif résulterait de la nature particulière des actes de gouvernement, accomplis « par le pouvoir exécutif dans ses relations avec une autorité échappant au contrôle du juge administratif »[1]. Pertinente pour ce qui est des actes accomplis en relation avec le Parlement, le Conseil constitutionnel ou un autre État, cette interprétation ne peut malheureusement rendre compte des actes de gouvernement internes à l'exécutif (*cf.* tableau). La seule « explication » semble alors résider dans le fait que ces actes de gouvernement illustreraient, comme leur nom l'indique, l'exercice d'une activité gouvernementale distincte de l'activité administrative. Une théorie peu satisfaisante, qui abandonne la définition et la délimitation d'une fonction étatique fort importante au seul juge administratif, qui en trace et en rectifie le périmètre au gré de sa jurisprudence ;

3) certains actes pris par des personnes publiques chargées de la gestion d'un service public industriel et commercial[2] ;

4) les actes de gestion du domaine privé des personnes publiques, c'est-à-dire de leurs biens immobiliers (forêts, bâtiments, routes...) qui ne se trouvent pas affectés à l'usage direct du public ou à celui d'un service public avec, dans cette dernière hypothèse, la condition supplémentaire d'un aménagement indispensable[3]. Le juge administratif a toujours refusé d'ériger cette activité en service public, et renvoyé au juge judiciaire la connaissance des mesures qui ne sont l'expression d'aucune activité proprement publique et qui ne mettent en œuvre aucune prérogative de puissance publique[4] ;

5) les actes pris par une autorité administrative, mais dénaturés par la commission d'une voie de fait ou présentant le caractère d'une emprise irrégulière[5].

(48) Les extensions apportées à la compétence du juge administratif

L'application du critère organique devrait entraîner l'exclusion des décisions et litiges **extérieurs à l'administration**. Une fois encore, le principe s'accompagne d'importants accommodements :

1. Concl. Sur CE 28 mars 1947, Gombert, S. 1947.3.89.
2. § 135.
3. Article L 2111-1 du Code des propriétés publiques.
4. Le contentieux des actes de gestion de ce domaine relève donc du juge judiciaire (CE 7 déc. 1844, Finot, R. 629 ; TC 24 oct. 1994, Duperray et SCI Les Rochettes) ; les agents sont des salariés de droit privé (TC 15 janv. 2007, Me Ourahmoune C., Ville de Paris, R. 606) et les actions en responsabilité doivent être portées devant le juge civil (TC 22 oct. 2008, Mlle Doucedame c/dpt des Bouches-du-Rhône, R. 607).
5. §§ 17 et 18.

1) Lois et autres actes des assemblées parlementaires[1]. Concernant les **lois**, la règle connaît de notables exceptions. Le juge administratif peut vérifier l'existence de la loi, l'interpréter, et engager la responsabilité de l'État du fait des lois[2]. Il n'hésite plus non plus à contrôler la **compatibilité d'une loi avec une convention internationale**[3] et participe désormais au contrôle *a posteriori* de la constitutionnalité des lois, dans la cadre de la QPC prévue par la révision constitutionnelle du 23 juillet 2008[4]. Une ordonnance du 17 novembre 1958 prévoit aussi la compétence du juge administratif pour les litiges individuels concernant les agents titulaires recrutés par les assemblées, la réparation des dommages causés par leurs services et leurs « litiges individuels en matière de marchés publics ».

2) Actes relatifs au service public de la justice. La justice judiciaire présentant la spécificité d'être un service public séparé de l'administration, la jurisprudence met en œuvre une solution de compromis en distinguant les actes relatifs à l'**organisation** de la justice, relevant du juge administratif, des mesures portant sur le **fonctionnement** du service, renvoyées devant le juge judiciaire[5].

3) Certains actes pris par des **personnes privées gérant un service public**, administratif ou industriel et commercial[6].

C. Les délais

(49) Principe

Le délai de droit commun pour attaquer une décision administrative devant une juridiction administrative est de **deux mois**[7]. C'est là un délai assez bref, qui s'efforce de concilier les exigences des **principes de légalité et de sécurité juridique** – le premier exigeant l'allongement des délais pour assurer un meilleur respect du droit, et le second, leur raccourcissement afin de préserver les situations acquises. Le délai est dit « franc », dès lors que le jour du déclenchement et le jour de l'expiration ne sont pas comptabilisés[8].

Pour « courir », le délai doit être déclenché par une **mesure officielle de publicité** : publication sur papier ou par voie électronique, affichage, notification, transmission au préfet pour les actes des collectivités locales soumis à cette

1. CE ord. 28 mars 2011, M. Gremetz, AJDA 2011.648 : incompétence du juge administratif pour connaître des sanctions infligées par une assemblée parlementaire à l'un de ses membres.
2. § 288.
3. §§ 201 et 202.
4. § 197 bis
5. § 14.
6. §§ 137 et 139.
7. Art. R 421-1 CJA.
8. Pour un décret publié le 1er avril, le délai ne commence à courir qu'à compter du 2 avril 0 heure, et reste ouvert jusqu'au 2 mai, 24 heures. Le délai est repoussé d'une journée lorsqu'il se termine un dimanche ou un jour férié.

obligation. Pour les décisions faisant l'objet d'une **notification** (ce qui exclut les décisions réglementaires et les décisions implicites), « les délais de recours ne sont opposables qu'à la condition d'avoir été mentionnés ainsi que les voies de recours dans la notification de la décision »[1]. Si ces formalités n'ont pas été accomplies, le délai ne peut « courir », et l'acte administratif peut être attaqué à toute époque. De manière semblable, lorsqu'une demande portée devant l'administration doit faire l'objet d'un accusé de réception, celui-ci doit obligatoirement comporter certaines précisions (délai de prise de décision, service responsable...), faute de quoi les délais de recours ne seront pas opposables à l'administré.

Pour les **décisions implicites de rejet**, obtenues lorsque l'administration garde le silence pendant deux mois, le délai du recours contentieux commence à courir le lendemain du jour où la décision implicite est acquise[2]. Une exception importante mérite d'être citée, relative au **contentieux de pleine juridiction, où les décisions implicites de rejet sont susceptibles d'être attaquées à toute époque**[3].

Enfin, le délai du recours contentieux peut être prorogé par l'exercice d'un recours administratif préalable[4], ou en cas de demande incomplète adressée à l'administration[5].

(50) Conséquences

L'expiration du délai de recours ne laisse cependant pas l'administré démuni de tout moyen d'action. Il existe en effet des **recours recevables sans condition de délai** à l'encontre de certains actes : actes inexistants[6], décisions implicites de rejet contestées par la voie du plein contentieux, actes rattachables à l'exécution de travaux publics.

Surtout, pour ce qui est des **actes réglementaires**, le requérant pourra toujours en réclamer l'**abrogation** à l'administration[7], ou invoquer l'**exception d'illégalité** à l'appui d'un recours intenté contre une mesure d'application lui faisant grief. Déclaré illégal par le juge, le règlement ne sera pas annulé comme dans le cadre d'un recours pour excès de pouvoir dirigé directement contre lui, mais son application sera paralysée en l'espèce, entraînant l'annulation de la décision individuelle.

Concernant les **actes non réglementaires, l'exception d'illégalité est irrecevable** ; l'administré pourra alors seulement intenter un recours de plein contentieux, pour obtenir réparation du préjudice qu'il prétend avoir subi.

1. Art. R 421-5 CJA.
2. Loi du 12 avril 2000.
3. Art. R 421-3 CJA.
4. § 39. Dans certaines hypothèses (marché public, plein contentieux), un recours administratif préalable est obligatoire.
5. Loi du 12 avril 2000.
6. C'est-à-dire entaché d'une illégalité considérée comme particulièrement importante par le juge : décisions prises par un organisme dépourvu de toute existence légale, voies de fait...
7. § 175.

III.2. Caractère non suspensif

(51) A. Principe

L'administration étant censée agir dans un but d'intérêt général, ses décisions bénéficient d'une présomption de légalité et sont donc immédiatement applicables. Pour traduire cette situation, la doctrine évoque l'idée que l'autorité administrative disposerait du **privilège du préalable** et que ses décisions présenteraient un **caractère exécutoire**. Cette dernière qualité, érigée par le Conseil d'État au rang de « règle fondamentale du droit public »[1], ne doit pas prêter à confusion : la décision administrative doit certes être exécutée, mais elle ne peut l'être par la contrainte. Fort heureusement, l'**exécution forcée** demeure une exception dans le droit administratif français[2].

Ce privilège du préalable conféré à l'administration, le caractère exécutoire de ses décisions, expliquent que **les recours intentés devant le juge administratif ne présentent pas de caractère suspensif**[3]. L'acte administratif peut être exécuté alors même qu'il se trouve attaqué devant une juridiction administrative, tant que celle-ci ne l'aura pas annulé ou que l'administration ne l'aura pas retiré ou abrogé[4].

(52) B. Exception : l'ancien sursis à exécution

Récemment encore, le principe du caractère non suspensif des recours formés devant le juge administratif ne connaissait qu'un correctif timide : le sursis à exécution, **requête accessoire** d'une demande d'annulation ou de réformation, qui permettait de suspendre l'exécution d'une décision administrative avant le prononcé d'un jugement sur le fond.

Le sursis n'était cependant accordé que dans des hypothèses rarissimes, sa mise en œuvre se trouvant subordonnée à l'invocation par le requérant d'un ou de plusieurs moyens « sérieux » annonçant une annulation presque certaine, et à la perspective d'un préjudice irréparable ou très difficilement réparable dans l'hypothèse où la décision administrative serait exécutée. Surtout, l'octroi du sursis à exécution demeurera toujours une simple faculté pour le juge administratif, qui pouvait refuser de le prononcer alors même que ces deux conditions se trouvaient réunies[5].

---

1. CE Ass. 2 juillet 1982, Huglo, R. 257 ; AJDA 1982.657, concl. J. Biancarelli, note B. Lukaszewicz. La Cour de cassation a ainsi refusé de transmettre une QPC portant sur le privilège du préalable et l'exécution d'office, l'estimant dénuée de tout caractère sérieux (Civ. 2e, 12 oct. 2011, AJDA 2011.1980).

2. § 172.

3. Les procédures d'appel devant les cours administratives d'appel ne présentent en conséquence aucun caractère suspensif (art. R 811-4 du Code de justice administrative, CJA). Deux exceptions, toutefois, concernant **les appels formés devant le CE dans le contentieux des élections municipales et cantonales** (art. L 250 et L 223 CJA).

4. La CEDH estime elle aussi que l'effectivité des recours, garantie par l'art. 13 conv. EDH, n'implique pas leur caractère suspensif (*cf.* par ex. CEDH, 30 juin 2011, M. De Souza Ribeiro c/ France, AJDA 2011.1348).

5. CE Ass. 13 février 1976, association de sauvegarde du quartier Notre-Dame à Versailles, R. 100.

(53) C. Exception : le référé-suspension

La volonté d'accroître la protection accordée aux administrés a finalement conduit le législateur à instituer une procédure plus libérale : le référé-suspension. Toujours dans le cadre d'un recours en annulation ou en réformation dirigé contre une décision administrative, la **loi du 30 juin 2000** autorise le juge des référés, juge en principe unique, à en suspendre l'exécution dès lors qu'il y a **urgence** et que le requérant invoque « un moyen propre à créer un **doute sérieux** quant à la légalité de la décision ».

La condition tenant au caractère irréparable (ou difficilement réparable) du préjudice se trouve donc abandonnée, et le « doute sérieux », beaucoup plus compréhensif, se substitue désormais au « moyen sérieux » exigé par l'ancien sursis à exécution[1]. Si le juge des référés n'est jamais tenu d'ordonner la suspension de l'exécution d'une décision administrative[2], cette mesure ne présente plus aujourd'hui de caractère exceptionnel[3]. Il en est ainsi, notamment, dans le contentieux des permis de construire ou dans celui des expulsions d'étrangers du territoire français.

Dans certains contentieux spécifiques, les conditions prévues par la loi pour obtenir la suspension de la décision administrative sont encore plus libérales. Ainsi, dans le cadre du contrôle administratif exercé sur les collectivités territoriales, le préfet bénéficie d'un référé dispensé de la condition tirée de l'urgence. Mieux encore, dans certains domaines comme l'urbanisme, les marchés publics ou les contrats de délégation du service public, la demande préfectorale suspend automatiquement les effets de l'acte administratif pour une durée maximale d'un mois. Enfin, pour les mesures susceptibles de compromettre l'exercice d'une liberté publique ou individuelle, la décision du juge doit intervenir dans les 48 heures[4].

(54) D. Exception : le référé-liberté

Instituée elle aussi par la **loi du 30 juin 2000**, cette procédure autorise le juge administratif des référés à ordonner, en cas d'urgence et dans les **quarante-huit heures**, « toutes mesures nécessaires à la sauvegarde d'une liberté fondamentale à laquelle (l'administration) aurait porté, dans l'exercice de ses pouvoirs, une atteinte grave et manifestement illégale ». Les pouvoirs accordés au juge sont très larges, l'expression « toutes mesures nécessaires » incluant non seulement la

1. **Le sursis à exécution ne subsiste plus qu'à l'encontre des décisions juridictionnelles,** comme accessoire d'un appel (art. R 811-15 CJA) ou d'un pourvoi en cassation (art. R 821-5 CJA).

2. Loi du 30 juin 2000, devenue l'article L 521-1 CJA : « Le juge des référés *peut* ordonner la suspension [...] ». Certaines procédures de référé très spécifiques existaient antérieurement à la loi du 30 juin 2000 : référé précontractuel, référé-conservatoire, référé-provision et référé-instruction. Ils ont été maintenus, dès lors qu'ils ne concernent pas les mêmes actes ou ne permettent pas d'obtenir les mêmes effets.

3. Près de 11 000 référés-suspension par an. Ssur toutes ces questions : X. Domino et A. Bretonneau, *Dix ans d'urgence*, AJDA 2011.1369.

4. Art. L 2131-6 CGCT.

capacité de **suspendre** les effets de l'acte administratif, mais aussi celle d'adresser des **injonctions** (de faire ou de défaire) à l'administration.

L'octroi de ce référé demeure toujours une **simple faculté** pour le juge[1], alors même qu'il se trouve subordonné à la réunion de **quatre conditions** assez contraignantes : l'**urgence**, une **atteinte grave et manifestement illégale** – exigence beaucoup plus stricte que le « doute sérieux » nécessaire à la mise en œuvre du référé-suspension[2] – à l'**exercice d'une liberté fondamentale**, notion plus restreinte que ne le pensent nombre de requérants. Si la liberté d'expression et de communication[3], la liberté d'aller et venir[4], le droit de propriété[5], le droit au respect de la vie[6] et de la vie privée[7], le droit de mener une vie familiale normale[8], le droit d'asile[9] ou le droit à l'hébergement d'urgence[10] constituent bien des libertés fondamentales au sens de la loi du 30 juin 2000, il n'en va pas de même pour le « droit au logement »[11] ou le « droit à la santé »[12].

Enfin, **cette atteinte doit être portée par l'administration « dans l'exercice de ses pouvoirs »**. Ce dernier élément permet de différencier le référé-liberté de la **voie de fait**, qui sanctionne un comportement « manifestement insusceptible de se rattacher à l'exercice d'un pouvoir confié à l'administration »[13]. **L'emprise**

1. Loi du 30 juin 2000, devenue l'article L 521-2 CJA : « [...] le juge des référés *peut* ordonner toutes mesures nécessaires ». **Le référé-liberté n'étant pas suspensif de plein droit, la CEDH estime qu'il ne constitue pas un recours effectif** au sens de l'article 13 de la Conv. EDH (CEDH 26 avril 2007, G c / France, AJDA 2007.940).

2. Ainsi, la légalité douteuse d'une procédure ne donne pas accès au référé-liberté (CE ord. 28 octobre 2011, SARL PCRL exploitation, AJDA 2011.2098).

3. CE 24 février 2001, Tibéri, R. 85 (débat télévisé dans le cadre de la campagne pour les élections municipales de 2001).

4. CE 9 janvier 2001, Deperthes, R. 1 (refus de passeport).

5. CE 29 mars 2002, SCI Stéphaur, R. 117 (le refus de l'administration d'exécuter une décision d'expulsion à l'encontre de squatters peut, dans certaines circonstances, constituer une atteinte grave et manifestement illégale à l'exercice d'une liberté fondamentale, ici le droit de propriété).

6. CE 16 nov. 2011, Ville de Paris, SEM Pariseine, AJDA 2011.2207.

7. CE 25 octobre 2007, Me Y, AJDA 2007.2035.

8. CE 30 octobre 2001, Me Tliba, R. 523 (expulsion d'une femme accusée de trafic de drogue).

9. CE 15 février 2002, Hadda, RFDA 2002.436.

10. CE ord. 10 fév. 2012, M. Fofana, AJDA 2012.716, note A. Duranthon.

11. CE 3 mai 2002, ass. Réinsertion sociale du Limousin, RFDA 2002.856. Ce refus d'en faire une liberté fondamentale au sens de la loi du 30 juin 2000 suscitera pour partie la **loi du 5 mars 2007 qui institue, non un droit au logement opposable, mais de nouvelles voies de recours** pour les personnes dépourvues de logement, menacées d'expulsion, ou hébergées temporairement ou dans un logement insalubre.

12. CE 8 septembre 2005, M. X, soulignant l'**autonomie de la notion de liberté fondamentale au sens du CJA**, par rapport aux principes de valeur constitutionnelle dégagés par le CC : « Considérant que si [...] la protection de la santé constitue un principe de valeur constitutionnelle, il n'en résulte pas [...] que le droit à la santé (!) soit au nombre des libertés fondamentales auxquelles s'applique l'article L 521-2 CJA » (AJDA 2006.376). L'expression de « droit à la santé » est impropre : nul ne peut en effet l'assurer. La Constitution se contente plus modestement, de garantir « la protection de la santé » (Préamb. de 1946).

13. § 17.

semble plus menacée, dès lors que le droit de propriété est assimilé par le Conseil d'État à une liberté fondamentale. Le référé-liberté ne joue certes qu'en cas d'urgence, mais le juge administratif y dispose de pouvoirs beaucoup plus importants que le juge judiciaire, seulement compétent pour réparer le préjudice subi par l'administré à la suite d'une emprise irrégulière[1].

Dans le cadre du contrôle administratif exercé sur les collectivités territoriales, le préfet, qui bénéficie déjà d'un référé-suspension spécial dispensé de la condition tirée de l'urgence, peut exiger une ordonnance du juge des référés dans un délai de 48 heures à compter de la saisine, si la mesure contestée porte atteinte à l'exercice d'une liberté fondamentale.

IV. La décision de justice

IV.1. Architecture

(55) Visas, considérants et dispositif

Les tribunaux administratifs rendent des **jugements**, les cours administratives d'appel et le Conseil d'État des **arrêts**. Tous comportent des **visas** (résumé des diverses pièces de procédure et mention des textes juridiques applicables à l'affaire ; vu...), des **motifs** (exposé des faits, de l'argumentaire et de la solution dégagée par le juge ; considérant...) et un **dispositif** divisé en articles où le juge énonce les différents éléments de sa décision (décide... annulation, partielle ou totale, rejet du recours, indemnisation).

Architecture d'un arrêt du Tribunal des conflits :
TC 25 mars 1996, M. Berkani

***Vu**, enregistrée à son secrétariat le 6 novembre 1995, la lettre par laquelle le garde des Sceaux, ministre de la Justice, transmet au Tribunal le dossier de la procédure opposant M. Berkani au Centre régional des œuvres universitaires et scolaires (CROUS) de Lyon-Saint-Étienne ;*

Vu le déclinatoire de compétence présenté le 14 mars 1994 par le préfet de la région Rhône-Alpes, préfet du Rhône et tendant à ce que le conseil de prud'hommes de Lyon se déclare incompétent et renvoie devant la juridiction administrative la demande par laquelle M. Berkani réclame la condamnation du CROUS de Lyon-Saint-Étienne à lui payer des indemnités de préavis, de licenciement, de congés et des dommages-intérêts pour licenciement sans cause réelle et sérieuse ;

Vu le jugement, en date du 3 juillet 1995, par lequel le conseil de prud'hommes de Lyon a condamné le CROUS de Lyon-Saint-Étienne à payer à M. Berkani 25 849,78 francs au titre de l'indemnité de licenciement, 16 326,20 francs au titre de dommages-intérêts pour licenciement abusif ;

Vu l'arrêté du 3 août 1995 par lequel le préfet de la région Rhône-Alpes, préfet du Rhône, a élevé le conflit ; Vu, enregistrées comme ci-dessus, les observations présentées au nom

1. § 18.

de M.Berkani et tendant d'autre part à ce que l'arrêté de conflit soit déclaré nul tant en raison de sa tardiveté que de l'appel interjeté par le CROUS de Lyon-Saint-Étienne devant la cour d'appel de Lyon et d'autre part à ce que la compétence du conseil de prud'hommes soit confirmée ;

Vu, enregistrées comme ci-dessus, le 15 décembre 1995, les observations du ministre du Travail et des Affaires sociales et tendant à ce que soit déclaré nul le jugement du 3 juillet 1995 du conseil de prud'hommes de Lyon et à ce que l'arrêté de conflit soit confirmé, par les motifs que l'article 21 du décret du 5 mars 1987 dispose que les personnels ouvriers sont des agents contractuels de droit public ;

Sur la régularité de la procédure de conflit :

***Considérant** que l'arrêté de conflit a été reçu par le procureur de la République près le tribunal de grande instance de Lyon dans le délai de quinze jours suivant la réception par le préfet de la copie du jugement du 3 juillet 1995 ; qu'ainsi l'arrêté de conflit n'est pas tardif ;*

Considérant, par contre, qu'en statuant à la fois sur la compétence et sur le fond du litige le conseil de prud'hommes a méconnu les dispositions des articles 7 et 8 de l'ordonnance du 1er juin 1828 et que, dès lors, sa décision au fond, ainsi que la procédure subséquente, doivent être tenues pour nulles et non avenues ;

Sur la compétence :

Considérant que les personnels non statutaires travaillant pour le compte d'un service public à caractère administratif sont des agents contractuels de droit public quel que soit leur emploi ;

Considérant que M. Berkani a travaillé depuis 1971 en qualité d'aide de cuisine au service du CROUS de Lyon-Saint-Étienne ; qu'il s'ensuit que le litige l'opposant à cet organisme, qui gère un service public à caractère administratif, relève de la compétence de la juridiction administrative et que c'est à juste titre que le préfet de la région Rhône-Alpes, préfet du Rhône, a élevé le conflit ;

Décide :

Art. 1er : L'arrêté de conflit pris le 3 août 1995 par le préfet de la région Rhône-Alpes, préfet du Rhône, est confirmé.

Art. 2 : Sont déclarés nuls et non avenus la procédure engagée par M. Berkani devant le conseil de prud'hommes de Lyon, le jugement de cette juridiction du 3 juillet 1995 et la procédure subséquente.

IV.2. Les pouvoirs du juge

(56) Un pouvoir de modulation récemment consacré

Le juge ne peut statuer que dans les limites tracées par les conclusions des parties. Il doit cependant **relever d'office certains moyens d'ordre public**, et notamment ceux relatifs à la compétence de l'auteur de l'acte, qui remettent en cause l'organisation et la hiérarchie administratives[1].

1. §§ 159 et s, et 228. La QPC ne constitue pas, en revanche, un moyen d'ordre public (LO 10 déc. 2009, art. 23-1).

En principe, l'annulation contentieuse d'une décision administrative a une **valeur rétroactive :** l'acte censuré est censé n'avoir jamais existé. Dépourvu de tout fondement textuel, ce traitement est susceptible d'engendrer parfois de fâcheuses séquelles pour les administrés. Aussi le Conseil d'État s'autorise-t-il depuis peu à déroger à la règle, en **modulant si nécessaire les effets d'une annulation contentieuse**[1]. Il n'hésite plus à limiter ou à supprimer le caractère rétroactif et/ou à différer dans le temps les effets de sa décision d'annulation, lorsque celle-ci emporte des conséquences « manifestement excessives » et contraires à l'intérêt général[2].

Cette solution novatrice est le signe de l'attention plus grande portée au **principe de sécurité juridique**. Consacré par un **arrêt de principe du Conseil d'État rendu en assemblée le 11 mai 2004, soc. KPMG**[3], qui en fait un principe général du droit applicable à toutes les autorités administratives, ce pouvoir du juge trouve à s'appliquer à des décisions réglementaires[4] ou individuelles[5], voire même à des revirements de jurisprudence[6]. Le juge des référés lui-même accepte désormais de différer les effets d'une mesure de suspension prononcée à l'encontre d'une décision administrative[7].

---

1. **CE ass. 11 mai 2004, ass. AC !**, R. 97, concl. Devys ; AJDA 2004.1183, chron. Landais et Lénica.
2. *Cf.* par ex. CE 16 mai 2008, Dépt du Val-de-Marne, Dépt de Seine-Saint-Denis, ass. des régions de France et région Picardie, Dépt de Seine-et-Marne, AJDA 2008.1504, note F. Crouzatier-Durand : « Cons. que l'annulation d'un acte administratif implique en principe que cet acte est réputé n'être jamais intervenu ; que, toutefois, s'il apparaît que cet effet rétroactif de l'annulation est de nature à emporter des conséquences manifestement excessives en raison tant des effets que cet acte a produits et des situations qui ont pu se constituer lorsqu'il était en vigueur que de l'intérêt général pouvant s'attacher à un maintien temporaire de ses effets, il appartient au juge [...] de prendre en considération, d'une part, les conséquences de la rétroactivité de l'annulation pour les divers intérêts publics ou privés en présence et, d'autre part, les inconvénients que présenterait, au regard du principe de légalité et du droit des justiciables à un recours effectif, une limitation dans le temps des effets de l'annulation ; [...] ». Le renforcement de la sécurité juridique des administrés s'opère ici aux dépens du principe de légalité, qui exigerait l'annulation immédiate de la mesure illégale.
3. R. 1013.
4. CE ass. AC ! préc. ; 27 oct. 2006, soc. Techna, R. 451 ; AJDA 2006.2385, chron. Landais et Lénica ; 16 mai 2008, Dépt du Val-de-Marne [...], préc.
5. CE 12 décembre 2007, M. Sire, AJDA 2008.638, concl. Guyomar. Le CE censure la nomination irrégulière d'un magistrat, mais ne lui fait produire d'effets qu'à l'expiration d'un délai d'un mois à compter de la date de son arrêt. Une mesure justifiée par l'« atteinte manifestement excessive au fonctionnement de la justice » que susciterait une annulation rétroactive au regard, notamment, des jugements rendus par ce magistrat.
6. CE 16 juillet 2007, SA Tropic travaux signalisation, R. 360, concl. Casas ; RFDA 2007.696, concl. Casas et 917, note F. Moderne ; AJDA 2007.1577, chron. Lénica et Boucher. Le principe demeure cependant celui de l'application immédiate du revirement de jurisprudence. *Cf.* CE 2 sept. 2009, Assistance publique de Marseille, AJDA 2009.1584.
7. CE ord. 2 février 2009, ass. pour la protection des animaux sauvages et autres, AJDA 2009.232 : suspension d'un arrêté fixant les dates de fermeture de la chasse aux oiseaux de passage et au gibier d'eau, dont les effets sont repoussés au lendemain « pour permettre aux chasseurs d'être informés en temps utile de ce changement de l'état de droit ».

Il est à noter que le **Conseil constitutionnel** s'est octroyé un pouvoir de modulation semblable[1], consacré par la révision constitutionnelle du 23 juillet 2008 pour ce qui est de la question prioritaire de constitutionnalité instituée par l'article 61-1C[2].

IV.3. Portée

(57) A. L'autorité de la chose jugée

Rendus au nom du peuple français, ces jugements et arrêts bénéficient de l'**autorité de la chose jugée**, qui proscrit toute remise en cause autre que l'exercice des voies de recours autorisées – principalement l'appel et la cassation. La règle ne s'applique que si la décision tranche tout ou partie d'un litige[3], et à la condition qu'une **triple identité** – de chose réclamée, de cause et de parties – se trouve vérifiée[4]. Elle ne concerne que le dispositif du jugement ou de l'arrêt[5], et explique que le juge français ne soit pas tenu de réexaminer ses décisions jurisprudentielles devenues définitives, mais contraires au droit communautaire[6].

Les décisions du juge administratif ne bénéficient en règle générale que de l'**autorité relative de la chose jugée**, qui « ne joue que dans les limites de l'instance »[7]. Une exception importante concerne les décisions d'annulation prises sur **recours pour excès de pouvoir, revêtues de l'autorité absolue de la chose jugée**, et valables comme telles *erga omnes*[8].

1. CC 2008-564 DC du 19 juin 2008, RDP 2008.1181.

2. Art. 62C révisé : « [...] Une disposition déclarée inconstitutionnelle sur le fondement de l'article 61-1 est abrogée à compter de la publication de la décision du Conseil constitutionnel ou d'une date ultérieure fixée par cette décision. Le Conseil constitutionnel détermine les conditions et limites dans lesquelles les effets que la décision a produits sont susceptibles d'être remis en cause ».

3. **Les procédures de sursis ou de référé ne peuvent donc bénéficier de l'autorité de la chose jugée.**

4. Règle posée par l'art. 1351 C. civ., transposée en droit administratif par CE 26 février 1937, soc. des ciments Portland de Lorraine, R. 254.

5. Une exception, lorsque les motifs apparaissent « inséparables » du dispositif : CE 26 janvier 1940, Courajoux, Le Gall et Guédon, R. 33 ; CE 18 janvier 1986, Me Krier, R. 166, D. 1987.193, note B. Pacteau. La jurisprudence du CC apparaît plus compréhensive, dès lors que le dispositif de la décision et les motifs qui « en sont le soutien nécessaire et en constituent le fondement même » bénéficient de l'autorité de la chose jugée (**CC 62-18 L du 16 janv. 1962**, R. 31).

6. Solution confirmée par CJCE 16 mars 2006, Rosemarie Kapferer c/ Schlank et Schick Gmbh : « Le principe de coopération découlant de l'article 10CE n'impose pas à une juridiction nationale [...] de réexaminer une décision judiciaire passée en force de chose jugée, lorsqu'il apparaît qu'elle est contraire au droit communautaire » (AJDA 2006.2271).

7. C. Guettier, JCA, fasc. 110.

8. C'est-à-dire que « toute personne peut s'en prévaloir, et (qu)'elle est opposable à toute personne » (C. Guettier, *op. cit.*). Le CE vient d'admettre une deuxième exception, « lorsque le juge de cassation annule une décision juridictionnelle elle-même revêtue de l'autorité absolue de la chose jugée ou la confirme par d'autres motifs » (CE 30 sept. 2005, Cne de Beausoleil,

Les effets d'une annulation contentieuse peuvent toutefois être contrariés par le législateur. Le recours à cette technique de **validation législative** porte certes directement atteinte à l'indépendance du juge administratif, mais se révèle parfois nécessaire[1]. Il est aujourd'hui strictement encadré par la jurisprudence de la Cour européenne des droits de l'homme et du juge national, qui n'estiment le procédé justifié au regard du procès équitable de l'article 6 § 1 de la Conv. EDH que si un « motif impérieux d'intérêt général » l'exige[2].

(58) B. Le caractère exécutoire des décisions de justice

Rendus au nom du peuple français, ces jugements et arrêts sont **exécutoires** : l'administration et les administrés doivent les respecter et les exécuter. La méconnaissance d'une décision de justice par l'administration constitue non seulement une illégalité remettant en cause l'État de droit, l'autorité de la chose jugée et le droit à un procès équitable[3], mais aussi une faute de nature à engager la responsabilité de la puissance publique[4].

Cette obligation faite à l'administration d'exécuter les décisions de justice reposa longtemps sur son éthique et sa bonne volonté. Les voies d'exécution prévues par le droit commun sont en effet inapplicables à l'encontre des personnes publiques et le juge administratif s'est longtemps refusé à adresser des **injonctions** à l'administration, c'est-à-dire à lui ordonner d'adopter tel ou tel comportement. L'administré n'avait alors d'autre recours que de présenter une requête gracieuse ou hiérarchique devant l'administration, et/ou de faire annuler par le juge ce refus d'exécuter, puis de faire condamner l'administration à une

---

R. 410, concl. Verclytte). *Cf.* J. Charret et S. Deliancourt, « L'autorité de chose jugée s'attachant aux décisions rendues par le Conseil d'État en sa qualité de juge de cassation », AJDA 2008.568.

1. Ex. classique de l'annulation par le juge des opérations d'un concours administratif, plusieurs années après leur tenue. L'intervention du législateur permettra de valider des nominations et de préserver des carrières soudainement remises en cause par cette décision.

2. CEDH 28 octobre 1999, Zielenski ; Cass. Ass. Plén. 24 janvier 2003 ; CE 23 juin 2004, soc. Laboratoires Genevrier, R. 256 (validation, par la loi de financement de la Sécurité sociale, d'une mesure abaissant le taux de remboursement de certains médicaments) ; **Ass. 8 février 2007, Gardedieu**, R. 78 (refus de qualifier un intérêt strictement financier de motif impérieux d'intérêt général). Le CC se réfère quant à lui à la notion plus compréhensive de motif « suffisant » d'intérêt général (CC 99-442 DC du 21 déc. 1999). L'intérêt financier ne lui semble pas non plus susceptible de justifier une loi de validation, sauf si le montant des sommes concernées conduit à la remise en cause des équilibres financiers de la puissance publique (CC 95-369 DC du 28 déc. 1995).

3. CEDH 19 mars 1997, Hornsby c/ Grèce, qui fait de l'exécution des décisions de justice l'un des éléments du procès équitable. *Cf.* aussi CE 4 mars 2010, Me Soignet, Mlle Balezon (AJDA 2010.1206). Sauf justification tirée des nécessités de l'ordre public « la décision administrative qui fait obstacle à l'exécution d'une décision de justice méconnaît la liberté fondamentale que constitue le droit à un recours effectif devant un juge ». L'inexécution justifiée par un motif d'ordre public est au demeurant susceptible d'engager la responsabilité sans faute de la puissance publique (§ 287).

4. § 287.

réparation pécuniaire. Une solution peu satisfaisante pour des requérants obligés de retourner devant le juge, et qui autorisait l'administration à s'exonérer de l'application d'une décision de justice par le versement d'une indemnité.

Depuis 1973, l'administré dispose de la possibilité de saisir le **médiateur de la République**, qui peut adresser des injonctions à l'administration[1]. La situation ne sera cependant réellement modifiée que par les **lois du 16 juillet 1980 et du 8 février 1995**, qui autorisent le juge administratif à formuler des **injonctions assorties d'astreinte**, paiement d'une somme d'argent dont le montant est fixé par la décision de justice afin d'en garantir l'exécution, et de **délais d'exécution**[2]. Le juge n'hésite plus non plus à faire œuvre de pédagogue, et à détailler les mesures concrètes qui devront être prises par l'administration à la suite de la décision rendue.

Ces dispositions et ce changement de comportement de la part du juge permettent de pallier ce qui fut longtemps l'une des principales faiblesses de l'État de droit en France.

1. Injonction qui, si elle est ignorée de l'administration, est spécialement évoquée dans le rapport annuel que rend le médiateur au président de la République.

2. Ce pouvoir d'injonction ne peut venir sanctionner que l'exécution des décisions du juge administratif par l'administration. Les requérants ne peuvent réclamer devant lui l'application des jugements et arrêts d'une juridiction civile (CE 27 juillet 2009, Me Giard, AJDA 2009.1525).

Chapitre 3

Décentralisation

(59) **Centralisation, déconcentration, décentralisation**

L'exposé des principes (I) sera suivi de l'étude de l'administration française, qui allie éléments centralisés (II) et décentralisés (III), dès lors que la décentralisation ne peut se concevoir sans un État central et une administration déconcentrée. Autonomie et libre administration ne signifient pas en effet indépendance : **décentralisation territoriale et déconcentration administrative forment de ce point de vue un couple indissociable**[1].

I. Principes

I.1. Centralisation

(60) **A. Centralisation et déconcentration**

La **centralisation** accorde le monopole de l'activité administrative à une seule personne morale de droit public[2] : l'État. Mais c'est là une conception idéale, rarement réalisée puisque cette volonté de soumettre les affaires du pays à un centre de décision ne peut convenir qu'à de petits ensembles. La centralisation de l'autorité exige, pour se maintenir sur de vastes territoires, une **déconcentration** du pouvoir au profit de représentants du pouvoir central au niveau local, soumis comme tels à sa **puissance hiérarchique**. **Centralisation** et **déconcentration** apparaissent de la sorte comme pratiquement indissociables.

La **déconcentration**, concept forgé par L. Aucoc dans la deuxième moitié du XIXe siècle[3], ne conduit donc pas à l'apparition de personnes morales dis-

1. L'article 1 de la loi du 6 février 1992 dispose de la sorte que « l'administration territoriale de la République est assurée par les collectivités territoriales et par les services déconcentrés de l'État ».

2. Les **personnes morales** – de droit public ou de droit privé – sont des groupements (État, collectivités territoriales, associations, syndicats, sociétés) à qui est accordée la **qualité de sujet de droit**, à l'instar des personnes physiques. Elles disposent de personnels et d'un patrimoine, et sont en mesure d'édicter des actes juridiques et d'ester en justice dans la limite des droits et obligations qui leur sont reconnus.

3. L. Aucoc, *Conférences sur l'administration et le droit administratif*, Paris, 3 vol., 1878-1882 (2e ed.), vol. 1, pp. 97-98.

tinctes de l'État, mais seulement à un réaménagement des tâches et à une réorganisation des compétences au sein de l'administration étatique. Elle favorise la mise en place d'une administration plus consciente des réalités locales, mais aussi mieux à même de s'assurer de l'exacte application des mesures prises. Ce n'est donc pas l'effet du hasard si les premières mesures importantes de déconcentration seront édictées par Louis Napoléon Bonaparte (le futur Napoléon III), quelques mois après le coup d'État du 2 décembre 1851. C'est, pour reprendre une formule célèbre de O. Barrot, président du Conseil au début de la IIe République, « toujours le même marteau qui frappe, même si on en a raccourci le manche ».

En France, le principal bénéficiaire de la déconcentration sera le **préfet**, créé par la loi du 28 pluviôse an VIII (17 février 1800).

(61) B. Un principe séculaire

La centralisation n'est pas un phénomène récent. C'est le résultat d'un effort séculaire de la monarchie française, magnifiquement exposé par A. de Tocqueville dans *L'Ancien Régime et la Révolution*. L'auteur y déploie la vision quelque peu idéalisée d'un système centralisé construit autour du **Conseil du roi**, « corps administratif d'une puissance singulière » cumulant les prérogatives d'une Cour suprême et d'un tribunal administratif supérieur, d'un conseil du gouvernement et d'un conseil supérieur de l'administration ; du **contrôleur général des finances**, à la fois ministre des Finances, de l'Intérieur, des Travaux publics et du Commerce et de l'**Intendant**, « agent unique, dans les provinces, de toutes les volontés du gouvernement »[1]. La réalité est moins majestueuse et plus rassurante. Ces prétentions se trouvaient en effet combattues par la multitude des agents et des juridictions, dont les compétences s'enchevêtraient, les privilèges accordés à des particuliers, à des villes et à des provinces, le caractère indocile des parlements et autres cours souveraines[2]...

Même ainsi amendée, la centralisation serait donc un « produit » de l'Ancien Régime ; ce serait même « la seule portion de la constitution de l'Ancien Régime qui ait survécu à la Révolution, parce que c'était la seule qui pût s'accommoder de l'état social nouveau que cette Révolution a créé »[3]. Radicalement remise en cause en 1789, la centralisation connaîtra pourtant un rapide retour en grâce avec les « nécessités » induites par la Révolution et la guerre européenne, avant de se voir renforcée et consacrée par **Bonaparte**. Avec la création des préfets[4] et l'abandon du principe électif pour les agents adminis-

1. A. de Tocqueville, *L'Ancien Régime et la Révolution*, Paris, 1856, rééd. Idées/Gallimard, 1967, livre II, chap. 2, pp. 100 et s.

2. Rappelons que, sous l'Ancien Régime, les Parlements sont des cours de justice qui exercent aussi des fonctions que l'on qualifierait aujourd'hui d'administratives. Tocqueville « affinera » sa présentation de l'Ancien Régime dans le chap. 6.

3. Tocqueville, *op. cit.*, p 98.

4. Loi du 28 pluviôse an VIII (17 février 1800).

tratifs locaux[1], l'administration française devient en effet une « chaîne d'exécution (qui) descend sans interruption du ministre à l'administré et transmet la loi et les ordres du gouvernement jusqu'aux dernières ramifications de l'ordre social avec la rapidité du fluide électrique »[2].

Cette administration de type quasi militaire fera la force, mais aussi la faiblesse des gouvernements français du XIXe siècle. Devenu un simple instrument entre les mains du pouvoir, elle acceptera sans broncher les coups d'État et révolutions venus de Paris. Ces avantages évidents l'emportant sur des défauts plus masqués, le système administratif napoléonien ne sera que prudemment amendé à compter de la monarchie de Juillet et de la IIIe République[3], avant de voir son économie bouleversée par la loi du 2 mars 1982 et la révision constitutionnelle du 28 mars 2003.

I.2. Décentralisation

(62) A. Décentralisation territoriale et décentralisation technique

La décentralisation est un mode d'administration qui consiste à créer des personnes morales distinctes de l'État, soustraites à sa puissance hiérarchique mais non à son contrôle, à qui l'on confie certaines activités administratives. Elle peut être réalisée suivant deux procédés très différents :

1) La décentralisation territoriale confère l'expédition des affaires administratives locales à des **collectivités territoriales élues**, distinctes et autonomes de l'État. Elle se traduit donc par la **multiplication des personnes morales de droit public**, en charge de l'administration dans le cadre d'une circonscription infra-étatique : **communes**, **départements** ou **régions**, pour ne citer que les principales.

2) La décentralisation technique confie la gestion de certains services publics à des **personnes morales de droit public spécialisées** (établissements publics, groupements d'intérêt public) voire même, avec le phénomène de privatisation qui affecte l'administration française, à des **personnes morales de droit privé** telles que les associations ou les sociétés anonymes.

Cette forme de décentralisation se rencontre à tous les niveaux – étatique, régional, départemental et communal. Elle se trouve gouvernée **par le principe de spécialité** : la personne publique ou la personne morale de droit privé considérée ne gère en principe qu'une activité de service public déterminée[4] –

1. Constitution du 22 frimaire an VIII (13 déc. 1799), art. 41. Ces agents sont nommés par le Premier consul à partir de listes communales et départementales établies par les électeurs (art. 7 et 8).
2. Discours de Chaptal, orateur du gouvernement et futur ministre de l'Intérieur, devant le Corps législatif, le 28 pluviôse an VIII (Archives parlementaires, 2e série, t. 1, p. 230).
3. Lois des 21 mars 1831 et 22 juin 1833 organisant l'élection des conseillers municipaux et des conseillers généraux (réforme abandonnée après le coup d'État du 2 déc. 1851) ; lois du 10 août 1871 sur les départements et du 5 avril 1884 sur les communes.
4. § 117.

fabrication et transport de l'énergie électrique pour EDF, transport et distribution du courrier pour La Poste...

Si la décentralisation technique apparaît comme un simple mode de gestion du service public fondé sur des considérations d'opportunité et d'efficacité, la décentralisation territoriale emporte en revanche une dimension politique qui en fera l'une des principales revendications des XVIIIe et XIXe siècles.

(63) B. Un principe révolutionnaire rapidement abandonné

La décentralisation opérée en 1789 tient en premier lieu du fait accompli. La reconnaissance par l'Assemblée constituante de l'existence d'une « municipalité dans chaque ville, bourg, paroisse ou communauté de campagne »[1] apparaît être la conséquence directe de la « grande peur » qui s'empare des campagnes françaises. Elle se présente aussi comme une condition nécessaire à l'enracinement du nouveau régime, et comme une précaution prise à l'encontre du roi, titulaire d'un pouvoir exécutif considérablement affaibli par la réforme décentralisatrice. Mais elle n'en relève pas moins d'une authentique inspiration libérale, visant à « acclimater » la liberté en retirant à l'État la connaissance « des affaires particulières, et pour ainsi dire privées de chaque ressort municipalisé »[2]. « Les municipalités, note Barère, sont à la liberté politique ce que les jurés sont à la liberté civile, c'est-à-dire la base essentielle à établir. »[3] La constituante créera ensuite des assemblées élues de district et de département, placées « sous l'autorité et l'inspection du roi »[4].

Très vite, toutefois, la dichotomie existant entre une administration centrale nommée par le roi et des administrations locales élues allait se transformer en un conflit de légitimités qui n'épargnera pas l'Assemblée elle-même[5]. Le vice essentiel du système résidait toutefois dans l'absence de représentant du pouvoir central auprès de ces administrations locales élues. Aucune mesure de déconcen-

1. Loi du 14 décembre 1789.

2. Thouret, séance du 29 septembre 1789 (Archives parlementaires, 1re série, t. 9, p. 208).

3. AP 1re série, t. 9, p. 691. C'est là une idée force de l'opinion libérale du XIXe siècle, brillamment exposée par Tocqueville dans *De la démocratie en Amérique* : « C'est pourtant dans la commune que réside la force des peuples libres. Les institutions communales sont à la liberté ce que les écoles primaires sont à la science ; elles la mettent à la portée du peuple ; elles lui en font goûter l'usage paisible et l'habituent à s'en servir. Sans institutions communales, une nation peut se donner un gouvernement libre, mais elle n'a pas l'esprit de liberté » (1835-1840, rééd. Idées/Gallimard, 1968, p. 59). La décentralisation ne présente cependant pas que des avantages : moindre professionnalisation et plus grande dépendance des élus locaux à l'égard de leurs électeurs, risques de corruption...

4. Loi des 22 décembre 1789-janvier 1790, sect. 3, art. 1 et 2.

5. La Constitution du 3 septembre 1791 s'en fait l'écho dans son titre 3, chap. 4, section 2. L'article 2 rappelle que « les administrateurs n'ont aucun caractère de représentation ». Selon l'article 3, « ils ne peuvent ni s'immiscer dans l'exercice du pouvoir législatif, ou suspendre l'exécution des lois, ni rien entreprendre sur l'ordre judiciaire, ni sur les dispositions ou opérations militaires ».

tration n'accompagnait la décentralisation, essentielle pourtant à l'exécution des lois et au maintien de l'ordre.

L'indispensable complémentarité des mesures de décentralisation et de déconcentration devait se faire sentir davantage encore après la chute de la monarchie, le 10 août 1792. Les Assemblées auront alors recours à divers expédients (représentants en mission et « agents nationaux »), finalement remplacés et institutionnalisés en l'an III par des « commissaires du Directoire » chargés de surveiller et requérir l'exécution des lois[1]. Bonaparte allait ensuite consacrer ce mouvement centralisateur en créant les préfets[2], et en réduisant le rôle des assemblées locales à la portion congrue[3].

(64) C. La réforme décentralisatrice sous la Ve République

1°) L'économie générale du système administratif français sera fortement amendée par la **loi du 2 mars 1982**, votée par la majorité socialiste de l'époque. La région voit son existence reconnue par la loi, l'exécutif départemental et régional est transféré du préfet au président du conseil général ou régional. La tutelle – expression fort dépréciative indifféremment utilisée pour qualifier le pouvoir exercé sur les mineurs, les incapables majeurs ou les collectivités territoriales – est supprimée et remplacée par un contrôle administratif plus léger.

2°) La **révision constitutionnelle du 28 mars 2003** procède ensuite à un véritable renversement des principes, puisque l'**article 1C** dispose désormais que l'organisation de la République est décentralisée. Profondément remaniés, les articles 72, 73 et 74 C développent les conséquences du **principe décentralisateur** énoncé à l'article 1C.

• Celui-ci suppose en premier lieu que l'**existence de ces collectivités**, ou tout du moins de certaines d'entre elles, soit garantie et consacrée par la Constitution. « Les collectivités territoriales de la République, dispose l'article 72C révisé, sont les communes, les départements, les régions, les collectivités à statut particulier et les collectivités d'outre-mer régies par l'article 74. Toute autre collectivité territoriale est créée par la loi, le cas échéant en lieu et place d'une ou de plusieurs collectivités mentionnées au présent alinéa ». La région, organisée jusque-là par la loi du 2 mars 1982, accède de la sorte à un statut constitutionnel. L'article évoque aussi les collectivités à statut particulier comme la Corse, et les collectivités d'outre-mer, appellation qui remplace dorénavant celle de territoires d'outre-mer.

• La révision de 2003 confirme et consacre l'empilement des niveaux d'administration, avec le maintien des communes, des départements et des régions. Cette complexité se traduit par la formulation d'un critère de répartition des compétences nécessairement flou, associant **le principe de subsidiarité**, issu du droit communautaire, à **une clause générale de compétence** devenue tradi-

1. Constitution du 5 fructidor an III (22 août 1795), art. 191. Les articles 189 à 201 sont consacrés au contrôle, à la surveillance et à la réglementation des compétences des administrations locales.
2. Loi du 28 pluviôse an VIII (17 février 1800).
3. Constitution du 22 frimaire an VIII (13 déc. 1799), art. 7, 8 et 41.

tionnelle. Ces collectivités ont en effet « vocation à prendre les décisions pour l'ensemble des compétences qui peuvent être le mieux mises en œuvre à leur échelon »[1]. L'article 72C peut ainsi proscrire d'un même mouvement toute tutelle exercée par une collectivité territoriale sur une autre, et autoriser le législateur à créer des collectivités ou des groupements « chefs de file » !

3°) **Une très importante réforme territoriale** votée par le Parlement en novembre 2010, vient d'être déclarée conforme à la constitution, réserve faite du « découpage » de certaines circonscriptions élisant les conseillers territoriaux nouvellement créés[2]. Ce texte a pour ambition de simplifier ce que l'on nomme parfois le « mille-feuilles » institutionnel français[3]. Il s'articule autour de trois axes principaux :

• **Achever et rationnaliser l'intercommunalité** en réduisant des 3/4 le nombre des structures intercommunales, et en créant deux artéfacts nouveaux pour les agglomérations et regroupements de grandes dimensions : les métropoles et les pôles métropolitains[4].

• **Remplacer les quelques 4 037 conseillers généraux et 1 880 conseillers régionaux par un peu moins de 4 000 conseillers territoriaux**, qui siègeront indifféremment dans les conseils généraux et régionaux. Le Conseil constitutionnel estime cette restructuration conforme à la constitution, dès lors qu'« elle ne porte pas atteinte à l'existence de la région et du département ou à la distinction entre ces collectivités »[5]. De surcroît, si le principe de libre administration des collectivités territoriales[6] implique que celles-ci « dispose(nt) d'une assemblée délibérante dotée d'attributions effectives, il n'interdit pas que les élus désignés lors d'un unique scrutin siègent dans les deux assemblées territoriales »[7]. Le Conseil constitutionnel a toutefois invalidé le « découpage » de certaines des circonscriptions électorales nouvellement créées par la loi, comme portant atteinte au principe d'égalité des suffrages[8].

• **Supprimer la clause générale de compétence des départements et des régions** à compter du 1er janvier 2015, et la remplacer par un système de blocs de compétences établis par la loi, que l'on espère plus simple et plus facile à mettre en œuvre. La loi maintient cependant **une clause résiduelle de compétence** qui permet au Conseil constitutionnel de valider cette réforme[9].

1. Art. 72C al. 2.
2. CC 2010-618 DC du 9 décembre 2010. *Cf. infra* § 80.
3. *Cf. infra* § 85.
4. *Cf. infra* § 79.
5. CC du 9 décembre 2010, préc., cons. 21.
6. *Cf. infra* § 65.
7. Cons. 22.
8. Cons. 41. *Cf.* aussi *infra* §§ 80 et 81.
9. Cons. 55. *Cf. infra* § 80.

(65) D. Le principe de libre administration des collectivités territoriales

Énoncé dès 1958, le principe de libre administration des collectivités territoriales voit ses effets considérablement développés par les réformes de 1982 et 2003. « Dans les conditions prévues par la loi, énonce l'**article 72C**, ces collectivités s'administrent librement par des conseils élus et disposent d'un pouvoir réglementaire pour l'exercice de leurs compétences. »

• Cette très importante disposition consacre le **rôle prééminent accordé à la loi** dans la décentralisation territoriale. La liberté d'administration s'exerce en effet « dans les conditions prévues par la loi », précision déterminante désormais placée au commencement de la disposition[1]. L'article 34C précise que la loi « détermine les principes fondamentaux [...] de la libre administration des collectivités locales, de leurs compétences et de leurs ressources », et l'article 24C confère au Sénat la mission spécifique d'assurer leur représentation au Parlement.

La décentralisation, ou tout du moins certains de ses aspects les plus importants, se trouve ainsi placée hors d'atteinte de l'administration centrale. La loi n'est cependant pas toute-puissante : doté d'une valeur constitutionnelle[2], le principe de libre administration des collectivités locales s'impose au législateur, qui peut certes l'aménager, notamment pour le concilier avec d'autres principes de même valeur[3], mais non le supprimer.

• L'article 72C fait du **principe électif** l'une des conditions essentielles de la décentralisation, encore renforcé par la révision constitutionnelle du 23 juillet 2008, qui inscrit dans le domaine de la loi « les règles concernant [...] les conditions d'exercice des mandats électoraux et des fonctions électives des membres des assemblées délibérantes des collectivités territoriales ». L'élection ne s'impose toutefois que pour les conseils, et une même élection peut désormais désigner les conseils généraux et régionaux[4] ; la garantie constitutionnelle ne s'étend pas à l'exécutif des collectivités territoriales.

Jusqu'à cette dernière révision, la référence à la gestion par des conseils élus excluait le **référendum** comme mode d'administration des collectivités territoriales décentralisées ; cette restriction est désormais levée par l'article 72-1C révisé[5].

---

1. L'ancien article 72C disposait : « Ces collectivités s'administrent librement par des conseils élus et dans les conditions prévues par la loi. »
2. CC 79-104 DC du 23 mai 1979, R. 27 et, surtout, 82-137 DC du **25 février 1982** (lois de décentralisation), R. 38.
3. Principe de continuité (82-149 DC du 28 déc. 1982, R. 76), d'égalité (84-185 DC du 18 janv. 1985, R. 36)...
4. *Cf. supra* § 64, la décision du CC en date du 9 décembre 2010, validant ce procédé.
5. « [...] Dans les conditions prévues par la loi organique, les projets de délibération ou d'acte relevant de la compétence d'une collectivité territoriale peuvent, à son initiative, être soumis, par la voie du référendum, à la décision des électeurs de cette collectivité. »

• L'article 72C consacre aussi l'existence d'un **pouvoir réglementaire local**, déjà admis par la jurisprudence avant la révision constitutionnelle du 28 mars 2003[1]. Cette compétence demeure bien entendu subordonnée à la loi, mais aussi au pouvoir réglementaire national[2].

Mais la décentralisation est aussi affaire de **moyens**, financiers et humains[3]. La réforme restera un mot si elle ne s'accompagne pas des transferts financiers nécessaires à sa mise en œuvre. L'article 72-2C prévoit certes la libre disposition de leurs ressources « dans les conditions prévues par la loi », et la compensation budgétaire intégrale de tout nouveau transfert de compétence. L'État joue donc un rôle essentiel à ce niveau, et l'autonomie proclamée trouve sa limite dans l'existence constitutionnellement reconnue de « dispositifs de **péréquation** destinés à favoriser l'égalité entre les collectivités territoriales ».

(66) E. Décentralisation territoriale, déconcentration et fédéralisme

À la différence du fédéralisme, qui attribue une autonomie législative plus ou moins importante à des États fédérés qui disposent d'une constitution séparant les pouvoirs[4], la décentralisation territoriale n'intéresse que le pouvoir exécutif et conduit à l'apparition de **collectivités infra-étatiques**. **L'indivisibilité de l'État** s'exprime par le truchement d'une **législation** édictée par un pouvoir législatif unique, mais aussi par l'existence d'un **contrôle exercé par le pouvoir central sur les autorités décentralisées**.

La formule de l'article 72 C **exclut en théorie toute possibilité de dérive fédéraliste**. Il n'est en effet question que d'administration, et non de législation, ainsi que le précise son dernier alinéa qui prévoit l'existence, « dans les collectivités territoriales de la République », d'un « représentant de l'État, représentant de chacun des membres du gouvernement », en charge « des intérêts nationaux, du contrôle administratif et du respect des lois ». Décentralisation et libre administration ne signifient donc pas indépendance ; **la décentralisation doit nécessairement s'accompagner d'une déconcentration**, indispensable à la préservation de l'autorité de l'État, ainsi que le prouve l'échec de l'expérience décentralisatrice des années 1789-1792[5].

La réforme décentralisatrice opérée à compter de 1982 a cependant imposé de délicats ajustements avec le principe de l'**indivisibilité de la République**,

1. CE 27 novembre 1992, féd. Interco CFDT, R. 426 ; 1er avril 1996, dépt de la Loire, R. 109.
2. C'est ainsi que l'article 72C autorise les CT à « déroger, à titre expérimental et pour un objet et une durée limités, aux dispositions législatives ou *réglementaires* qui régissent l'exercice de leurs compétences ».
3. Art. 72-2C. Les CT disposent de ressources fiscales propres (taxe d'habitation, taxes foncières et taxe professionnelle dont la suppression vient d'être annoncée) et de deux dotations globales versées par l'État : la dotation globale d'équipement (DGE) et la dotation globale de fonctionnement (DGF).
4. Aux États-Unis, les États fédérés comme le Texas, le Montana ou la Californie disposent chacun d'un Congrès, d'un gouverneur et d'une Cour suprême.
5. § 63.

proclamé à l'article 1C[1]. Un principe devenu relativement compréhensif, qui exige seulement un pouvoir législatif unique, et peut donc se satisfaire de la **diversité des statuts** des collectivités territoriales et du **droit local** applicable[2]. Une évolution favorisée par le Conseil constitutionnel qui évoque moins, désormais, le principe d'indivisibilité de la République, que celui d'**unicité du peuple français**, qui présente l'avantage certain de recentrer les obligations constitutionnelles du législateur autour du principe d'égalité[3].

De ce point de vue, l'une des innovations les plus discutées de la révision du 28 mars 2003 porte sur le **droit à l'expérimentation**, qui permet désormais aux collectivités territoriales de déroger, sous certaines conditions, « aux dispositions législatives ou réglementaires qui régissent l'exercice de leurs compétences »[4]. Pour ses partisans, cette capacité nouvelle permettrait de concilier heureusement l'indivisibilité de la République et l'unicité du peuple français avec la nécessaire diversité des statuts et du droit local applicable. Ses adversaires y voient au contraire la porte ouverte à une possible **territorialisation du droit**[5], et une menace pour le principe d'égalité. Une crainte exagérée, dès lors que l'expérimentation doit être autorisée par la loi ou le règlement national, « pour un objet et une durée limités ». Surtout, elle ne peut porter atteinte aux « conditions essentielles d'exercice d'une liberté publique ou d'un droit constitutionnellement garanti »[6]. Cette dernière restriction consacre une jurisprudence déjà ancienne du Conseil constitutionnel[7] ; entendue strictement, elle pourrait réduire à peu de choses cette inquiétante compétence conférée aux collectivités territoriales.

Le principe d'indivisibilité de la République se trouve en revanche directement atteint lorsque la Constitution confère à la Nouvelle-Calédonie le droit d'édicter en certaines matières des « lois du pays » [8], ou à certaines collectivités

1. « La France est une République indivisible, [...] ». Le principe d'unité, qui lui est traditionnellement associé, n'apparaît pas explicitement dans le texte constitutionnel.

2. En théorie, l'unité supposerait une législation unique pour l'ensemble du territoire. La règle a toujours connu des exceptions avec, notamment, le **droit local alsacien-mosellan** et le principe de **spécialité législative** appliqué aux colonies françaises.

3. **CC 91-290 DC** *du 9 mai 1991*, R. 50 (statut de la Corse), censurant la mention faite par la loi d'un « peuple corse, composante du peuple français ». *Cf.* aussi CC 99-412 DC du 15 juin 1999, R. 71 (charte européenne des langues régionales ou minoritaires) : les principes d'indivisibilité, d'égalité et d'unicité du peuple français « s'opposent à ce que soient reconnus des droits collectifs à quelque groupe que ce soit, défini par une communauté d'origine, de culture, de langue ou de croyance ». Une jurisprudence peut être remise en cause par l'article 75-1C introduit par la révision constitutionnelle du 23 juillet 2008, selon lequel « Les langues régionales appartiennent au patrimoine de la France ».

4. Art. 72C.

5. Conduisant à l'apparition de droits locaux – municipaux, départementaux et régionaux – distincts et divergents.

6. Art. 72C.

7. CC 84-185 DC du 18 janvier 1985, R. 36.

8. Art. 77C.

territoriales d'outre-mer telles que la Polynésie française, la faculté de prendre des actes relevant du domaine de la loi[1].

II. L'administration centralisée

Si le principe décentralisateur a été consacré par la révision constitutionnelle du 28 mars 2003, l'administration centralisée n'a pas disparu pour autant, qui regroupe l'**administration centrale** (1) et l'**administration déconcentrée** (2). Nous étudierons ensuite les rapports de pouvoir institués au sein de cette administration centralisée (3).

II.1. L'administration centrale

(67) ### A. L'administration centrale traditionnelle

Si l'administration centrale se trouve traditionnellement implantée à Paris, elle peut cependant être **délocalisée**. Elle regroupe :

1) Les services et conseils de la présidence de la République. Sous les IIIe et IVe Républiques, le rôle secondaire du chef de l'État avait réduit sa « maison » à peu de choses. La situation change sous la Ve République, et ses services s'étoffent rapidement : secrétariat général, état-major particulier, cabinet et conseils, dont le conseil de défense nationale. Toutefois, le chef de l'État ne dispose pas constitutionnellement de l'administration[2], ce qui explique que ces services demeurent quantitativement restreints (un millier d'agents).

2) Les services du Premier ministre. Les services de la présidence du Conseil demeureront inexistants jusqu'en 1934[3], avant de se développer de manière considérable à la fin de la IIIe République et sous la IVe République. De ce point de vue, le Premier ministre apparaît comme l'héritier du président du Conseil ; il dispose de services fort importants, tels que le secrétariat général du gouvernement[4], le secrétariat général des affaires européennes, ou le secrétariat général de la défense nationale.

3) Les différents départements ministériels existants, qui peuvent compter quelques dizaines d'agents pour certains secrétariats d'État, ou plusieurs centaines de milliers pour le ministère de l'Éducation nationale.

1. Art. 74C, réservant les « intérêts propres » des collectivités d'outre-mer.
2. Article 20C : « Le gouvernement [...] dispose de l'administration et de la force armée [...] ».
3. Loi de finances du 24 décembre 1934, prévoyant l'attribution de crédits permettant de créer les premiers services de la présidence du Conseil et, notamment, le secrétariat général du gouvernement. Auparavant, le président du Conseil utilisait les services du ministère dont il était le titulaire.
4. Le SGG joue un rôle essentiel dans la préparation du Conseil des ministres et des divers comités interministériels présidés par le Premier ministre. Il coordonne l'activité législative et réglementaire de l'exécutif, ainsi que les rapports entre le Parlement et le gouvernement : transmission des projets de loi, des questions posées aux ministres et des réponses qui leur sont faites...

4) <u>**De très nombreux conseils**</u>, dont le plus important est le **Conseil d'État**, en tant que conseiller juridique du gouvernement[1].

La Constitution subordonne étroitement l'administration au gouvernement[2], prohibant de la sorte toute idée d'un pouvoir administratif autonome. Au niveau supérieur, administration et gouvernement sont au demeurant confondus dans la personne du ministre. Cette subordination se trouve toutefois tempérée et médiatisée en ce qui concerne certaines autorités administratives (ou publiques) indépendantes.

(68) **B. Les autorités administratives (ou publiques) indépendantes**

Si la plus ancienne des **autorités administratives indépendantes** (AAI) est le médiateur, créé par la loi du 3 janvier 1973, l'expression elle-même n'apparaît qu'en 1978, avec la création de la Commission nationale informatique et libertés (CNIL)[3]. Il existe aujourd'hui une quarantaine de ces organismes : Défenseur des droits, Conseil supérieur de l'audiovisuel (CSA), commission d'accès aux documents administratifs (CADA), Commission de régulation de l'énergie (CRE), Autorité des marchés financiers (AMF), Autorité de la concurrence[4]...

Les raisons de ce succès sont multiples, qui traduisent toutes une crise de confiance à l'égard du pouvoir exécutif et, plus généralement, de l'État : distanciation devenue nécessaire dans des secteurs particulièrement « sensibles », qui exigent une protection renforcée de certaines libertés publiques (CNIL, CADA, CSA, HALDE) ; désengagement économique et financier d'un État qui s'affiche moins interventionniste et plus régulateur (AMF, CRE) ; recours au mythe du « sage » dégagé de certaines contingences politiques. Le retrait de l'État doit toutefois être relativisé, qui se traduit surtout par l'apparition d'un nouveau mode d'administration ; les autorités administratives indépendantes restent en effet, comme leur nom l'indique, des autorités administratives.

Réserve faite de certaines d'entre elles, qualifiées d'**autorités publiques indépendantes** (API)[5], ces « autorités » ne possèdent pas de personnalité juridique distincte de celle de l'État. Elles agissent en son nom, sont budgétairement rattachées à un ministère qui peut ainsi exercer une influence non négligeable sur ses conditions de fonctionnement, et prennent des décisions administratives dont le contentieux relève, sauf texte contraire, de la compétence du juge adminis-

1. § 36.

2. Art. 20C : « Le gouvernement [...] *dispose* de l'administration et de la force armée. »

3. Loi du 6 janvier 1978.

4. Qui remplace le Conseil de la concurrence, créé en 1986 (loi du 4 août 2008, de modernisation de l'économie).

5. Il existe quatre API, toutes créées après 2002 : l'AMF (Autorité des marchés financiers), l'ACAM (Autorité de contrôle des assurances et des mutuelles), la Haute autorité de la santé, et l'AFLD (Agence française de lutte contre le dopage). La CRE (Commission de régulation de l'énergie) ne sera dotée d'une personnalité morale qu'entre 2004 et 2006. L'octroi de la personnalité morale peut au demeurant venir contrarier l'indépendance et l'audace de ces autorités, financièrement responsables sur leur patrimoine propre et non plus sur celui de l'État ! *Cf.* M. Degoffe, « Les autorités publiques indépendantes », AJDA 2008.622.

tratif[1]. Leur spécificité réside dans une indépendance relative, qui les soustrait à l'application d'un principe hiérarchique qui régit théoriquement l'ensemble des rapports internes de l'administration centralisée[2]. Une indépendance statutaire, mais aussi fonctionnelle : les autorités administratives indépendantes ont la capacité d'ester en justice, et la loi autorise certaines d'entre elles à user d'un pouvoir réglementaire spécial et limité[3].

(69) C. Deux exemples d'AAI : du médiateur de la République au défenseur des droits

Institué par la loi du 3 janvier 1973, le « médiateur » était devenu « médiateur de la République » depuis la loi du 13 janvier 1989. C'était la plus ancienne des autorités administratives indépendantes françaises : nommé par décret du Président de la République pris en conseil des ministres pour un mandat de six ans non renouvelable, il ne pouvait être révoqué. Sa mission consistait à remédier, autant que faire se peut, à ce que l'on qualifie de « maladministration » : tracasseries inutiles, dysfonctionnements, mauvaise volonté, incohérences, aberrations... Son champ de compétences était aussi fort étendu, qui portait non seulement sur l'administration – centralisée et décentralisée – mais aussi sur les établissements publics et les organismes privés chargés de la gestion d'un service public.

Le médiateur de la République n'était pas pour autant le censeur de l'administration. Protecteur des administrés, il ne pouvait être saisi directement par eux, l'intervention d'un parlementaire s'avérant ici nécessaire. Il ne pouvait non plus se substituer à l'autorité administrative et ne disposait pas d'un pouvoir de décision, se bornant à émettre des « recommandations » dont la méconnaissance pouvait donner lieu à des poursuites disciplinaires, voire même, à des procédures juridictionnelles.

En 2011, le médiateur de la République a été remplacé par le défenseur des droits, qui se substitue aussi à la HALDE, au CNDS[4] et au défenseur des enfants. Cette nouvelle AAI[5] est la première dont l'existence se trouve prévue par la constitution[6].

---

1. Le contentieux des actes du Conseil de la concurrence, devenu AMF, a ainsi été attribué à la cour d'appel de Paris.
2. Dérogation critiquable au regard de l'article 20C, mais dont le principe n'a jamais été discuté par le CC.
3. La CNIL ou le CSA, par ex.
4. Respectivement : Haute autorité de lutte contre les discriminations et pour l'égalité ; Commission nationale de déontologie et de sécurité.
5. Le CC lui refuse en effet la qualité de pouvoir public constitutionnel, dont l'autonomie budgétaire se trouverait ainsi garantie par la constitution, pour le qualifier simplement d'« autorité administrative dont l'indépendance trouve son fondement dans la constitution » (CC 2011-626 DC du 26 mars 2011, AJDA 2011.646).
6. Titre XI bis et article 71-1C issus de la révision constitutionnelle du 23 juillet 2008, complétés par une loi organique et une loi « ordinaire » du 29 mars 2011. Sur cette question, *cf.* par ex. O. Dord, Le défenseur des droits ou la garantie rationnalisée des droits et libertés, AJDA 2011.958.

Le défenseur des droits est nommé par décret du président de la République, pris en conseil des ministres après avis des commissions compétentes de l'Assemblée nationale et du Sénat[1]. Son indépendance est garantie par un mandat de six ans non renouvelable et irrévocable, et une immunité proche de celle accordée aux parlementaires ; l'impartialité qui doit être sienne explique la longue liste des inéligibilités et incompatibilités prévues par l'article 71-1C et la loi organique du 29 mars 2011[2].

Il « veille au respect des droits et libertés par les administrations de l'État, les collectivités territoriales, les établissements publics, ainsi que tout organisme investi d'une mission de service public [...] »[3], et remplit, bien entendu, les fonctions autrefois dévolues aux AAI qu'il remplace. Il est assisté pour cela par trois adjoints et trois conseils spécialisés dans les missions exécutées jusque-là par la HALDE, le CNDS et le défenseur des enfants[4].

Contrairement au médiateur, le défenseur des droits peut être saisi directement par toute personne (physique ou morale) concernée ; il peut même « se saisir d'office »[5]. Il dispose d'un **pouvoir d'information** qui l'autorise à procéder à des auditions et à des vérifications sur place, d'un **pouvoir de recommandation** et, aussi, d'**injonction**. La loi organique lui reconnaît enfin un **pouvoir de proposition** qui trouve notamment à s'exprimer par un rapport annuel, remis au président de la République et aux présidents des deux assemblées.

II.2. L'administration déconcentrée

La déconcentration suppose la présence d'agents de l'État installés dans les circonscriptions territoriales qui servent de cadre à la décentralisation territoriale : communes, départements et régions.

(70) A. L'administration communale

Les communes ont vu leur existence consacrée par la Révolution de 1789. Elles sont actuellement plus de **36 500**. En vertu de la technique du dédoublement fonctionnel, le **maire** agit pour certaines de ces attributions en tant que **représentant de la collectivité locale** qu'est la commune ; pour d'autres, en revanche, il est **agent de l'État**, soumis comme tel à l'autorité hiérarchique du préfet. C'est

1. Art. 71-1C. Avis qui peut se transformer en veto « lorsque l'addition des votes négatifs dans chaque commission représente au moins trois cinquième des suffrages exprimés au sein des deux commissions » (art. 13C, dernier alinéa). En 2011, M. D. Baudis a été nommé défenseur des droits.

2. Ses fonctions sont incompatibles avec celles de membres du gouvernement, du Parlement, du Conseil constitutionnel, du Conseil supérieur de la magistrature et du Conseil économique, social et environnemental. Incompatibilité, aussi, avec tout mandat électif, toute fonction ou emploi public, et toute activité professionnelle.

3. Art. 71-1C.

4. Ces trois adjoints ne bénéficient pas des mêmes garanties, dès lors qu'ils sont nommés *et révoqués* par le Premier ministre, sur proposition du défenseur des droits. Sur toutes ces questions, *cf.* art. O. Dord, préc.

5. Art. 71-1C.

en cette qualité qu'il se voit chargé de l'exécution des lois et des règlements édictés par le pouvoir central, et de l'organisation des élections[1]. Il est aussi **officier d'état civil**[2] et **officier de police judiciaire**[3].

(71) B. L'administration départementale

Si les départements furent créés en 1789, les **préfets** sont une institution napoléonienne apparue avec la **loi du 28 pluviôse an VIII** (17 février 1800). Il y a actuellement 99 départements métropolitains (Territoire de Belfort compris), dont trois départements d'outre-mer (DOM)[4]. Chaque département est divisé en trois ou quatre arrondissements, respectivement pris en charge par un sous-préfet.

Les préfets sont nommés et révoqués par décret du président de la République pris en Conseil des ministres ; leur emploi est à la discrétion du gouvernement. « Représentant de l'État » dans le département, le préfet assume, en vertu de l'article 72C, « la charge des intérêts nationaux, du contrôle administratif et du respect des lois ». Concrètement, cela se traduit par la direction de tous les services administratifs déconcentrés dans le cadre du département[5], et par un pouvoir de contrôle sur les collectivités territoriales. Sauf exception, les **décisions individuelles** prises autrefois par l'administration centrale relèvent désormais de la compétence préfectorale[6].

Le préfet possède aussi d'importants **pouvoirs de police** : il lui appartient de prendre toutes les mesures nécessaires au maintien ou au rétablissement de l'ordre public dans le département. Il a compétence pour prendre toutes les mesures de police « dont le champ d'application excède le territoire d'une commune », et peut aussi **se substituer au maire défaillant** « après une mise

1. Il établit les listes électorales, règle l'affichage, organise les opérations électorales, rédige les procès-verbaux...

2. Actes relatifs à la naissance, au mariage et au décès.

3. Selon l'article 16 CPP et l'article L. 2122-31 CGCT, le maire et ses adjoints ont la qualité d'officier de police judiciaire (OPJ). Placés sous l'autorité et le contrôle du procureur de la République, ils peuvent dresser le procès-verbal des contraventions et de certains délits commis sur le territoire communal. Une mission peu active, dès lors que le maire et ses adjoints ne disposent pas de la formation nécessaire et des moyens matériels appropriés. Sur cette question : D. Bordier, le maire officier de police judiciaire, To be or not to be ? AJDA 2012.189.

4. La loi organique du 7 décembre 2010 a en effet érigé Mayotte en 101e département et 5e DOM, mais la loi organique et la loi ordinaire du 27 juillet 2011 ont retiré la Martinique et la Guyane de la liste des départements, pour les transformer en collectivités territoriales à statut particulier, comme Paris ou la Corse. Les conseils généraux et régionaux s'y trouvent remplacés par une assemblée unique de 51 membres. La Guadeloupe reste, très provisoirement, un DOM. *Cf.* M. Verpeaux, différenciation(s) et unité(s) dans l'OM français, AJDA 2011.2233.

5. Un rôle de direction qui ne concerne que l'administration civile ; l'armée, la justice et certaines administrations déconcentrées (Éd. nat., adm. fiscale) demeurent soumises à un régime spécial.

6. Décret du 15 janvier 1997, art. 1, accompagné de 14 décrets particuliers et d'un décret commun du 19 décembre 1997, énumérant plus de 900 mesures relevant toujours de la compétence de l'administration centrale.

en demeure [...] restée sans résultat »[1]. La loi du 18 mars 2003 lui confère un **pouvoir de réquisition** en ce domaine, en cas d'urgence et lorsque les moyens habituels paraissent insuffisants[2].

(72) C. L'administration régionale

De création relativement récente[3], **les régions métropolitaines sont actuellement au nombre de 22.** L'administration régionale ne s'est développée que très progressivement. Longtemps, le préfet de région demeurera confiné dans une mission d'animation et de coordination des préfets du département, dans des domaines certes toujours plus nombreux et importants : développement économique et social, aménagement du territoire, culture, éducation... Un rôle conforté par l'élaboration du contrat de plan État-région.

Le statut et le rôle du préfet de région viennent cependant d'être bouleversés par un décret du 16 février 2010, qui en fait le supérieur hiérarchique des préfets du département. Réserve faite du contrôle des collectivités territoriales, de la sécurité, de l'entrée et du séjour des étrangers et du droit d'asile, ces derniers prennent désormais « leurs décisions conformément aux instructions que leur adresse le préfet de région ». À côté du **pouvoir d'instruction**, le préfet de région dispose aussi d'un **pouvoir d'évocation** qui lui permet de décider « pour une durée limitée de tout ou partie d'une compétence à des fins de coordination ».

Le « pilotage » des politiques publiques se fera donc au niveau régional et sous l'égide du préfet de région, une restructuration qui accompagne la réforme des collectivités territoriales votée en novembre 2010.

II.3. Les rapports de pouvoir au sein de l'administration centralisée

Hormis le **pouvoir réglementaire**, qui n'est pas spécifique à ce mode d'administrer et que nous étudierons plus avant[4], les rapports de pouvoir au sein de l'administration centralisée se structurent autour du **pouvoir de nomination** (A) et du **pouvoir hiérarchique** (B).

(73) A. Le pouvoir de nomination du Président de la République

L'article 13C attribue compétence au Président de la République pour nommer « aux emplois civils et militaires de l'État ». Certains postes particulièrement

1. Article L 2215-1 CGCT.
2. Disposition reprise à l'article L 2215-1 CGCT.
3. Décrets des 7 janvier 1959 et 2 juin 1960 créant des circonscriptions d'action sociale ; Décret des 14 mars 1964 instituant des préfets de région ; loi du 2 mars 1982 et révision constitutionnelle du 28 mars 2003.
4. §§ 211 et s.

importants sont pourvus en Conseil des ministres[1], et/ou soumis à l'« avis public de la commission permanente compétente de chaque assemblée » depuis la révision constitutionnelle du 23 juillet 2008[2]. Une intervention susceptible de se transformer en droit de veto « lorsque l'addition des votes négatifs dans chaque commission représente au moins 3/5e des suffrages exprimés au sein des deux commissions »[3].

Comme il est de règle dans un régime parlementaire, ce pouvoir se trouve soumis à la règle du **contreseing**[4]. Cette obligation peut être source de difficultés en cas de cohabitation, et conduire à de nécessaires compromis entre le chef de l'État et le Premier ministre.

(74) B. Le pouvoir de nomination du Premier ministre, des ministres et des autres autorités de l'État

Le pouvoir de nomination du Président de la République porte sur les emplois civils et militaires de l'État les plus importants[5]. Les autres sont pourvus par le ministre dont relève le poste vacant, voire même par une autorité subordonnée : préfet, recteur ou autre chef de service.

Le Premier ministre, théoriquement principal bénéficiaire des délégations consenties par le chef de l'État[6], ne dispose en réalité que d'une prérogative semblable à celle des ministres, ne dépassant guère les agents de ses services. Les ministres, préfets et autres chefs de service de l'administration centralisée gèrent ensuite la carrière de leurs subordonnés : promotions, mutations, sanctions disciplinaires...

(75) C. Le pouvoir hiérarchique, une prérogative essentielle

Le pouvoir hiérarchique se présente comme l'une des composantes essentielles de toute administration centralisée. Son existence relève d'un **principe général du droit** : non seulement l'autorité hiérarchique en dispose sans texte, mais elle est

1. Conseillers d'État, ambassadeurs, préfets, officiers généraux, recteurs...
2. Outre les emplois évoqués à l'art. 13C (conseillers d'État, ambassadeurs, préfets, officiers généraux...), la constitution prévoit l'application de cette nouvelle procédure aux membres du CC nommés pas le président de la République (art. 56C révisé) et aux défenseurs des droits (art. 71-1C). Une loi organique du 23 juillet 2010 lui soumet la désignation des dirigeants des principales AAI (CSA, AMF, CRE...), d'EDG, GDF, La Poste, La SNCF, la RATP.
3. Une hypothèse qui devrait demeurer rarissime dans un système politique où le chef de l'État dispose en règle générale d'une majorité stable et disciplinée à l'Assemblée nationale.
4. Sauf exceptions limitativement énumérées à l'article 19C, les actes du président de la République doivent être contresignés par le Premier ministre « et, le cas échéant, par les ministres responsables ».
5. Environ 70 000 emplois, ce qui représente une moyenne annuelle de 5 000 nominations.
6. Art. 13C : « [...] Une loi organique détermine [...] les conditions dans lesquelles le pouvoir de nomination du président de la République peut être par lui délégué pour être exercé en son nom. » Art. 21C : « Le Premier ministre [...] sous réserve des dispositions de l'article 13C [...] nomme aux emplois civils et militaires ». Les présidents de la Ve République n'ont pas entendu se priver de l'exercice d'une compétence essentielle au renforcement de leur autorité sur l'appareil d'État.

aussi tenue d'en user – spontanément, ou sur la demande d'un administré – par la voie d'un recours hiérarchique[1].

Le pouvoir hiérarchique porte sur des **actes**, aussi bien que sur des **personnes**. Il s'exerce pour des raisons d'opportunité aussi bien que de légalité, et l'emporte même sur cette dernière. Le commandement du supérieur doit en effet être toujours exécuté, sous peine de sanctions disciplinaires. Une seule exception, fort restreinte, porte sur l'ordre « **manifestement** illégal et de nature à compromettre gravement un intérêt public »[2]. Le subordonné ne peut non plus contester devant le juge administratif les mesures prises par son supérieur, réserve faite de celles qui seraient susceptibles de porter atteinte à ses droits statutaires.

L'existence de ce pouvoir implique l'octroi de prérogatives fort importantes : pouvoir réglementaire d'organisation et de fonctionnement du service, susceptible d'être exercé par tout chef de service[3], pouvoir d'instruction et d'interprétation, pouvoir d'orientation, pouvoir d'annulation et de réformation, pouvoir de gestion des emplois et des carrières (nomination, avancement, mutation), pouvoir disciplinaire[4]. L'utilisation de ces prérogatives ne doit cependant pas excéder « l'exercice normal du pouvoir hiérarchique », dérive susceptible d'être qualifiée désormais de harcèlement moral[5].

(76) D. Un pouvoir d'instruction et d'interprétation

Il s'agit là de deux prérogatives qu'il n'est pas toujours aisé de différencier, qui se traduisent par l'émission d'ordres, de circulaires et autres notes de service. Expression privilégiée du pouvoir hiérarchique, les **instructions de service** et autres mesures d'ordre intérieur peuvent produire des effets sur les **subordonnés** et les **administrés**. Particulièrement nombreuses dans l'Éducation nationale et l'administration pénitentiaire, elles sont désormais de plus en plus strictement contrôlées par le juge[6].

Les **circulaires** se présentent comme un commentaire de la législation et de la réglementation applicables, adressé par le ministre ou tout autre chef de service à ses subordonnés. Elles n'apportent théoriquement aucun élément nouveau par rapport à la règle, et ne peuvent donc accorder aucun droit aux administrés, ni leur imposer aucune obligation supplémentaire. Bien que n'étant

1. CE 30 juin 1950, Quéralt, R. 413 ; D 1951.593, note Marion ; S 1951.3.85, note Auby ; D soc. 1951.246, concl. Delvolvé.

2. Toute illégalité n'affranchit donc pas l'agent public de l'obéissance due à ses supérieurs. La première condition sera posée très tardivement, et dans des circonstances politiques particulières, par une décision du **CE du 10 novembre 1944, Langneur**, R. 288 (D 1945.88, concl. Chenot ; JCP 1945, II, n° 2852, note Chavanon). La deuxième condition, encore plus restrictive, sera énoncée par l'article 28 de la loi du 13 juillet 1983, concernant les fonctionnaires civils.

3. § 214.

4. *Cf.* par ex. C. Moniole, La subordination dans la fonction publique, AJDA 2010.1629.

5. *Cf.* par ex. CAA Marseille 27 sept. 2011, M.B, AJDA 2011.2112 chron. M. Lopa Dufrenot.

6. § 45.

ni opposables aux administrés, ni invocables par eux, elles n'en doivent pas moins être publiées[1].

La jurisprudence a longtemps distingué les circulaires réglementaires – annulées, car prises par une autorité incompétente dès lors que le ministre ne dispose pas, sauf exception prévue par le loi ou le décret, d'un tel pouvoir – des circulaires interprétatives qui, ne posant aucune règle nouvelle, ne faisaient pas grief et ne pouvaient donc être attaquées devant le juge administratif[2].

Dans un **arrêt Duvignères**[3], le Conseil d'État a cependant opéré un revirement partiel qui lui permet d'étendre son contrôle sur ces actes en distinguant plus nettement les questions de recevabilité et de légalité. Le nouveau critère de recevabilité des recours pour excès de pouvoir dirigés contre des circulaires doit désormais être trouvé dans le **caractère impératif** de leur contenu. Ne faisant pas grief, les dispositions non impératives ne peuvent faire l'objet d'un recours contentieux. En revanche, une disposition impérative sera annulée par le juge, soit parce qu'elle revêt un caractère réglementaire – elle « fixe une règle nouvelle » – soit, et c'est là que réside la nouveauté, parce qu'elle transgresse les limites imparties au pouvoir d'interprétation du chef de service. Ce dernier ne doit ni méconnaître « le sens et la portée des dispositions législatives ou réglementaires », ni adopter une interprétation contraire aux exigences de la hiérarchie des normes[4].

(77) E. Un pouvoir d'orientation

Ce pouvoir se traduit par l'émission de **directives**. Il s'agit ici non plus d'interpréter la règle, mais de **réguler l'exercice du pouvoir discrétionnaire** conféré à l'administration, et de permettre un traitement plus rapide et plus égalitaire des décisions en série. Réguler et non supprimer, puisque l'autorité administrative doit obligatoirement se livrer à un examen particulier de chaque dossier, et peut toujours se soustraire à l'application d'une directive pour des motifs d'intérêt général, ou tirés de la situation particulière de l'administré. À ces conditions, le recours à la technique des directives est légal : l'administration ne commet aucune erreur de droit en se référant à un tel acte[5].

Le statut des directives se trouve lui aussi frappé d'une grande ambiguïté. **Opposables** à l'administré comme à l'administration, elles doivent être **publiées**[6]. Mais, considérées comme n'emportant aucune conséquence directe

1. Loi du 7 juillet 1978, art. 9. À compter du 1er mai 2009, les circulaires et instructions de service, à venir ou déjà signées, devront pouvoir être consultées sur un site Internet unique relevant du Premier ministre. À défaut, elles ne pourront être opposées aux administrés (décret du 8 déc. 2008).
2. CE Ass. 29 janvier 1954, Institution Notre-Dame du Kreisker, R. 64.
3. **CE 18 décembre 2002, Duvignères**, R. 463, concl. Fombeur. Sur cette question, *cf.* not. G. Koubi, « Distinguer "l'impératif" du "réglementaire" au sein des circulaires interprétatives », RDP 2004.499 ; F. Chaltiel, actualité des circulaires, AJDA 2011.1930.
4. C'est-à-dire conforme au règlement interprété, mais contraire à une disposition placée au-dessus dans la hiérarchie des normes : loi, norme de droit international ou Constitution.
5. CE 11 décembre 1970, Crédit foncier de France, R. 750, concl. Bertrand.
6. Loi du 7 juillet 1978, préc.

sur la situation juridique des administrés[1], **elles ne peuvent faire l'objet d'un recours pour excès de pouvoir.**

(78) ### F. Un pouvoir d'annulation et de réformation

Ces prérogatives permettent au supérieur hiérarchique de rectifier, voire même de supprimer l'acte pris par son subordonné. Le pouvoir d'annulation doit toutefois respecter des règles très contraignantes, relatives au **retrait** et à l'**abrogation** d'une décision administrative[2].

Sauf texte exprès, l'exercice du pouvoir hiérarchique **n'emporte pas de pouvoir de substitution**, c'est-à-dire la faculté pour le supérieur de décider à la place de son subordonné. Une exception importante concerne le préfet, qui peut se substituer au maire qui négligerait de remplir les fonctions qui lui sont dévolues en tant qu'agent de l'État, ou d'exercer son pouvoir de police.

III. L'administration territoriale décentralisée

Nous étudierons successivement les différentes collectivités territoriales décentralisées (1), puis les contrôles exercés par l'État sur ces collectivités (2).

III.1. Les collectivités territoriales décentralisées

(79) ### A. Les communes

La Révolution a consacré l'existence des communes et unifié leur régime juridique[3]. Or, s'il y a plus de **36 500 communes en France, 30 000 comptent moins de 1 000 habitants, et 40 plus de 100 000** ! Cette situation est source de nombreuses difficultés : l'État s'est efforcé sans succès d'organiser la fusion volontaire de ces petites communes[4], avant de se rallier à la formule beaucoup plus souple et diverse du regroupement de communes : syndicats de communes, districts, communautés urbaines, communautés de villes et communautés de communes. La réforme votée en 2010 devrait permettre d'achever et de rationaliser la carte de l'intercommunalité d'ici 2013, l'objectif du législateur étant de faire passer le nombre de syndicats et des groupements de communes de plus de 15 000 à 3 ou 4 000. La loi prévoit aussi la création de deux nouvelles structures intercommunales dotées de prérogatives renforcées : les métropoles, rassemblant les agglomérations de plus de 500 000 habitants[5], et les pôles métropolitains regroupant les établissements publics de coopération intercommunale (EPCI) de plus de 300 000 habitants.

---

1. L'administration se contente en effet d'utiliser des critères auxquels il peut toujours être dérogé, et doit obligatoirement se livrer à l'examen particulier de chaque dossier.
2. §§ 175 et 176.
3. § 63.
4. Loi du 16 juillet 1971.
5. Hors Paris, seules Lyon, Marseille, Lille, Toulouse, Bordeaux, Nice, Nantes et Strasbourg pourront accéder au statut de « métropole ».

La commune est administrée par un **conseil municipal** et un **maire** élus pour **six ans**. L'élection se fait au scrutin de liste majoritaire à deux tours pour les communes de moins de 3 500 habitants. Elle panache scrutin majoritaire à deux tours et représentation proportionnelle pour les autres : la liste arrivée en tête obtient la moitié des sièges, puis participe, à la proportionnelle, à la répartition des sièges restant à pourvoir. Un système qui permet d'obtenir une majorité stable et de préserver les droits des minorités politiques. La réforme de 2010 impose la parité aux communes de plus de 500 habitants (3 500 actuellement) et prévoit le « fléchage » des conseillers participant aux strutures intercommunales, sur les listes municipales proposées aux électeurs.

Instituant une citoyenneté européenne, le **traité de Maastricht** du 7 février 1992 accorde le droit de vote et d'éligibilité aux ressortissants des États membres de l'Union européenne résidant en France, sans qu'ils puissent toutefois devenir maires ou adjoints, ni participer à l'élection des sénateurs[1].

La loi du 5 avril 1884 énonce une **clause générale de compétence** : « Le conseil municipal règle par ses délibérations les affaires communales. » La distinction ainsi opérée entre affaires locales et affaires nationales semble relever de l'évidence, voire même de la « nature des choses ». La décentralisation des années 1982-1983 leur a ainsi conféré d'importantes compétences en matière d'urbanisme, portant notamment sur l'octroi des permis de construire. Cependant, l'intrication est telle que le critère de répartition des compétences (fort vague) se trouve désormais énoncé dans la Constitution, et la répartition, opérée par la loi[2]. De plus, la loi oblige les communes à créer certains services publics particulièrement importants. Au rang de ces **services publics obligatoires**, relevons celui des ordures ménagères, de la lutte contre les incendies, des pompes funèbres, de l'entretien des voies publiques et des transports urbains, des écoles primaires...

Le **maire** est élu par le conseil municipal en son sein ; il ne peut être révoqué par lui. Il peut seulement être suspendu pour un mois par arrêté du ministre de l'Intérieur, ou révoqué par décret pris en Conseil des ministres. Dans l'hypothèse d'un désaccord persistant entre le maire et le conseil municipal, la seule solution prévue par la loi consiste dans la dissolution, décidée en Conseil des ministres, et l'organisation de nouvelles élections.

Le maire est l'exécutif communal et met en œuvre les délibérations du conseil municipal : préparation et exécution du budget communal, représentation de la commune devant la justice... Il possède d'importants pouvoirs en matière de **police**[3]. Il est aussi autorité administrative déconcentrée, c'est-à-dire agent de l'État[4].

---

1. Révision constitutionnelle du 25 juin 1992, instituant un article 88-3C.
2. Article 72C. *Cf. supra* § 64.
3. Articles 2212-1 et s CGCT. *Cf. infra* § 147.
4. § 70.

(80) B. Les départements

Les départements furent créés en 1789 et dotés d'un régime juridique uniforme[1]. Le département est actuellement administré par un **conseil général** élu pour **six ans**, renouvelable par moitié tous les trois ans. La réforme territoriale de 2010 prévoit, à compter de 2014, de remplacer les quelques 4 037 conseillers généraux et 1 880 conseillers régionaux par **un peu moins de 4 000 conseillers territoriaux**, qui siègeront indifféremment dans les conseils généraux et régionaux. Ces conseillers territoriaux seront élus au **scrutin uninominal majoritaire à deux tours**, dans des circonscriptions cantonales redécoupées. L'obtention de majorités claires se trouve favorisée par l'institution, devenue classique sous la Ve République, d'un « **seuil** » **de 12,5 % des inscrits** pour pouvoir se maintenir au second tour.

Le Conseil constitutionnel a validé cette restructuration, qui ne remet pas en question l'existence du département et de la région, et ne porte pas atteinte au principe de libre administration des collectivités territoriales. Celui-ci implique certes « que toute collectivité dispose d'une assemblée délibérante dotée d'attributions effectives », mais « n'interdit pas que les élus désignés lors d'un unique scrutin siègent dans les deux assemblées territoriales »[2]. Si le Conseil n'a rien trouvé à redire au mode de scrutin choisi – traditionnel sous la Ve République, il a en revanche invalidé le « découpage » de certaines des nouvelles circonscriptions électorales comme contraire au principe de l'égalité des suffrages[3]. Le législateur devra donc réviser cette partie du texte pour que la loi puisse être promulguée par le Président de la République.

Pendant près de deux siècles, le préfet, institué en l'an VIII par Bonaparte[4], fut l'exécutif du département. La loi de décentralisation du 2 mars 1982 attribue cette fonction au **président du conseil général**, élu par ce dernier en son sein pour trois ans, et non révocable par lui.

Depuis 1982, le département bénéficiait d'une **clause générale de compétence**, supprimé à compter du 1er janvier 2015, par la réforme territoriale de 2010. Les départements et les régions se voient désormais attribuer des blocs de compétences définis par la loi. Des domaines de compétences partagées se trouvent cependant maintenus en matière de tourisme, de sport et de culture, ainsi qu'une **clause résiduelle de compétence**, qui autorise les départements et les régions à statuer sur « tout objet d'intérêt (départemental ou régional) pour lequel la loi n'a donné compétence à aucune autre personne publique »[5].

1. 99 départements, dont 3 DOM. *Cf. supra* § 71.
2. CC 2010-618 DC du 9 décembre 2010, préc., cons. 21 et 22. *Cf. supra* § 64.
3. Cons. 41.
4. Loi du 28 pluviôse an 8 (17 févr. 1800).
5. C'est le maitien de cette clause résiduelle de compétence qui permet au CC de considérer que cette réforme ne contrarie pas le principe de libre administration des collectivités territoriales (CC 9 déc. 2010, préc., cons. 55).

(81) ## C. Les régions

De création récente, les **22 régions métropolitaines** n'obtinrent le statut de collectivité locale que par la loi du 2 mars 1982 ; la révision du 28 mars 2003 leur confère un statut constitutionnel[1].

Le **conseil régional** est élu pour **six ans** au suffrage universel direct. La réforme territoriale de 2010 est venue remplacer, à compter de 2014, les 1 757 conseillers généraux et les 3 903 conseillers régionaux par 3 471 **conseillers territoriaux** élus au scrutin majoritaire uninominal à deux tours[2].

L'exécutif a été transféré par la loi de 1982 du préfet de région au **président du conseil régional**, élu par ce dernier pour six ans en son sein, et non révocable par lui. Depuis 1982, la région bénéficiait d'une **clause générale de compétence**, supprimée par la réforme territoriale de 2010[3]. La Région qui concluait déjà avec l'État un **contrat de plan** qui décidait pour six ans de projets de grande envergure associant toutes les collectivités territoriales concernées, devrait être la collectivité territoriale « gagnante » de la réforme opérée en 2010.

(82) ## D. Les collectivités à statut particulier : Paris, Lyon, Marseille et la Corse

L'article 72C prévoyant l'existence de « collectivités à statut particulier », le législateur a pu édicter des régimes juridiques spécifiques pour **Paris, Lyon, Marseille** et la **Corse**.

Depuis la Révolution, Paris, capitale et siège du pouvoir central, fut toujours soumise à un statut dérogatoire. Pendant près de deux siècles, elle sera administrée par le préfet de la Seine et le préfet de police ; s'y ajoute, en 1977[4], un maire élu qui ne dispose pas des pouvoirs de police générale, conservés au préfet de police. La loi du 30 décembre 1982, dite loi PLM (Paris, Lyon, Marseille), renforce cette spécificité en créant des mairies d'arrondissement disposant de compétences de « proximité » : crèches, logements sociaux...

Longtemps soumise au régime de droit commun, la Corse sera dotée en 1982 d'un statut particulier sans cesse renforcé, notamment dans les domaines de la culture et de l'enseignement, de l'aménagement et de l'environnement.

(83) ## E. L'outre-mer

Les règles relatives à l'outre-mer ont été profondément remaniées par la loi constitutionnelle du 28 mars 2003, qui prétend concilier diversité et indivisibilité. C'est ainsi que la référence traditionnelle aux peuples d'outre-mer disparaît au profit de l'expression « **populations d'outre-mer** », plus compatible avec le principe de l'unicité du peuple français dégagé par le Conseil

1. Décrets des 7 janvier 1959 et 2 juin 1960 ; article 72C.
2. *Cf. supra*, § 80.
3. *Ibid.*
4. Loi du 31 décembre 1975.

constitutionnel[1]. La Constitution maintient toutefois la distinction opérée entre les **départements** et **régions d'outre-mer** (DOM et ROM), et les **collectivités d'outre-mer**, expression qui se substitue à la qualification plus problématique de territoire d'outre-mer[2].

Les **départements et régions d'outre-mer**[3] se trouvent gouvernés par un **principe d'identité législative tempéré**. Les lois et règlements de la République y sont « applicables de plein droit », mais peuvent « faire l'objet d'adaptation tenant aux caractéristiques et contraintes particulières de ces collectivités »[4]. Cette capacité d'adaptation, restreinte pour la Réunion, s'ajoute au droit à l'expérimentation reconnu à toutes les collectivités territoriales[5]. Elle leur permet de fixer, après habilitation de la loi ou du règlement, « les règles applicables sur leur territoire, dans un nombre limité de matières pouvant relever du domaine de la loi ou du règlement »[6]. La loi organique et la loi ordinaire du 27 juillet 2011 ont retiré la Martinique et la Guyane de la liste des départements, pour les transformer en collectivités territoriales à statut particulier. Les conseils régionaux et généraux s'y trouvent remplacés par une assemblée unique de 51 membres. En Guyane, l'exécutif est confié à un président irrévocable ; plus original, le statut de la Martinique prévoit l'existence d'un conseil exécutif nommé et révoqué par l'assemblée[7].

Les **collectivités d'outre-mer**[8] se trouvent structurées autour d'un **principe de spécialité législative renforcé**. Le droit commun n'y est applicable qu'en vertu de leur statut particulier, « qui tient compte des intérêts propres de chacune d'elles au sein de la République »[9]. En réalité, c'est une véritable gradation des statuts et de l'autonomie qu'autorise désormais la Constitution, dans sa volonté de prendre en compte la diversité et la spécificité des situations.

Cette faculté d'adaptation renforce le phénomène de **territorialisation du droit**[10], déjà mis en œuvre par le vieux principe de spécialité législative, ce que le texte constitutionnel s'efforce désormais d'encadrer et de limiter. Pour les départements et régions d'outre-mer, une habilitation législative ou régle-

1. Article 72-3C. **CC 91-290 DC du 9 mai 1991**, R. 50 (statut de la Corse) et CC 99-412 DC du 15 juin 1999, R. 71 (charte européenne des langues régionales ou minoritaires), préc. *Cf. supra* § 66.
2. Articles 72-3, 73 et 74C. La distinction DOM / TOM apparaît dans la Constitution de 1946 (art. 60 et 73 et s.) ; la notion de territoire fait référence à celle de peuple, condamnée par le principe de l'unicité du peuple français.
3. Guadeloupe, Réunion, et Mayotte (à compter de 2011).
4. Article 73C.
5. § 66.
6. Article 73C.
7. *Cf.* not. l'article de M. Vespeaux, prec., § 71.
8. La Polynésie française, Saint-Barthélemy, Saint-Martin, Saint-Pierre-et-Miquelon, Wallis-et-Futuna.
9. Article 74C.
10. § 66.

mentaire est nécessaire, qui ne peut porter sur certaines matières « réservées »[1] et ne doit pas remettre en cause « les conditions essentielles d'exercice d'une liberté publique ou d'un droit constitutionnellement garanti »[2]. L'article 74C applique le procédé des matières réservées aux collectivités d'outre-mer, et prévoit l'existence d'un « contrôle juridictionnel spécifique » du Conseil d'État sur les actes pris par « l'assemblée délibérante » dans le domaine de la loi.

(84) F. La Nouvelle-Calédonie

La Nouvelle-Calédonie relève du cas particulier, dès lors qu'elle n'est plus qualifiée de collectivité d'outre-mer par la Constitution[3]. Son statut, expression des accords de Nouméa du 5 mai 1998, apparaît si dérogatoire qu'il exigera une révision constitutionnelle, inscrivant un nouveau titre XIII consacré aux « dispositions transitoires relatives à la Nouvelle-Calédonie »[4].

Ces dispositions, ainsi que les lois organiques et ordinaires qui leur sont associées, organisent le transfert définitif de certaines compétences étatiques, dans la perspective d'une accession à l'indépendance. Le Congrès néo-calédonien se voit attribuer la capacité de voter des « lois du pays », certes soumises au contrôle du Conseil constitutionnel[5], mais susceptibles de porter atteinte à des principes aussi importants que celui de l'égalité devant l'emploi.

Surtout, l'accession à l'indépendance se voit théoriquement garantie par un « gel » du corps électoral, contrevenant de la sorte aux règles normales et au caractère universel du suffrage. Aussi M. Carcassonne préfère-t-il parler de **régime d'exception**, plutôt que de régime dérogatoire. « Les fondements mêmes de notre ordre démocratique, à commencer par la citoyenneté, sont localement ébranlés, note-t-il [...] il s'agit moins de dispositions constitutionnelles particulières que d'une autre Constitution, celle de la Nouvelle-Calédonie, que le texte de 1958, bien accueillant, abrite désormais dans son titre XIII, à la façon des poupées russes. »[6]

1. Article 73C. Demeurent ainsi réservées à la compétence de l'État, « [...] la nationalité, les droits civiques, les garanties des libertés publiques, l'état et la capacité des personnes, l'organisation de la justice, le droit pénal, la procédure pénale, la politique étrangère, la défense, la sécurité et l'ordre publics, la monnaie, le crédit et les changes, ainsi que le droit électoral ». L'article 73C prend la précaution d'ajouter que « cette énumération pourra être précisée *et complétée* par une loi organique ».

2. *Ibid.*

3. Le CE en conclut qu'elle ne peut plus être qualifiée de collectivité territoriale, au sens de l'article 72C. (CE 13 décembre 2006, M. Genelle, RFDA 2007.18, concl. Verclytte ; AJDA 2007.366, chron. Lénica et Boucher).

4. RC du 20 juillet 1998. Articles 76 et 77C.

5. Ces « lois du pays » ne sont donc pas des actes administratifs, relevant comme tels du contrôle du juge administratif.

6. *La Constitution*, Paris, Le Seuil, coll. Points / Essais, 2009 (9e éd.), pp. 377-378.

(85) Conclusion : le « mille-feuille » institutionnel et la réforme territoriale de 2010

En métropole, le modèle administratif simplifié et uniformisé hérité de la Révolution n'a pu se maintenir qu'au prix d'aménagements complexes, maintenus et consacrés par la révision de 2003.

Jamais remis en cause[1], l'éparpillement communal pose de graves problèmes de ressources – tant humaines que matérielles – à des petites communes rurales comptant, pour la plupart, moins de 1 000 habitants[2]. Devant l'impossibilité politique de procéder autoritairement[3], le législateur s'est efforcé d'organiser et de favoriser certaines techniques contractuelles beaucoup plus souples dans le cadre d'**établissements publics de coopération intercommunale** (EPCI)[4] : formule déjà ancienne des syndicats de communes[5] ou plus récente de communautés de communes pour les petites communes rurales[6], communautés d'agglomération pour les ensembles comptant plus de 50 000 habitants[7], ou communautés urbaines pour ceux comptant plus de 500 000 administrés[8]. Dans toutes ces hypothèses, il s'agit certes de mettre en commun certaines ressources afin de mieux administrer[9], mais ces procédés n'en conduisent pas moins à la création de nouvelles personnes publiques, et compliquent un peu plus une répartition des compétences déjà fort enchevêtrée.

Aussi la loi du 16 décembre 2010 s'efforce-t-elle de simplifier et de rationaliser une carte administrative que l'on a pu comparer à un « mille-feuille ». Mesure emblématique, la loi remplace, à compter de 2014, les 1 757 conseillers régionaux et les 3 903 conseillers généraux par 3 471 conseillers territoriaux élus au scrutin uninominal majoritaire à deux tours, dans le cadre de cantons redécoupés et qui siégeront, à la fois, dans les conseils généraux et régionaux[10]. Autre mesure importante, la disparition presque complète de la clause générale de compétence conférée en 1982 aux départements et aux

1. De ce point de vue, la France constitue une exception au regard de ses voisins, qui ont tous pu mener à bien leur « révolution communale ».

2. Sur un peu plus de 36 500 communes, 32 000 se trouvent dans ce cas !

3. *Cf.* par ex. l'échec de la loi du 16 juillet 1971, relative à la fusion de communes.

4. Au 1er janv. 2012, 2 581 EPCI à fiscalité propre, regroupant 35 503 communes, dont 2 353 communautés de communes comptant 31 230 communes.

5. Technique autorisée par une loi du 22 mars 1890. Reprise à l'article L 5212-1 et s CGCT.

6. Loi du 6 février 1992 (art. L 5214-1 et s CGCT).

7. Loi du 12 juillet 1999 (art. L 5216-1 CGCT).

8. Articles L 5215-1 et s CGCT.

9. Voirie, équipements scolaires ou sportifs, environnement...

10. Le CC estime en effet que le principe de libre administration des collectivités territoriales « n'interdit pas que les élus désignés lors d'un unique scrutin siègent dans les deux assemblées territoriales », dès lors que la loi maintient l'existence des conseils généraux et régionaux. Le seuil de 12,5 % des inscrits pour participer au second tour de ce scrutin se trouve lui aussi validé sans difficulté (CC 2010-618 DC du 9 déc. 2010, AJDA 2010.2396). *Cf.* not. F. Bottini, Identité constitutionnelle de la France et réforme territoriale, AJDA 2011.1876, et la note M. Verpeaux, AJDA 2011.99.

régions. Le Conseil constitutionnel estime en effet que son existence ne relève pas d'un PFRLR et note, au demeurant, le maintien d'une CGC résiduelle, dans le silence de la loi[1].

La loi prévoit aussi l'achèvement et la rationalisation de la carte de l'intercommunalité avec l'adoption de schémas départementaux de coopération intercommunale (SDCI)[2], l'élection directe des élus « communautaires », « fléchés » lors des élections municipales, et la création de deux nouvelles catégories d'établissement public de coopération intercommunale : les métropoles et les pôles métropolitains[3].

Une réforme ambitieuse, donc, critiquée pour son caractère inachevé, voire franchement irréaliste pour ce qui concerne les économies prétendument réalisées[4], et dont la gauche a annoncé la suppression programmée.

III.2. Des collectivités sous contrôle

(86) La tutelle

Contrairement au pouvoir hiérarchique, dont l'existence relève d'un principe général du droit[5], la tutelle revêt un caractère exceptionnel et ne se présume pas ; « pas de tutelle sans texte, ni au-delà des textes », affirme un principe traditionnel. Dès lors, l'autorité de tutelle ne détient que les pouvoirs qui lui ont été expressément octroyés par la loi ou le règlement.

À la différence du pouvoir hiérarchique, le pouvoir de tutelle ne comporte pas non plus de pouvoir d'instruction, ni de pouvoir de réformation. Si le subordonné ne peut contester les décisions de son supérieur ne portant pas atteinte à ses droits statutaires[6], la collectivité décentralisée peut en revanche obtenir l'annulation par le juge administratif des décisions illégalement prises par l'autorité de tutelle[7], voire même réparation en cas de préjudice.

(87) Tutelle sur les personnes et tutelle sur les actes

La **tutelle sur les personnes** revêt des modalités très différentes selon qu'elle s'exerce sur une collectivité locale, un établissement public national ou une

1. *Ibid.*

2. Au 31 déc. 2011, 66 départements regroupant plus de 70 % des communes et 40 millions d'habitants, se trouvaient dotés d'un SDCI.

3. Les métropoles regroupent des ensembles de plus de 500 000 habitants. La métropole de Nice, créée le 1er janv. 2012, rassemble de la sorte 46 communes. Les pôles métropolitains forment des ensembles de plus de 300 000 habitants, dont une composante de plus de 150 000 habitants. Huit pôles métropolitains devraient être créés en 2012-2013.

4. Apparition de nouveaux EPCI, maintien d'une CGC résiduelle, dépenses induites par l'apparition de nouvelles infrastructures... (M. Verpeaux, note préc.). *Cf.* aussi G. Marcou, très critique à l'encontre de ce « rapprochement par les élus » des échelons départemental et régional (La réforme territoriale : ambition et défaut de perspective, RFDA 2010.357).

5. § 75.

6. § 226.

7. CE 18 avril 1902, commune de Néris-les-Bains, R. 275.

personne privée chargée de la gestion d'un service public. Pour ce qui est des collectivités territoriales, leurs assemblées délibérantes (conseil municipal, général ou régional) peuvent être frappées de dissolution par un décret pris en Conseil des ministres, lorsqu'un fonctionnement normal se révèle impossible[1].

Le maire et ses adjoints peuvent être suspendus par arrêté du ministre de l'Intérieur pour une durée qui ne peut dépasser un mois, et révoqués par décret pris en Conseil des ministres[2]. La « double casquette » de ces personnages, à la fois agents de l'État et élus locaux, justifierait l'existence de ce pouvoir de sanction[3], qui ne s'étend pas aux présidents des conseils généraux et régionaux. Une explication peu satisfaisante, dès lors que cette prérogative du pouvoir central lui permet de réprimer des actes accomplis par le maire ou ses adjoints en qualité d'élu local, voire même totalement détachables de toute fonction administrative.

La **tutelle sur les actes** peut s'exercer *a priori*, c'est-à-dire avant l'entrée en vigueur de l'acte pris par une autorité décentralisée (autorisation ou approbation), ou *a posteriori* (substitution ou annulation, pour des motifs d'opportunité aussi bien que de légalité). Depuis la loi de décentralisation du 2 mars 1982, la tutelle sur les actes des collectivités territoriales décentralisées a été supprimée, et remplacée par d'autres modes de contrôle ; elle ne subsiste plus que sur les établissements publics nationaux et sur les personnes privées associées à la gestion d'un service public.

(88) Le contrôle sur les actes

L'une des principales innovations de la loi de décentralisation du 2 mars 1982 fut **la suppression de la tutelle portant sur les autorités décentralisées**. Mais, si les mots changent[4], le contrôle n'en subsiste pas moins pour les collectivités locales et leurs établissements publics. L'article 72C prévoit en effet l'existence d'un « représentant de l'État », en charge « des intérêts nationaux, du contrôle administratif et du respect des lois ». Un contrôle qui s'articule désormais autour d'un **contrôle de légalité**, d'un **contrôle budgétaire et financier**, ainsi que de **divers contrôles spécifiques**.

1) Contrôle de légalité. La loi du 2 mars 1982 supprime les pouvoirs d'autorisation préalable et d'approbation du préfet, déjà fort réduits auparavant. Le législateur se contente de distinguer désormais les actes soumis à

1. Article L 2121-6 CGCT (le conseil municipal peut aussi être suspendu par arrêté motivé du préfet pour une durée qui ne peut dépasser un mois) ; article L 3121-5 CGCT pour les conseils généraux ; article L 4132-3 CGCT pour les conseils régionaux.

2. Article L 2122-16 CGCT : mesures venant sanctionner fautes, manquements, négligences importantes ou condamnations pénales dont la nature et la gravité se révéleraient incompatibles avec l'exercice des fonctions. Le CE exerce désormais un contrôle normal sur les sanctions infligées par le pouvoir central aux maires et à leurs adjoints. *Cf.* CE 2 mars 2010, M. Dalongeville, AJDA 2010.468.

3. Pouvoir de sanction qui ne méconnaît pas le principe de libre administration des CT, selon CC 2011-210 QPC du 13 janv. 2012 (AJDA 2012.70).

4. L'expression même de « tutelle » apparaît fort dépréciative, qui s'applique aussi aux mineurs soustraits à l'autorité parentale et aux majeurs affligés d'une grave incapacité mentale.

l'obligation de transmission au préfet, exécutoires après leur publication ou leur notification *et* leur transmission[1], des actes non soumis à cette obligation, exécutoires dès leur publication ou leur notification. Elle abroge aussi le pouvoir d'annulation du préfet, qui s'exerçait sur les actes des collectivités territoriales pour des motifs d'opportunité aussi bien que de légalité. Ne subsiste plus qu'un contrôle de légalité, exercé devant le juge administratif selon deux modalités : le recours en annulation de droit commun, ouvert à tout intéressé, et le **déféré préfectoral**, exercé spontanément par le préfet ou à la demande d'un tiers lésé[2]. **Le sursis à exécution** dont il peut être assorti est de droit, dès lors qu'existe un « doute sérieux » quant à la légalité de la décision prise par la collectivité territoriale. Le préfet peut aussi utiliser une procédure d'urgence lorsque l'acte contesté « est de nature à compromettre l'exercice d'une liberté publique ou individuelle » : le juge administratif dispose alors de 48 heures pour apprécier le bien-fondé de la demande de sursis[3].

La liberté du préfet en matière de saisine du juge administratif reste entière. La loi ne lui fait pas obligation de déférer devant le juge administratif la décision illégale d'une collectivité territoriale, et la responsabilité de l'État ne peut donc être engagée qu'en cas de **faute lourde**[4]. Ces solutions, *a priori* surprenantes, permettraient de préserver tout à la fois la primauté de l'État et la libre administration des collectivités territoriales[5]. Mais elles sont aussi et surtout dictées par la nécessité et le réalisme. Ce sont en effet près de **huit millions d'actes** qui sont adoptés chaque année par les collectivités territoriales. Confrontées à cet océan bureaucratique, les préfectures ne peuvent se livrer qu'à une ombre de contrôle, remplacé par un rôle de conseil qui ne se conclut que très exceptionnellement par la voie contentieuse : en moyenne 1 300 déférés préfectoraux pour près de 100 000 « lettres d'observations », suivies partiellement ou totalement dans plus de 80 % des cas[6].

2) Contrôle budgétaire et financier. Seules les modalités d'exercice de ce pouvoir de contrôle ont été transformées par la loi du 2 mars 1982. Une institution nouvelle – les **chambres régionales des comptes** – intervient

1. Ce sont évidemment les actes les plus importants des collectivités locales : délibérations de leurs assemblées, décisions réglementaires, contrats...

2. Articles L 2131-1 et s, pour les communes ; L 3132-1 et s, pour les départements ; L 4142-1 et s, pour les régions. Ce déféré préfectoral est un recours de plein contentieux, et non un REP (CE 23 déc. 2011, min. de l'Intérieur, de l'Outre Mer, des collectivités territoriales et de l'immigration, AJDA 2012.5).

3. *Cf. supra* § 54. Dans l'hypothèse d'une décision défavorable, le préfet dispose de 15 jours pour faire appel.

4. § 272.

5. *Cf.* par ex., concl. Paix sur CAA Marseille 15 avril 2009, SIVOM de Cinaca Liamone, AJDA 2009.1546.

6. La liste des actes soumis à l'obligation de transmission a été réduite (5,5 millions d'actes transmis en 2009, contre 6,5 millions en 2008). 1 034 déférés préfectoraux en 2009, contre 1 373 et 1 363 pour 2008 et 2007 (AJDA 2011.538).

désormais en cas de refus d'inscription d'une dépense obligatoire, de retard dans l'adoption du budget, de budget n'ayant pas été voté en équilibre réel, ou de déficit dans l'exécution du budget[1].

3) **Contrôles spécifiques. Le pouvoir de substitution du préfet en matière de police** est maintenu[2]. En revanche, **la tutelle technique**, auparavant imposée aux collectivités territoriales et théoriquement supprimée par la loi du 2 mars 1982, ne subsiste plus que dans les hypothèses où elle se trouve expressément prévue par la loi ou un décret d'application d'une loi[3].

1. Articles L 1612-1 et s CGCT. Une réforme qui doit être relativisée, le nombre des CRC ayant été ramené à 15 en 2012. Les comptes des communes de moins de 5 000 habitants ou dont le montant des recettes est inférieur à 3 millions d'euros seront désormais apurés par l'administration active (L. 13 déc. 2001 et D. 23 fév. 2012).

2. § 147.

3. Article L 1111-5 CGCT.

Titre 2
Missions

L'administration poursuit certaines fins, certains objectifs (chapitre 1), et dispose pour cela de moyens, spécifiques ou non (chapitre 2).

Chapitre 1

Les fins

L'administration a pour tâche la prise en charge des activités de service public, dont la fonction est d'assurer au mieux la satisfaction de l'intérêt général. Nous étudierons en premier lieu l'unité de la notion de service public (I), puis la diversité des services publics (II) et, enfin, un SP particulier, soumis à un régime juridique spécifique : la police administrative (III).

I. Unité : le service public

(89) Dimensions

Le service public (SP) revêt en premier lieu une dimension concrète et familière. Il existe des **activités** caractérisées par leur finalité, la satisfaction de l'**intérêt général**, qui sont des activités de service public. Ces derniers dispensent des prestations matérielles (sécurité, distribution d'eau, de gaz ou d'électricité, transports), financières (aides, subventions, bourses universitaires) ou intellectuelles (enseignement, formation permanente). C'est là l'**approche dite matérielle** du service public.

Le service public, c'est aussi l'**État** ou d'autres **personnes publiques** (collectivités territoriales, établissements publics) ou **privées** (ordres professionnels, associations, SA ou SARL) qui assurent ces activités : ministères de la Défense, de la Justice ou de l'Éducation nationale, Sécurité sociale, hôpitaux, universités, EDF, GDF, SNCF ou RATP... C'est là l'**approche dite organique** du service public.

Il existe aussi une dimension plus technique du service public, qui renvoie à un **régime juridique spécifique**. Par-delà l'extrême diversité des activités, des gestionnaires et des modes de gestion, le service public recèle une unité qui nous autorise à évoquer *le* service public, plutôt que *les* services publics.

Cette unité se fonde sur une notion (1), renvoyant à un régime juridique particulier portant sur la création et la suppression des différents services publics (2), mais aussi sur l'existence d'un véritable statut du service public (3).

I.1. Notion

(90) Définition

La notion de service public sera longtemps considérée comme le **critère d'application du droit administratif classique** formalisé par l'**arrêt Blanco**. Activité d'intérêt général directement gérée par l'administration, elle impliquait en effet l'application du droit administratif et la compétence du juge administratif.

Cette importante fonction disparaît après la Première Guerre mondiale, avec l'apparition de services publics industriels et commerciaux et la banalisation de l'association de personnes privées à sa gestion. Le service public ne signifie plus alors nécessairement la soumission au droit administratif[1] ; il peut être actuellement défini comme une **activité d'intérêt général, prise en charge – directement ou non – par une personne publique et soumise, à des degrés divers, à un régime juridique spécifique**.

Selon l'arrêt Nancy de 1963[2], l'existence d'un service public se trouve en effet conditionnée par la réunion de **trois indices** : **un élément fonctionnel**, distingué par l'**activité d'intérêt général** de l'organisme concerné ; **un élément organique**, relatif à la **présence plus ou moins visible d'une personne publique** à la tête du service ; **un élément matériel**, déterminant sa soumission à un **régime juridique spécifique**, justifié par sa mission d'intérêt général.

(91) A. Une activité d'intérêt général

La notion de service public se trouve intimement liée à l'**idéologie de l'intérêt général**. Les services publics, note M. Chapus, « sont la raison d'être de l'administration, qui ne dispose de prérogatives de puissance publique que pour les assurer au mieux. [...] L'administration n'a de légitimité certaine que parce que et dans la mesure où ses activités ont le caractère de services publics »[3]. Intérêt général et service public remplissent ici une fonction de légitimation essentielle, leur permettant de justifier l'intervention de la puissance publique et les **prérogatives** qui lui sont octroyées.

Comme toute idéologie, celle de l'intérêt général n'est pas neutre. Elle s'oppose pour le moins à celle de lutte des classes, et renvoie à l'image intéressée d'un État bienveillant et impartial. Ce n'est pas non plus une notion qui s'opposerait de manière absolue et irréductible à la multitude des intérêts particuliers. L'intérêt général est le produit de choix et d'arbitrages opérés par l'autorité publique, qui conduiront à sacrifier ou, au contraire, à favoriser telle catégorie d'intérêts aux dépens de telle autre[4].

---

1. §§ 10 et 11.
2. CE 28 juin 1963, Narcy R.401.
3. R. Chapus, *Droit administratif général*, Paris, Domat Montchrestien, t. 1, 1994 (8e éd.), p. 493.
4. Lorsque le juge administratif confirme la légalité de la création d'un centre médical ou d'un service juridique municipal, il opère un arbitrage entre les intérêts des médecins ou des avocats et ceux des patients ou des clients les plus démunis.

Dès lors, l'intérêt général sera apprécié de manière contingente, en fonction du contexte et des rapports de force politiques : sa mention dans le discours des gouvernants leur permettra de justifier les mutations de la puissance publique depuis plus d'un siècle.

Dans l'**État-gendarme** du XIXe siècle, limité à l'exercice de quelques fonctions régaliennes, l'intérêt général se confond peu ou prou avec le maintien de l'ordre et se laisse exprimer par la notion de police[1]. Les lois scolaires de la IIIe République et un interventionnisme économique et social grandissant favorisent ensuite l'apparition d'une nouvelle image de l'État, l'**État-providence**, dont la théorie du service public n'est que l'instrument et l'expression. Développée par **L. Duguit** au début du XXe siècle[2], elle a primitivement pour objet de rendre compte et de limiter l'expansion de l'État, désormais soumis à une contrainte de but : la satisfaction de l'intérêt général. Le principe en est simple ; une activité ne répondant pas à cette finalité n'est pas une activité de service public et ne peut donc être prise en charge par l'État. De ces deux fonctions de légitimation et de limitation, la notion de service public occultera longtemps la seconde pour ne retenir que la première, devenant ainsi le vecteur de l'interventionnisme étatique, avec la création de services publics industriels et commerciaux, sociaux, culturels, puis sportifs.

À compter des années 1970, la crise de l'État-providence, la construction européenne, la chute de l'URSS et la mondialisation de l'économie de marché qui en résulte allaient grandement favoriser les idées néo-libérales adeptes d'un État « modeste », « recentré » sur certaines missions essentielles. L'intérêt général se rétracte : l'heure est à la critique d'un service public et d'une fonction publique désormais perçus comme budgétivores, indûment privilégiés et trop souvent inefficaces. **L'État-providence entrepreneur** cède alors la place à un **État néo-libéral régulateur**[3], avec la privatisation de nombreuses **entreprises publiques**[4] et la soumission au droit de la concurrence des grands

1. Régaliennes (de rex, « le roi » en latin), puisque déjà exercées par la monarchie. On y range la justice, la police, les finances, la défense et les affaires étrangères. Quant à l'État-gendarme du XIXe siècle, s'il se désintéresse du « social », il ne se fait pas faute d'intervenir dans le domaine économique en mettant en œuvre une politique protectionniste.

2. *Les Transformations du droit public*, Paris, A. Colin, 1913. Sur cette question, *cf.* not. F. Burdeau, *Histoire du droit administratif*, Paris, PUF, 1995, pp. 341 et s ; G. Bigot, *Introduction historique au droit administratif depuis 1789*, Paris, PUF, coll. Droit fondamental, 2002, pp. 243 et s.

3. *Cf.* par ex. J.-P. Colson et P. Idoux, *Droit public économique*, Paris, LGDJ, 2008 (4e éd.), pp. 15 et s, 37 et s, 177 et s. La crise financière et boursière de l'automne et de l'hiver 2008-2009 revalorise le rôle et la place de l'État, plus que jamais nécessaire pour pallier les dysfonctionnements d'une économie de marché progressivement libérée de (presque) toute entrave.

4. Entreprises dont le capital appartient majoritairement à l'État. Sauf exception, elles n'étaient pas chargées d'une mission de service public, mais lui permettaient d'exercer une influence déterminante dans les secteurs économiques et financiers. Certaines, parmi les plus importantes, ont été privatisées à compter de la deuxième moitié des années 1980 : banques nationalisées (Crédit Lyonnais, BNP, Société Générale, CIC), sociétés d'assurances (UAP, GAN), ELF, Péchiney, Renault, Thomson... **Début 2007, la France compte encore 845 entreprises publiques** (Colson et Idoux, *op. cit.*, p. 687).

services publics industriels et commerciaux : EDF, GDF, La Poste, France Télécom...

Quel qu'en soit le contenu, l'existence d'un intérêt général conditionne celle du service public. Que l'on se trouve au niveau national[1] ou local[2], le juge administratif vérifie en premier lieu la présence d'un intérêt public. C'est ainsi que la gestion du domaine privé des personnes publiques n'a jamais été considérée comme une activité de service public, dès lors qu'elle se trouve commandée par la logique financière guidant n'importe quel particulier[3]. Les services publics industriels et commerciaux, en revanche, bien qu'intervenant dans le domaine économique, exercent, comme tout service public, une activité d'intérêt général.

Mais, si l'existence de ce dernier se présente comme une **condition nécessaire**, elle n'est pas pour autant une condition suffisante : il existe des activités d'intérêt général qui ne constituent pas des activités de service public[4], dès lors que manque l'un des éléments étudiés ci-après.

(92) B. La présence d'une personne publique

La notion de service public intègre un élément organique, relatif à la présence plus ou moins médiatisée d'une personne publique. Une célèbre définition proposée par M. Chapus évoque une activité « assurée ou assumée par une personne publique en vue d'un intérêt public »[5]. Le service peut en effet être géré **directement** par une personne publique qui en *assure* la direction, ou **indirectement** par le truchement d'une personne privée, la personne publique se contentant alors d'en *assumer* la gestion.

Cette **privatisation du gestionnaire** du service est déjà ancienne ; apparue dans la seconde moitié du XIXe siècle avec les concessions de chemin de fer, elle sera généralisée par le Conseil d'État quelques décennies plus tard[6]. La délégation de service public ainsi consentie peut cependant être plus ou moins explicite ; le juge administratif se voit alors contraint de recourir à la **technique du faisceau d'indices**, exposée dans un **arrêt Narcy** du 28 juin 1963[7]. Pour apprécier si l'organisme en cause exerce une mission de service public, il vérifie en premier

1. CE 28 juin 1963, Narcy, R. 401, préc.
2. **CE 30 mai 1930, Chambre syndicale du commerce de Nevers**, R 583, dont les termes ont été modifiés par CE Ass. 31 mai 2006, Ordre des avocats au barreau de Paris, R. 272 ; AJDA 2006.1584, chron. Landais et Lénica ; RFDA 2006.1048, note Casas.
3. TC 24 novembre 1894, Loiseleur, R. 631 ; CE 3 novembre 1950, consorts Guidicelli, R. 534 ; CE 6 mai 1996, Formery, R. 149 ; AJDA 1996.551, concl. Arrighi de Casanova... *Cf. supra* § 47.
4. *Cf.* par ex. CE 5 octobre 2007, soc. UGC-Cinécité, R. 418 ; AJDA 2007.2260, note Dreyfus (soc. d'économie mixte exploitant des salles de cinéma, qui exerce certes une activité d'intérêt général, mais ne gère pas pour autant un SP). *Cf.* aussi CE 23 mai 2011, Cne de Six-Fours-les-Plages, AJDA 2011.1515, note J.-D. Dreyfus (soc. privée organisant un festival de musique pour le compte d'une commune).
5. R. Chapus, *op. cit.*, t. 1 p. 495.
6. CE Ass. 13 mai 1938, Caisse primaire « Aide et protection », R. 417 ; RDP 1938.830, concl. Latournerie.
7. Préc.

lieu la présence d'un intérêt général (1re cond.), puis l'existence d'éléments lui permettant de constater la volonté de la personne publique d'*assumer* cette activité : droit de regard, contrôle de tutelle et, surtout, habilitation de la personne privée à user de certaines **prérogatives de puissance publique** (PPP).

(93) **C. Un régime juridique spécifique**

La notion de service public exige un dernier élément, matériel, relatif à la soumission à un **régime juridique spécifique**. Justifié par la mission d'intérêt général impartie à tout service public, celui-ci permet de transcender la multitude des activités et la diversité des modes de gestion, alors même que son contenu se trouve profondément bouleversé par le phénomène de privatisation de l'administration française et par le droit communautaire.

Dans le droit administratif classique de la fin du XIXe siècle et du début du XXe siècle, ce régime juridique spécifique que s'exprimait en effet par l'application quasi automatique du **droit administratif**. Le triptyque de l'**arrêt Blanco** établissait alors une identité presque parfaite entre activité de service public – gestion publique – application du droit administratif et, donc, compétence du juge administratif pour résoudre d'éventuels litiges[1].

L'apparition, en 1921, de services publics industriels et commerciaux soumis pour l'essentiel au droit privé commença de rompre ce bel appareillage, dès lors que l'existence du service public n'impliquait plus nécessairement l'application du droit administratif. Le régime spécifique du service se reconstruit alors autour de l'idée de **prérogatives de puissance publique** : leur présence signale le service public, leur absence l'exclut[2].

Mais, à compter de la fin des années 1970, les notions de service public et de prérogatives de puissance publique commencent de se dissocier[3]. Il existe désormais des services publics dépourvus de toute prérogative de puissance publique, hypothèse banalisée par le droit communautaire et généralisée par l'**arrêt APREI de 2007**[4], qui consacre une nouvelle rétractation du régime

1. **TC 8 février 1873**, préc. (§§ 10 et 11).

2. Le CC fait le critère de la compétence constitutionnellement reconnue du juge administratif (CC 23 janv. 1987, préc., § 12).

3. TC 6 novembre 1978, Bernardi, R. 652 (clinique privée spécialisée dans le traitement des maladies psychiatriques ; la loi lui délègue une mission de SP « qui ne lui confie aucune PPP ») ; CE 20 juillet 1990, ville de Melun, R. 220 ; AJDA 1990.820, note Pochard (SP municipal dépourvu de toute PPP). Dans ses conclusions sur l'arrêt APREI (ci-après), la commissaire du gouvernement C. Vérot cite une douzaine de décisions en ce sens.

4. CE 22 février 2007, Association du personnel relevant des établissements pour inadaptés (APREI), R. 92, concl. Vérot ; AJDA 2007.793, chron. Lénica et Boucher ; RFDA 2007.803, note Boiteau : « Considérant qu'indépendamment des cas dans lesquels le législateur a lui-même entendu reconnaître ou, à l'inverse, exclure l'existence d'un service public, une personne privée qui assure une mission d'intérêt général sur le contrôle de l'administration et qui est dotée à cette fin de PPP est chargée de l'exécution d'un SP ; que, même en l'absence de telles prérogatives, une personne privée doit également être regardée, dans le silence de la loi, comme assurant une mission de service public lorsque, eu égard à l'intérêt général de son activité, aux conditions de

juridique spécifique du service public. À côté de services publics caractérisés depuis l'arrêt Nancy de 1963 par l'utilisation de prérogatives de puissance publique, le juge consacre l'existence des œuvres qualifiés au contraire par la présence de systèmes et d'obligations spécifiques, nécessaires à l'accomplissement de leur mission de service public.

I.2. Création et suppression

(94) L'intervention d'une autorité publique

Dès lors que l'État se veut le garant de l'intérêt général, les services publics ne peuvent être créés ou supprimés que par une autorité publique (1). En vertu du **principe de mutabilité**, les administrés n'ont en effet pas de droit au maintien d'un service public[1] : la conception de l'intérêt général peut évoluer et, avec elle, le service public. Par application de la **règle du parallélisme des compétences**, l'autorité compétente pour créer un service public est, sauf exception, celle-là même qui pourra décider de sa suppression.

Ces autorités diffèrent certes selon que le service public considéré sera de dimension nationale ou locale ; leur liberté de création n'en connaît pas moins des limites semblables, tirées du respect de la liberté du commerce et de l'industrie et du principe de libre concurrence, pour ce qui est des services publics industriels et commerciaux (2).

A. Autorités compétentes

(95) Les services publics nationaux

Avant 1958, la création et la suppression d'un service public de dimension nationale relevaient de la compétence du législateur, seul habilité à voter les crédits nécessaires à son fonctionnement et à autoriser les atteintes éventuellement portées à l'exercice d'une ou de plusieurs libertés publiques.

La Constitution de 1958 complique considérablement la question en opérant une répartition des compétences entre le constituant, le législateur et l'autorité réglementaire. Dans une décision de 1986, le Conseil constitutionnel rappelle en effet, que, « si la nécessité de certains services publics nationaux découle de principes ou de règles de valeur constitutionnelle, la détermination des autres activités qui doivent être érigées en service public national est laissée à l'appréciation du législateur ou de l'autorité réglementaire selon les cas »[2].

---

sa création, de son organisation ou de son fonctionnement, aux obligations qui lui sont imposées ainsi qu'aux mesures prises pour vérifier que les objectifs qui lui sont assignés sont atteints, il apparaît que l'administration a entendu lui confier une telle mission. » L'arrêt APREI énonce de la sorte un véritable protocole de reconnaissance du service public, fondé en premier lieu sur la **volonté explicite du législateur**. Si celle-ci fait défaut, le juge devra rechercher la présence de **prérogatives de puissance publique** conférées au gestionnaire du service ou, au contraire, de **sujétions particulières** qui lui auraient été imposées à raison de sa mission de service public.

1. CE 27 janvier 1961, Vannier, R. 60, concl. Khan (*cf. infra* §§ 110 et s).
2. CC 86-207 DC des 25-26 juin 1986 (privatisations), R. 61.

1) **Certains services publics sont dits « constitutionnels »**, dès lors que leur existence est prévue par la Constitution. Ils ne peuvent donc être supprimés par la voie législative ou réglementaire. Il s'agit de la défense nationale et des relations extérieures, de la justice et du maintien de l'ordre, de la monnaie et des finances, mais aussi de l'enseignement, de la formation professionnelle, de la culture et de la Sécurité sociale. Cette énumération montre que les services publics constitutionnels ne sont pas nécessairement assurés par l'État : des personnes privées participent en effet au service public de l'éducation ou de la santé.

2) Il existe aussi des services publics dont l'existence est prévue par **un traité ou un accord international** : service public de la navigation aérienne ou des demandeurs d'asile[1], par exemple.

3) **La compétence du législateur est expressément prévue par l'article 34C**, dès lors qu'est en cause « la création de catégories d'établissements publics »[2], ou lorsque la création d'un service public est la conséquence d'une nationalisation[3]. La loi détermine aussi « les principes fondamentaux » relatifs aux services publics de la défense nationale, de l'enseignement, de la Sécurité sociale, ou portant sur le principe de libre administration des collectivités territoriales. Enfin, l'article 34C et le préambule de la Constitution réservent la compétence du législateur lorsque la création d'un service public aurait pour conséquence de porter atteinte à l'exercice d'une liberté publique[4].

4) Pour le reste, **l'autorité réglementaire dispose d'une compétence de principe depuis 1958**, tempérée par les traditionnelles considérations budgétaires[5], et par la jurisprudence du Conseil constitutionnel, qui autorise le législateur à sortir du domaine de la loi et, donc, à créer des services publics dès lors que le gouvernement ne s'y oppose pas[6]. Enfin, il faut se garder d'oublier **le rôle du juge administratif** dans la reconnaissance et la qualification d'une activité de service public gérée par une personne privée[7].

1. Convention de Chicago de 1944 ; convention de Genève de 1951.

2. § 118.

3. L'alinéa 9 du préambule de 1946 prévoit la nationalisation obligatoire de tout bien ou de toute entreprise présentant le caractère d'un « service public national ou d'un monopole de fait ». Cette disposition aurait pu réduire considérablement la capacité du législateur à privatiser un « SP national ». Dans sa décision de 1986 préc., le CC a cependant estimé que, hormis les SP constitutionnels dont l'existence est prévue par la Constitution, la qualité de « SP national » pouvait être discrétionnairement attribuée et retirée par la loi.

4. Article 34C : « La loi fixe les règles concernant [...] les droits civiques et les garanties fondamentales accordées aux citoyens pour l'exercice des libertés publiques ». La reconnaissance d'un droit par la Déclaration de 1789 s'accompagne en effet immanquablement d'une référence à la loi, seule habilitée à en réglementer l'exercice (art. 4, 5, 7, 8, 9, 10, 11, 17).

5. Le Parlement vote le budget et peut donc influer sur la création, le maintien ou la suppression d'un SP.

6. **CC 82-143 DC du 30 juillet 1982**, R. 57 (prix et revenus).

7. § 126.

(96) Les services publics locaux

Les **assemblées délibérantes** des collectivités territoriales (conseils municipaux, généraux ou régionaux) disposent d'une compétence de principe pour créer des services publics locaux. Celle-ci doit toutefois s'exercer dans le respect des règles et principes gouvernant la décentralisation administrative, relatifs notamment à la compétence des autres collectivités territoriales[1] et à celle du **législateur**.

L'**article 34C** réserve en effet à ce dernier le pouvoir de déterminer les « principes fondamentaux [...] de la libre administration des collectivités territoriales, de leurs compétences et de leurs ressources », et l'**article 72C** prend grand soin de rappeler que ce mode d'administration s'exerce « dans les conditions prévues par la loi »[2]. Celle-ci peut ainsi prévoir l'existence de **services publics obligatoires** pour les collectivités locales : pompes funèbres, construction et entretien des écoles, collèges et lycées, service de lutte contre l'incendie, entretien de la voirie, service des archives municipales, enlèvement des ordures ménagères...

B. Limites

(97) La liberté du commerce et de l'industrie

Les autorités publiques évoquées ci-dessus sont seules compétentes pour apprécier la nécessité d'instituer un service public. Dans le domaine économique, cette liberté de création doit toutefois être conciliée avec la **liberté du commerce et de l'industrie**. Consacrée par la Révolution[3], celle-ci sera érigée par le Conseil d'État en principe général du droit[4], puis en liberté fondamentale autorisant la procédure du référé-liberté[5]. Le Conseil constitutionnel a reconnu quant à lui la valeur constitutionnelle de ce qu'il nomme « la liberté d'entreprendre »[6].

Mais c'est une conception particulière de cette liberté qui est mise en œuvre. Il ne s'agit pas en effet de faire « jeu égal » entre la puissance publique et les particuliers en dépouillant celle-ci de ses privilèges dans le domaine économique[7], mais bien de protéger les particuliers contre les entreprises de la puissance publique. La liberté du commerce et de l'industrie, notent J.-P. Colson et P. Idoux, « n'est le plus souvent évoquée que de

1. L'article 72C prohibe toute tutelle d'une CT sur une autre.
2. § 65.
3. Décret d'Allarde des 2-17 mars 1791 et loi Le Chapellier des 14-17 juin 1791.
4. **CE Ass. 22 juin 1951, Daudignac**, R. 363 ; D 1951.589, concl. Gazier et note JC.
5. CE 12 novembre 2001, Commune de Montreuil-Bellay, R 551.
6. **CC 81-132 DC du 16 janvier 1982**, R. 18. La liberté du commerce et de l'industrie, liberté fondamentale, est donc l'une des composantes de la liberté d'entreprendre, principe de valeur constitutionnelle.
7. Mode de gestion qui explique l'apparition des SPIC, SP intervenant dans le domaine économique et soumis, sauf exception, au droit applicable aux particuliers (*cf. infra* §§ 127 et s).

façon asymétrique, pour limiter les possibilités d'entreprendre de la puissance publique »[1].

Au niveau local, l'interventionnisme économique des collectivités territoriales conservera longtemps un caractère exceptionnel[2], le juge administratif se montrant résolument hostile à ce que l'on qualifiait alors de « socialisme municipal ». En 1930, le Conseil d'État acceptera finalement d'assouplir sa jurisprudence en admettant l'intervention – à titre subsidiaire – des personnes publiques dans le domaine économique. La création de services publics industriels et commerciaux devait être justifiée par un intérêt public, et par « des circonstances particulières de temps et de lieu » résultant notamment de la carence ou de l'insuffisance de l'initiative privée[3].

Ces deux éléments ont certes été acceptés de plus en plus libéralement, sans pour autant remettre en cause le principe même. La **loi de décentralisation du 2 mars 1982** prévoit de la sorte l'intervention des collectivités territoriales dans le domaine économique, dès lors qu'elle s'effectue dans le respect de la liberté du commerce et de l'industrie[4]. Le Conseil d'État vient quant à lui d'infléchir sa jurisprudence en subordonnant l'interventionnisme des personnes publiques au respect de la liberté du commerce et de l'industrie et du droit de la concurrence, et à la présence d'un « intérêt public, lequel peut résulter notamment de la carence de l'initiative privée »[5]. L'autonomie du deuxième élément posé par le juge en 1930 – la carence ou l'insuffisance de l'initiative privée – disparaît donc, évolutions susceptibles de favoriser peut-être l'intervention de la puissance publique dans le secteur économique et concurrentiel[6].

(98) Le principe de libre concurrence

La construction européenne et l'institution d'un marché unique sont venues renforcer les restrictions mises à l'intervention de la puissance publique dans le domaine économique.

1. *Op. cit.*, p. 115. M. Hauriou relevait déjà que cette liberté était interprétée comme consacrant « le monopole de l'activité privée dans l'ordre commercial et industriel » (*Précis de droit administratif*, Paris, 1901, 4e éd., p. 36).

2. **CE 29 mars 1901, Casanova**, R. 333 ; S 1901.3.73, note Hauriou (création d'un service médical par une municipalité, invalidé en l'absence de circonstances exceptionnelles).

3. CE 30 mai 1930, Chambre syndicale du commerce en détail de Nevers, R. 583.

4. Article 5.

5. CE Ass. 31 mai 2006, Ordre des avocats au barreau de Paris, R. 272 ; AJDA 2006.1584, chron. Landais et Lénica ; RFDA 2006.1048, note Casas.

6. En témoigne, cette décision récente du CE qui, après avoir repris le considérant de principe de l'arrêt de 2006, décide que la création d'un service de téléassistance « ouvert à toutes les personnes âgées ou dépendantes du département, indépendamment de leurs ressources, satisfait aux besoins de la population et répond à un intérêt public local ; que, par suite, cette création n'a pas porté une attente illégale au principe de la liberté du commerce et de l'industrie. » CE 3 mars 2010, Depr de la Corrèze, AJDA 2010.957.

Le droit communautaire, le droit national et le Conseil d'État[1] opèrent désormais une distinction essentielle entre **services marchands** et **services non marchands**[2]. Seuls les premiers assurent une activité économique, et se trouvent en conséquence soumis au respect des règles de la libre concurrence. Les SPIC, le logement social et les autoroutes sont comptés parmi les services marchands ; les services non-marchands regroupent quant à eux les services régaliens, l'enseignement et la santé. L'application du droit de la concurrence, désormais pleinement intégré aux règles dont le juge administratif assure le respect[3], va induire de profondes transformations dans les grands services publics industriels et commerciaux français, avec la disparition des monopoles qui leur avaient été concédés, et aussi, la privatisation de leur gestionnaire et d'une partie de leur capital.

Au sein des services marchands, les traités communautaires caractérisent les **services d'intérêt économique général** (SIEG), pour lesquels une possibilité de dérogation est prévue lorsque l'application du principe serait susceptible de faire « échec à l'accomplissement en doit ou en fait de la mission particulière qui leur a été impartie »[4].

Le « service public à la française »[5] s'est aussi trouvé dans l'obligation de s'adapter à l'idée de **service universel**. Cette notion d'origine anglo-saxonne[6] est en effet appliquée par la Commission européenne aux grands services en réseaux : gaz, électricité, télécom, postes, transports ferroviaires. Dans un contexte marqué par une forte volonté de dérégulation des activités économiques, elle consacre l'idée de services de base, offerts à un prix raisonnable. Mais, contrairement à la conception française du service public, susceptible de préserver l'intérêt général *contre* le marché, le service universel se présente « comme un élément même du système concurrentiel. Il le sert en permettant de présenter le marché comme capable de répondre aux besoins d'intérêt général et même de les financer »[7]. Pour l'heure, son utilisation aurait plutôt favorisé les usagers en renforçant les

1. Articles 81 et s des traités ; ordonnance du 1er décembre 1986, reprise à l'article L 410-1 et s du Code de commerce ; CE Ass. 31 mai 2006, Ordre des avocats au barreau de Paris, préc., où le juge administratif fait référence pour la première fois à cette distinction.

2. *Cf.* Colson et Idoux, *op. cit.*, pp. 79 et s ; Frier et Petit, *op. cit.*, p. 226.

3. **CE 3 novembre 1997, soc. Million et Marais**, R 406, concl. Stahl. *Cf.* aussi CE Ass. 31 mai 2006, ordre des avocats au barreau de Paris, préc., qui énonce que les personnes publiques désireuses de « prendre en charge une activité économique [...] ne peuvent légalement le faire que dans le respect tant de la liberté du commerce et de l'industrie que du droit de la concurrence ».

4. Article 86. En 2011, la commission européenne assouplit les règles relatives aux SIEG. Elle estime en effet que les États membres « disposent d'un large pouvoir d'appréciation quant à la définition de ce qu'ils considèrent comme SIEG, ainsi qu'en ce qui concerne la compensation à accorder au prestataire de ce service » (AJDA 2011.2500).

5. *Cf.* par ex. J.-P. Valette, *Le Service public à la française*, Paris, Ellipses, 2000.

6. La notion sera utilisée en premier lieu par l'entreprise américaine ATT, dans le but de conforter sa position dominante dans le secteur des télégraphes et téléphones, et de disqualifier ses concurrents (Guglielmi et Koubi, *op. cit.*, pp. 95 et s).

7. Colson et Idoux, *op. cit.*, p. 91.

principes d'égalité d'accès et de continuité des prestations, et « les craintes d'une dérive minimaliste du service public ont pu être démenties »[1].

I.3. Les « lois » du service public

(99) Le statut de service public

Certaines règles de fonctionnement commandent l'activité de tous les services publics. Elles constituent désormais le « noyau dur » du régime juridique des services publics – administratifs ou industriels et commerciaux, gérés par une personne publique ou par une personne privée. Traditionnellement qualifiés de « lois » du service public, ces principes sont au nombre de trois : égalité, continuité et mutabilité (ou adaptabilité).

Il n'existe que **trois « lois » du service public**. La gratuité n'a en effet jamais été élevée au rang de règle de fonctionnement du service. Seuls certains services publics administratifs sont gratuits, qualité exigée par la Constitution en ce qui concerne l'Éducation nationale[2], ou fonctionnent à des prix très inférieurs au coût réel du service (hôpitaux). Quant aux services publics industriels et commerciaux, ils ne peuvent être gratuits, dès lors qu'ils sont censés fonctionner dans des conditions semblables à celles d'une entreprise privée. La gratuité est au demeurant une notion relative, qui ne peut être comprise et utilisée qu'en rapport avec l'usager du service ; tous les services publics doivent en effet être financés, que ce soit par l'usager ou le contribuable.

A. Égalité

(100) Importance

L'**égalité juridique** est l'une des grandes conquêtes de la Révolution. À une société fondée sur l'inégalité juridique des hommes succède un régime d'égalité dont le principe sera solennellement proclamé par la Déclaration des droits de l'homme et du citoyen de 1789. « Les hommes, énonce l'article 1, naissent et demeurent libres et égaux en droits. Les distinctions sociales ne peuvent être fondées que sur l'utilité commune. »

Principe fondateur de la France contemporaine, il sera explicitement étendu aux relations hommes-femmes par le préambule de la Constitution de 1946[3], avant d'être réaffirmé par la Constitution de 1958. « La France, dispose l'article 1, est une République indivisible, laïque, démocratique et sociale. Elle assure l'égalité devant la loi de tous les citoyens sans distinction d'origine, de race ou de religion. Elle respecte toutes les croyances. »

1. *Ibid.*, p. 87.

2. L'enseignement supérieur n'est certes pas gratuit ; il n'en réclame pas moins des droits d'inscription très inférieurs au coût réel du service, qui s'élevait, en moyenne, à 10 129 euros par étudiant, pour l'année 2009.

3. « La loi garantit à la femme, dans tous les domaines, des droits égaux à ceux de l'homme. »

Le Conseil constitutionnel en a fait un **principe de valeur constitutionnelle** placé au cœur de la conception républicaine du pouvoir et de la société[1]. Bien avant cela, le Conseil d'État l'avait déjà érigé en principe **général du droit**[2].

Nombreux sont aussi les traités internationaux qui consacrent l'égalité. La **Convention européenne de sauvegarde des droits de l'homme et des libertés fondamentales** (Conv. EDH) pose ainsi le principe de l'égalité de traitement, et condamne toute **distinction** fondée sur le sexe, la race, la couleur, la langue, la religion, les opinions politiques[3]...

(101) **Contenu**

Le principe d'égalité joue aussi bien en faveur des **agents publics** que des **usagers** du service public. Les premiers invoqueront surtout l'égalité d'accès aux emplois publics ou l'égalité des sexes ; les seconds, l'égalité de traitement devant le service public ou l'égalité devant les charges publiques.

Certaines discriminations[4] fondées sur l'origine, la race, la religion, les croyances et le sexe sont explicitement prohibées par la Constitution. Ainsi en décide notamment le préambule de 1946 : « Au lendemain de la victoire remportée par les peuples libres sur les régimes qui ont tenté d'asservir et de dégrader la personne humaine, le peuple français proclame à nouveau que *tout être humain, sans distinction de race, de religion ou de croyance*, possède des droits inaliénables et sacrés... »[5]. Le Conseil d'État a pu ainsi qualifier de discriminatoire la distribution de soupe au lard par une association dont l'objectif affiché est d'aider « les nôtres avant les autres », comme susceptible de porter atteinte à la dignité des personnes auxquelles leur religion interdit de consommer du porc[6].

1. **CC 1973-51 DC du 27 décembre 1973** (taxation d'office), R. 25. Le CC consacrera ensuite l'égalité devant la loi ou devant la justice, devant l'impôt ou la loi fiscale, l'égale admission de tous aux emplois publics...

2. **CE 9 mars 1951, soc. des Concerts du conservatoire**, R. 151 (égalité d'accès au SP) ; **CE Ass. 28 mai 1954, Barel**, R. 308, concl. Letourneur (égalité d'accès aux emplois publics) ; CE Ass. 22 janvier 1982, Ah Won et Butin, R. 33 ; RDP 1982.822, concl. Bacquet (égalité devant la loi)...

3. Art. 14 **La CEDH sanctionne toute discrimination disproportionnée au regard de l'objectif poursuivi et qui ne serait pas justifiée par un but légitime.** *Cf.* par ex. CEDH 22 janvier 2008, E. B. c/ France, condamnant la France pour avoir refusé à une femme homosexuelle l'agrément lui permettant d'engager une procédure d'adoption. Ce refus, motivé par les orientations sexuelles de la requérante, a été considéré comme discriminatoire par la Cour.

4. Posée par l'homme, la discrimination s'oppose à l'inégalité, provoquée par une situation de fait. À cette inégalité « naturelle », la philosophie classique des droits de l'homme répond par une égalité juridique naturelle, c'est-à-dire fondée sur la nature humaine et inhérente à tout être humain. La notion de discrimination ne se conçoit donc qu'en rapport avec l'égalité.

5. *Cf.* aussi l'alinéa 3 consacrant l'égalité homme-femme, et l'article 1 de la Constitution de 1958.

6. CE (ord. réf.) 5 janvier 2007, ass. solidarité des Français, AJDA 2007.601 (annulation de l'ord. du TA de Paris suspendant un arrêté préfectoral interdisant la distribution de cette soupe). Saisie, la CEDH y voit elle aussi un « message clairement discriminatoire » risquant « de causer des troubles à l'ordre public que seule son interdiction pouvait éviter » (CEDH, 6 juillet 2009).

À l'inverse, **la Constitution consacre explicitement certains éléments du principe d'égalité** considérés comme particulièrement importants : laïcité et parité (art. 1C), égalité devant le suffrage et les emplois publics (art. 6 DDH), égalité des sexes (préamb. 46), égalité devant la loi et devant la justice (art. 6 DDH), égalité devant les charges publiques (art. 13 DDH)[1], égalité d'accès à l'instruction, à la culture et à la formation professionnelle (préamb., *al.* 13).

Les femmes demeurèrent ainsi longtemps exclues des emplois publics non électifs. La Première Guerre mondiale contraignit les autorités à réviser ce principe traditionnel et, en 1936, le Conseil d'État reconnaissait leur « aptitude légale » à postuler aux emplois publics, mais aussi la compétence du gouvernement d'édicter, « pour des raisons de service », des « restrictions à l'admission et à l'avancement du personnel féminin »[2].

Le préambule de 1946 vient certes leur garantir l'égalité de traitement, mais le statut général de la fonction publique du 19 octobre 1946 n'en continuait pas moins à réserver la possibilité de fixer des dérogations justifiées par la nature des fonctions ou par leurs conditions d'exercice[3]. Le droit communautaire et, notamment, une directive du 9 février 1976 allaient finalement conduire les autorités françaises à restreindre considérablement ces possibilités de dérogation[4].

(102) Une conception relative de l'égalité

Pour le reste, le Conseil constitutionnel et le Conseil d'État mettent en œuvre une conception relative du principe d'égalité. Celui-ci ne s'applique que lorsque les administrés se trouvent dans une **situation semblable**, et il peut y être **dérogé** pour une nécessité d'intérêt général en rapport avec l'objet de la loi.

• Une première catégorie de discriminations est possible, dès lors qu'elle se fonde sur une **différence de situation des administrés**. « Considérant, énonce le Conseil constitutionnel, que le principe d'égalité ne fait pas obstacle à ce qu'une loi établisse des règles non identiques à l'égard de catégories de personnes se trouvant dans des situations différentes », dès lors que cette rupture « n'est pas incompatible avec la finalité de la loi »[5]. C'est ainsi, par exemple, que la différence de traitement établie par le code des pensions civiles et militaires entre le conjoint survivant, qui bénéficie seul d'une pension de réversion, et les

---

Cf. aussi CE 7 avril 2011, SOS Racisme, AJDA 2011.760 (annulation d'une circulaire prévoyant le démantèlement prioritaire des campements roms, dès lors que la mesure se fonde sur l'origine ethnique des destinataires).

1. Le CE fait de ce principe l'assise de certains régimes de responsabilité sans faute (*cf. infra* § 273).

2. CE 3 juillet 1936, Dlle Bobard, R. 721.

3. CE Ass. 6 janvier 1956, synd. nat. aut. des cadres d'administration générale des colonies, R. 4.

4. CE 11 mai 1998, Mlle Aldige R. 708 ; RFDA 1998.1011, concl. Savoie.

5. **CC 1982-132DC du 16 janvier 1982**, R. 18 (loi de nationalisation). *Cf.* aussi CE 10 mai 1974, Denoyez et Chorques, R. 274 ; RDP 1975.467, note Waline (légalité des différences de tarif appliquées au bac de l'île de Ré, en fonction des catégories d'usagers établies par l'administration).

concubins ou partenaires pacsés ne méconnaît pas le principe d'égalité. Elle correspond en effet à une différence de situation, le mariage ayant pour objet spécifique d'« assurer la protection de la famille »[1].

C'est là non pas une exception au principe, mais bien plutôt **l'une de ses modalités d'application**, liée à la conception même que le juge se fait de l'égalité : relative et distincte en cela de l'uniformité, qui consisterait à appliquer la même règle pour tous.

C'est aussi une **simple faculté** laissée à l'administration, et non une obligation[2]. L'administration *peut* ainsi moduler les tarifs des services publics en fonction des différences de situation, dès lors que le prix fixé n'est pas supérieur au coût du service[3], et se présente comme la contrepartie dudit service[4]. Cette dernière limite vient d'être rappelée avec force par le Conseil d'État, qui évoque désormais « **le principe d'équivalence entre le tarif et les charges du service public industriel et commercial rendu à l'usager** »[5].

• Une deuxième catégorie de discriminations, très différente, regroupe celles qui se trouvent justifiées par une **nécessité d'intérêt général** en rapport avec l'objet de la loi. C'est là la **seule véritable dérogation** au principe d'égalité. « Considérant, énonce le Conseil constitutionnel, que le principe d'égalité ne s'oppose ni à ce que le législateur *règle* de façon différente des situations différentes, ni à ce qu'il *déroge* à l'égalité pour des raisons d'intérêt général, pourvu que, dans l'un et l'autre cas, la différence de traitement qui en résulte soit en rapport direct avec l'objet de la loi qui l'établit. »[6]

Les **discriminations positives** instituées en faveur de certaines catégories d'administrés sont donc légales, dès lors qu'elles ne se fondent pas sur un critère proscrit par la Constitution[7] et qu'elles se trouvent justifiées par une nécessité d'intérêt général en rapport direct avec l'objet de la loi. Des **discriminations tarifaires**, établies en fonction des revenus des usagers et justifiées par la nécessité de lutter contre les inégalités et l'exclusion, peuvent ainsi être instituées

---

1. CC 2011-155 QPC du 29 juillet 2011, Me Lejay-Lefebvre, AJDA 2011.1591.
2. CE Ass. 28 mars 1997, soc. Baxter, R. 114 : « Cons. que le principe d'égalité n'implique pas que des entreprises se trouvant dans des situations différentes doivent être soumises à des régimes différents. » Solution réaffirmée par CE 14 oct. 2009, Cne de Saint-Jean-d'Aulps. AJDA 2009.192.
3. CE 2 avril 1997, Commune de Mongeron, R. 706 et 779 : illégalité de la délibération d'un conseil municipal fixant les tarifs d'un parc de stationnement, dès lors que ceux-ci excèdent le prix du service rendu.
4. CE 30 septembre 1996, ville de Saint-Étienne, R. 355 : illégalité d'une délibération du conseil municipal mettant à la charge des usagers du SP des eaux des sommes destinées à financer des équipements sportifs et culturels. Pour le CE, les redevances perçues n'apparaissent pas comme « la contrepartie directe des prestations fournies par le service ».
5. CE 31 juillet 2009, Ville de Grenoble, soc. gaz électricité de Grenoble, AJDA 2009.1522.
6. CC 1998-403 DC du 29 juillet 1998, R. 276 (loi d'orientation relative à la lutte contre les exclusions).
7. Considéré par le CC comme contraire à la Constitution, le principe de parité entre hommes et femmes ne put ainsi être institué qu'à la faveur de deux révisions constitutionnelles, en 1999 puis en 2008 (*cf. infra* § 103).

dans les services publics administratifs à caractère facultatif tels que les cantines ou les crèches, les centres de loisirs ou les écoles de musique[1].

Avec les discriminations positives, l'égalité change de signification. On passe d'une égalité formelle, essentiellement juridique et volontairement détachée des contingences économiques et sociales, à une égalité plus proche des réalités. L'égalité, ce n'est plus seulement l'égalité *devant* le service public – égalité d'accès et de traitement –, c'est aussi l'égalité *par* le service public. Face à la crise de l'État-providence, il s'agit d'employer plus efficacement des ressources budgétaires plus rares en remédiant, par des **inégalités de droit**, à des **inégalités de fait** devenues plus criantes[2]. Dès lors, la loi n'est plus nécessairement la même pour tous les administrés relevant pourtant d'une même catégorie.

)2bis) Une exception : le droit local d'Alsace-Moselle

Cette jurisprudence devenue classique vient toutefois de se voir apporter un correctif juridiquement discutable. Afin de préserver la spécificité du droit local d'Alsace-Moselle, dont la constitutionnalité se trouvait contestée pour la première fois devant lui, le Conseil constitutionnel a été conduit à consacrer l'existence d'un nouveau PFRLR l'autorisant à neutraliser en l'espèce l'application du principe d'égalité. Aucune différence de situation, non plus qu'aucune considération d'intérêt général ne semblait pouvoir justifier en effet la pérennité de ce droit dérogatoire, né de la défaite de 1870, puis de la victoire de 1918[3].

Une solution qui sanctionne l'apparition d'une « nouvelle technique : celle de l'occultation d'une norme constitutionnelle par une autre », la découverte opportune de ce nouveau PFRLR permettant seule au Conseil de « desserrer la contrainte de constitutionnalité » née du principe d'égalité[4].

(103) Un cas particulier : la parité

En France, les femmes demeurèrent longtemps exclues de la vie politique. Une ordonnance prise à Alger le 21 avril 1944 par le Comité français de la Libération nationale leur conférera bien tardivement le droit de vote, mais leur participation se limitera souvent à cet acte de citoyenneté. En 1982, le législateur tentera de remédier à cette situation en se proposant d'interdire l'établissement de listes électorales comportant « plus de 75 % de personnes du même sexe ». Le Conseil

1. CE 29 décembre 1997, communes de Nanterre et de Gennevilliers, R. 499 (2 esp.). Jurisprudence consacrée et confirmée par la loi du 25 juillet 1998, relative à la lutte contre les exclusions, qui prend grand soin de rappeler que cette modulation des tarifs demeure une simple faculté pour l'administration, qu'elle reste limitée aux SPA facultatifs, et qu'elle ne doit en aucune façon « faire obstacle à l'égal accès de tous les usagers au service » (art. 147).

2. En témoigne le revirement de jurisprudence opéré par les deux arrêts Communes de Nanterre et de Gennevilliers (préc.). En 1985, le CE estimait encore que la modulation des tarifs des SPA facultatifs contrevenait au principe d'égalité, dès lors qu'elle n'était justifiée par aucune différence de situation, non plus que par aucune nécessité d'intérêt général (CE 26 avril 1985, ville de Tarbes, R. 119, concl. Lasserre).

3. CC 2011-157 QPC du 5 août 2011, soc. Somodia, AJDA 2012.331, note A. Jennequin.

4. A. Jennequin, note préc.

constitutionnel censurera la mesure, comme contrariant l'article 3 de la Constitution de 1958[1] et l'article 6 de la Déclaration des droits de l'homme[2] opposés « à toute division par catégorie des électeurs ou des éligibles »[3].

Il faudra attendre une **révision de la Constitution en date du 8 juillet 1999**, pour que le principe de parité puisse être intégré dans le droit français. « La loi, disposait l'article 3C révisé, favorise l'égal accès des hommes et des femmes aux mandats électoraux et aux fonctions électives. » L'article 4C révisé prévoyait quant à lui la contribution des partis politiques à la « mise en œuvre » du principe[4]. Hors du champ politique, le Conseil constitutionnel continuera cependant de refuser de « faire prévaloir la considération du sexe sur celle des capacités et de l'utilité commune »[5]. Une deuxième révision institutionnelle sera donc nécessaire, le 23 juillet 2008, pour étendre le bénéfice de la règle aux « responsabilités professionnelles et sociales »[6]. Le principe de parité est aussi déplacé de l'article 3 à l'article 1 de la constitution, devenant de la sorte l'un des principes consitutifs de la République française, à l'instar de la démocratie, de l'égalité ou de la laïcité !

(104) Un corollaire de l'égalité : neutralité et laïcité

Corollaire du principe d'égalité selon le Conseil constitutionnel[7], le principe de neutralité gouverne aussi bien le champ politique que religieux. L'**article 10 de la Déclaration des droits de 1789** énonce en effet que « Nul ne doit être inquiété pour ses opinions, même religieuses, pourvu qu'elles ne troublent pas l'ordre public établi par la loi ». Il ne peut donc y avoir de discrimination politique dans l'accès aux emplois publics[8], et la neutralité politique interdit, par exemple, l'élévation d'une stèle commémorant l'OAS dans un cimetière[9], ou

1. Article 3 C : « La souveraineté nationale appartient au peuple qui l'exerce par ses représentants et par la voie du référendum. [...] Aucune section du peuple ni aucun individu ne peut s'en attribuer l'exercice. »

2. Article 6 DDH : « [...] Tous les citoyens [...] sont également admissibles à toutes dignités, places et emplois publics, selon leur capacité et sans autre distinction que celle de leurs vertus et de leurs talents. »

3. **CC 1982 – 146 du 18 novembre 1982** (quotas par sexe I), R. 66.

4. Concernant les scrutins de liste (municipales, régionales, sénatoriales et européennes), le respect du principe exige désormais une stricte alternance femmes / hommes. Pour les élections législatives, soumises à un scrutin uninominal, la loi pénalise les forces politiques qui ignoreraient le principe en opérant d'importantes retenues sur leur part du financement public. Une incitation efficace puisque, en 2007, tous les grands partis s'accommodaient de la règle.

5. CC 2001-445 DC du 19 juin 2001, R. 63 (inapplication du principe au conseil supérieur de la magistrature) ; CC 2006-533 DC du 16 mars 2006, R. 39 (concernant la composition des organismes dirigeants et des organismes consultatifs des personnes morales de droit public).

6. Une application récente : la loi du 27 janv. 2011, relative à la représentation équilibrée des femmes et des hommes au sein des conseils d'administration et des conseils de surveillance, et à l'égalité professionnelle.

7. CC 86-217 DC du 18 septembre 1986.

8. **CE Ass. 28 mai 1954, Barel**, R. 308, concl. Letourneur (illégalité de la décision ministérielle refusant l'accès du concours à l'ENA à des candidats ayant manifesté leurs opinions communistes).

9. CE 14 nov. 2011, ADIMAD, AJDA 2012.159, concl. J.-P. Thiellay.

l'exposition d'un portrait du maréchal Pétain, sur les murs de la salle des délibérations d'un conseil municipal[1].

Dans le domaine religieux, la neutralité se confond en France avec la laïcité. Le **préambule de 1946** et l'**article 1 de la Constitution** en font l'un des principes fondamentaux de la République[2], déjà mis en œuvre par la célèbre **loi du 9 décembre 1905**, dite de séparation de l'Église et de l'État. Selon son article 1, « La République assure la liberté de conscience. Elle garantit le libre exercice des cultes sous les seules restrictions édictées ci-après dans l'intérêt de l'ordre public. » L'article 2 précise ensuite que « la République ne reconnaît, ne salarie ni ne subventionne aucun culte [...] »[3], et son article 28 pose le principe de la neutralité confessionnelle des cimetières[4].

Le principe de laïcité s'impose aux autorités de la République, à ses **agents** et aux **usagers du service public**. Il interdit aux enseignants de l'enseignement public le port de tout signe d'appartenance religieuse, même discret. La règle s'applique de manière un peu moins stricte aux autres agents publics, en fonction de la nature de leur mission et de leurs prérogatives[5]. Plus généralement, elle leur interdit toute manifestation, tout comportement susceptible de porter atteinte à la neutralité du service aux yeux des usagers[6]. La règle ne semble cependant pas s'appliquer aux candidats à un mandat électoral ou aux élus locaux. Le Conseil d'État vient ainsi d'admettre la possibilité pour une candidate aux élections régionales, de se présenter voilée[7], et la cour de cassation censure le

1. TA Caen 26 oct. 2010, Préfet du Calvados, AJDA 2010.2024.

2. Préamb. de 1946, *al.* 13 : « [...] L'organisation de l'enseignement public gratuit et laïque à tous les degrés est un devoir de l'État ». Article 1C : « La France est une République indivisible, laïque, démocratique et sociale. »

3. Dès lors, le financement public des dépenses d'entretien et de conservation des édifices du culte est non seulement légal, mais obligatoire. Le financement de travaux d'aménagement ou d'embellissement sera en revanche considéré comme une subvention illégale. Quant à la pratique contestable, consistant pour certaines CT à signer avec des associations à vocation religieuse des baux emphytéotiques administratifs conclus pour une longue durée et une somme symbolique, elle a été finalement légalisée par une ordonnance du 21 avril 2006, ratifiée par la loi du 12 mai 2009.

4. Cette neutralité confessionnelle se limite aux parties communes des cimetières ; elle n'interdit pas l'apposition de signes religieux sur les sépultures. Cette disposition devrait interdire les « carrés confessionnels », mais la République cultive en la matière la plus grande ambiguïté. Ainsi, de la circulaire du 14 février 1991 qui, après avoir rappelé la prohibition législative, mentionne la « possibilité *de fait* » d'autoriser des regroupements sur la base de la confession. Une « pratique » qui a permis l'apparition de 70 « carrés musulmans » en France.

5. *Cf.* par ex. CAA Lyon 27 octobre 2003, Mlle Ben Abdallah, AJDA 2003.1951 : le port du voile par un agent public constitue une faute grave au vu des fonctions exercées – contrôleur du travail – et un manquement à l'honneur professionnel.

6. CE 19 février 2009, M. B, AJDA 2009.340 : le fait pour un fonctionnaire de distribuer des tracts de connotation religieuse aux usagers constitue non seulement une faute professionnelle, mais aussi un manquement à l'honneur l'excluant du bénéfice de la loi d'amnistie de 2002.

7. CE ord. 1er mars 2010, Berthier, AJDA 2010.468.

refus d'un maire de donner la parole à une conseillère municipale arborant un signe religieux[1].

Quant aux usagers, des impératifs tirés de la protection de l'ordre public et de la sécurité publique leur imposent de poser tête nue pour leurs photos d'identité[2] et de retirer leurs voiles ou turbans lors des contrôles de sécurité effectués dans les aéroports[3]. Le régime juridique appliqué à la burqa est encore plus strict, dès lors que ce vêtement n'est plus considéré comme un signe religieux, mais comme l'instrument de l'abaissement et de l'asservissement de la femme. Le Conseil d'État y voit un signe majeur de ségrégation, et un défaut d'assimilation interdisant de conférer la nationalité française à celles qui la portent[4]. Le législateur vient au demeurant d'interdire « la dissimulation du visage dans l'espace public », voies publiques et lieux ouverts au public ou affectés à un service public, comme contraire à la sécurité publique et aux exigences minimales de la vie en société, et comme installant les femmes dans une situation d'exclusivité et d'infériorité incompatible avec les principes de la République. Le Conseil constitutionnel à validé ces dispositions, sous l'importante réserve qu'elles ne puissent s'appliquer « dans les lieux de culte ouverts au public »[5].

Concernant les élèves de l'enseignement public, le Conseil d'État avait estimé que le port du foulard ne constituait pas un **signe ostentatoire** d'appartenance à la religion islamique, et ne pouvait donc être systématiquement interdit comme contrariant le principe de laïcité[6]. Plus stricte, la **loi du 15 mars 2004** prohibe désormais dans les écoles, collèges et lycées publics le

1. Cass crim 1er septembre 2010, relevant qu'aucune disposition législative, nécessaire au sens de l'art. 9. Conv EDH, n'autorise un maire à « interdire aux élus de manifester publiquement, notamment par le port d'un insigne, leur appartenance religieuse » (en l'espèce, une croix, AJDA 2010.1679).

2. CE 27 juillet 2001, Fonds de défense des musulmans en justice, R. 400 ; CE 15 décembre 2006, ass. United Sikhs, AJDA 2007.313.

3. CEDH 11 janvier 2005, Suku Phull /c France : conventionalité de l'obligation faite à un sikh de retirer son turban lors d'un contrôle de sécurité effectué dans un aéroport.

4. CE 27 juin 2008, Mme Mabchour, AJDA 2008.1296 : la requérante « a adopté, au nom d'une pratique radicale de sa religion, un comportement en société incompatible avec les valeurs essentielles de la communauté française, et notamment le principe de l'égalité des sexes ».

5. Loi 2010-1192 du 11 oct. 2010, entrée en vigueur le 11 avril 2011, CC 2010-613 DC du 7 oct. 2010 (AJDA 2010.1908) et circulaire du 2 mars 2011. La loi prévoit une amende et/ou un stage de citoyenneté pour les contrevenants ; un an d'emprisonnement et 30 000 euros d'amende pour ceux qui les obligeraient à porter ce type de vêtements – peines portées à 2 ans d'emprisonnement et à 60 000 euros d'amende lorsque la contrainte s'exerce sur une mineure. La circulaire précise que, sauf urgence médicale, « la dissimulation du visage fait obstacle à la délivrance des prestations du SP ». Des exceptions sont prévues pour des raisons de santé, professionnelles (masque chirurgical), festives (masque de carnaval) ou météorologiques (cagoule, par grand froid). *Cf.* D. Hedary, dissimulation du visage, SP et liberté religieuse, AJDA 2012.19.

6. CE 2 novembre 1992, Kherouaa, R. 389 ; RFDA 1993.112, concl. Kessler. Le CE y énonce que le principe de laïcité implique la neutralité des programmes et des enseignants, ainsi que la liberté de conscience des élèves. Celle-ci doit toutefois être conciliée avec la liberté d'autrui et le respect du pluralisme, obligation sanctionnée par l'interdiction de signes religieux **ostentatoires**. Le CE, estimant que le port du voile ne constituait pas, « en lui-même », un signe ostentatoire, censura en conséquence une interdiction jugée trop générale et trop absolue.

port de tout **signe religieux ostensible**[1] : voile islamique, turban et sous-turban sikh[2], mais aussi tout signe manifestant indirectement mais ostensiblement une appartenance religieuse[3].

B. Continuité

105) Importance

Activité d'intérêt général, le service public doit s'exercer de manière continue. C'est là une obligation si essentielle, si évidente que le Conseil constitutionnel en a fait un principe de valeur constitutionnelle, sans éprouver le besoin de lui conférer une base textuelle[4]. Le Conseil d'État, qui se référait jusque-là au principe de continuité, sans plus de précision, l'a alors qualifié de « principe fondamental »[5].

Le principe de continuité induit d'importantes conséquences sur le fonctionnement des services publics et se trouve à l'origine d'un certain nombre de constructions jurisprudentielles : théorie des **circonstances exceptionnelles** ou de l'**imprévision**, du **fonctionnaire de fait** ou du **collaborateur occasionnel du service public**[6]. Conséquence du principe de continuité, la **protection fonctionnelle** que la puissance publique doit à ses agents relève de la sorte d'un principe général du droit applicable même sans texte à tous les agents publics[7]. Pour les mêmes raisons, ceux-ci ne peuvent exercer leur droit de retrait que dans l'hypothèse où leurs conditions de travail présentent « un danger grave et immédiat ». Ils doivent aussi reprendre leurs fonctions dès que la situation est redevenue normale, et sans que l'administration ait à leur demander[8].

Essentiel à la vie, voire même à la survie de la nation, il n'en connaît pas moins deux limites : la **force majeure** et le **droit de grève**.

106) Contenu

Continuité ne signifie pas nécessairement permanence[9]. Certains services ont des horaires analogues à ceux des entreprises privées, voire même plus réduits. Il existe de la sorte une « échelle de la continuité selon la nature des services et des

1. « Dans les écoles, collèges et lycées publics, le port de signes ou tenues par lesquels les élèves manifestent **ostensiblement** une appartenance religieuse est interdit [...] ». La CEDH vient d'admettre la conventionalité de la loi du 15 mars 2004 (CEDH 4 déc. 2008, Dogru c/ France, AJDA 2008.2311).

2. CE 5 décembre 2007, M. Singh, AJDA 2007.2243.

3. CE 5 décembre 2007, M. et Mme Ghazal, AJDA 2007.2243 : bandana considéré comme un signe ostensible « en raison du comportement de l'élève ».

4. CC 1979-105 DC du 25 juillet 1979, R. 33.

5. CE 13 juin 1980, Dame Bonjean, R. 274.

6. *Cf. infra* §§ 223, 190, 162, 223 et 275.

7. CE 3 déc. 1948, Cm^ne^ de Berre-l'Étang, R.457.

8. CE 2 juin 2010, Min. ed. nat. c/cMlle Fuentès, AJDA 2010.1119 (actes de violence dans un lycée).

9. Au demeurant, la permanence d'un emploi public s'apprécie au regard du « besoin auquel répond cet emploi », et non sur « la seule durée pendant laquelle il est occupé » (CE 14 oct. 2009, M. Masse, AJDA 2009.1923).

prestations que ces derniers offrent aux citoyens »[1] : services soumis à une obligation de fonctionnement **permanent** (police, défense nationale, hôpitaux), **périodique** (poste, enseignement, Sécurité sociale), voire même **épisodique** (formation).

Continuité ne signifie pas non plus perpétuité. Le principe de continuité doit en effet être concilié avec le **principe de mutabilité** : l'organisation et le fonctionnement du service peuvent et doivent être modifiés pour satisfaire au mieux l'intérêt général, et son existence remise en question s'il ne correspond plus à la satisfaction d'un tel intérêt. Contrairement à une idée reçue, les administrés n'ont donc **aucun droit au maintien d'un service public**[2] : le principe de continuité se borne à exiger du service existant un **fonctionnement normal et régulier**[3].

Au demeurant, le principe de continuité ne revêt pas seulement une dimension temporelle. Il intègre aussi un aspect spatial qui se trouve nettement souligné dans la notion de service universel[4]. Supposant un « maillage » régulier du territoire national par les services publics, cette forme de continuité apparaît comme l'une des traductions très concrète de l'égalité devant le service, et l'indispensable expression de la solidarité nationale[5].

(107) De l'exclusion à la conciliation : principe de continuité et droit de grève

Le principe de continuité s'est longtemps opposé à l'exercice du droit de grève dans les services publics. Dans ses conclusions sur l'**arrêt Winkell du 7 août 1909**, le commissaire du gouvernement Tardieu estimait l'importance du principe si grande, que la grève lui paraissait être « en contradiction avec la notion même de service public »[6]. Illicite, la grève était un motif de révocation pour les agents publics, qui pouvaient au demeurant faire l'objet d'une mesure de réquisition. Édicté par le gouvernement de Vichy le 14 septembre 1941, le premier statut de la fonction publique prohibait ainsi sans surprise le droit de grève dans les services publics.

La situation commença de changer après la Libération. Les forces de gauche, très largement majoritaires à cette époque, consacrèrent l'exercice du droit de grève dans des termes très généraux. « Le droit de grève, énonce le préambule de 1946, s'exerce dans le cadre des lois qui le réglementent » (*al.* 7). Pour des raisons politiques et électorales, le législateur se garda bien d'intervenir en ce

1. J.-M. Pontier, *Les Services publics*, Paris, Hachette, coll. « Les fondamentaux, 1996, p. 76.
2. § 111.
3. CE 25 juin 1969, Vincent, R. 334 (ex. topique, relatif aux horaires d'ouverture d'un bureau de poste).
4. § 98.
5. Les politiques d'aménagement du territoire tentent ainsi de lutter, avec plus ou moins de succès, contre la « désertification » de certaines campagnes, mal desservies ou franchement abandonnées par les SP.
6. Concl. Tardieu sur **CE 7 juillet 1909, Winkell**, R. 826 et 1296 ; S. 1909.3.145, concl. Tardieu, note Hauriou.

domaine[1], abandonnant au Conseil d'État le soin de formuler les principes gouvernant la matière.

Dans un **arrêt d'assemblée en date du 7 juillet 1950, sieur Dehaene**, le juge reconnaît certes l'existence d'un droit de grève dans les services publics, mais aussi la nécessité d'en concilier l'exercice avec « la sauvegarde de l'intérêt général auquel elle (la grève) peut être de nature à porter atteinte ». Se refusant à interpréter strictement le préambule de 1946 qui semblait réserver à la loi cette mission de conciliation, il conférait au gouvernement, « responsable du bon fonctionnement des services publics », le pouvoir de régler ce *modus vivendi* en cas de carence du législateur[2].

108) Modalités de la conciliation opérée entre principe de continuité et droit de grève

Notons tout de suite que le principe de continuité peut venir limiter l'exercice du droit de grève des **agents publics**, mais aussi celui des **usagers** du service public et, notamment, celui des étudiants[3]. Pour le reste, les conséquences d'une grève dans les services publics sont assez mal indemnisées par le juge administratif[4]. L'attentisme de la puissance publique est rarement déclaré fautif, et la mise en œuvre de la responsabilité sans faute de l'administration reste subordonnée à la difficile réalisation d'un dommage spécial et anormalement grave[5]. Lorsqu'il est compétent, le juge judiciaire ne se montre guère plus généreux, admettant assez facilement de qualifier la grève d'événement de force majeure déliant le service de ses obligations contractuelles.

Pour ce qui est des agents publics, le droit de grève est purement et simplement refusé à certains d'entre eux, dont la mission apparaît essentielle à la vie de la Nation : CRS (L. 17 déc. 1947), police (L. 28 sept. 1948), magistrats de l'ordre judiciaire (ord. 22 déc. 1958), militaires (L. 13 juillet 1972). Dans certains services publics (SP hospitalier, radio-TV, navigation aérienne), un **service minimum** peut être instauré par la loi, un règlement, voire même une simple circulaire du chef de service[6]. Contrairement à une idée reçue, **le service minimum n'est donc pas une règle d'application générale dans les services publics français.**

1. Le statut de la fonction publique du 19 octobre 1946 demeure muet sur la question.
2. **CE Ass. 7 juillet 1950, Dehaene**, R. 426 ; RDP 1950.691, concl. Gazier et note Waline.
3. L'opposition au CPE s'étant traduite, au printemps 2006, par l'occupation de nombreuses universités par des étudiants en grève, le juge des référés a pu ordonner (sans grand succès) la libération sous astreinte desdits locaux (*cf.* par ex. TA Grenoble 20 mars 2006, AJDA 2006.629), ou suspendre le refus d'un président d'université d'organiser des cours en dehors du campus (TA Rennes 13 mars 2006, AJDA 2006.580).
4. *Cf.* toutefois certaines dispositions de la loi du 21 août 2007 (*infra* § 109).
5. *Cf. infra* § 287.
6. *Cf.* CE 14 octobre 1977, synd. général CGT des personnels des aff. sociales, R. 383 : censure d'une circulaire ministérielle réglementant l'exercice du droit de grève dans les hôpitaux. Ceux-ci se trouvant placés sous la tutelle, et non sous l'autorité du ministre, la mesure relevait de la direction de ces établissements. *Cf.* aussi CE 13 novembre 1992, synd. nat. des ingénieurs

Par-delà ces textes spécifiques à tel ou tel service public, il existe des règles de portée générale comme la **règle du trentième indivisible**. Déclarée conforme à la Constitution par une décision du Conseil constitutionnel en date du 28 juillet 1987[1], elle interdit de tronçonner la journée de travail des agents publics : toute heure de grève implique donc en principe la retenue de la journée de travail correspondante, en vertu de la **règle du service fait**. La **loi du 31 juillet 1963** prévoit quant à elle le monopole des organisations syndicales les plus représentatives[2] dans le déclenchement d'un mouvement de grève dans un service public. Un préavis de cinq jours doit permettre d'adapter le fonctionnement du service ; les grèves tournantes ou les grèves politiques sont interdites[3].

Enfin, une mesure extrême comme la **réquisition** des personnels reste possible, dès lors qu'elle apparaît justifiée par l'urgence et les nécessités de l'ordre public, et proportionnée à cette menace[4]. Un pouvoir qui existe, même sans texte, en vertu de la jurisprudence Dehaene[5], et qui s'applique aux services publics et à toute « entreprise privée dont l'activité présente un intérêt particulier pour le maintien de l'activité économique, la satisfaction des besoins essentiels de la population ou le fonctionnement du service public, lorsque les perturbations résultant de la grève créent une menace pour l'ordre public »[6].

(109) Le renforcement récent du principe de continuité

Trois lois récentes sont venues renforcer le principe de continuité dans certains services publics, sans remettre pour autant en cause les règles consacrées par la jurisprudence Dehaene.

1) La loi du 21 août 2007 relative aux transports terrestres réguliers de voyageurs[7] a pour premier objet de développer le dialogue social et de prévenir les conflits sociaux dans les services publics concernés. À cet effet, des accords-cadres ont été signés par les parties concernées, le délai de négociation

d'études [...] R. 966, 1063 et 1335 ; AJDA 1993.221. (réaffirmant la compétence exclusive du chef de service pour les établissements et organismes placés sous la tutelle, et non l'autorité d'un ministre).

1. CC 87-230 DC du 28 juillet 1987.

2. La loi du 20 août 2008 modifie les critères de représentativité, fixés jusque-là par une loi du 11 février 1950 qui ne tenait aucun compte de l'audience électorale des syndicats. Celle-ci se trouve désormais intégrée dans ces critères : sont représentatifs, les syndicats qui obtiennent au moins 10 % des voix aux élections professionnelles.

3. Le seul motif licite d'une grève dans les SP est « la défense des intérêts professionnels ». *Cf.* par ex. CE Ass. 7 juillet 1950, Dehaene et CC 25 juillet 1979, préc.

4. CE ord. 27 oct. 2010. M. Lefebvre et autres, AJDA 2010.388, note Hansen et Ferré.

5. CE 30 nov. 1998, Me Rosenblatt et autres, R. 987. *Cf.* toutefois l'article L. 2215-14 CGCT.

6. CE 27 oct. 2010, préc. la mesure de réquisition touchait en l'espèce certains des personnels de l'établissement pétrolier de Gargenville, appartenant à la société Total.

7. La loi ne concerne donc ni le transport maritime (et, not., la desserte de la Corse), ni le transport aérien.

est passé de 5 à 10 ou 13 jours[1], et la loi proscrit les prévis « glissants » ou à répétition.

Toute une série de mesures s'efforcent de limiter les effets de la grève : plan de transport définissant les dessertes prioritaires, plan d'information des usagers, disponible au moins 24 heures avant le déclenchement de la grève, et « accord collectif de prévisibilité du service », imposant notamment à l'agent de prévenir son employeur de son intention de faire grève 48 heures à l'avance. La loi prévoit aussi la possibilité de recourir à un médiateur et d'organiser, au-delà de 8 jours de grève, une consultation à bulletins secrets des employés du service sur une éventuelle poursuite du mouvement de grève. Certes cette consultation n'est qu'indicative, mais, à supposer qu'elle puisse se dérouler dans des conditions normales, il sera difficile à une minorité de grévistes clairement désignée comme telle de persévérer dans son action.

Le remboursement des usagers ou la prolongation de leur titre de transport ou de leur abonnement est prévu, en cas d'inexécution du plan de transport ou du plan d'information[2]. Enfin, la loi réaffirme la règle traditionnelle du service fait, mais en des termes qui n'interdisent pas explicitement la pratique assez fréquente consistant à négocier, en fin de conflit, le paiement des jours de grève.

Contrairement à ce qui a été dit et claironné, **la loi de 2007 n'instaure donc pas un service minimum** : aucun « seuil » n'est prévu, concernant la participation des agents à la grève, et le « plan de transport ne s'applique que dans la mesure où les effectifs disponibles le permettent.

2) La loi du 20 août 2008, relative aux écoles maternelles et primaires, publiques et privées, s'est très largement inspirée du texte précédent : promotion du dialogue social et prévention des conflits sociaux avec l'extension du délai de négociation de 5 à 10 ou 13 jours, meilleure organisation du service avec l'obligation faite aux grévistes de se déclarer tels 48 heures à l'avance.

Seule mesure véritablement originale, la loi organise un **droit d'accueil des élèves des écoles maternelles et primaires**[3] distinct du service de l'enseignement, et qui ne peut donc être qualifié de service minimum[4]. Selon le pourcentage de grévistes, l'accueil relève de la compétence de l'État ou de celle de la commune[5] – disposition d'application délicate, ainsi que l'a révélé

1. Le préavis de 5 jours, prévu par la loi de 1963, est désormais précédé d'une période de négociation préalable qui intervient dans les 3 jours suivant la notification de la grève, et ne peut dépasser 8 jours francs à compter de cette même notification.

2. Ce n'est donc pas la grève qui ouvre le droit à remboursement, mais bien l'inexécution de certaines dispositions de la loi.

3. Les collèges et lycées se trouvaient déjà dans l'obligation de rester ouverts.

4. CC 2008-569 DC du 7 août 2008, AJDA 2008.1565.

5. En dessous d'un seuil de 25 % de grévistes, la responsabilité de ce service d'accueil revient à l'État. À compter de 25 %, l'organisation en est laissée à la commune, qui perçoit une compensation financière. Un système de substitution de responsabilité de l'État à celle de la commune est aussi prévu par la loi, en cas de dommage.

le mouvement de grève déclenché à l'automne 2008. Un nombre très élevé de communes refusa en effet d'exécuter la loi en dépit des 500 à 600 référés déposés par les préfets devant le juge administratif, expression inédite des tensions qui peuvent parfois apparaître dans les relations nouées entre le pouvoir central et les collectivités territoriales.

3) La loi du 19 mars 2012 relative aux entreprises de transport aérien impose, elle aussi, aux salariés concernés l'obligation de se déclarer grévistes 48 heures avant le début du mouvement[1].

Aucun de ces textes ne constitue pour autant la « loi » évoquée par le préambule de 1946. Déjà énoncée pour la loi du 31 juillet 1963[2], le principe vient d'en être réaffirmé pour la loi du 21 août 2007 ; les règles dégagées par l'arrêt Dehaene demeurant donc toujours en vigueur[3].

C. Mutabilité

(110) Contenu

Activité d'intérêt général, le service public doit s'adapter aux nécessités dudit intérêt, afin d'être en mesure de le satisfaire au mieux : évolutions techniques, bien sûr (thérapeutiques nouvelles ou nouvelles technologies), mais aussi économiques et sociales (chômage, exclusion), ou juridiques (droit communautaire, parité). Le principe de mutabilité peut ainsi conduire à la suppression pure et simple du service devenu inadapté à la poursuite de cet objectif.

Cette adaptabilité n'est pas une simple faculté pour le service, mais une véritable obligation dont les premiers linéaments peuvent être trouvés dans la nécessité pour l'administration d'abroger les règlements devenus illégaux par suite d'un changement dans les circonstances de droit ou de fait qui en avaient entouré l'édiction[4]. Obligation étendue en 1989 aux règlements illégaux *ab initio*[5], avant qu'une loi du 20 décembre 2007, relative à la simplification du droit, impose à l'administration d'abroger, d'*office* ou sur demande, les règlements illégaux ou devenus sans objet.

(111) Portée

Le principe de mutabilité induit d'importantes conséquences sur la situation des usagers, des cocontractants et des agents de l'administration.

1. Texte déclaré conforme à la constitution par CC 2012-650 DG du 15 mars 2012. Le CC estime ces restrictions justifiées par la sauvegarde de l'ordre public et proportionnées à l'objectif poursuivi par la loi.
2. CE Ass 4 févr. 1966, synd. unifié des techniciens de la RTF, R.81.
3. CE 12 juin 2010, synd. SUD-RATP, AJDA 2010.1719, concl. Lénica (légalité d'une instruction du PDG de la RATP précisant que les salariés pouvaient rejoindre un mouvement de grève à tout moment, mais uniquement en début de service).
4. CE 10 janvier 1930, Despujol, R. 30.
5. CE Ass. 3 février 1989, Cie Alitalia, R. 44.

1°) Les **usagers** n'ont aucun droit au maintien d'un régime juridique donné, qu'il s'agisse des tarifs[1] ou des conditions de fonctionnement[2], non plus d'ailleurs qu'au maintien du service lui-même[3]. Un principe réaffirmé et généralisé par une **décision du Conseil d'État Lacroix, en date du 13 décembre 2006** : « Considérant que l'exercice du pouvoir réglementaire implique pour son détenteur la possibilité de modifier à tout moment les normes qu'il définit sans que les personnes auxquelles sont, le cas échéant, imposées de nouvelles contraintes, puissent invoquer un droit au maintien de la réglementation existante »[4]. Toutes règles et prérogatives qui révèlent, s'il en était besoin, que l'usager du service public ne peut être assimilé au client d'une entreprise.

2°) C'est en application de ce principe que les **cocontractants de l'administration** se trouvent soumis aux **pouvoirs de modification ou de résiliation unilatérale** de l'administration, limités toutefois par la **théorie du fait du prince**[5]. L'administration dispose de ces prérogatives alors même qu'elles ne seraient pas stipulées par la convention ; elles relèvent en effet des « **règles générales applicables aux contrats administratifs** »[6].

3°) Les **fonctionnaires et autres agents publics** ne peuvent non plus s'opposer aux changements estimés nécessaires pour le service. Ils disposent certes de la possibilité d'attaquer les dispositions qui les concernent directement par la voie du recours pour excès de pouvoir[7], mais ils ne peuvent contester les mesures d'organisation du service[8]. La distinction classiquement opérée entre le **grade** et l'**emploi** autorise de surcroît l'administration à affecter un fonctionnaire à un emploi ne correspondant pas nécessairement au grade qui est le sien.

112) **Limites**

Le principe de mutabilité doit être concilié avec le **principe de sécurité juridique**, élevé au rang de principe général du droit par un arrêt du **Conseil d'État pris en Assemblée le 24 mars 2006, société KPMG**[9]. Fort importante, cette décision ne se limite pas à la promotion de ce principe ; elle en bouleverse le contenu, longtemps limité à la **non-rétroactivité des actes administratifs**[10].

Après avoir rappelé cette première obligation, elle en crée en effet une seconde, qui impose au pouvoir réglementaire d'adopter les **mesures transi-**

1. Augmentations unilatérale des tarifs SNCF, RATP, GDF, EDF...
2. Déremboursement de certains médicaments...
3. CE 27 janvier 1961 Vannier, R. 60, concl. Khan (suppression de certaines émissions de TV).
4. CE 13 décembre 2006, Lacroix, AJDA 2007.358, chron. Lénica et Boucher.
5. § 192.
6. CE 2 février 1983, Union des transports publics urbains et régionaux, R. 33.
7. **CE 11 décembre 1903, Lot et Malinié**, R. 780 (déroulement de la carrière) ; CE 12 décembre 1952, Narbonne, R. 574 (traitement).
8. CE 26 octobre 1956, ass. générale des administrateurs civils, R. 391.
9. **CE Ass. 24 mars 2006, soc. KPMG**, R. 154 ; RFDA 2006.463, concl. Aguila, note Moderne.
10. **CE 25 juin 1948, soc. du journal** *L'Aurore*, R. 239.

toires exigées par les circonstances : « [...] qu'indépendamment du respect de cette exigence (la non-rétroactivité), il incombe à l'autorité investie du pouvoir réglementaire d'édicter, pour des motifs de sécurité juridique, les mesures transitoires qu'implique, s'il y a lieu, une réglementation nouvelle ». Tel est le cas, notamment, lorsque l'application de la règle nouvellement adoptée porterait « une atteinte excessive à des situations contractuelles en cours »[1], voire même, plus généralement, « aux intérêts publics ou privés en cause »[2].

Face à une instabilité juridique grandissante, la non-rétroactivité ne suffit donc plus à assurer la régularité de la règle nouvelle. L'exigence de mesures transitoires posée par l'arrêt KPMG apporte une limite devenue nécessaire au principe de mutabilité qui, sous cette double condition, accorde toujours à l'autorité réglementaire la liberté de modifier ses règlements.

En cela, le principe de sécurité juridique se distingue du **principe communautaire de confiance légitime**, qui interdit toute modification brutale de la règle, et peut aller parfois jusqu'à conférer à ses destinataires un droit à son maintien. L'arrêt soc. KPMG relève expressément que ce dernier principe ne peut trouver à s'appliquer que dans les situations régies par le droit communautaire, et refuse donc d'en faire application en l'espèce.

Le principe de sécurité juridique n'en constitue pas moins l'une des expressions essentielles de l'**État de droit** contemporain. Supposant la **stabilité**, la **prévisibilité** et la **clarté de la règle de droit**, tous éléments relevant de la **qualité de la loi**, il emporte des conséquences fondamentales, relatives à l'interdiction des **validations législatives** et au **pouvoir de modulation** des effets des annulations contentieuses par le juge, mais aussi au principe de **non-rétroactivité** des actes administratifs et à la nécessité pour l'administration d'édicter parfois des **mesures transitoires**.

(113) Conclusion

La privatisation de certains services publics peut atteindre une telle intensité que la spécificité de leur régime juridique se limite parfois à ces trois « lois ». Une spécificité récusée par certains, qui contestent l'efficacité de ces règles : comment évoquer le principe de continuité, après la reconnaissance d'un droit de grève dans les services publics ? Un droit de grève pourtant interdit à certaines catégories d'agents, et sensiblement encadré dans nombre de services.

Certains auteurs nient aussi la singularité de ces « lois », applicables à toute activité professionnelle. Toutefois, si la continuité et l'adaptabilité constituent certes des contraintes extrêmement fortes pour la plupart des entreprises privées, elles n'en sont pas pour autant des **obligations juridiques** sanctionnées par un juge. Quant au principe d'égalité, placé au cœur de notre société, son respect ne constitue une obligation générale que pour le service public.

1. CE Ass. 24 mars 2006, soc. KPMG, préc.
2. CE 13 décembre 2006, Lacroix, préc.

Se pose enfin la question de l'avenir de ces lois, qui expriment une vision non marchande du service public, fortement remise en cause tant au niveau français qu'européen. Il importe toutefois de réserver le cas des **services publics non marchands** (justice, police, défense, éducation, santé...), fort importants et qui demeurent peu ou pas concernés par le droit de la concurrence.

Quant aux **services marchands**, peut-on les assimiler à une entreprise privée et parler sans plus de précaution de la rentabilité du service public, du prix du service public, du client du service public ? Ce serait là, nous semble-t-il, méconnaître la dimension sociale essentielle du service, indispensable au maintien de la solidarité et de la cohésion nationales[1]. Ces « lois » devront donc s'adapter aux transformations du régime juridique de ces services – elles l'ont toujours fait – mais certainement pas disparaître.

II. Diversité : les services publics

(114) Service public ou services publics ?

La diversité des services publics est devenue telle que certains, minorant ou récusant l'unité de la notion, répugnent désormais – à tort, comme on espère l'avoir démontré dans les paragraphes qui précèdent – à évoquer *le* service public. Cet éclatement apparaît être la conséquence du **phénomène de privatisation**, qui affecte tant le **gestionnaire** (1) que le **mode de gestion** (2) du service public.

II.1. Le gestionnaire du service public

(115) Gestionnaire public ou gestionnaire privé

Le service public – administratif ou industriel et commercial – peut désormais être géré par une personne publique, ou par une personne privée contrôlée de manière plus ou moins stricte par une personne publique. La **liberté de choix** du gestionnaire et du mode de délégation laissée à l'administration fait toutefois l'objet de restrictions. Certaines missions ne peuvent faire l'objet d'une délégation à une personne privée en raison de leur nature même ; il en est ainsi de la police[2] ou du service pénitentiaire[3], expression de certaines compétences régaliennes de la puissance publique. En revanche, la délégation contractuelle semble être devenue la règle lorsque le service est confié à une personne privée[4], et la délégation des services marchands[5] se trouve soumise par le droit communautaire au principe de libre concurrence.

1. *Cf.* sur cette question, V. Donnier, « Les droits de l'usager et ceux du citoyen », RFDA 2008, pp. 13 et s.
2. CE Ass. 17 juin 1932, ville de Castelnaudary, R. 595 ; CE 21 juin 2000, SARL Plage « chez Joseph », R 282, qui exclut nettement les pouvoirs de police des compétences déléguées par la commune à la société concessionnaire.
3. CC 2002-461 DC du 29 août 2002, R. 204.
4. CE 6 avril 2007, commune d'Aix-en-Provence, R. 155 ; AJDA 2007.1020 chron. Lénica et Boucher.
5. § 98.

La distinction entre personne morale de droit public et personne morale de droit privé induit d'importantes conséquences[1]. Elle détermine pour partie le **droit applicable**, tant au niveau de l'organisation et du fonctionnement du service (règles de la comptabilité publique) que de celui de la responsabilité extracontractuelle. Enfin, l'extinction des dettes d'une personne publique se trouve soumise à une règle spéciale, la **prescription quadriennale**, et **ses biens sont insaisissables**. Il ne peut donc y avoir de saisie, redressement ou liquidation judiciaire à son encontre, garanties que le juge communautaire assimile à des aides de l'État contraires au principe de libre concurrence. Une jurisprudence qui conduira les autorités françaises à transformer nombre de très importants établissements publics industriels et commerciaux en sociétés soumises au droit privé : EDF, GDF...

Pourtant, en l'absence de qualification textuelle, la distinction n'est pas toujours aisée à opérer. Le juge se réfère alors à la **technique du faisceau d'indices** ; origine de l'institution, mission d'intérêt général, exercice de prérogatives de puissance publique ou, à tout le moins, soumission à un régime juridique exorbitant du droit commun[2].

A. Gestion par une personne publique

(116) 1) La régie

La régie est dite « simple » ou « directe » lorsque le service public – administratif ou industriel et commercial – se trouve **directement géré par l'État** (défense nationale, justice, police, finances, affaires étrangères) ou une **collectivité locale** (transports en commun, distribution d'eau, enlèvement des ordures ménagères). Les **autorités administratives indépendantes** sont donc des services gérés en régie, en dépit de ce que pourrait laisser penser leur titulature[3].

C'est là le mode de gestion le plus ancien, le plus simple, mais aussi le plus « lourd », dès lors que le service fonctionne avec le budget, les biens et le personnel de la puissance publique. Cette rigidité a conduit à l'apparition de solutions intermédiaires comme les régies dites « indirectes », qui possèdent un budget propre, distinct de celui de la collectivité territoriale[4]. Le législateur a pu aussi décider de la création de régies dotées de la personnalité morale et d'un budget autonome[5], mais il s'agit là en réalité d'établissements publics masqués derrière le pavillon d'une régie.

1. *Cf.* l'arrêt classique Cass. Civ. 5 mars 1856, D. 1856.1.21, qui, s'agissant des caisses d'épargne, établit la distinction entre les **établissements publics**, personnes morales de droit public, et les **établissements *d'utilité* publique**, personnes morales de droit privé.

2. *Cf.* not. TC 9 décembre 1899, ass. synd. du canal de Gignac, R. 731 (EP en raison des PPP qui lui sont conférées).

3. § 68.

4. Article L 2221-10 CGCT (régies dotées de la personnalité morale et de l'autonomie financière) ; article L 2221-11 CGCT (régies dotées de la seule autonomie financière).

5. RATP, Régie autonome (!) des transports parisiens, ou certaines régies des collectivités territoriales dotées de la personnalité morale et de l'autonomie financière, « dénommées établissement public local » selon l'article L 2221-10 CGCT.

Enfin, certaines collectivités publiques n'hésitent pas à déléguer la gestion de services publics à des personnes privées créées de toutes pièces, afin d'échapper aux règles du droit public et, notamment, à celles de la comptabilité publique. Le Conseil d'État sanctionne cette pratique en déclarant la personne privée « transparente » au regard de ses conditions de création et de fonctionnement, ce qui lui permet de soumettre le service concerné aux règles du droit public[1].

117) 2) L'établissement public

L'établissement public (EP) est une **personne morale de droit public distincte de l'État ou des collectivités locales**, mais placée sous leur contrôle (autonomie), à qui l'on confie la **gestion d'un service public particulier** (spécialité). La notion d'établissement public se trouve donc commandée par **deux éléments essentiels** : l'**autonomie** et la **spécialité**.

1) **Autonome**, l'établissement public dispose d'un budget spécifique et peut ester en justice. Il est dirigé par un organe délibérant (conseil d'administration ou conseil de direction) et un président directeur général ou un directeur général.

Autonomie ne signifie cependant pas indépendance : les établissements publics sont placés sous la **tutelle** de la collectivité créatrice, tutelle plus ou moins étroite selon l'établissement considéré. Dans la plupart des établissements publics administratifs (EPA), les organes dirigeants et délibérants sont nommés par la collectivité, réserve faite des universités où un principe d'autonomie renforcée conduit à l'élection des différents conseils par la communauté universitaire, et à l'élection du président par le conseil d'administration. Dans les établissements publics industriels et commerciaux (EPIC) de 200 salariés et plus, les dirigeants demeurent certes nommés par la collectivité créatrice, mais le conseil d'administration obéit à une répartition prétendument tripartite, associant représentants de la collectivité publique, représentants du personnel et personnalités qualifiées désignées par cette même collectivité[2].

Mais, au-delà de ces règles statutaires, l'autonomie dépend aussi de la proportion de subventions et de ressources propres qui entrent dans le budget de l'établissement public.

2) Créé en vue de remplir une activité de service public particulière, l'établissement public obéit aussi à **un principe de spécialité**[3] parfois largement entendu. Certains établissements publics administratifs comme les établissements publics territoriaux (syndicats de communes, communautés urbaines)

1. CE 6 avril 2007, commune d'Aix-en-Provence, préc. : que ces collectivités publiques « doivent aussi être regardées comme gérant directement le service public si elles créent à cette fin un organisme dont l'objet statutaire exclusif est [...] de gérer ce service et si elles exercent sur cet organisme un contrôle comparable à celui qu'elles exercent sur leurs propres services [...] ». *Cf.* aussi CE 21 mars 2007, commune de Boulogne-Billancourt, R. 130 : personne privée « transparente » chargée de la sécurité d'une patinoire, dont les contrats présentent en conséquence un caractère administratif.
2. Loi du 26 juillet 1983, relative à la démocratisation du secteur public.
3. CE 29 avril 1970, soc. Unipain, R. 280.

assurent de la sorte des missions extrêmement diverses, et les établissements publics industriels et commerciaux sont souvent contraints par la logique du marché de diversifier leurs activités. Dégagée à la fin des années 1950, la **théorie des activités accessoires** est ainsi entendue de manière plus compréhensive, passant de l'idée de complément nécessaire[1] à celle de complément normal et directement utile[2]. Le législateur est allé encore plus loin en autorisant la SNCF (EPIC) à exercer « toutes activités qui se rattachent directement ou indirectement » à sa mission initiale[3].

(118) Règles spécifiques relatives à la création et à la suppression de l'établissement public

L'**article 34C** réserve à la loi « la création de catégories d'établissements publics », disposition qui fut interprétée comme octroyant à l'exécutif la capacité d'instituer des établissements publics appartenant à une catégorie déjà existante.

La jurisprudence du Conseil constitutionnel est venue apporter quelques précisions à cette répartition des compétences. La notion de catégorie d'établissements publics est ainsi entendue de manière très compréhensive, restreignant d'autant la compétence du législateur ; font partie d'une même catégorie les établissements bénéficiant d'un même rattachement territorial[4] et relevant d'une « spécialité analogue »[5]. En revanche, un établissement public peut, en raison de sa spécificité, constituer à lui seul une catégorie d'établissements publics, ce qui accroît d'autant la compétence du législateur[6] : tel est le cas du Centre Georges-Pompidou, de la RATP ou de l'INC (Institut national de la consommation).

(119) Règles spécifiques relatives à la distinction EPA-EPIC

Le législateur a beau multiplier les catégories et les titulatures[7], la distinction établissement public administratif ou industriel et commercial n'en demeure pas moins opératoire. La loi ou le décret constitutif prend la peine de préciser parfois

1. CE 18 décembre 1959, Delansorme ; R. 692.
2. **Avis** CE 7 juillet 1994 (EDF-GDF) : l'extension des activités est rendue possible à deux conditions : que « ces activités annexes soient directement et commercialement le *complément normal* de sa mission statutaire principale », et « qu'elles soient à la fois d'intérêt général et *directement utile* à l'EP », (in Y. Gaudemet, B. Stirn, F. Rolin, T. Dal Farra, *Les Grands Avis du CE*, Paris, Dalloz, 2008, 3e éd.). Solution reprise par CE 10 mai 1996, soc. « La Roustane », R. 168 : l'installation d'une librairie sur le domaine public universitaire ne porte pas atteinte au principe de spécialité, dès lors qu'il s'agit là d'une « activité commerciale destinée à satisfaire les *besoins directs* des usagers du SP de l'enseignement supérieur dont elle peut constituer un *complément* [...] ».
3. Loi du 30 décembre 1982, art. 18.
4. National (SNCF, universités), régional (lycées), départemental (collèges) et communal (écoles).
5. CC 79-108 L du 25 juillet 1979 (ANPE), R. 44.
6. CC 59-1 L du 27 novembre 1959 (RATP), R. 67.
7. EPSCT (EP à caractère scientifique et technologique) pour le CNRS ; EPSCP (EP à caractère scientifique, culturel et professionnel) comme les universités ; EP territoriaux...

la qualité de l'établissement créé, ce qui permet en règle générale de qualifier l'ensemble de l'activité du service. Dans certains cas, une analyse plus fine est cependant nécessaire.

Il existe en effet des **établissements publics « à visage inversé »** dont la dénomination, généralement industrielle et commerciale pour échapper au droit public, ne correspond pas à l'activité administrative exercée. Leur qualification peut alors être modifiée par le juge, avec toutes les conséquences juridiques et contentieuses que cela implique, dès lors que « l'erreur » n'a pas été commise par le législateur[1].

D'autres établissements sont dits **mixtes** ou **« à double visage »**, qui gèrent simultanément des services administratifs et industriels et commerciaux. Il en est ainsi des Aéroports de Paris : service administratif, pour tout ce qui relève de la sécurité aérienne et de la gestion de l'ouvrage public que constitue un aéroport ; industriel et commercial, pour tout ce qui a trait à l'assistance portuaire et aux activités commerciales connexes. L'Office national des forêts (ONF) associe également ces deux types d'activités : administrative, pour la surveillance, la protection et la conservation des forêts domaniales ; industrielle et commerciale, lorsqu'il vend les produits de cette exploitation[2]. Traditionnellement, le juge se livrait à une analyse portant sur chaque activité ou service, pour admettre ou refuser sa compétence[3]. La jurisprudence vient toutefois d'évoluer, qui accorde désormais une compétence de principe au juge judiciaire pour les établissements publics industriels et commerciaux qualifiés par la loi, assortie d'une exception pour les « activités qui ressortissent par leur nature de prérogatives de puissance publique »[4].

(120) Déclin de l'établissement public ?

Destiné au XIXe siècle à favoriser les dons et legs en faveur des hôpitaux publics ainsi dotés d'un budget spécifique et parfaitement identifié, l'établissement public est devenu un procédé de gestion administrative qui permet à la puissance publique d'échapper pour partie aux règles du droit public (comptabilité publique, recrutement), notamment pour ce qui est des établissements publics industriels et commerciaux soumis, sauf exception, au droit privé.

Officiellement procédé de **décentralisation technique**, c'est-à-dire par services, l'établissement public fait aujourd'hui l'objet d'appréciations sévères : pour MM. Frier et Petit, il est « pure technique administrative ou budgétaire et non

1. TC 24 juin 1968, Soc. distilleries bretonnes, R. 801, concl. Gégout et CE 24 avril 1981, FORMA, R. 190. Le FORMA (fonds d'orientation et de régulation des marchés agricoles) avait été qualifié d'EPIC par le règlement qui l'instituait, alors qu'il exerçait « en réalité une action purement administrative » ; il sera requalifié d'EPA par le TC et le CE. Opération semblable pour le Centre français du commerce extérieur : CE 4 juillet 1986, Berger, R. 564.

2. Autres exemples : les chambres de commerce et d'industrie, les ports autonomes...

3. *Cf. infra* §§ 128 et s, sur le critère de distinction SPIC / SPA.

4. TC 25 décembre 2004, Époux Blanckeman, R. 526 ; TC 16 octobre 2006, Mutuelle des architectes français, R. 639.

logique d'autonomie car l'établissement public reste très largement contrôlé »[1] ; plus lapidaire encore, M. Chapus y voit une « déconcentration camouflée »[2].

De fait, l'établissement public se trouve dans une situation curieuse. La relative souplesse de ce mode de gestion a fait son succès : on compte plus de mille établissements publics administratifs nationaux[3], une centaine d'établissements publics industriels et commerciaux[4], et plus de 50 000 établissements publics locaux[5]. Cette multiplication et cette diversification ont inévitablement mis à mal l'unité et la cohérence d'une notion qui regroupe désormais la SNCF ou La Poste, un hôpital ou une école communale, une université ou un syndicat de communes.

Mais l'établissement public est aussi victime de son identité trop « administrative ». On assiste aujourd'hui à un recul de ce mode de gestion au profit de personnes publiques plus privatisées, telles que les groupements d'intérêt public, voire même de personnes privées. C'est ainsi que de très importants établissements publics industriels et commerciaux ont été récemment transformés en sociétés anonymes[6] sous la pression du droit communautaire, qui assimile les garanties accordées à ces établissements à des aides de l'État venant contrarier le principe de libre concurrence. La lourdeur de certaines règles administratives entre aussi en compte, tout autant que les inconvénients d'un principe de spécialité pourtant atténué et, *last but not least*, l'incapacité de la République à financer aujourd'hui ces grands établissements[7]. Cette privatisation se traduit par un nouveau recul du droit administratif au profit d'un « droit hybride », mélange de droit public, de droit privé et de droit de la concurrence, expression du « retrait de la puissance publique dans la gestion du service public »[8].

(121) 3) Le groupement d'intérêt public

Le groupement d'intérêt public est une **personne morale de droit public** associant personnes morales de droit public et de droit privé, créée dans le but d'exercer des activités ne pouvant donner lieu à la réalisation ou à un partage de bénéfices.

Institué par une **loi du 15 juillet 1982**, le groupement d'intérêt public est une institution hybride, offrant un cadre de coopération plus souple que l'établissement public. Il est créé par une convention qui doit être approuvée par l'État[9] puis publiée, cette dernière formalité lui conférant seule la personnalité morale. Son fonctionnement se trouve soumis au contrôle de l'autorité de tutelle,

1. *Op. cit.*, p. 206.
2. *Op. cit.*, p. 346.
3. Universités, hôpitaux, musées, chambres de commerce...
4. SNCF, RATP, CNRS, INC...
5. Lycées, collèges, écoles, offices publics de l'habitat nés de la fusion des OPHLM (off. pub. HLM) et des OPAC (off. pub. Aménagement et construction)...
6. EDF, GDF, ADP, La Poste depuis 2010.
7. *Cf.* par ex. S. Nicinski, la transformation des EPIC en sociétés, RFDA 2008.35.
8. F. Béroujon, « Le recul de l'établissement public comme procédé de gestion du service public », RFDA 2008.26.
9. L. 17 mai 2011, art. 100.

et son financement peut être assuré par les différents partenaires et, éventuellement, par le produit de certaines taxes.

La spécificité des groupements d'intérêt public a été reconnue et consacrée par une décision du **Tribunal des conflits en date du 14 février 2000, Mme Verdier**[1]. Ils prospèrent surtout dans les domaines de la santé, de la recherche, du tourisme et de l'environnement.

(122) 4) Autres personnes publiques gérant un service public

Il existe aussi des personnes publiques n'entrant dans aucune des catégories précédemment étudiées : l'**Institut** et les **différentes académies**[2], mais aussi la **Banque de France**, établissement privé créé par Bonaparte en 1800, nationalisé en 1945, qui « n'a pas le caractère d'un établissement public mais revêt une nature particulière et présente des caractéristiques propres »[3].

Doivent aussi être mentionnées ce qui a peut-être vocation à devenir une nouvelle catégorie de personnes publiques : les **autorités publiques indépendantes** (API), autorités administratives indépendantes dotées de la personnalité juridique[4] telles que l'autorité des marchés financiers ou l'agence française de lutte contre le dopage.

B. Gestion par une personne privée

(123) Ancienneté et renouveau du procédé

L'**arrêt caisse primaire « Aide et protection » de 1938**[5] a généralisé et banalisé la technique déjà ancienne, qui consistait pour la puissance publique à déléguer la gestion d'un service public – administratif ou industriel et commercial – à des personnes privées : **ordres professionnels**[6], **associations** de la loi de 1901[7] ou **sociétés**[8].

---

1. **GIP Habitat et interventions sociales c/ Mme Verdier**, R. 748. *Cf.* not. L. Janicot, la rationnalisation manquée des GIP, AJDA 2011.1194.
2. Loi du 18 avril 2006, art. 35.
3. CE 22 mars 2000, synd. national autonome des personnels de la Banque de France, R. 125.
4. Il existait, en mai 2009, 4 API, toutes créées après 2002 : l'AMF (Autorité des marchés financiers), l'ACAM (Autorité de contrôle des assurances et des mutuelles), la Haute autorité de la santé et l'AFLD (Agence française de lutte contre le dopage). La CRE (commission de régulation de l'énergie) ne sera dotée d'une personnalité morale qu'entre 2004 et 2006. *Cf.* M. Degoffe, « Les autorités publiques indépendantes », AJDA 2008.622, et *supra* § 68.
5. CE Ass. 13 mai 1938, Caisse primaire « Aide et Protection », R. 417 ; RDP 1938.830, concl. Latournerie.
6. Ordre des médecins, des avocats, des pharmaciens, des architectes, des experts-comptables... Les premiers de ces ordres furent créés par le gouvernement de Vichy. D'inspiration dirigiste et corporatiste, la mesure avait pour objet de réglementer et de réguler, avec la participation de ses membres, l'accès et l'exercice de professions considérées comme trop « libérales ». Le nombre de ces organismes s'est considérablement accru depuis la Libération.
7. Fédérations sportives, par ex.
8. Radio-France, France 2 et France 3 en 1986 (L 30 sept. 1986) ; France Télécom en 1990 (L. 2 juillet 1990) ; EDF et GDF en 2004 (L. 9 août 2004) ; ADP (Aéroports de Paris) en 2005 (L. 20 avril 2005). La Poste, depuis 2010.

Cette privatisation du gestionnaire présente bien des avantages pour la puissance publique. Elle lui permet de faire échapper le service au droit public[1], mais aussi de recourir à des personnes et des capitaux privés afin d'en favoriser ou d'en faciliter l'exécution. Pour reprendre une expression connue de tous dans la société mondialisée du début du XXIe siècle, la privatisation du gestionnaire permet à la puissance publique d'« **externaliser** » la gestion du service et de le faire financer par une personne privée. C'est ainsi que purent être mis en place ce que l'on nomme aujourd'hui les services « en réseau » (chemins de fer, eau, gaz, électricité, autoroutes), financés et exploités au XIXe et au XXe siècle par des compagnies privées concessionnaires.

Mais cette externalisation ne se révèle pas toujours profitable pour le contribuable ou l'usager du service. La personne publique devra en effet soutenir financièrement ou reprendre l'exploitation du service qui se révélerait non rentable, et la gestion privée ne signifie pas toujours une meilleure gestion à un meilleur prix. En témoigne le « prix de l'eau », si différent d'une commune à une autre, parfois si élevé que les communes préfèrent en revenir à la gestion en régie abandonnée quelques années plus tôt.

Dans un **arrêt du 6 avril 2007, Commune d'Aix-en-Provence**[2], le Conseil d'État vient d'exposer les différentes modalités de dévolution du service public à des personnes privées : **délégations contractuelles, habilitations unilatérales** et **associations plus informelles**.

(124) 1) La délégation contractuelle du service public à une personne privée

Ce mode de délégation est de principe lorsque la gestion du service est assurée par une personne privée[3]. Il peut revêtir la forme d'un **contrat de délégation de service public**, ou d'un « **marché public de service** » soumis au Code des marchés publics[4].

En théorie, ces deux catégories de contrats diffèrent profondément par leur objet et leur mode de rémunération. Le contrat de délégation confie, comme son nom l'indique, la gestion même du service à une personne privée dont la rémunération se trouve « substantiellement » liée aux résultats d'exploitation. Les marchés sont des contrats « conclus à titre onéreux » entre l'État ou ses

1. Pratique sanctionnée par le CE lorsque la personne privée gérant le SP lui apparaît par trop « transparente » (§ 180).

2. R. 155 ; AJDA 2007.1020 chron. Lénica et Boucher.

3. L'arrêt commune d'Aix-en-Provence réserve expressément l'hypothèse où « la nature » du service s'y opposerait : SP de la police, SP pénitentiaire...

4. CE 6 avril 2007, commune d'Aix-en-Provence, préc. : « que, lorsque des collectivités publiques sont responsables d'un service public, elles peuvent, dès lors que la nature de ce service n'y fait pas par elle-même obstacle, décider de confier sa gestion à un tiers ; qu'à cette fin, sauf si un texte en dispose autrement, elles doivent en principe conclure avec un opérateur [...] un contrat de délégation de service public ou, si la rémunération de leur cocontractant n'est pas substantiellement liée aux résultats de l'exploitation du service, un marché public de service ».

établissements publics administratifs, les collectivités locales ou leurs établissements publics, et « des opérateurs publics ou privés pour répondre à leurs besoins en matière de travaux, de fournitures et de services »[1]. Dès lors, la rémunération de ces derniers « n'est pas substantiellement liée aux résultats de l'exploitation du service »[2]. Dans la pratique, la frontière est loin d'être nette, la qualification donnée dépendant pour l'essentiel de la signification apportée à l'adverbe « substantiellement »[3].

Les contrats de délégation du service public sont toujours des **contrats administratifs**, obéissant comme tels à des règles spécifiques[4]. On distingue classiquement :

• La **concession**, contrat par lequel la personne publique (le concédant) confie à une personne privée (le concessionnaire) le soin de gérer une activité de service public – administrative ou industrielle et commerciale. La personne privée le fait **à ses risques et périls**, en se rémunérant par des redevances perçues sur les usagers du service. Ce mode de rémunération constitue le critère essentiel de qualification de la concession : il permet de la distinguer des autres procédés contractuels de dévolution du service public[5].

La concession peut être de service public, ou de service public et de travaux publics lorsque le concessionnaire est chargé de construire les ouvrages publics nécessaires à l'exécution du service. C'est là un procédé déjà ancien, qui favorisa grandement la modernisation de la France en permettant de financer la construction des grands services « en réseau » : voies ferrées, gaz, électricité, eau, autoroutes...

• **L'affermage** se distingue de la concession en ce que le fermier, personne privée chargée de la gestion du service, n'est jamais chargé de la construction des ouvrages nécessaires. Surtout, il rétrocède à la personne publique une partie des redevances perçues sur les usagers du service. La distribution de l'eau, les transports publics et les parcs de stationnement sont fréquemment confiés à des « fermiers ».

• **La régie intéressée**. La qualification est ici fort trompeuse, puisque ce mode de gestion consiste en un contrat passé entre une personne publique et une personne privée en vue de l'exécution du service. Le régisseur est rémunéré pour

1. Code des marchés publics, article 1.
2. CE 6 avril 2007, commune d'Aix-en-Provence, préc.
3. **Il y a contrat de délégation lorsque 30 % au moins de la rémunération du gestionnaire dépendent directement des résultats d'exploitation du service** (CE 30 juin 1999, SMITOM, R. 229). Le CE utilise désormais le double critère du **risque** et de l'**origine de la rémunération**, liés, sauf si la personne publique s'engage à « couvrir » les pertes du gestionnaire du SP (CE 7 nov. 2008, Dépt de la Vendée, AJDA 2008.2454, note Richer : service de transport de voyageurs financé à plus de 90 % par les redevances perçues sur ses usagers, sachant que le département prenait à sa charge environ 80 % du transport scolaire. Le CE estime que la CAA a commis une erreur de droit en se fondant, pour motiver sa décision, « sur la seule participation directe des familles »).
4. § 181.
5. CE 11 décembre 1963, ville de Colombes, R. 612. Critère repris par la loi du 11 déc. 2001 (art. L 1411-1 CGCT).

partie par une somme forfaitaire prévue par le contrat, et pour partie par des primes liées aux résultats d'exploitation[1]. La distribution de l'eau et les transports publics sont souvent gérés par des personnes privées liées à une collectivité locale par un contrat de régie intéressée.

Il existe aussi d'autres contrats susceptibles de faire participer une personne privée à l'exécution du service public, qui n'entrent dans aucune des catégories précédentes[2].

(125) **2) L'habilitation unilatérale**

Ce mode de gestion est encore plus atypique que le précédent. Il sera généralisé par l'arrêt du **CE du 13 mai 1938, caisse primaire « Aide et Protection »**, mais l'arrêt « Commune d'Aix-en-Provence » en fait une **exception** au procédé contractuel évoqué ci-dessus. Il permet d'associer unilatéralement (autorisation, agrément) une personne privée à la gestion du service. France Télécom, société anonyme dont le capital est majoritairement étatique, gère de la sorte le service public des télécommunications ; Radio France, France 2 et France 3 sont associées quant à elles à l'exécution du service public audiovisuel.

(126) **3) Autres techniques d'association des personnes privées à la gestion du service public**

L'association de personnes privées au service public peut aussi relever de procédés beaucoup plus informels. La gestion du service peut ainsi être confiée à une personne privée, sans contrat soumis aux règles de publicité ou de mise en concurrence, lorsque, « eu égard à la nature de l'activité en cause et aux conditions particulières dans lesquelles [elle] l'exerce », celle-ci ne peut être considérée comme « un opérateur sur un marché concurrentiel »[3].

Enfin, une personne privée peut, en l'absence de toute dévolution contractuelle ou unilatérale, se voir reconnaître par le juge la qualité de gestionnaire du service public en raison de l'importance de l'activité d'intérêt général assurée, du « droit de regard » de la personne publique sur son organisation et, « le cas échéant », des financements publics qui lui sont accordés[4].

La formule, vague et compréhensive, fait renvoi à un **arrêt du 22 février 2007, APREI**[5], où le Conseil d'État précise les éléments permettant au juge de « reconnaître » une activité de service public créée de toutes pièces par une personne privée. Deux hypothèses doivent être distinguées : celle, traditionnelle

1. CE 30 juin 1999, SMITOM (synd. mixte de traitement des ordures ménagères centre ouest Seine-et-Marnais), préc.
2. CE 4 mars 1910, Thérond, R. 193, concl. Pichat ; CE 20 avril 1956, époux Bertin, cons. Grimouard, (2 esp.), R. 167-168...
3. *Cf.* Lénica et Boucher, observations sous CE, commune d'Aix-en-Provence, préc.
4. Commune d'Aix-en-Provence, préc.
5. CE 22 février 2007, Ass. des personnels relevant des établissements pour inadaptés (APREI), R. 92, concl. Vérot ; AJDA 2007.793, chron. Lénica et Boucher, préc.

depuis l'**arrêt Narcy**[1], où une personne privée « assure une mission d'intérêt général sous le contrôle de l'administration », qui l'a « dotée à cette fin de **prérogatives de puissance publique** ». Toutefois, même en l'absence de telles prérogatives – et c'est là le deuxième cas de figure, formalisé par l'arrêt APREI – une personne privée sera en mesure de gérer une activité de service public, identifiée cette fois par les **obligations et sujétions particulières** auxquelles elle se trouve soumise. Pour parvenir à cette conclusion, le juge utilise, ici aussi, la technique du faisceau d'indices : « conditions de sa création, de son organisation ou de son fonctionnement », « obligations qui lui sont imposées », « mesures prises pour vérifier que les objectifs qui lui sont assignés sont atteints ».

Le phénomène de privatisation de l'administration conduit de la sorte à une identification du service public structurée autour d'une alternative : l'existence de prérogatives de puissance publique conférées à la personne privée gérant le service public ou, au contraire, de sujétions spécifiques imposées à cette personne privée pour assurer sa mission de service public.

II.2. Le mode de gestion du service public : la distinction SPIC-SPA

(127) SPIC et économie de marché

Le service public industriel et commercial (SPIC) intervient dans le domaine économique. Sauf exception, il se trouve régi par le **droit privé**, et les litiges soulevés par son activité relèvent donc de la **compétence du juge judiciaire**.

Ce mode de gestion du service public est censé avoir été consacré dans un **arrêt du Tribunal des conflits du 22 janvier 1921 société commerciale de l'Ouest africain**, connu aussi sous le nom de « **bac d'Eloka** »[2]. En réalité, l'expression de service public industriel et commercial n'apparaîtra que quelques mois plus tard, dans un arrêt du CE du 23 décembre 1921, Société générale d'armement.

À l'époque, le recours à ce nouveau mode de gestion du service public permet de **sauvegarder l'économie de marché**, mise à mal par l'intervention massive de l'État dans la vie économique pendant et à la suite de la Première Guerre mondiale. Les **arrêts Terrier**[3] et **Société des granits porphyroïdes des Vosges**[4] laissaient en effet à l'administration la possibilité de choisir entre une gestion publique et une gestion privée. Après les arrêts « bac d'Eloka » et Société générale d'armement, la puissance publique ne peut plus intervenir dans le champ économique que sous la forme du SPIC, c'est-à-dire dans les conditions et selon les procédés d'un simple particulier. On retrouve ici l'idée libérale selon

1. CE 28 juin 1963, Narcy, R. 401.
2. **TC 22 janvier 1921, soc. commerciale de l'Ouest africain**, R. 91 ; D.1921.3.1, concl. Matter.
3. **CE 6 février 1903, Terrier**, R. 94, concl. Romieu.
4. **CE 31 juillet 1912, SGPV**, R. 909, concl. Blum.

laquelle la puissance publique ne doit pas s'immiscer dans la sphère industrielle et commerciale, sauf à se comporter comme n'importe quel acteur économique.

Avec la possibilité reconnue à des personnes privées de gérer, sous certaines conditions, un service public, l'apparition des services publics industriels et commerciaux est l'autre manifestation du **phénomène de privatisation** qui touche l'administration française depuis près d'un siècle.

A. Critère de la distinction SPIC-SPA

(128) Une présomption et trois indices

Certains services publics voient leur caractère administratif ou industriel et commercial déterminé par la loi ou le règlement qui les institue[1]. Tel est le cas, par exemple, d'EDF, de GDF, de la SNCF ou de La Poste. L'exploitation de pistes de ski est aussi un service public industriel et commercial en vertu de la loi « montagne » du 9 janvier 1985, et ce quel qu'en soit le gestionnaire : régie municipale ou départementale, syndicat intercommunal ou personne privée[2].

Mais ces services, dits **par détermination de la loi**, sont rares : la plupart du temps, il n'existe aucune qualification textuelle, et c'est au juge qu'il appartiendra d'en établir le caractère administratif ou industriel et commercial. Il utilise, pour ce faire une **présomption**, avant de recourir si nécessaire à la **technique dite du faisceau d'indices**.

• La présomption : **les services publics gérés par une personne publique sont présumés être administratifs**. La présomption n'est renversée que si la solution contraire s'impose avec évidence, c'est-à-dire si les trois éléments, les trois « indices » étudiés ci-après se trouvent réunis.

• **La technique du faisceau d'indices a été formalisée dans un arrêt d'Assemblée de 1956, Union syndicale des industries aéronautiques** (USIA)[3] : « Cons. que la caisse de compensation pour la décentralisation de l'industrie aéronautique [...] avait essentiellement pour *objet* de subventionner des opérations d'intérêt général ; qu'elle tirait la plus grande partie de ses *ressources* d'une retenue de nature parafiscale [...] que ses *modalités de fonctionnement* présentaient un caractère purement administratif ; que, dans ces conditions, ladite caisse ne constituait pas un établissement public à caractère industriel ou commercial. »

Un service public ne sera donc industriel et commercial que si son **objet**, l'**origine de ses ressources** et ses **modalités de fonctionnement** sont semblables, sinon identiques, à ceux d'une entreprise privée. **Ces trois indices se cumulent** : que l'un d'eux vienne à manquer, et le service sera qualifié d'administratif par le juge.

---

1. Le juge administratif s'octroie cependant la faculté de requalifier le SP auquel le pouvoir réglementaire aurait attribué une dénomination erronée (§ 119).
2. *Cf.* par ex. CE 19 févr. 2009, Beaufils, AJDA 2010.430.
3. CE Ass. 16 novembre 1956, USIA, R. 434 ; D. 1956.759, concl. Laurent ; AJDA 1956.489, chron. Fournier et Braibant.

(129) 1) L'objet du service

Si tous les services publics ont pour fin la satisfaction de l'intérêt général, l'objet du service public industriel et commercial est aussi économique : il assure une **activité d'intérêt général économique** susceptible d'être prise en charge par une entreprise privée. C'est ainsi que certains services publics industriels et commerciaux peuvent gérer des activités de transport ferroviaire, des campings, des piscines, des parcs de stationnement ou des pistes de ski.

Par exception aux règles formulées par la technique du faisceau d'indices, il existe **un service public administratif par nature**, défini par son seul objet : celui des **autoroutes**[1]. Celui-ci est toujours qualifié d'administratif, alors même que les critères relatifs aux ressources et aux conditions de fonctionnement permettraient de le qualifier de SPIC. Pour toutes les autres activités de SP l'objet du service est **un indice nécessaire, mais non suffisant**, dès lors qu'entrent nécessairement en compte les deux éléments relatifs à l'origine des ressources et aux modalités de fonctionnement du service. Ainsi s'explique le fait que certains services publics aient pu changer de qualification sans pour autant modifier leur activité[2], et d'autres exercer des activités semblables tout en étant considérés tantôt comme un SPIC, tantôt comme un SPA[3].

(130) 2) L'origine des ressources

Assurant une activité d'intérêt général économique, le service public industriel et commercial doit être financé (presque) comme une entreprise privée. Il doit en principe fonctionner grâce à des redevances perçues sur ses usagers en contrepartie du service rendu. Le financement du service par le moyen de subventions publiques ou de recettes de nature fiscale ou parafiscale exclut donc la qualification de SPIC. Dans l'**arrêt USIA**, le juge relevait de la sorte que le service concerné « tirait la plus grande partie de ses ressources d'une retenue de nature parafiscale ». Seul, cet indice n'est cependant pas toujours déterminant : il existe des SPA qui reçoivent des redevances de leurs usagers[4].

Le SPIC étant censé intervenir comme une entreprise privée, **il ne peut être gratuit** : la gratuité, partielle ou complète du service exclut la qualification d'industriel et commercial. Une fois encore, il ne s'agit là que d'un indice ; tous les SPA ne sont pas gratuits[5]. Enfin, rappelons que la gratuité du service public

1. **TC 8 juillet 1963, soc. Entr. Peyrot**, R. 787. Solution réaffirmée par TC 20 novembre 2006, ESCOTA (soc. des autoroutes Estérel Côte d'Azur Provence Alpes), R. 642 ; AJDA 2007.849. En conséquence, tous les litiges entre usagers et sociétés autoroutières relèvent de la compétence du juge administratif, y compris ceux concernant le péage.

2. Le service des assurances maritimes, France Télécom, l'agence France-Presse ou le service des pompes funèbres deviendront ainsi des SPIC, sans que leur activité change.

3. Campings municipaux, piscines municipales... L'exemple du service des bacs est particulièrement éclairant : premier des SPIC dans l'arrêt « bac d'Eloka », il devient un SPA dans l'arrêt Denoyez et Chorques.

4. Campings municipaux, autoroutes à péage...

5. Autoroutes, campings, piscines... **La Constitution n'impose la gratuité que pour le SP de l'Éducation nationale.**

	Personnel	Actes unilatéraux	Contrats	Responsabilité
SPA géré par une personne publique	*Droit administratif* Pour le personnel statutaire ou non statutaire (TC 25 mars 1996 Berkani)	*Actes administratifs* Compétence du juge administratif	*Contrat de droit privé* Compétence du juege judiciaire ou *Contrats administratifs* Compétence du juge administratif ↔ l'une des deux conditions posées par le *critère alternatif* est remplie	*Tribunaux administratifs* Sauf exceptions
SPA géré par une personne privée	*Droit privé*	*Actes droit privé* (juge judiciaire) ou *Actes administratifs* (juge administratif) ↔ 1) l'acte est lié à l'exécution du SP et 2) il comporte l'emploi de prérogatives de puissance publique (CE 31 juillet 1942 Montpeurt ; 13 janvier 1961 Magnier)	*Contrats de droit privé* (juge judiciaire) ou *Contrats administratifs* (juge administratif) ↔ 1) théorie du mandat et 2) critère alternatif	*Tribunaux judiciaires* Sauf exceptions (dommages de travaux publics, emploi de PPP, litiges relatifs à une créance de nature administrative, etc.)
SPIC géré par une personne publique	*Droit privé* sauf 1) exceptions législatives ; 2) PDG ou directeur général et chef de la comptabilité, lorsque celui-ci a la qualité de comptable public (CE 8 mars 1957 Jalanques de Labeau)	*Actes réglementaires* sont des *actes administratifs* dès lors qu'ils sont liés à l'organisation du SP jus. restrictive avec 2 arrêts TC du 15 déc. 2008 M. Kim, M. Voisin *Décisions individuelles* – *usagers :* D privé – *autres :* actes D privé sauf si comportent emploi PPP	*Usagers :* toujours des *contrats de droit privé* (TC 17 décembre 1962 Dame Bertrand)	*Usagers :* tribunaux judiciaires
			Autres : contrats droit privé ou *contrats administratifs* ↔ *critère alternatif*	*Autres : tribunaux judiciaires*, sauf exceptions
SPIC géré par une personne privée	*Droit privé*	*Actes de droit privé* ou *Actes administratifs* – *actes réglementaires* si liés à l'organisation SP (TC 15 janvier 1968 Barbier, probablement mod. par TC 2008, M. Kim, M. Voisin) – déc. individuelles • usagers : D privé • autres : D adminitratif si comportent emploi PPP	*Usagers :* contrats droit privé	*Usagers : tribunaux judiciaires*
			Autres : C d privé ou C. administratif ↔ 1) Théorie du mandat et 2) Critère alternatif	*Autres : tribunaux judiciaires*, sauf exceptions

est une notion relative, qui ne se conçoit qu'en rapport avec l'usager du service, ce dernier étant alors financé par le contribuable[1].

131) ### 3) Les modalités de fonctionnement

Le service public industriel et commercial doit fonctionner comme une entreprise privée. L'**arrêt USIA** (préc.) relevait ainsi que les « modalités de fonctionnement » du service « présentaient un caractère purement administratif ». Le juge vérifie en premier lieu que le service ne dispose pas de prérogatives de puissance publique qui le différencieraient trop d'une entreprise privée, puis examine le statut du personnel, les méthodes de gestion et les procédures comptables et financières. Ce seul indice peut lui permettre de conclure à la nature administrative du service, sans qu'il soit nécessaire d'en examiner l'objet ou l'origine des ressources[2].

Fonctionnant comme une entreprise privée, le SPIC aurait dû exclure toute idée de **monopole**. Il exista cependant de très importantes exceptions à ce principe, expressément prévues par la loi : Air France, la SNCF, France Télécom, La Poste, EDF et GDF. La construction européenne a conduit à la remise en cause radicale de cette exception, avec la disparition rapide de ces grands monopoles.

B. Portée de la distinction SPIC-SPA

132) ### Paramètres

La distinction SPIC-SPA devrait permettre de déterminer le droit applicable et le juge compétent pour connaître des litiges suscités par l'activité de ces services. Le SPA supposerait l'application du droit administratif et la compétence du juge administratif ; le SPIC, l'application du droit privé et la compétence du juge de droit commun.

La réalité est malheureusement beaucoup plus complexe, et tend à relativiser la portée de cette distinction. Pour apprécier sa compétence, le juge administratif doit en effet prendre en compte la **nature du service** (SPIC ou SPA), mais aussi la **qualité** (publique ou privée) **de son gestionnaire** et, dans certains cas, **celle de l'acte contesté** (unilatéral ou contractuel) et du **requérant** (personnel, usager ou tiers).

Les **deux paramètres principaux**, tirés de la nature du service et de la qualité publique ou privée de son gestionnaire, déterminent **quatre cas de figure**, selon que le SPA ou le SPIC sera géré par une personne publique ou privée : les SPA gérés par une personne publique, les SPA gérés par une personne privée, les SPIC gérés par une personne publique, et les SPIC gérés par une

1. Ex. du SP de la justice.

2. Avant les modifications apportées par le législateur au statut des PTT dans les années 1990, le juge avait pu qualifier ce service de SPA après un examen limité à son « mode d'organisation » et à ses « conditions de fonctionnement » (TC 24 juin 1968, Ursot, R. 798 ; JCP 1968.15646, concl. Gégout).

personne privée. Il existe de la sorte **toute une gradation, toute une « échelle » des régimes juridiques applicables**, du SPA géré par une personne publique, gouverné pour l'essentiel par le droit administratif, au SPIC géré par une personne privée régi, sauf exceptions, par le droit privé (*cf.* tableau).

(133) 1) Les SPA gérés par une personne publique

Les SPA gérés par une personne publique sont soumis au **droit public, réserve faite de certains de leurs contrats**.

Leurs **décisions**, réglementaires ou individuelles, sont des décisions administratives unilatérales relevant de la compétence du juge administratif. En revanche, les **contrats**, bien que pris par une personne publique, ne seront administratifs que s'ils contiennent au moins une clause exorbitante de droit commun ou s'ils font participer le cocontractant à l'exécution même du service public[1].

Le **personnel** aussi bien que les **usagers** se trouvent dans une situation légale et réglementaire de droit public, et ses **biens immobiliers** appartiennent, sous certaines conditions, au domaine public[2]. En cas de litige, la **responsabilité extracontractuelle** du service sera appréciée par le juge administratif.

(134) 2) Les SPA gérés par une personne privée

Les SPA gérés par une personne privée sont soumis à un **régime juridique hybride**, mêlant droit public et droit privé.

Leurs **décisions** relèvent du **droit privé** et du juge judiciaire, sauf lorsqu'elles sont liées à l'exécution du service public et emportent l'exercice de prérogatives de puissance publique[3]. Leurs contrats sont, en règle générale, des **contrats de droit privé**, sauf application de la théorie du mandat ou de la personne privée « transparente », et du critère alternatif[4].

Leur **personnel** relève, sauf exception, du **droit privé**[5] et leurs **biens immobiliers** ne peuvent, par définition, appartenir au domaine public[6]. Les

1. *Cf. infra* §§ 179 et s, sur les critères du contrat administratif.

2. *Cf. infra* § 153.

3. **CE Ass. 31 juillet 1942, Montpeurt**, R. 239 ; D. 1942.138, concl. Ségalat ; **CE Ass. 2 avril 1943, Bouguen**, R. 86 ; S. 1944.3.1, concl. Lagrange ; CE 13 janvier 1961, Magnier, R. 33 ; RDP 1961.155, concl. Fournier ; TC 13 décembre 2004, Hazan et soc. Guibor EURL, R. 520. Encore faut-il définir ce qu'est une prérogative de puissance publique ; le pouvoir de suspension exercé par une fédération sportive à l'égard de l'un de ses membres constitue de la sorte une mesure disciplinaire « inhérente à l'organisation de toute association » et non une PPP (CE 19 déc. 1988, Pascau, R. 459).

4. *Cf. infra* §§ 179 et s.

5. CE 4 avril 1962, Chevassier, R. 244.

6. Ne relèvent en effet du domaine public que les biens immobiliers appartenant à une personne publique. Rien n'empêche, en revanche, la personne publique ayant délégué la gestion du SP de mettre à la disposition de la personne privée certains de ses biens inscrits au domaine public.

usagers se trouvent régis par le **droit privé**, exception faite de l'application des « **lois** » **du service public**[1].

Enfin, en cas de litige, la **responsabilité extracontractuelle** du service sera appréciée par le **juge judiciaire, selon les règles du droit privé**. Le juge administratif ne retrouve de compétence que lorsque le préjudice a été provoqué par l'emploi d'une prérogative de puissance publique[2], ou lorsque le dommage a été causé par l'ouvrage public ou par l'exécution de travaux publics.

(135)

3) Les SPIC gérés par une personne publique

Les SPIC gérés par une personne publique sont soumis, sauf exceptions, au **droit privé**.

Leurs **décisions** relèvent du **droit privé**, réserve faite des actes réglementaires relatifs à l'organisation du service[3] et des décisions individuelles comportant l'emploi de prérogatives de puissance publique.

Le **personnel** relève du **droit privé**, hormis le président-directeur général ou le directeur, et l'agent comptable en chef s'il possède la qualité de comptable public[4]. Ses **biens immobiliers** sont susceptibles d'appartenir, sous certaines conditions, au domaine public[5].

Il faut ensuite distinguer entre les usagers, les tiers et les fournisseurs. **Les relations entretenues entre un SPIC et ses usagers se trouvent régies par le droit privé**, sauf application des « lois » du service public. Les contrats qui les lient sont des contrats de droit privé, même s'ils contiennent une clause exorbitante de droit commun[6] ; la responsabilité extracontractuelle du service sera appréciée par le juge judiciaire selon les règles du droit privé, même en cas de dommages de travaux publics[7].

Pour ce qui est des tiers et des fournisseurs, les **contrats** relèvent du doit privé, sauf s'ils contiennent au moins une clause exorbitante de droit commun, ou s'ils font participer le cocontractant à l'exécution même du service public[8]. En cas de litige, la **responsabilité extracontractuelle** du service sera appréciée par le **juge judiciaire selon les règles du droit privé**, réserve faite des hypothèses où le préjudice aura été provoqué par l'emploi d'une prérogative de puissance

1. §§ 99 et s.
2. CE 23 mars 1983, soc. Bureau Véritas, R. 133, concl. Denoix de Saint Marc.
3. Le TC vient de réduire cette notion de mesures « qui régissent l'organisation du service » en excluant désormais « la détermination des conditions d'emploi, de formation professionnelle et de travail », et les « garanties sociales des personnels » (TC 15 déc. 2008, M. Voisin c/ RATP et M. Kim c/ Éts français du sang, 2 esp., AJDA 2009.365, chron. Liéber et Botteghi).
4. **CE 26 janvier 1923, de Robert Lafrégeyre**, R. 67, RDP 1923.237, concl. Rivet. La notion de fonctions de direction sera entendue de manière de plus en plus restrictive. *Cf.* CE 8 mars 1957, Jalenques de Labeau, R. 158, S. 1957.276, concl. Mosset ; TC 3 juin 1996, Mme Le Gac, R. 540.
5. § 153.
6. CE 13 octobre 1961, Éts Companon-Rey, R. 567 ; AJDA 1962.98, concl. Heumann ; TC 17 décembre 1962, Dame Bertrand, R. 831, concl. Chardeau.
7. CE 22 janvier 1960, Gladieu, R. 52.
8. *Cf. infra* §§ 179 et s, sur les critères du contrat administratif.

publique[1], ou le dommage causé par l'ouvrage public ou par l'exécution de travaux publics[2].

(136) 4) Les SPIC gérés par une personne privée

Étape ultime du phénomène de privatisation, les SPIC gérés par des personnes privées se trouvent en principe régis par le **droit privé**.

Leurs **décisions** relèvent du **droit privé**, réserve faite des actes réglementaires, lorsque la personne privée est habilitée à prendre ce type d'actes, qui doivent porter sur l'organisation du service[3]. Leur **personnel** relève du **droit privé** et leurs **biens immobiliers** ne peuvent, par définition, appartenir au domaine public[4].

Les relations entretenues entre un SPIC et ses usagers se trouvent régies par le droit privé, sauf application des « lois » du service public. Les contrats qui les lient sont des contrats de droit privé, même s'ils contiennent une clause exorbitante de droit commun ; la responsabilité extracontractuelle du service sera appréciée par le juge judiciaire selon les règles du droit privé, même en cas de dommages de travaux publics.

Pour ce qui est des tiers ou des fournisseurs, les **contrats** relèvent du doit privé, sauf application de la théorie du mandat et du critère alternatif[5]. En cas de litige, la **responsabilité extracontractuelle** du service sera appréciée par le **juge judiciaire selon les règles du droit privé**, réserve faite des hypothèses où le préjudice aura été provoqué par l'emploi d'une prérogative de puissance publique, ou le dommage causé par l'ouvrage public ou par l'exécution de travaux publics.

(137) Remarques sur la notion d'usager du service public

La privatisation du service public et la construction européenne induiraient selon certains auteurs une **banalisation de la qualité d'usager** du service, désormais peu et mal différenciée du client d'une entreprise privée.

1. TC 22 novembre 1993, Matisse et autres, R. 410.

2. CE 24 novembre 1967, D^{lle} Labat, R. : la requérante, venue assister à un événement festif organisé par la SNCF, est blessée lors de l'effondrement de la verrière surplombant le quai. Le CE estime qu'elle est usager de l'ouvrage public que constitue la gare, mais non usager du SPIC puisqu'elle n'avait aucunement l'intention d'en utiliser les services. Il conclut en conséquence à la compétence du juge administratif pour connaître du litige.

3. **TC 15 janvier 1968, Épx Barbier**, R. 789, concl. Khan : le règlement d'Air France, SPIC géré par une SA, prévoyait à l'époque que le mariage d'une hôtesse de l'air entraînait la cessation automatique de ses fonctions. Frappés par cette mesure, les requérants entendent en contester la légalité. Le TC tranche en faveur de la compétence du juge administratif, dès lors que le litige portait sur une réglementation « touchant à l'organisation du service public ». Bien que concernant des SPIC gérés par des personnes publiques, la solution énoncée dans deux arrêts du TC du 15 décembre 2008 M. Voisin c/ RATP et M. Kim c/ Éts français du sang (préc.) devrait venir amender la jurisprudence « Épx Barbier » en restreignant la notion de mesures « qui régissent l'organisation du service » (§ 135).

4. Ne relèvent du domaine public que les biens immobiliers appartenant à une personne publique (§ 153).

5. *Cf. infra* §§ 179 et s.

Certes, la légalité applicable aux services publics administratifs inclut désormais le droit de la concurrence[1] et celui de la consommation[2], mais il s'agit là bien moins d'un effacement du droit administratif que d'une conciliation et d'une « intégration sous condition » conduisant à l'apparition d'**un droit public de la concurrence** et d'**un droit public de la consommation** adaptés aux besoins du service[3].

Quant aux usagers du service public industriel et commercial, leur situation est volontairement assimilée à celle des clients d'une entreprise privée : les contrats les liant au service sont toujours des contrats de droit privé, et la responsabilité extracontractuelle du service sera appréciée par le juge judiciaire, appliquant les règles du droit privé. Pourtant, l'usager du SPIC n'est pas tout à fait un client ou un consommateur comme les autres. Comme tous les usagers d'un service public, il se trouve en effet régi par ces trois « lois » que sont les **principes d'égalité, de continuité et de mutabilité**.

Enfin, la notion d'usager du SPIC ne suppose pas nécessairement l'existence d'un contrat passé avec le service : l'usager est celui qui entend bénéficier ou qui bénéficie, à quelque titre que ce soit, des prestations du service. Dès lors, les candidats usagers[4], voire même les usagers en situation irrégulière[5] sont assimilés par le juge administratif à des usagers, jurisprudences révélatrices de la spécificité de cette notion et de son caractère irréductible à celle de client d'une entreprise privée.

III. Un SP particulier : la police administrative

(138) Un service public particulier

L'idée de police évoque immédiatement celle de fonctionnaires dotés d'uniformes et de prérogatives (le port d'armes) promptement identifiées : police nationale, gendarmerie, CRS, polices municipales... C'est aussi un service public défini par un objet – **la protection de l'ordre public**, intégré certes à l'intérêt général, mais plus restreint que ce dernier – et un régime juridique spécifiques.

La police administrative fut et est encore un élément central de la théorie politique libérale. Dans un État-gendarme idéalement limité à ses activités régaliennes, la police administrative épuiserait en effet l'essentiel des missions

1. **CE 3 novembre 1997, soc. Million et Marais**, R 406, concl. Stahl. *Cf.* aussi CE Ass. 31 mai 2006, ordre des avocats au barreau de Paris, préc., qui énonce que les personnes publiques désireuses de « prendre en charge une activité économique [...] ne peuvent légalement le faire que dans le respect tant de la liberté du commerce et de l'industrie que du droit de la concurrence [...] ».

2. CE 11 juillet 2001, Soc. des eaux du Nord, R. 348.

3. B. Quiriny, « Les droits de l'usager face aux droits du marché », RFDA 2008.20.

4. TC 10 octobre 1966, Dame Canasse, R. 834 : est usager du SPIC la personne, victime d'un accident mortel dans une gare, qui *s'apprêtait* à confier un colis à la SNCF.

5. TC 5 décembre 1983, sieur Niddam, R. 541 : est usager du SPIC la personne qui, voyageant sans titre de transport, est victime d'un accident alors qu'elle était poursuivie par des agents de la SNCF.

de l'administration. Aussi n'est-il guère surprenant que le service public se substitue à la police comme critère et notion essentielle du droit administratif à la fin du XIXe siècle. Avec l'apparition du service public de l'Éducation nationale et le développement des tâches économiques et sociales de l'État-providence, la police ne pouvait évidemment plus rendre compte de l'ensemble des activités étatiques, et du droit administratif qui se met en place.

Tous éléments qui expliquent et justifient l'examen différencié qui sera fait de ce service public, dont l'étude peut être structurée autour d'une **double distinction**. La première sépare la **police administrative** de la **police judiciaire** (1) ; la seconde, la **police administrative générale** des **polices spéciales** (2).

III.1. La distinction opérée entre police administrative et police judiciaire

(139) A. Police et principe de séparation des autorités administratives et judiciaires

Caractérisé par la confusion des pouvoirs, l'Ancien Régime mélangeait des fonctions et des missions aujourd'hui réparties entre le juge civil, le juge pénal et l'administrateur. Comme l'indique son titre, l'**Intendant de justice, police et finances** jugeait autant qu'il administrait ; les cours de justice jugeaient et administraient aussi, notamment au moyen des fameux « arrêts de règlement » prohibés par l'Assemblée constituante.

Apparue dans les ordonnances royales du XVe siècle, la notion de police révèle cette confusion érigée en système ; elle est alors employée comme synonyme de gouvernement (la *polis*, c'est-à-dire la cité grecque), voire même de civilisation, et l'on oppose alors sociétés policées et tribus barbares. Une ordonnance royale de 1669 exprime toute l'immensité de cette activité : « La police consiste à assurer le repos public et celui des particuliers, à procurer l'abondance et à faire vivre chacun suivant sa condition. » Le *Traité de la police* de Delamare, dont le premier tome paraît en 1705, y intègre la sûreté et la tranquillité publiques, mais aussi la voirie et le commerce, la religion et les mœurs, la santé et les « subsistances », les serviteurs et les pauvres[1]...

La notion connaît une mutation brutale avec la consécration du principe de séparation des autorités administratives et judiciaires, qui oblige désormais à distinguer la police administrative de la police judiciaire. La première devient l'une des « branches » de l'administration, chargée de **prévenir** d'éventuels troubles à l'ordre public ; la seconde s'occupe quant à elle d'en **réprimer** les infractions.

(140) B. Portée de la distinction

La distinction commande le **champ de compétence du juge** et détermine **la personne publique responsable**.

1. Sur cette question, *cf.* not. J.-L. Mestre, *op. cit.*, pp. 161 et s.

Le contentieux de la police judiciaire (PJ) **relève du juge pénal**, sauf exceptions relatives à l'organisation du service et aux dommages causés aux personnels de police et à ses collaborateurs occasionnels[1]. **Le contentieux de la police administrative** (PA) **se trouve quant à lui expédié par le juge administratif**[2]. Enfin, la police administrative, mise en œuvre par des autorités différentes, est susceptible de mettre en cause la responsabilité de l'État ou des collectivités locales ; la police judiciaire ne peut engager quant à elle que la responsabilité de l'État.

Une distinction désormais consacrée par le Conseil constitutionnel, qui n'autorise le législateur à y déroger que dans l'hypothèse où l'attribution à la police judiciaire de « mesures de prévention des atteintes à l'ordre public qui ressortissent normalement à la police administrative » confère aux particuliers « des garanties que ne leur assurerait pas le régime de droit commun de la police administrative »[3].

(141) C. Critère de la distinction

La distinction ainsi opérée n'est pas toujours facile à mettre en œuvre. Ce sont souvent les mêmes personnels qui agissent, tantôt comme autorité de police judiciaire, tantôt comme autorité de police administrative, et il arrive fréquemment qu'une opération de police change de nature en cours d'exécution[4].

En principe, la **police administrative** se caractérise par son **caractère préventif** : le maintien de l'ordre public ; la **police judiciaire**, par son **caractère répressif**. Selon l'article 14 du Code de procédure pénale, cette dernière a pour mission de « constater les infractions à la loi pénale, d'en rassembler les preuves et d'en rechercher les auteurs tant qu'une information n'est pas ouverte »[5]. Ainsi, le placement dans une cellule de dégrisement constitue une opération de police administrative ayant pour objet la protection des personnes et la préservation de l'ordre public, alors que la garde à vue relève de la police

1. § 275.

2. La spécificité du contentieux de la police sera reconnue dès 1789, en raison de « l'arbitraire » (nous utiliserions aujourd'hui la notion de pouvoir discrétionnaire) qui imprègne cette activité : « Mais l'arbitraire, énonce Bergasse devant ses collègues de l'Assemblée constituante, se trouve nécessairement jusqu'à un certain point dans les précautions que la police est obligée de prendre pour le maintien de l'ordre public, et dans les actes de surveillance sur les personnes non moins que sur les choses, qu'il est indispensable de lui permettre » (rapport Bergasse du 17 août 1789, AP Ie série, t. 8, p. 444). L'intervenant concluait sur l'impossibilité d'en soumettre les litiges à un juge confiné dans la stricte interprétation de la loi, et se prononçait en faveur de la **solution de l'administrateur-juge**, adoptée, pour ce qui est de la police, dès la loi du 14 décembre 1789 sur les municipalités et consacrée par celle des 16-24 août 1790.

3. **CC 80-127DC des 19 et 20 janvier 1981** (sécurité et liberté), cons. 63, R. 15. *Cf.* aussi **CC 76-75 DC du 12 janvier 77** (fouille des véhicules), R. 33, censurant une loi autorisant la fouille des véhicules en raison de l'étendue et de la nature indéfinie des pouvoirs conférés à l'autorité de police.

4. § 142.

5. Elle « exécute aussi « les délégations des juridictions judiciaires et défère à leurs réquisitions ».

judiciaire, dès lors qu'elle porte sur la recherche et la répression d'une infraction, même éventuelle[1].

La règle connaît cependant de notables exceptions : la police administrative est en effet habilitée, dans certaines circonstances, à mettre fin aux troubles de l'ordre public (par ex., la dispersion d'une manifestation), et une opération de police judiciaire peut conduire à prévenir la commission d'une infraction[2]. Aussi le juge s'est-il finalement prononcé en faveur d'un **critère finaliste**, fondé sur l'**intention des auteurs de l'opération de police**. Si celle-ci consiste dans la recherche et la constatation d'une infraction pénale déterminée, il s'agit d'une opération de police judiciaire ; dans le cas contraire, on se trouve en présence d'une opération de police administrative[3].

Plusieurs précisions s'imposent. L'**infraction** poursuivie doit être **exactement déterminée**. Dans ses conclusions sur l'arrêt Baud, le commissaire du gouvernement Delvolvé rappelait que l'on reste dans le cadre d'une opération de police administrative, « tant que l'agent exerce une **mission de contrôle ou de surveillance générale**, tant que son enquête n'est pas orientée sur une **infraction** correctionnelle ou criminelle **précise** »[4].

Peu importe, en revanche, que l'infraction ait été réellement commise. Elle peut être restée à l'état de projet ou se trouver en cours d'exécution, voire même n'avoir existé que dans l'esprit des forces de police. **Le simple soupçon, un comportement suspect suffisent à donner à l'opération un caractère judiciaire** : il faut et il suffit que l'autorité de police ait cru à sa commission. Constitue ainsi une opération de police judiciaire la poursuite d'un individu dont le comportement était « de nature à laisser supposer qu'il se disposait à commettre un délit »[5].

La réalité de l'infraction recherchée ne présente donc guère d'intérêt dans la détermination du caractère administratif ou judiciaire d'une opération de police, à la différence de l'**intention de l'autorité de police**. La protection d'un

1. TC 18 juin 2007 Ousset, AJDA 2007.1271 (pour le placement en cellule de dégrisement) ; CE 12 février 1954, Dame Vve Marolles, R 101, et CE 4 oct. 68, Sieur Rault R 474 (concernant la garde à vue).

2. Pour une illustration des difficultés parfois rencontrées, *cf.* cet exemple tiré de la très triste et très célèbre « affaire Grégory », où l'un des principaux suspects fut abattu par le père de l'enfant assassiné. La famille mit en cause la responsabilité de l'État, accusé de n'avoir mis en place aucun moyen de protection susceptible d'empêcher la commission de cet acte. La mesure relève-t-elle de la PJ ou de la PA ? Selon le TC, « en l'absence d'une mesure privative ou restrictive de liberté décidée par l'autorité judiciaire, la protection d'une personne, serait-elle inculpée ou mise en examen, ne relève pas de la police judiciaire, mais de la police administrative, chargée de préserver la sécurité des citoyens et l'ordre public » (TC 19 octobre 1998, Mme Bolle Vve Laroche, R. 547).

3. CE 11 mai 1951, Baud, R. 265 ; S. 1952.3.13, concl. Delvolvé, note Drago ; TC 7 juin 1951, Dame Noualek, R. 636, concl. Delvolvé.

4. Préc.

5. TC 15 juillet 1968, Tayeb, R. 791 (personne abattue par un policier lors d'une poursuite provoquée par son comportement suspect) : « Qu'en poursuivant *un suspect* dont la fuite lui a fait croire qu'il s'agissait d'un délinquant, et en faisant feu sur lui, le sieur P. a fait un acte qui relève de la police judiciaire. »

convoyeur de fonds, d'une banque ou d'une bijouterie est une opération de police administrative, sauf si l'autorité de police a entendu tendre un piège à des malfaiteurs et les faire tomber dans une « souricière ». Le juge ne se contente donc pas de l'intention affichée par l'autorité de police : il s'attache à déterminer l'**intention réelle** qui a motivé leur l'action et n'hésite pas à requalifier l'opération, ce qui peut emporter de graves conséquences juridiques et contentieuses[1].

(142) **D. Le cas particulier des opérations mixtes**

Le critère finaliste peut conduire à d'importantes complications contentieuses lorsque le dommage a été causé par une opération « mixte », le plus souvent une opération de police administrative qui se transforme en opération de police judiciaire. L'application de la règle obligerait en effet les victimes à réclamer réparation devant le juge judiciaire pour la partie des dommages causés par l'opération de police judiciaire, **et** devant le juge administratif pour tous les dommages provoqués par la police administrative. Aussi le Tribunal des conflits s'est-il efforcé de réduire la difficulté en instituant un « **bloc de compétence** » au profit de l'un ou l'autre des ordres de juridiction.

La solution retenue consiste à déterminer la **cause principale du préjudice** subi par le requérant : réside-t-elle dans l'opération de police judiciaire, ce qui permettra de renvoyer l'ensemble de l'affaire devant le juge judiciaire, ou dans l'opération de police administrative, autorisant ainsi le juge administratif à régler la totalité du litige ? Lors d'un contrôle d'identité, opération de police administrative transformée en opération de police judiciaire lorsque le conducteur du véhicule force le barrage de police, la « dimension » judiciaire l'emporte, le préjudice ayant été causé par un agent qui utilisait son arme « dans l'intention d'appréhender un individu qui venait de commettre plusieurs infractions »[2]. En revanche, lors de l'attaque d'un transport de fonds protégé par la police, c'est la « dimension » administrative qui prévaut, le juge estimant que le préjudice subi « trouve essentiellement son origine dans les conditions dans lesquelles a été organisée » une « opération tendant à assurer la protection des personnes et des biens »[3].

III.2. La distinction opérée entre police administrative générale et polices administratives spéciales

Interne à la police administrative, cette distinction porte tant sur la finalité de ces deux activités – la protection de l'ordre public (A) –, que sur leurs titulaires (B) et leur régime juridique (C).

1. **CE Ass. 24 juin 1960, soc. Frampar**, R. 412, concl. Heumann. La saisie de la totalité des exemplaires d'un journal par le préfet d'Alger ne peut se justifier que dans le cadre d'une opération de PA, et pour des motifs d'ordre public. Le juge annule la mesure, présentée comme une opération de PJ provoquée par la recherche d'éventuelles infractions, qualification qui autorisait seulement l'administration à se saisir de quelques exemplaires destinés à faire preuve, dans l'éventualité de poursuites pénales.
2. TC 5 décembre 1977, D[lle] Motsch, R. 671.
3. TC 12 juin 1978, soc. « Le Profil », R. 648, concl. Morisot.

A. Finalité : ordre public général et ordre public spécial

(143) **L'ordre public général, un ordre libéral**

La police administrative générale est définie par sa finalité, qui est d'**assurer et maintenir l'ordre public**. Aux **opérations matérielles d'exécution** qui sont la partie la plus visible de sa mission, s'ajoute une **activité juridique** non moins essentielle : mesures réglementaires relatives à la police de la circulation, décisions individuelles telles que le contrôle d'identité ou la suspension du permis de conduire...

Essentielle à la survie de la Nation, la sauvegarde de l'ordre public a été érigée en **objectif de valeur constitutionnelle** (OVC) par le Conseil constitutionnel[1]. Mais il s'agit là d'un **ordre public libéral**, finalisé par « le but de toute association politique » qui est, selon l'article 2 de la Déclaration de 1789, « la conservation des droits naturels et imprescriptibles de l'homme ». L'opposition classiquement établie entre ordre et libertés se trouve alors dépassée ; certes, le premier vient encadrer et limiter l'exercice des secondes, mais il en constitue aussi la garantie, qui permet seule d'en assurer la réalisation effective. Le Conseil constitutionnel évoquera de la sorte la « conciliation nécessaire entre le respect des libertés et la sauvegarde de *l'ordre public sans lequel l'exercice des libertés ne saurait être assuré* »[2].

Loin de s'opposer aux libertés, l'ordre public libéral s'analyse donc comme l'indispensable corollaire – pas de liberté en société sans ordre pour en assurer l'efficacité et l'effectivité – voire même, comme un élément consubstantiel à l'idée même de liberté.

(144) **L'ordre public général, ordre matériel ?**

Libéral, l'ordre public républicain est un « ordre matériel et extérieur », pour reprendre une célèbre formule de M. Hauriou[3]. « La police municipale, énonce la loi du 5 avril 1884, reprise à l'article L 2212-2 CGCT, a pour objet d'assurer le bon ordre, la sûreté, la sécurité et la salubrité publiques. »

---

1. CC 82-141 DC du 27 juillet 1982, R. 48 (liberté de communication). Contrairement au principe de valeur constitutionnelle, l'OVC n'impose pas de conduite précise, mais seulement un objectif. Il offre au CC un **nouveau paramètre pour exercer son contrôle et concilier les différentes libertés, sans permettre pour autant aux éventuels requérants d'en invoquer la violation devant le juge administratif ou judiciaire.**
2. **CC 85-187 DC du 27 janvier 1985** (état d'urgence en Nouvelle-Calédonie), R. 43. C'est ainsi que le délit d'outrage au drapeau tricolore, institué par la loi du 18 mars 2003 (art. L. 433-5-1 C. pén.) et le décret du 21 juillet 2005 (art. R. 645-15), se trouve partiellement neutralisé par le CE, qui exige « des dégradations physiques ou symboliques du drapeau, susceptibles d'entraîner des troubles graves à la tranquillité et à la sécurité publiques et commises dans la seule intention de détruire, d'abîmer ou d'avilir le drapeau (...) » : CE 19 juillet 2011, Ligue des droits de l'homme, AJDA 2011.1525 et 2136, note Lasserre et Capdeville.
3. *Précis de droit administratif et de droit public*, Paris, Sirey, 1933 (12e éd.), p. 549.

La **sécurité des personnes**[1] **et des biens** recouvre de multiples activités : police de la circulation, éclairage des voies publiques, réparation ou démolition des édifices menaçant ruine, enlèvement des encombrants[2]... La **tranquillité publique** se définit très généralement comme l'absence de troubles à l'ordre public. Elle recouvre toutes les mesures prises pour prévenir, encadrer mais aussi réprimer les incidents liés à des manifestations, émeutes, rixes ou rassemblements... La **salubrité publique** renvoie quant à elle à la lutte contre les épidémies, « fléaux calamiteux » et « pollutions de toute nature »...

L'idée de « bon ordre » est toutefois susceptible de se prêter aux interprétations les plus extensives. L'ordre public peut-il inclure une **dimension morale**[3] ? Depuis les années 1880, la réponse est négative, si l'on veut y voir cet « ordre moral » invoqué en 1873 par le duc de Broeglie contre les revendications de l'opposition républicaine. Le juge n'hésite pas en revanche à préserver une certaine **moralité publique**, en autorisant la puissance publique à empêcher « le trouble des consciences »[4] et à « prévenir les scandales publics »[5]. Dans quelques espèces devenues extrêmement rares, le Conseil d'État estime de la sorte que le maire, autorité de police générale, peut interdire sur le territoire de sa commune la projection d'un film ayant pourtant obtenu le visa du ministre compétent, **« à raison du caractère immoral dudit film » et compte tenu des circonstances locales**[6].

Surtout, il estime depuis 1995 que « le **respect de la dignité de la personne humaine** est une des composantes de l'ordre public », et censure en conséquence un arrêté municipal autorisant le « lancer de nain » sur le territoire communal. Mais il s'agit là d'une composante très particulière, revêtue d'un

---

1. Les mauvais traitements causés aux animaux ne relèvent donc pas des pouvoirs de police du maire (*cf.* par ex. CAA Nancy 15 nov. 2010, M. Speth, AJDA 2011.1446, note F. Nicoud). Ceux-ci sont en revanche susceptibles de s'appliquer aux animaux dangereux pour les personnes (art. L. 211-11 code rural).

2. La notion de sécurité a été étendue à la **protection des individus contre eux-mêmes** par le décret du 28 juin 1973, imposant le port du casque aux conducteurs et aux passagers des véhicules à deux roues, et de la ceinture de sécurité pour le conducteur et les passagers de voitures automobiles. Une mesure admise par la Cour de cassation (crim., 20 mars 1980) et le CE (4 juin 1975, Bouvet de la Maisonneuve et Millet, R. 330) alors que, selon l'article 4 DDH, « la liberté consiste à pouvoir faire tout ce qui ne nuit pas *à autrui* [...] ».

3. La Conv. EDH l'admet, dont l'article 10 fait de la protection de la morale l'un des motifs possibles de la restriction de la liberté d'expression. *Cf.* toutefois **CEDH 7 décembre 1976, Handyside**, estimant que la liberté d'expression, « fondement essentiel de la démocratie », vaut aussi pour les opinions qui « heurtent, choquent ou inquiètent un État ou une fraction quelconque de la population. Ainsi le veulent le pluralisme, la tolérance et l'esprit d'ouverture sans lesquels il n'est pas de société démocratique ».

4. Concl. Mayras sur CE 18 décembre 1959, soc. « Les films Lutétia », R. 693.

5. J. Moreau, « Polices administratives », JCA, fasc. 200.13. La protection de la moralité publique peut au demeurant constituer l'objet spécifique de certaines polices spéciales (§ 145).

6. **CE 18 décembre 1959, soc. « Les films Lutétia »**, préc. Toutefois, **la seule immoralité du film ne suffit pas ; encore faut-il que le maire puisse invoquer des circonstances locales particulières.**

caractère absolu qui autorise l'administration à interdire, « même en l'absence de circonstances locales particulières [...] une attraction portant atteinte au respect de la dignité de la personne humaine », quitte à protéger contre lui-même le principal intéressé, qui « se prêtait librement à cette exhibition »[1].

L'ordre public ne se limite donc plus seulement à la sécurité, à la sûreté et à la salubrité publiques : il acquiert une dimension éthique, humaniste et spirituelle[2].

(145) L'ordre public spécial

Les polices spéciales se fondent, comme leur nom l'indique, sur des textes spéciaux, généralement des lois, dès lors que ces dispositions touchent aux « garanties fondamentales accordées aux citoyens pour l'exercice des libertés publiques »[3]. Elles visent généralement des catégories (étrangers) ou des activités (cinéma) particulières.

Les autorités compétentes et les procédures peuvent donc différer de celles retenues pour la police générale, et leur finalité ne pas relever nécessairement ou pas seulement de la préservation des éléments constitutifs de l'ordre public général. La police de l'affichage, de la publicité et des enseignes, celle relative à la protection des sites et des monuments historiques se fondent ainsi sur la volonté de protéger l'**esthétique** et l'**environnement**. Les polices de la chasse et de la pêche ont pour objet spécifique de **préserver les espèces animales**, et certaines polices spéciales relatives aux publications étrangères et à celles destinées à la jeunesse présentent un but affiché de défense de la **moralité publique**.

B. Titulaires

(146) Autorités nationales de police administrative générale

La police se présentant très largement sous les traits d'une activité juridique de réglementation, les titulaires du pouvoir de police générale se confondent avec les autorités disposant d'un pouvoir réglementaire général : **président de la**

1. **CE Ass. 27 octobre 1995, commune de Morsang-sur-Orge**, R. 372, concl. Frydman. Le CC se refuse en revanche à intégrer le *principe* de la dignité de la personne humaine (**CC 94-344 et 345 DC du 27 juillet 1994, Bioéthique**) dans l'ordre public, dont la préservation relève d'un *simple objectif de valeur constitutionnelle* (*cf.* not. CC 2003-467DC du 13 mars 2003, R. 211, opérant la conciliation entre le principe et l'OVC en question). Sur les deux acceptions de la notion de dignité, cf. par ex. D. de Bêchillon, voile intégral : Éloge du conseil d'État en théoricien des droits fondamentaux, RFDA 2010.469.

2. À noter, toutefois, qu'en matière d'expulsion locative, le CE distingue nettement les motifs tirés de l'ordre public, de ceux relatifs à la dignité de la personne humaine. Le refus d'exécution peut en effet être justifié par « des considérations impérieuses tenant à la sauvegarde de l'OP » ou à « la survenance de circonstances postérieures à la décision d'expulsion, telles que celle-ci serait susceptible d'attenter à la dignité de la personne humaine ». Une distinction qui permettra certainement au juge de tempérer l'extrême rigueur de la première hypothèse. Sur ce point, *cf.* CE 30 juin 2010, M. et Me Ben Amour, AJDA 2011.568, note J. Le Gars.

3. Article 34C, reprenant une prescription traditionnelle. Pour la DDH, en effet, l'exercice des droits et libertés proclamés ne peut être limité que par la loi, devenue « l'expression de la volonté générale » (art. 6).

République et **Premier ministre**[1]. Constitutionnellement, le chef de l'État n'impose sa prééminence qu'en cas d'application de l'**article 16C**. En période normale, le Premier ministre dispose du pouvoir réglementaire de droit commun, l'**article 21C** lui conférant spécifiquement le soin d'assurer l'exécution des lois.

La compétence réglementaire du Premier ministre dans le domaine de la police présente au demeurant un **caractère autonome et extraconstitutionnel**, justifié par la référence à des « pouvoirs propres » considérés comme inhérents à la fonction. Ce **pouvoir réglementaire autonome** sera d'abord attribué au chef de l'État sous la IIIe République, alors même que la Constitution définissait la fonction présidentielle en termes d'exécution des lois[2]. Selon l'arrêt Labonne, en effet, « [...] il appartient au chef de l'État, *en dehors de toute délégation législative et en vertu de ses pouvoirs propres*, de déterminer celles des mesures de police qui doivent en tout état de cause être appliquées dans l'ensemble du territoire national »[3]. Il sera ensuite transféré au président du Conseil, puis au Premier ministre, sous les IVe[4] et Ve Républiques[5].

L'article 34C, qui réserve au législateur le soin de fixer les règles concernant « les garanties fondamentales accordées aux citoyens pour l'exercice des libertés publiques », demeurera sans conséquences sur l'existence et l'exercice de cette prérogative, finalement confirmée et consacrée par le Conseil constitutionnel : « Cons. que l'article 34C ne prive pas le chef du gouvernement des attributions de police générale qu'il exerce *en vertu de ses pouvoirs propres et en dehors de toute habilitation législative* [...] »[6].

(147) Autorités locales de police administrative générale

• **Le préfet** demeure l'autorité de police générale du département (décret du 14 mars 1986). Il déclenche seul les plans Orsec et autres plans d'urgence ; il est seul compétent pour décréter les mesures de police dont le champ d'application dépasse le territoire d'une commune et il peut se substituer, après mise en demeure, au maire défaillant[7].

Enfin, dans les communes où la police se trouve « étatisée »[8], c'est-à-dire où le personnel est agent de l'État et se trouve placé sous son autorité, il assure en

1. Articles 13 et 21C (*cf. infra* § 213).
2. Loi const. du 25 février 1875 relative à l'organisation des pouvoirs publics, article 1, selon lequel le président de la République « surveille et [...] assure l'exécution » des lois.
3. **CE 8 août 1919, Labonne**, R. 737 : légalité du décret (autonome) du 10 mars 1899 instituant le premier Code de la route et le premier permis de conduire.
4. CE Ass. 13 mai 1960, SARL Restaurant Nicolas, R. 324.
5. CE 4 juin 1975, Bouvet de la Maisonneuve et Millet, R. 330.
6. CC 20006434 DC du 20 juillet 2000, R. 107. *Cf.* aussi CC 87-149 L du 20 février 1987, R. 22.
7. Articles 2215-1 et s CGCT.
8. Chefs-lieux de département et communes de plus de 20 000 habitants affligées d'une délinquance qualifiée d'urbaine. Le classement se fait par arrêté ministériel ou, en cas de désaccord de la municipalité, par décret pris après avis du Conseil d'État (art. L 2214-1 et R 2214-1 CGCT).

lieu et place du maire une part très importante de la police de la tranquillité publique : émeutes, rixes, tapage nocturne...

• Le maire. La loi du 5 avril 1884, devenue l'article 2212-1 CGCT, lui délègue l'exercice de la police municipale. Il s'agit là d'une **prérogative** qui lui est attribuée **en propre**, sans aucune participation ou contrôle du conseil municipal. Il peut agir ès qualité ou comme agent de l'État, lorsqu'il assure, sous l'autorité du préfet, « l'exécution des mesures de sûreté générale »[1].

Toutefois, l'« étatisation » de la police municipale est susceptible de lui retirer une partie de ses compétences en matière de tranquillité publique. À Paris, les pouvoirs de police générale se trouvent répartis entre le maire et le préfet de police.

(148) Autorités de police spéciale

Les autorités d'une police spéciale sont désignées par le texte qui l'institue. Ce peut être l'un des titulaires de la police générale – **maire** (délivrance des permis de construire) ou **préfet de département** (chasse, pêche) – mais aussi une autorité distincte : **président du conseil général** (police de la circulation sur le domaine public départemental, c'est-à-dire sur les routes départementales hors agglomération), **préfet de région** (monuments historiques), **autorité administrative indépendante** (autorisation d'émettre conférée par le CSA aux différentes sociétés de radio et de télévision) et, surtout, **ministre**.

Les ministres, ne disposant pas du pouvoir réglementaire général[2], ne peuvent être autorités de police générale. Ils sont en revanche très souvent désignés comme autorités de police spéciale. Le ministre de l'Intérieur s'est vu ainsi attribuer de très nombreux pouvoirs de police spéciale (police des étrangers, police des publications étrangères ou des publications destinées à la jeunesse) ; le ministre en charge du cinéma, généralement le ministre de la Culture, exerce quant à lui la police du cinéma en accordant, refusant ou modulant les visas d'exploitation.

(149) Le concours de deux autorités de police

Deux autorités de police générale sont parfois susceptibles de se trouver placées en situation de concurrence. L'autorité locale peut alors **aggraver** la mesure prise à l'échelon supérieur, mais seulement lorsque les circonstances locales l'exigent[3]. Le maire a ainsi compétence pour abaisser, sur le territoire de sa commune, la limitation de vitesse en agglomération fixée par le Premier ministre au niveau national.

La concurrence entre **deux autorités de police spéciale** est généralement prévue et réglée par les textes qui les instituent. Dans le cas contraire, le principe d'indépendance ou de non-concurrence des législations s'applique, qui impose à

1. Article L 2122-27 CGCT.
2. § 214.
3. CE 18 avril 1902, commune de Néris-les-Bains, R. 275. *Cf.* aussi **CE 8 août 1919, Labonne**, préc.

chaque autorité de police spéciale de ne prendre que les décisions qui lui sont explicitement réservées[1].

Enfin, **deux autorités de police générale et de police spéciale** sont parfois susceptibles de se trouver en situation de concurrence. Dans cette hypothèse, l'autorité de police générale peut, à raison des circonstances locales et dans le but de préserver l'ordre public, **aggraver** les mesures prises par l'autorité de police spéciale. Le maire, autorité de police générale, peut ainsi interdire sur le territoire de sa commune la projection d'un film ayant obtenu, au niveau national, le visa du ministre en charge du cinéma – autorité de police spéciale[2]. Il ne peut, en revanche, réglementer l'implantation d'antennes relais sur le territoire communal, en lieu et place des autorités spécifiquement instituées par la police spéciale des communications électroniques[3].

C. Régime juridique

150) Ordre public général et libertés

La mise en œuvre d'un **ordre public libéral** suppose sa conciliation avec les libertés qui en sont l'assise et l'expression. L'activité de police générale se trouve conditionnée par la recherche de cet accommodement essentiel. Le juge sanctionne de la sorte tout recours aux techniques de l'**autorisation** ou de la **déclaration préalable**, considérées comme trop contraignantes dans un régime de liberté[4] ; la seule exception a trait aux activités impliquant l'occupation, même temporaire, du domaine public[5]. Le **régime répressif** est donc seul accepté, qui consacre la liberté des activités sociales, sous réserve, bien évidemment, de poursuites pénales en cas d'atteinte portée aux lois et règlements.

La liberté devant demeurer la règle et « la restriction de police l'exception »[6], le juge administratif se montre **hostile aux interdictions trop générales et trop absolues**, dès lors qu'elles n'apparaissent pas comme seules susceptibles de pré-

1. Frier et Petit, *op. cit.*, p. 259.
2. **CE 18 décembre 1959, soc. « Les films Lutétia »**, R. 693 ; S. 1960.94, concl. Mayras. Une même autorité peut être titulaire d'un pouvoir de police spéciale et du pouvoir de police générale, également applicables dans les circonstances de l'espèce. Le choix entre ces deux procédés reste ouvert, dès lors que le texte instituant la police spéciale ne l'exclut pas, et que l'utilisation des pouvoirs de police générale n'a pas eu « pour objet ou pour effet » d'exonérer l'administration d'une procédure prévue par la police spéciale (CE 22 déc. 1993, commune de Carnoux-en-Provence, RDP 1994.588 : esp. rel. à la police des établissements ouverts au public).
3. CE Ass. 26 oct. 2011, Cne des Pennes-Mirabeau, SFR, Cne de Saint-Denis (3 esp.), AJDA 2011.2039 et 2219, chron. J.-H. Stahl et X. Domino.
4. **CE Ass. 22 juin 1951, Daudignac**, R. 362 ; D. 1951.589, concl. Gazier : annulation de la décision de l'administration soumettant à autorisation l'activité de photographe-filmeur.
5. **CE 29 janvier 1932, Soc. des autobus antibois**, R. 117 ; D. 1932.3.60, concl. Latournerie : légalité de la décision du maire soumettant à autorisation les itinéraires et les arrêts d'une entreprise de transports en commun utilisant (évidemment) les voies publiques (rues et places) de la commune.
6. Concl. Corneille sur CE 17 août 1917, Baldy, R. 638.

server l'ordre public[1]. **Une exception importante concerne l'atteinte portée au principe de la dignité humaine**[2] ; dans tous les autres cas, la mesure de police ne sera légale que si elle apparaît **nécessaire** pour prévenir ou faire cesser des troubles à l'ordre public, et **strictement adaptée et proportionnée à cet objectif**[3].

Le contrôle de légalité exercé par le juge administratif revêt donc des modalités spécifiques, la nécessité et la proportionnalité de la mesure de police, son opportunité même se présentant comme l'une des conditions de sa légalité[4]. L'application du principe de nécessité justifie de la sorte l'annulation de la mesure de police devenue inutile[5] ; le **contrôle de proportionnalité**, la censure des mesures de police trop générales dans le temps ou l'espace considéré, trop rigoureuses ou franchement excessives. C'est ainsi que la légalité d'un arrêté municipal instaurant un « couvre-feu » pour les mineurs sera subordonnée à la réalisation de plusieurs conditions : la mesure ne devra concerner que les mineurs de moins de 13 ans, elle ne s'appliquera que s'il existe des « risques particuliers » dans les secteurs considérés, et devra rester adaptée à son objectif de protection[6]. Plus récemment encore, le Conseil d'État vient d'annuler un décret étendant l'usage du pistolet électrique « taser » à la police municipale, pour méconnaissance des « **principes d'absolue nécessité et de proportionnalité dans la mise en œuvre de la force publique** »[7].

Les modalités de cette conciliation sont toutefois susceptibles d'être remises en cause en cas de **circonstances exceptionnelles** et d'application d'une « légalité de crise »[8].

(151) Ordre public spécial et libertés

En dehors même de l'hypothèse des circonstances exceptionnelles, les libertés sont moins ménagées par les polices spéciales, instituées précisément pour

1. *Cf.* par ex. CE 28 novembre 1980, commune d'Ardres, R. 449 : interdiction totale des baignades et de la circulation de bateaux à moteur, justifiée par les circonstances de l'espèce.
2. **CE Ass. 27 octobre 1995, commune de Morsang-sur-Orge**, R. 372 (préc.) : annulation de la décision du maire d'autoriser le « lancer de nain » sur le territoire communal.
3. **CE 9 mai 1933, Benjamin**, R. 541 ; S. 1934.3.1, concl. Michel : annulation de la décision d'un maire d'interdire la tenue d'une réunion dans sa commune. Une jurisprudence libérale en apparence seulement, dès lors que la loi ne prévoyait aucune restriction à l'exercice de cette liberté. *Cf.* aussi CE Ass. 26 oct. 2011, Ass. pour la promotion de l'image, AJDA 2012.35, chron. M. Guyomar et X. Domino. Les auteurs y relèvent « l'existence d'un triple test de proportionnalité ». Pour être légale, une mesure portant atteinte à l'exercice d'une liberté doit être « adaptée, nécessaire et proportionnée » ; une « méthode de contrôle qui émerge comme le standard international en la matière ».
4. §§ 232 et 236.
5. CE 31 août 2009, commune de Crégols, AJDA 2009.1526 : annulation d'un arrêté municipal prescrivant l'arrêt d'une centrale électrique pour des raisons de sécurité, devenu inutile depuis son édiction. La carence du maire est constitutive d'une faute susceptible d'engager la responsabilité de la commune.
6. CE 9 juillet 2001, préfet du Loiret, R. 337.
7. CE 2 septembre 2009, Ass. réseau d'alerte et d'intervention pour les droits de l'homme, AJDA 2009.1522.
8. §§ 219 et s.

permettre à l'administration d'accomplir ce qu'elle ne peut faire dans le cadre de la police administrative générale. Ainsi du système de l'**autorisation** ou de la **déclaration préalable**, souvent privilégié par ces polices.

Cet inquiétant pouvoir de la puissance publique se trouve toutefois mieux encadré qu'autrefois. La première limite, traditionnelle, exige que l'atteinte portée aux libertés résulte d'une **loi**, et non d'une simple mesure administrative[1]. Les deux autres procédés, beaucoup plus récents, portent sur les restrictions apportées à la toute-puissance du législateur par le Conseil constitutionnel dans le cadre du **contrôle de constitutionnalité**, ou par le juge « ordinaire » et le juge européen dans le cadre du **contrôle de conventionalité**.

Le Conseil constitutionnel rappellera de la sorte « que si le législateur peut prendre à l'égard des étrangers des dispositions spécifiques », justifiées par le fait qu'ils « se trouvent placés dans une situation différente de celle des nationaux », « il lui appartient de respecter les libertés et droits fondamentaux de valeur constitutionnelle reconnus à tous ceux qui résident sur le territoire de la République », et, notamment, la liberté individuelle et la sûreté, la liberté du mariage et le droit de mener une vie familiale normale[2].

Quant au juge européen, un exemple tiré de la **police spéciale des publications étrangères** illustrera toute l'importance de son intervention. Dans un arrêt Ekin de 1997[3], le Conseil d'État avait tenté de sauvegarder le décret-loi du 6 mai 1939[4] gouvernant la matière, en passant d'un contrôle de légalité restreint à un contrôle normal[5]. Las, la Cour européenne des droits de l'homme estima ce régime discriminatoire injustifié, et insuffisant le contrôle du juge administratif[6]. Celui-ci s'inclinera dans un arrêt GISTI de 2003[7], qui déclare le décret-loi de 1939 contraire à la Conv. EDH et en ordonne l'abrogation, devenue effective en vertu d'un décret du 4 octobre 2004.

152) De quelques particularités de l'activité et des mesures de police

Susceptible de restreindre l'exercice des libertés publiques, l'activité de police ne peut être déléguée[8], ni contractualisée. Elle doit être exercée en régie, sous la

1. DDH et article 34C.
2. **CC 93-325 DC des 12-13 août 1993** (maîtrise de l'immigration), R. 224.
3. CE 9 juillet 1997, Ass. Ekin, R. 300 ; RFDA 1997.1284, concl. Denis-Linton.
4. Décret pris sous la IIIe République sur habilitation spéciale du législateur. Ce dernier « déclassait » les textes législatifs gouvernant la matière, qui pouvaient ainsi être modifiés ou abrogés par ces décrets-lois. En l'espèce, le décret-loi de 1939 venait amender l'article 14 de la loi du 29 juillet 1981 sur la presse. En dépit de leur titulature trompeuse, ces actes demeurent des mesures réglementaires, susceptibles comme telles d'être contestées devant le juge administratif et d'être abrogées par de simples décrets.
5. §§ 233 et 235.
6. CEDH 17 juillet 2001, Ass. Ekin, AJDA 2002.52, note F. Julien-Laferrière.
7. CE 7 février 2003, GISTI (groupement d'information et de soutien des travailleurs immigrés), R. 30 : le décret-loi de 1939 donne un pouvoir d'interdiction trop général et trop absolu au ministre de l'Intérieur, et contrarie de la sorte l'article 10 Conv. EDH ; annulation de la décision implicite du Premier ministre, rejetant une demande d'abrogation.
8. CE Ass. 17 juin 1932, ville de Castelnaudary, R. 595.

forme obligée de la décision administrative unilatérale (interdictions, injonctions, réquisitions). Portant sur l'une des fonctions essentielles de la puissance publique, elle est gratuite[1] et l'administration se trouve dans l'obligation de prendre les mesures de police indispensables à la sauvegarde de l'ordre public[2] ; elle engage de ce fait sa responsabilité sur le terrain de la faute.

Une mesure de police n'est jamais créatrice de droits. Elle peut donc être abrogée ou retirée pour tout motif – de légalité ou d'opportunité[3]. Le non-respect de ces mesures se trouve souvent sanctionné par des lois spéciales et/ou par le Code pénal, qui réprime la violation des « obligations édictées par les décrets et les arrêtés de police »[4].

Les mesures de police (préventives) **doivent être distinguées des sanctions administratives** (répressives)[5]. Le principe général du droit portant sur le respect des droits de la défense[6] et l'article 6-1 Conv. EDH relatif au droit à un procès équitable[7] ne leur sont donc pas applicables. Certaines de ces mesures se trouvent toutefois soumises à l'obligation de motivation instituée par la loi du 11 juillet 1979 pour toutes les décisions individuelles défavorables « qui restreignent l'exercice des libertés publiques ou, d'une manière générale, constituent une mesure de police ». La loi du 12 avril 2000 offre aussi aux administrés la possibilité de présenter leurs observations écrites et orales contre ces mesures, et la loi du 30 juin 2000 instituant un **référé-liberté** leur est évidemment applicable[8], dès lors qu'elles portent atteinte à une liberté fondamentale.

1. Du point de vue de l'usager, ce qui signifie qu'elle est financée par l'impôt.
2. CE 23 octobre 1959, Doublet, R. 540 : le maire, en n'interdisant pas l'utilisation d'un terrain de camping, n'a pas méconnu ses obligations légales.
3. § 176.
4. Art. R 610-5 du Code pénal.
5. Distinction parfois difficile à opérer. Ainsi, la **suspension du permis de conduire** présenterait un caractère préventif qui en ferait une mesure de police insusceptible de bénéficier de la protection de l'article 6-1 Conv. EDH (CE 19 mars 2003, Leclère, R. 136). Le **retrait de points**, en revanche, serait une sanction réprimant une ou plusieurs infractions déterminées ; la Conv. EDH lui serait donc applicable (CE, avis cont. 27 septembre 1999, Rouxel, R. 280).
6. CE Ass. 21 juillet 1970, Krivine, R. 499.
7. CE 22 juin 2001, soc. ATHIS, R. 276 ; RFDA 2002.509, concl. Lamy (le retrait d'un agrément ne constitue pas une sanction).
8. § 54.

Chapitre 2

Les moyens

(153) De l'administré au citoyen

L'administration n'est pas toute-puissante. Elle doit poursuivre un but d'intérêt général, selon des règles et principes qui lui sont imposés par des autorités aussi diverses que le constituant, le législateur ou le juge, et engage sa responsabilité – parfois même sans faute – lorsque son activité provoque un préjudice[1]. La privatisation du service public et la promotion des droits de l'individu face à l'administration ont considérablement modifié le contenu des liens entretenus par ceux-ci ; une évolution qui s'exprime notamment par le passage de la notion d'administré à celle d'usager, puis de citoyen.

Au XIXe siècle et pendant la première moitié du XXe siècle, l'utilisation du terme « administré » renvoie à la conception classique d'un droit administratif inégalitaire. Elle traduit la position essentiellement subordonnée et « périphérique » de l'individu, lentement promu au rôle d'« auxiliaire involontaire de la régulation administrative » par le développement des recours administratifs et contentieux[2].

Aussi est-ce seulement après la deuxième guerre mondiale que s'affermit, avec la formule d'« usager du service public », l'idée que l'individu « ne subit plus l'action administrative, mais en devient le bénéficiaire »[3]. **Les lois du 3 janvier 1973** sur le médiateur, du **6 janvier 1978**, relative à l'informatique et aux libertés, du **11 juillet 1979**, relative à la motivation de certains actes administratifs et du **12 avril 2000**, sur « les droits des citoyens dans leurs rapports avec l'administration » sanctionneraient quant à elles l'application bien tardive de la notion de citoyenneté à la sphère administrative.

(154) Les prérogatives de puissance publique

Pour accomplir ses missions, l'administration a besoin de moyens : matériels (routes, ponts, bâtiments), financiers (budgets, dotations, subventions) et

1. *Cf.* infra §§ 193 et s et 237 et s.

2. Y.-A. Durelle-Marc, Le « citoyen administratif » : les données théoriques et historiques d'une quadrature, RFDA 2008.7.

3. V. Donnier, Les droits de l'usager et ceux du citoyen, RFDA 2008.13.

humains (agents publics, mais aussi salariés de droit privé[1]). Son activité s'exprime par l'émission d'actes innombrables : de droit public ou de droit privé, contractuels ou unilatéraux, comportant – ou non – l'emploi de prérogatives de puissance publique (PPP). Ces dernières ont pour objet et principale justification de permettre ou de faciliter la satisfaction de l'intérêt général par l'administration. On distingue classiquement les **prérogatives de protection** des **prérogatives d'action**.

(155) Les prérogatives de protection

L'administration bénéficie de nombreuses prérogatives dites de protection, comme **le privilège de juridiction** étudié plus haut[2], l'établissement de **monopoles** (disparus pour les SPIC)[3], **l'inaliénabilité et l'imprescriptibilité du domaine public, l'intangibilité** (relative) **des ouvrages publics, l'insaisissabilité des biens et deniers publics, la prescription quadriennale**, relative aux dettes de la puissance publique.

1°) L'inaliénabilité et l'imprescriptibilité du domaine public.

Un bien relève du domaine public **s'il appartient à une personne publique et s'il est affecté à un service public ou à l'usage du public**[4]. Dans cette dernière hypothèse, le juge exigeait la présence d'un « aménagement spécial » censé limiter l'accès à ce domaine ; l'inefficacité de cette condition a conduit le législateur à imposer la notion, plus stricte, d'« aménagement indispensable »[5].

En vertu du principe étudié, **un bien appartenant au domaine public ne peut être acquis par prescription**[6]**, ni vendu**[7]. La CEDH a ainsi admis, après le CE, que la démolition de bâtiments privés construits sur le domaine public maritime n'était pas contraire au droit au respect des biens protégé par la conv.

1. En principe, les SPA gérés par des personnes privées et les SPIC emploient des salariés de droit privé (supra §§ 133 et s). Néanmoins, il y aurait encore, en 2009, plus de 5,3 millions d'agents publics : 2,4 millions pour la fonction publique d'État ; 1,8 millions pour la fonction publique territoriale ; 1,1 millions pour la fonction publique hospitalière. Les dépenses en personnel de l'État représentent 44 % de son budget global, c'est-à-dire près de 120 milliards d'euros pour 2008. La révision générale des politiques publiques (**RGPP**) lancée en 2007 aurait permis de supprimer 87 000 postes de fonctionnaires en 3 ans, et de réaliser une économie nette (contestée) de 264 millions d'euros.

2. §§ 8 et 9.

3. § 131.

4. Art. L. 2111-1 code gal de la propriété des personnes publiques. *Cf.* aussi CE 19 oct. 1956, soc. Le Béton, D. 1956.681, concl. Long ; 11 mai 1959, Dauphin, D. 1959.314, concl. Mayras.

5. Ord. 21 avril 2006, reprise à l'art. L. 1211-1 préc. Le TC semble toutefois vouloir ignorer ce changement. *Cf.* TC 22 oct. 2007, Dlle Doucedame, R. 607 : aménagements – panneaux d'information et de « balisage » – que le juge n'estime pas « spécialement adaptés à l'exploitation du SP ».

6. La prescription permet au possesseur d'un bien de s'en déclarer légitime propriétaire, passé un certain délai prévu par la loi.

7. Il faut, pour cela, le « déclasser » et le transférer dans le domaine privé des personnes publiques.

EDH[1]. Le CE vient aussi de rappeler que l'occupation privative du domaine public suppose la délivrance d'une autorisation et le paiement d'une redevance[2], et que le gestionnaire de ce domaine peut en modifier unilatéralement les conditions d'occupation – même pécuniaires[3].

2°) L'intangibilité (relative) des ouvrages publics.

Selon la définition classique énoncée par G. Braibant, l'ouvrage public est « **un immeuble appartenant à une personne publique et affecté soit à l'usage du public, soit à un service public ou au moins [...] à un but d'intérêt général** »[4]. Depuis la transformation récente de nombreux et très importants établissements publics en sociétés anonymes (France Télécom, EDF, GDF, ADP, LBP), le CE et le TC ont toutefois été conduits à admettre qu'une **personne privée** pouvait être le propriétaire d'ouvrages publics[5].

Traditionnellement, l'ouvrage public, même irrégulièrement implanté, ne pouvait être démoli. Le Conseil d'État admet désormais qu'il puisse être détruit lorsque « la démolition n'entraîne pas d'atteinte excessive à l'intérêt général »[6].

3°) L'insaisissabilité des biens et deniers publics.

Ce principe interdit de recourir aux voies d'exécution prévues par le code de procédure civile, pour obtenir la saisie des biens d'une personne publique[7]. La Cour de cassation en a fait un principe général du droit[8], alors que la Commission européenne voit dans cette prérogative une aide de l'État contrariant le principe de libre concurrence.

4°) La prescription quadriennale, permet d'éteindre les dettes de la puissance publique au bout de quatre ans, sachant que ce délai commence à courir « le premier jour de l'année qui suit celle au cours de laquelle les droits ont été acquis »[9]. Une règle applicable « à l'ensemble des dettes de l'État, **qu'elles soient régies par le droit public ou le droit privé** »[10].

---

1. CEDH 29 mars 2010, M. Depalle c/France et Me Brosset-Triboulet c/ France, AJDA 2010.647.
2. CE 10 juin 2010, Escota, AJDA 2010.1172.
3. CE 5 mai 2010, Bernard, AJDA 2010.982.
4. Concl. Sur CE 13 juillet 1965, Sieur et Dame Arbez-Gindre, R. 442 : une école est un ouvrage public communal.
5. Concernant les biens immeubles d'EDF, SA depuis la loi du 9 août 2004 : Avis CE Ass. 29 avril 2010, epx Béligaud (RFDA 2010.557, concl. Guyomar et 572, note Melleray) et TC 12 avril 2010, soc. ERDF c/ Epx Michel (RFDA 2010.551, concl. Guyomar et note Melleray). *Cf.* aussi K. Grabarczyk, l'ouvrage public appartenant à une personne privée, AJDA 2011.2269.
6. CE 23 mars 1992, Martin, R. 141, AJDA 1992.375, chron. Schwartz et Maugüé ; 29 janv. 2003, Cne de Clans, R. 21, concl. Maugüé. Application à OP inachevé par CE 14 oct. 2011, Cne de Valeinier, synd. Mixte des Islettes, AJDA 2011.2226, chron. J.-H. Sthal et X. Domino.
7. **TC 9 déc. 1899, canal de Gignac**. Principe repris à l'art. L. 2311-1 c. gal. Propr. pub.
8. Cass. Civ. 21 déc. 1987 BRGM, RFDA 1988.771, concl. Charbonnier.
9. Loi du 31 déc. 1968, art. 1.
10. CE 21 juillet 1972, Dame Vve Hermann, R. 562.

(155bis) Les prérogatives d'action

Pour mener à bien sa mission d'intérêt général, l'administration dispose aussi de prérogatives dites d'action : privilège du préalable[1], recours (exceptionnel) à l'exécution forcée[2], édiction de décisions unilatérales (DAU) susceptibles de créer des obligations pour les tiers (1), pouvoir de modification ou de résiliation unilatérale des contrats administratifs (2).

I. La décision administrative unilatérale

Nous en étudierons successivement la notion (1), les conditions d'élaboration (2), l'entrée en vigueur et l'exécution (3), puis la disparition (4).

I.1. Notion

(156) A. Décision administrative unilatérale et décision de l'administration

La décision administrative unilatérale se différencie du contrat en ce qu'elle s'adresse à des personnes qui, sauf exception (procédure consultative), ne participent en rien à son édiction, et peut leur imposer des obligations. Si, selon l'article 1134 du code civil, les conventions « tiennent lieu de loi » à ceux qui les ont conclues, la DAU tient lieu, comme sa qualité de décision l'indique, de « loi » à des destinataires qui ne sont pas en mesure d'en refuser l'application. La spécificité du droit administratif apparaît ici en pleine lumière : alors qu'en droit civil, le principe de l'autonomie de la volonté fait du contrat l'instrument juridique de droit commun[3], en droit administratif, cette place est réservée à l'acte unilatéral, expression de l'inégalité de principe établie entre l'Administration et les administrés.

La décision administrative unilatérale n'est pas, tout simplement, la décision prise par une autorité administrative. **Ce critère organique n'est qu'une présomption**, susceptible d'être renversée : certains actes pris par des personnes publiques ne présentent pas de caractère administratif et, à l'inverse, les personnes privées gérant un service public peuvent prendre, sous certaines conditions, des décisions administratives. C'est là l'une des manifestations de la **privatisation** de l'administration française[4].

(157) B. Décision administrative unilatérale et document administratif

Tous les documents administratifs ne sont pas pour autant des décisions administratives unilatérales. Seuls les actes « faisant grief », c'est-à-dire **emportant**

1. *Cf. supra* §§ 51 et s.
2. *Cf. infra* § 172.
3. Le procédé unilatéral existe en droit civil (reconnaissance d'un enfant naturel, testament, renonciation à une succession) ou en droit du travail (licenciement, démission), mais sans pour autant constituer la technique la plus utilisée.
4. §§ 3 et 4, 10 et 11, 46 et s., 90 et s.

des conséquences sur la situation juridique des administrés, présentent la qualité de décision. Celle-ci peut se traduire par une modification du droit (édiction de droits ou d'obligations), aussi bien que par son maintien en l'état (décision de refus). En revanche, les actes préparatoires, avis, recommandations et propositions, les mesures d'ordre intérieur, les circulaires ne contenant pas de dispositions impératives et les directives ne sont pas des décisions administratives unilatérales[1].

Le droit d'accès aux documents administratifs a été organisé par la loi du 17 juillet 1978, révisée par l'ordonnance du 6 juin 2005. Cette loi présente un **caractère subsidiaire** : elle ne s'applique que par défaut, lorsque le document réclamé n'entre pas dans le champ de la loi du 6 janvier 1978, relative à l'informatique, aux fichiers et aux libertés[2]. Ce droit d'accès se traduit concrètement par la consultation sur place des documents, ou par la délivrance de photocopies (art. 4). Portant sur les **documents administratifs**, c'est-à-dire les documents, quel que soit leur support, élaborés ou détenus par l'État, les collectivités territoriales, les établissements publics ou les organismes gérant un service public dans le cadre de leur mission de service public, elle concerne donc les décisions administratives unilatérales, mais aussi les instructions, circulaires et directives, les notes et réponses ministérielles, et les avis, exception faite des avis délivrés par les juridictions administratives.

L'accès aux **documents à caractère non nominatif** est ouvert à tous (art. 1 et 2), dès lors que celui-ci ne porte pas atteinte « à la monnaie et au crédit public, à la sûreté de l'État et à la sécurité publique », et aux **secrets protégés par la loi** : secret-défense, secret de la vie privée, secret médical, secret industriel et commercial (art. 6).

L'accès aux **documents nominatifs** est en revanche réservé aux seules personnes directement concernées. Le secret médical, le secret de la vie privée ou le secret commercial et industriel ne peut leur être opposé, dès lors que les documents réclamés portent « exclusivement sur des faits qui leur sont personnels ». Toutefois, « les informations à caractère médical ne peuvent être communiquées à l'intéressé que par l'intermédiaire d'un médecin qu'il désigne à cet effet » (art. 6 bis).

La loi prévoit l'existence d'une **commission d'accès aux documents administratifs** (CADA). En cas de refus de communication (obligatoirement motivé et comportant l'indication des voies et délais de recours) ou de silence gardé pendant plus d'un mois par l'administration, l'administré saisit la commission, qui rend un avis dans le mois qui suit. Le refus de la CADA d'admettre le caractère communicable du document concerné peut être déféré devant le juge administratif. Dans le cas contraire, l'administration dispose de deux mois pour maintenir ou retirer son refus initial ; c'est cette seconde décision – explicite ou implicite – que l'administré peut contester devant le juge administratif.

---

1. §§ 44 et 45.
2. Articles 3 et 6 bis de la loi du 17 juillet 1978. *Cf.* aussi CE Ass. 19 mai 1983, Bertin, R. 207.

(158) C. Décision réglementaire et décision individuelle

Le nombre des destinataires de l'acte est indifférent ; seul compte son **caractère nominatif**[1]. Les décisions réglementaires ont une portée générale et impersonnelle ; les décisions individuelles s'adressent à un ou plusieurs destinataires nominativement désignés.

Cette distinction emporte d'importantes conséquences quant aux **mesures de publicité** nécessaires à leur entrée en vigueur : publication pour les décisions réglementaires, notification pour les décisions individuelles. Elle commande aussi les règles relatives au **retrait** et à l'**abrogation** des décisions administratives, gouverne l'utilisation de l'**exception d'illégalité et joue souvent un rôle essentiel dans la détermination du juge compétent.**

I.2. Élaboration

L'élaboration de la décision administrative unilatérale se trouve soumise à un ensemble de règles relatives à la compétence de l'auteur de l'acte, à la procédure et aux formes exigées, qui seront seules examinées ici[2].

A. Règles de compétence

(159) Règles de compétence et hiérarchie administrative

La compétence peut être définie comme le pouvoir légal, conféré à une autorité, d'édicter telle ou telle décision administrative unilatérale. Le respect des règles de compétence est indissociable du maintien de la hiérarchie administrative, ce qui explique que le recours pour excès de pouvoir ait été, à l'origine, un recours censurant exclusivement cette forme particulière d'illégalité[3].

On distinguera l'**incompétence positive** – l'autorité administrative a pris une décision qui ne relevait pas de sa compétence – de l'**incompétence négative**, qui censure le refus de l'autorité administrative de prendre une décision relevant de sa compétence. Toute infraction aux règles de compétence constitue un **moyen d'ordre public**, susceptible d'être soulevé à tout moment par l'administré, l'administration ou le juge.

Sauf texte contraire, l'autorité compétente pour prendre une décision l'est aussi pour la modifier, l'abroger ou la retirer, en vertu de la **règle du parallélisme des compétences**[4].

1. Les **délégations de signature** sont cependant considérées par la jurisprudence comme des **décisions réglementaires** en dépit de leur caractère nominatif (*cf. infra* § 160). Il existe aussi des décisions de nature hybride, soumises comme telles à des régimes juridiques hétérodoxes : décisions de classement d'un immeuble ou d'un site, déclarations d'utilité publique...

2. *Cf. infra*, §§ 230 et 231, concernant les règles relatives à la finalité, aux motifs et au contenu de la DAU.

3. § 225.

4. CE Ass. 13 mars 1953, Tessier, R. 133 ; CE 10 avril 1959, Fourré-Cormeray, R. 233 ; CE 7 octobre 1992, Reverdy, R. 355, particulièrement explicite : « Cons. qu'à défaut de dispositions expresses déterminant l'autorité compétente pour mettre fin aux fonctions d'un agent public, ce pouvoir appartient de plein droit à l'autorité investie du pouvoir de nomination [...] ».

160) Compétence matérielle

La compétence matérielle, ou *ratione materiae*, impose à l'autorité administrative de ne prendre que des décisions qui entrent dans le cercle de ses attributions. La règle joue dans les deux sens de la hiérarchie administrative : le subordonné ne peut édicter de décisions relevant de la compétence de son supérieur ; inversement, celui-ci ne peut prendre des mesures qui sont de la compétence de son collaborateur.

Le principe doit cependant être relativisé. Dans certaines hypothèses, la loi ou le règlement attribue au supérieur hiérarchique ou à l'autorité de tutelle un **pouvoir de substitution** qui l'autorise à édicter, en cas de défaillance, la décision administrative unilatérale en lieu et place de l'autorité normalement compétente[1]. De même, l'**empêchement** d'une autorité ou la **vacance** affectant un poste peuvent avoir été expressément prévus par un texte, et la **suppléance** organisée[2] ; dans le cas contraire, les fonctions laissées vacantes seront provisoirement exercées par une personne chargée de l'**intérim**.

Surtout, les règles de compétence peuvent être considérablement aménagées par le mécanisme de la **délégation**. Celle-ci n'est légale que si elle est prévue par un texte[3], explicite et donc publiée, précise et partielle[4]. Il est nécessaire de distinguer les **délégations de pouvoir ou de compétence**, des **délégations de signature**. Les premières sont impersonnelles et ne sont donc pas affectées par un changement du délégataire ou du délégant, sauf décision contraire de ce dernier. Les secondes se font *intuitu personae* et se trouvent donc automatiquement frappées de caducité par tout mouvement de personnel concernant le délégant ou le délégataire.

Comme leur nom l'indique, les délégations de pouvoir opèrent un transfert de compétence : le délégant ne peut plus exercer les attributions déléguées par lui, sauf à retirer la délégation consentie, et le délégataire agit en son nom propre. Les délégations de signature n'ont en revanche aucune influence sur l'ordre des compétences : le délégant peut toujours agir en lieu et place du délégataire, qui exerce ses fonctions au nom du délégant.

---

1. *Cf.* par ex. le pouvoir de substitution du préfet en cas de défaillance du maire dans l'exercice de ses pouvoirs de police (*supra* § 147).

2. C'est ainsi que l'article 7C confie au président du Sénat l'exercice de la fonction présidentielle, en cas d'empêchement (provisoire ou définitif) ou de vacance (toujours définitive). Plus ponctuellement et spécifiquement, l'article 21C prévoit la possibilité pour le Premier ministre de présider le conseil des ministres en lieu et place du Président de la République, « en vertu d'une délégation expresse et pour un ordre du jour déterminé ».

3. En principe, la subdélégation est interdite par le droit public français : le titulaire d'une compétence administrative n'en est pas le propriétaire et ne peut donc en disposer à sa guise. L'article 13C prévoit de la sorte l'intervention d'une loi organique, qui déterminera « les conditions dans lesquelles le pouvoir de nomination du président de la République peut être délégué par lui pour être exercé en son nom ».

4. Une autorité administrative ne peut déléguer la totalité de ses attributions. L'article 21C autorise de la sorte le Premier ministre à « déléguer *certains de ses pouvoirs* aux ministres ».

Enfin, les délégations « en cascade » étant interdites par le droit français, le titulaire d'une délégation de signature ne peut subdéléguer, et le bénéficiaire d'une délégation de pouvoir ne peut procéder qu'à une délégation de signature.

(161) Compétence territoriale et temporelle

• La **compétence territoriale**, ou *ratione loci*, impose à l'autorité administrative de limiter son activité à la circonscription qui lui a été attribuée. Elle peut être nationale, régionale, départementale ou communale. Un maire ne peut régler les affaires de la commune voisine ; un préfet, celles du département limitrophe. Le terme est plus discutable lorsque l'on évoque un établissement public, dont la compétence se trouve cependant limitée à un « domaine d'activités » par le principe de spécialité[1].

• La **compétence temporelle**, ou *ratione temporis*, s'intéresse quant à elle à la date d'édiction de la décision. Une autorité administrative n'est compétente qu'à compter de son investiture, et jusqu'à sa sortie de fonctions. Le **principe de continuité** autorise cependant certains accommodements : l'investiture est effective dès la signature de l'acte de nomination de l'agent public, et avant même sa publication[2] ; de même, la compétence de l'autorité sortie de charge survit jusqu'à la nomination de son successeur. Le phénomène est particulièrement remarquable en ce qui concerne les **gouvernements démissionnaires**, dont la compétence se trouve toutefois réduite, selon la formule consacrée, à « l'expédition des affaires courantes ».

(162) Compétence et continuité : la théorie du fonctionnaire de fait

Le principe de continuité de l'État et des services publics autorise bien plus que des accommodements avec les règles gouvernant la compétence de l'auteur d'une décision administrative unilatérale.

La **théorie du fonctionnaire de fait** permet de régulariser de la sorte certaines décisions prises par une autorité incompétente. Elle s'applique notamment dans l'hypothèse où l'acte a été émis par une autorité qui semblait régulièrement investie des compétences exercées (théorie de l'apparence). Ainsi, par exemple, des mariages célébrés par un conseiller municipal titulaire d'une délégation irrégulière. En période de circonstances exceptionnelles, cette théorie peut conduire le juge à « purger » l'illégalité entachant des décisions prises, « pour le bien du service », par des personnes étrangères à l'administration[3].

B. Règles de procédure et de forme

(163) La procédure administrative non contentieuse

Ces deux catégories de règles sont parfois confondues. À tort : les règles de procédure concernent le contenu de la décision, le *negotium*, « l'affaire » proprement dite, par opposition avec l'*instrumentum*, l'écrit, le contenant, régi par les règles de forme. Les règles de procédure sont au cœur du processus d'élaboration

1. § 117.
2. CE 10 janvier 1958, Deville, R. 27.
3. CE 5 mars 1948, Marion, R. 113 ; S. 1948.3.53, note Calon (*cf. infra* § 223).

de la décision administrative : procédures consultatives, droits de la défense, délais, qui peuvent être impératifs ou seulement indicatifs, avis ou propositions, enquêtes ou études d'impact... Les règles de forme ne touchent quant à elles que l'apparence, l'aspect extérieur de la décision : caractère écrit ou non, explicite ou implicite, signatures et contreseings, motivation...

L'ensemble de ces règles constitue la **procédure administrative non contentieuse** (PANC). Si celle-ci constitue une précieuse garantie pour les administrés et une contrainte pour la puissance publique, elle n'est pas non plus sans intérêt pour elle. Elle favorise en effet son information et son esprit de concertation, et propose l'image d'une administration plus proche des administrés et moins autoritaire, plus « humaine » et plus « éclairée ».

L'importance que leur accorde le juge est toutefois très variable. L'omission de certaines de ces règles conduit à l'annulation de la décision en cas de recours contentieux : ce sont des **formalités substantielles** telles que le contreseing, la motivation ou certaines règles de procédure[1]. L'oubli ou l'irrespect des **formalités non substantielles** – visas incomplets ou dépassement de délais non impératifs – n'a en revanche aucune conséquence sur la validité de la décision.

164) Les procédures consultatives

La procédure consultative permet d'associer différents services, voire même les administrés (syndicats, associations de consommateurs ou de parents d'élèves...) à l'élaboration de la décision administrative unilatérale. La procédure peut être **facultative** ou obligatoire. À ces consultations de commissions spécialisées, la loi du 17 mai 2011 substitue parfois des consultations électroniques, ouvertes à toute personne intéressée. Une mesure qui permet certes de supprimer des procédures jugées trop lentes, trop lourdes, voire inutiles, mais qui conduit aussi à se priver d'une expertise certaine, au profit d'interventions dont la valeur qualitative n'est pas toujours démontrée[2].

Signalons, pour terminer, deux catégories particulières de procédures consultatives obligatoires : celles impliquant le CE, assimilées par ce dernier à un vice d'incompétence – moyen d'ordre public, à la différence du vice de procédure[3]. Et enfin, dans quelques rares hypothèses, des procédures consultatives obligatoires avec **avis conforme**, où l'auteur de la décision se trouve dans l'obligation de suivre l'avis formulé[4].

---

1. Ainsi, la mention, sur le PV, du prénom du président d'un jury d'examen ou de concours est une formalité substantielle, dès lors que son omission ne permet pas d'identifier l'agent public avec certitude [CE 28 mai 2010, M. Moguelet, AJDA 2010.1060].

2. B. Delaunay, les réformes tendant à améliorer les relations des citoyens avec les administrations. AJDA 2011.1180.

3. CE Ass. 10 septembre 1992, Meyet, R. 327, concl. Kessler.

4. *Cf.* par ex. l'article 37-2C, autorisant le gouvernement à modifier par la voie réglementaire les « textes de forme législative » votés par le Parlement hors du domaine de la loi à compter de l'entrée en vigueur de la Constitution de 1958. L'opération ne peut être menée à bien « que si le Conseil constitutionnel a déclaré qu'ils ont un caractère réglementaire en vertu de l'alinéa précédent ».

(165) Droits de la défense et procédure contradictoire

• Le respect des droits de la défense est apparu dans le droit disciplinaire de la fonction publique avec la **loi du 22 avril 1905**[1], autorisant les agents publics à prendre connaissance de leur dossier personnel avant toute sanction. Étendu à toute la procédure administrative non contentieuse, il a été élevé au rang de **principe général du droit** (PGD) par le Conseil d'État[2], puis de **principe fondamental reconnu par les lois de la République** (PFRLR) par le Conseil constitutionnel[3]. Il n'en demeure pas moins **exclu des procédures commandant l'édiction d'une mesure de police**[4] – solution maintenue et justifiée par la finalité de sauvegarde de l'ordre public de ces décisions.

• **Généralisé par la loi du 12 avril 2000, le mécanisme de la procédure contradictoire** apparaît plus contraignant pour l'administration. L'intéressé peut certes prendre connaissance de son dossier et « présenter des observations écrites », mais il peut aussi exiger une audition préalable où il se rend seul ou assisté d'un conseil, et peut même se faire représenter. Son champ d'application est toutefois plus restreint, qui se limite aux décisions administratives individuelles soumises à l'obligation de motivation par la **loi du 11 juillet 1979**.

Cette procédure peut être suspendue en cas d'abus, d'urgence ou de circonstances exceptionnelles, ou lorsque les nécessités de l'ordre public le justifient.

(166) Règles de forme et obligation de motivation

– La décision administrative individuelle peut être **verbale**[5], **gestuelle**[6] ou **écrite**. Cette dernière forme ne s'impose que si elle est prescrite par un texte ; c'est alors une formalité substantielle. Elle peut être aussi **explicite** ou **implicite**. En règle générale, **le silence gardé pendant deux mois** par l'administration saisie d'une demande vaut décision de rejet[7], et le délai du recours contentieux s'ouvre à

1. Loi prise à la suite de la révélation de la constitution par le ministère de fichiers mentionnant les opinions politiques et religieuses des officiers (affaire dite « des fiches »).
2. **CE 5 mai 1944, Dame Vve Trompier-Gravier**, R. 133 ; RDP 1944.256, concl. Chenot, note Jèze : mesure d'abrogation de l'autorisation d'installer un kiosque à journaux sur la voie publique, illégale et annulée pour non-respect des droits de la défense de la requérante.
3. CC 76-70 DC du 2 décembre 1976, R. 39 ; CC 81-127 DC des 19 et 20 janvier 1981 (sécurité et liberté), R. 15...
4. *Cf.* par ex. CE Ass. 21 juillet 1970, Krivine et Frank, R. 499 (dissolution d'une association).
5. L'ordre de présenter ses papiers, donné par un agent de police. *Cf.* aussi CE 12 mars 1986, Me Cuisenier, R. 403 ; AJDA 1986.258, concl. Massot : décision orale du ministre de la culture de l'époque, autorisant l'implantation des « colonnes de Buren » dans la cour du Palais-Royal.
6. L'ordre d'avancer ou de s'arrêter, donné par un agent de police au conducteur d'un véhicule ou à un piéton.
7. Loi du 12 avril 2000 (auparavant, le délai était de 4 mois). Il existe **des décisions implicites d'acceptation** dans des hypothèses strictement prévues par la loi ou le règlement. L'administration est alors censée accéder à la demande de l'administré, lorsque celle-ci est restée sans réponse à l'expiration du délai institué par les textes (par ex. en matière de permis de construire).

l'expiration de ce premier délai. Cette règle permet certes d'alléger la tâche de l'administration ; elle n'en favorise pas moins l'édiction de décisions non motivées.

– Il peut paraître évident que le destinataire d'une décision administrative individuelle en connaisse les motifs, les raisons[1]. Mais c'est là sans compter avec la position très subordonnée, longtemps réservée à celui qui ne fut longtemps considéré que comme un « administré ». Ce n'est que très progressivement et très tardivement que cette notion s'effacera partiellement devant celles d'usager et de citoyen[2].

– **Le principe, en droit public français, demeure donc celui de la non-motivation des actes administratifs**. Après certains textes ponctuels, la **loi du 11 juillet 1979** est cependant venue y apporter de très importantes **dérogations**. L'administration a désormais l'obligation de motiver **deux catégories de décisions administratives individuelles** : les **décisions administratives individuelles dérogatoires**[3], et les **décisions individuelles défavorables** qui :

– « restreignent l'exercice des libertés publiques ou, de manière générale, constituent une mesure de police »[4] ;

– « infligent une sanction » ;

– « subordonnent l'octroi d'une autorisation à des conditions restrictives ou imposent des sujétions » ;

– « retirent ou abrogent une décision créatrice de droits » ;

– « opposent une prescription, une forclusion ou une déchéance » ;

– « refusent un avantage dont l'attribution constitue un droit pour les personnes qui remplissent les conditions légales pour l'obtenir ».

S'y ajoutent, en vertu de la loi du 17 janvier 1986 (art. 26), les décisions qui « refusent une autorisation ».

Selon la loi du 11 juillet 1979, la motivation doit être écrite et « comporter l'énoncé des considérations de droit et de fait qui constituent le fondement de la décision » (art. 3), ce qui exclut la simple paraphrase des textes en vigueur et la réponse type[5].

L'obligation de motiver s'arrête devant le **secret médical** ou le **secret-défense** et peut être ignorée en cas d'« **urgence absolue** » (art. 4). Dans cette dernière hypothèse, l'administré peut cependant exiger la communication des motifs de la décision qui lui est appliquée dans les deux mois du recours contentieux ; celle-ci doit alors lui être délivrée dans le mois qui suit sa demande.

---

1. Une décision administrative individuelle repose toujours sur des motifs, même stupides ou illégaux ; **la motivation relève de la communication de ces motifs** aux intéressés.

2. § 154.

3. C'est-à-dire « les décisions administratives individuelles qui dérogent aux règles générales fixées par la loi ou le règlement ».

4. Obligation de motiver étendue aux tiers, dès lors que la mesure est susceptible de porter atteinte à l'exercice d'une liberté publique et à la protection des mineurs (CE 25 nov. 2009, Ass. promouvoir, ass. pour la dignité humaine, AJDA 2010.614 ; ici le visa d'exploitation d'un film interdit aux mineurs de moins de 16 ans).

5. CE 24 juillet 1981, Belasri, R. 322 : illégalité de l'arrêté d'expulsion ayant omis de « préciser les éléments de fait qui sont à la base de la décision ».

Beaucoup plus discutable est la possibilité laissée à l'administration de s'exonérer de son obligation de motivation en recourant au procédé de la **décision implicite**. Là encore, l'administré peut exiger la communication des motifs de cette décision dans les deux mois du recours contentieux (art. 5).

I.3. Entrée en vigueur et exécution

(167) Existence et opposabilité de la décision administrative unilatérale

La décision administrative unilatérale existe, elle est valide et obligatoire dès sa **signature**. Sa légalité s'apprécie à cette date, et un recours administratif ou contentieux peut être intenté dès ce moment[1]. Elle n'est en revanche opposable aux administrés qu'après avoir fait l'objet d'une mesure de **publicité** : publication ou affichage pour les règlements, notification pour les décisions individuelles[2].

Depuis 2004, sauf exception ou mesures d'application nécessaires, tous les textes publiés au *Journal officiel* entrent en vigueur le lendemain de leur publication, et l'édition électronique du *JO* a désormais la même valeur que l'édition papier[3]. En l'absence de toute obligation posée par la loi, la publication des actes réglementaires peut aussi se faire dans un bulletin officiel (BO) ou tout autre recueil aisément consultable. Le Conseil d'État vient aussi de consacrer l'existence d'un **nouveau principe général du droit**, relatif à l'obligation pour l'administration de publier ses règlements dans un délai raisonnable... qui peut tout de même dépasser deux ans[4] !

(168) Le principe de la non-rétroactivité de la décision administrative unilatérale

Si le principe de la non-rétroctivité des lois n'a pas de valeur constitutionnelle, sauf en matière pénale[5], le Conseil constitutionnel et le Conseil d'État y voient en revanche un **principe général du droit applicable à toutes les décisions administratives**[6]. Ce fut là pendant fort longtemps la seule composante d'un **principe de sécurité juridique** encore mal reconnu.

Le principe de non-rétroactivité peut cependant être contrarié par une disposition législative expresse, mais aussi par le prononcé d'une annulation par le juge, ou par une décision de retrait prise par l'autorité administrative. Enfin, au nom de la stabilité des relations contractuelles, l'administration peut

1. **CE 26 juin 1959, synd. des ingénieurs-conseils**, R. 394 ; RDP 1959.1004, concl. Fournier.
2. Règle réaffirmée par la loi du 17 juillet 1978, art. 8.
3. Décret du 29 juin 2004.
4. CE 12 décembre 2003, Synd. des commissaires et hauts fonctionnaires de la police nationale, R. 506.
5. CC 82-155 DC du 30 décembre 1982, R. 88.
6. CC 69-57 L du 24 octobre 1969, R. 32 ; CE Ass. 25 juin 1948, soc. du journal *L'Aurore*, R. 289.

désormais régulariser rétroactivement les actes détachables d'un contrat administratif annulé pour vice de forme ou de procédure[1].

(169) Application immédiate de la décision administrative unilatérale et droit transitoire

Il est nécessaire de bien distinguer rétroactivité et **application immédiate d'une décision administrative unilatérale**. La première exclut que « les nouvelles dispositions s'appliquent à des situations juridiquement constituées avant l'entrée en vigueur de ces dispositions »[2] ; la seconde permet d'appliquer la règle nouvelle à des situations juridiques en cours de constitution.

Selon MM. Lénica et Boucher, « Si le ou les faits générateurs de l'application de la règle nouvelle se sont produits en totalité avant l'entrée en vigueur de celle-ci », la situation juridique doit être considérée comme déjà constituée sous l'empire de la règle ancienne, et la règle nouvelle ne pourra donc leur être appliquée. « Si, en revanche, le ou les faits générateurs [...] ne se sont produits qu'en partie » sous l'empire de la règle ancienne, la situation juridique est seulement en cours de constitution ; la règle nouvelle pourra alors lui être appliquée[3].

Ce principe de l'application immédiate des décisions administratives unilatérales doit cependant être concilié avec le **principe de sécurité juridique**, récemment élevé au rang de principe général du droit par un arrêt du Conseil d'État en assemblée, soc. KPMG, en date du 24 mars 2006. Longtemps limité à la **non-rétroactivité des actes administratifs**, celui-ci impose désormais à l'administration d'adopter des **mesures transitoires**[4] lorsque l'application de la règle nouvelle entraînerait, « au regard de l'objet et des effets de ses dispositions, une atteinte excessive aux intérêts publics ou privés en cause »[5].

(170) Privilège du préalable et caractère obligatoire de la décision administrative unilatérale

La décision administrative unilatérale présente un **caractère obligatoire**. En charge de l'intérêt général, l'administration use du **privilège du préalable**, qui l'autorise à prendre des **décisions immédiatement exécutoires**.

Cette dernière qualité, érigée par le Conseil d'État au rang de « règle fondamentale du droit public »[6], ne doit cependant pas prêter à confusion.

1. CE 8 juin 2011, Cne de Divonne-les-Bains, AJDA 2011.1685, note J.D. Dreyfus.
2. CE 16 juin 2008, Fédération des syndicats dentaires libéraux, AJDA 2008.1231.
3. Par « faits générateurs » les auteurs désignent le ou les faits qui permettront l'application de la règle, ancienne ou nouvelle (chron. sous CE 13 déc. 2006, Mme Lacroix, AJDA 2007.358).
4. R. 154 ; RFDA 2006.463, concl. Aguila, note Moderne : « [...] qu'indépendamment du respect de cette exigence (la non-rétroactivité), il incombe à l'autorité investie du pouvoir réglementaire d'édicter, pour des motifs de sécurité juridique, les mesures transitoires qu'implique, s'il y a lieu, une réglementation nouvelle » (*cf.* aussi *supra* § 112, relatif au principe de mutabilité gouvernant les SP).
5. CE 13 décembre 2006, Lacroix, préc.
6. CE Ass. 2 juillet 1982, Huglo, R. 257 ; AJDA 1982.657, concl. J. Biancarelli, note B. Lukaszewicz.

Elle signifie simplement que ces décisions bénéficient d'une présomption de légalité, et doivent donc être exécutées tant qu'elles n'ont pas été abrogées ou retirées par l'autorité compétente, ou annulées par le juge. C'est ce même principe qui justifie le **caractère non suspensif du recours contentieux**, sauf référé-suspension ou référé-liberté[1].

L'exécution forcée demeure fort heureusement une exception dans le droit administratif français[2], ce qui explique le recours extrêmement fréquent de l'administration à une gamme variée de sanctions censurant la désobéissance de l'administré.

(171) Sanctions

Obligatoire, la décision administrative unilatérale devient **contraignante** lorsque son inexécution expose le contrevenant à l'application de sanctions pénales et/ou administratives. Infligées par le juge répressif, les **sanctions pénales** doivent avoir été expressément prévues par une loi ou un décret[3]. L'article R. 610-5 du Code pénal punit de la sorte « ceux qui auront contrevenu aux décrets et arrêtés de police ».

La lenteur de la procédure pénale et le caractère souvent inadapté de ses sanctions ont conduit les autorités publiques à multiplier les **sanctions administratives**. À la différence des précédentes, celles-ci sont infligées, non par les tribunaux répressifs, mais par une autorité administrative. Elles punissent un manquement à une obligation légale ou réglementaire et peuvent être fort diverses : amendes, fermeture de certains établissements, retrait d'une carte professionnelle, suspension du permis de conduire...

Soumises à l'article 6 de la Convention européenne des droits de l'homme gouvernant les **règles du procès équitable**[4], leur régime juridique tend à se rapprocher de celui des sanctions pénales. Elles n'en demeurent pas moins des décisions administratives devant être **motivées** et soumises au respect du principe général des **droits de la défense**, susceptibles d'être annulées par le juge administratif et d'engager la responsabilité de l'État.

(172) L'exécution forcée

La décision administrative unilatérale devient aussi contraignante lorsqu'elle est susceptible de faire l'objet d'une exécution forcée. **Celle-ci est en principe interdite à l'administration française.**

La raison en apparaît évidente dans un régime politique libéral fondé sur la séparation des pouvoirs : « on voit sans peine, soulignait le commissaire du

1. §§ 51 et s.
2. § 172.
3. Compétence accordée à l'autorité réglementaire depuis 1958, et uniquement pour ce qui est des peines contraventionnelles (interprétation *a contrario* de l'art. 34C, qui dispose que « la loi fixe les règles concernant [...] la détermination des crimes et délits et des peines qui leur sont applicables... »).
4. Jurisprudence de la CEDH, progressivement reprise par le CE. *Cf.* not. CE Ass. 14 février 1996, Maubleu, R. 343, concl. Sanson ; **CE Ass. 3 décembre 1999, Didier**, R. 399 ; RFDA 2000.584, concl. Seban.

gouvernement Romieu, combien un tel régime (la solution contraire) serait dangereux pour les libertés publiques, à quels abus il pourrait donner lieu. Aussi est-ce un principe fondamental de notre droit public que l'administration ne doit pas mettre d'elle-même la force publique en mouvement pour assurer *manu militari* l'exécution des actes de puissance publique, et qu'elle doit d'abord s'adresser à l'autorité judiciaire qui constate la désobéissance, punit l'infraction, et permet l'emploi des moyens matériels de coercition »[1].

L'exécution forcée des décisions administratives unilatérales par la voie juridictionnelle est donc la règle. L'administration se trouve dans l'obligation de demander au juge l'autorisation d'employer la force publique pour faire respecter sa décision. La procédure doit évidemment être prévue par la loi ; elle n'est ouverte, sauf disposition contraire, que devant le juge répressif.

L'exécution forcée des décisions administratives unilatérales par la **voie administrative présente donc un caractère exceptionnel.** L'administration ne peut recourir à la contrainte pour assurer l'exécution de ses décisions que dans **trois hypothèses**, formulées par le Tribunal des conflits en 1902[2]. L'exécution forcée administrative doit en principe être **prévue par la loi** (mise en fourrière des véhicules en stationnement gênant, réquisitions militaires, expulsions, reconduites à la frontière) ; la tendance est aujourd'hui à la multiplication de ces dispositions dérogatoires et à la banalisation du procédé. L'exécution forcée administrative peut aussi être utilisée **en cas d'urgence**, ou **en l'absence de « toute autre procédure pouvant être utilement employée »** afin d'obtenir le respect et l'exécution de la décision administrative considérée.

Hormis ces trois cas de figure, l'administration commet une illégalité susceptible d'engager sa responsabilité lorsqu'elle décide de recourir à l'exécution forcée, voire même une **voie de fait** lorsque le procédé porte atteinte au droit de propriété ou à une liberté fondamentale[3].

I.4. Disparition

(173) Diversité des causes de disparition de la décision administrative unilatérale

La disparition de la décision administrative peut être le produit de **causes extérieures** (destruction de l'ouvrage public, décès de l'intéressé), d'un **changement dans les circonstances de droit ou de fait** ayant conduit à son édiction, voire même avoir été **prévue** dès l'origine par son auteur (autorisation d'occupation du domaine public). Elle peut aussi être le résultat d'une **annulation** prononcée par le juge, voire d'un **retrait** ou d'une **abrogation** décidée par l'administration.

1. Concl. Romieu sur **TC 2 décembre 1902, soc. immobilière de Saint-Just**, R. 713.
2. **TC 2 décembre 1902, soc. immobilière de Saint-Just**, préc.
3. § 17.

(174) Éléments d'analyse

Les règles, fort complexes, du retrait et de l'abrogation traduisent la prise en compte et la conciliation de deux principes également importants : le **principe de légalité**, dont le rétablissement devrait conduire au retrait ou à l'abrogation des décisions administratives illégales, et le **principe de sécurité juridique**, devenu principe général du droit en 2006[1], qui suppose le respect des droits acquis.

Ces règles sont commandées par une **triple distinction**, relative au caractère **régulier ou non, réglementaire ou non, créateur ou non créateur de droits** de la décision administrative. Nombre de décisions individuelles sont évidemment créatrices de droits : nomination ou promotion, octroi d'une allocation, d'un permis de construire[2]... Ne sont, en revanche, pas créatrices de droits les décisions inexistantes[3] ou obtenues par fraude, les décisions de refus ou simplement recognitives, les sanctions ou les mesures de police[4].

Le cas des décisions réglementaires est beaucoup plus discuté ; elles sont en effet susceptibles de produire des effets de droit, bien que les administrés ne disposent d'aucun droit à leur maintien en vigueur. Elles bénéficient en conséquence d'un régime hybride, obéissant à des principes différents selon qu'il est question d'un retrait ou d'une abrogation.

(175) A. L'abrogation

L'abrogation ne vaut que pour l'avenir ; la décision administrative unilatérale « conserve ses effets passés, (mais) cesse d'en produire de nouveaux »[5]. En application de la « grille d'analyse » évoquée ci-dessus, plusieurs hypothèses doivent être envisagées :

1. <u>L'abrogation d'une décision réglementaire est toujours possible.</u> C'est là une conséquence directe du **principe de mutabilité** : les administrés n'ont pas de droit acquis au maintien d'un règlement[6]. Le respect du **principe de sécurité juridique** oblige désormais l'administration à prendre « les **mesu-**

---

1. **CE Ass. 24 mars 2006, soc. KPMG**, préc.

2. Les promesses faites par l'administration ne sont pas nécessairement des décisions créatrices de droits. En revanche, une promesse non tenue est susceptible d'engager la responsabilité pour faute (simple) de la puissance publique. *Cf.* note J.D. Dreyfus sous CAA Lyon 7 juillet 2011 SARL CSM Rossignol, AJDA 2011.2251.

3. Décisions non créatrices de droits en raison de la gravité de l'illégalité qui les affecte (voie de fait, préfet prononçant l'annulation d'une élection municipale), **elles peuvent être retirées par l'administration ou attaquées devant le juge à tout moment**. Selon M. Chapus, il serait vain de vouloir trouver une définition ou un critère de l'acte administratif juridiquement inexistant : c'est simplement « une notion à laquelle le juge a recours quand il estime convenable ou nécessaire de lever certaines contraintes (par exemple celle résultant du délai de recours) et d'une façon générale de parvenir à certains résultats » (*op. cit.*, p. 857).

4. CE Ass. 4 juillet 1958, Graff, R. 414.

5. Frier et Petit, p. 316.

6. CE 27 janvier 1961, Vannier, préc. (*cf. supra* § 111).

res transitoires qu'implique, s'il y a lieu », la réglementation nouvelle, notamment lorsque son application immédiate porterait une « atteinte excessive aux contrats en cours » ou aux « intérêts publics ou privés en cause »[1].

Lorsque le règlement est illégal, l'administration se trouve même tenue de l'abroger, dès lors que la demande lui en a été faite par une personne intéressée. La règle s'applique, que le règlement ait été illégal dès son édiction[2] ou qu'il le soit devenu à la suite d'un changement de circonstances de droit ou de fait[3].

L'existence de plus de 140 000 décrets et la volonté louable de procéder à une « simplification du droit » ont conduit le législateur à étendre et à renforcer ces obligations d'origine jurisprudentielle. La **loi du 20 décembre 2007** impose désormais à l'administration l'obligation d'abroger, **d'office** ou à la demande de toute personne intéressée, les règlements illégaux ou **devenus sans objet**[4]. Toutefois, la carence ou l'inertie de l'autorité administrative n'ouvre pas pour autant la voie du recours pour excès de pouvoir au requérant, dépourvu en l'espèce de tout intérêt pour agir spécifique[5].

2. L'abrogation d'une décision individuelle non créatrice de droits est toujours possible. Elle revêt le caractère d'une **obligation** pour l'administration lorsque la demande lui en est faite, dans le délai du recours contentieux, par toute personne intéressée ou dans les cas prévus par la loi ou le règlement, et qu'elle porte une décision **devenue illégale**[6]. Toutes solutions restrictives prises afin de « stabiliser » cette catégorie de décisions et de préserver le principe de sécurité juridique.

3. L'abrogation d'une décision individuelle, irrégulière mais créatrice de droits, est possible, pour des motifs de légalité et dans le délai de quatre mois[7].

1. Respectivement, **CE Ass. 24 mars 2006, soc. KPMG** et CE 13 décembre 2006, Lacroix, préc. (*cf. supra* §§ 112 et 169).
2. CE Ass 3 février 1989, Cie Alitalia, R. 44 ; RFDA 1989.391 et 422, concl. Chahid-Nouraï et note Beaud.
3. **CE 30 janvier 1930, Despujols**, R. 30.
4. Une loi sévèrement critiquée par B. Seiller. Bien intentionnée, certes, mais dangereuse, dès lors que la capacité conférée à l'administration d'abroger spontanément un règlement illégal pourrait venir contrarier le principe de sécurité juridique. Inutile qui plus est, car quel peut bien être l'intérêt d'abroger un règlement devenu sans objet ? (Pourquoi ne rien voter quand on peut adopter une loi inutile ? AJDA 2008.402.)
5. CE 24 juillet 2009, M. de Brabant, AJDA 2009.1516 : l'obligation pour l'administration « de faire droit à une demande tendant à l'abrogation d'un règlement illégal [...] n'a pas pour effet de permettre l'introduction d'un recours pour excès de pouvoir par une personne dépourvue d'intérêt à agir ».
6. Solution dégagée par deux décisions du CE : CE 30 novembre 1990 ass. « Les verts », R. 339 ; RFDA 1191.571, concl. Pochard, et CE 30 juin 2006, Soc. 9 Télécom, R. 309 ; AJDA 2006.1720, note Sée.
7. CE 6 mars 2009, Couliba, AJDA 2009.817, RFDA 2009.21, Concl. de Salin. *Cf.* aussi F. Chatiel, *Le principe de sécurité juridique et le principe de légalité. Développements récents*, AJDA 2009.1650.

4. L'abrogation d'une décision individuelle, régulière et créatrice de droits, est impossible, sauf texte contraire, ou à la demande du titulaire desdits droits[1] et « à la condition de ne pas porter atteinte aux droits des tiers »[2].

(176) **B. Le retrait**

À la différence de l'abrogation, le retrait d'une décision administrative unilatérale par l'administration revêt un **caractère rétroactif**. La décision administrative est censée n'avoir jamais existé : ses effets passés et à venir doivent être effacés. Les principes de sécurité juridique et de non-rétroactivité de l'acte administratif devraient proscrire ce procédé brutal. La préservation du principe de légalité conduit cependant à certains accommodements, examinés en application de la « grille d'analyse » évoquée plus haut[3].

1. Le retrait des décisions réglementaires demeure commandé par la jurisprudence « Dame Cachet » : il n'est possible que pour des **motifs de légalité, dans le délai de deux mois** du recours contentieux ou tant que le juge, saisi d'un recours contentieux contre cette mesure, n'a pas encore statué[4]. Dans cette hypothèse, l'administration peut non seulement retirer le règlement illégal, mais aussi le remplacer par un nouveau règlement, de portée rétroactive[5].

2. Le retrait des décisions individuelles et non créatrices de droits est toujours possible, et pour tout motif, de légalité ou d'opportunité.

3. Le retrait des décisions individuelles, irrégulières et créatrices de droits, n'est possible que pour des **motifs de légalité**, et « **dans un délai de quatre mois** suivant la prise de cette décision »[6]. Doit être souligné le fait que le

1. CE 30 juin 2006, Soc. 9 Télécom, préc : « Cons. que l'autorité administrative ne peut abroger une décision non réglementaire créatrice de droits, en l'absence de demande en ce sens du titulaire des droits, que dans les cas prévus par les lois et règlements en vigueur [...] ».
2. CE 2 fév. 2011, soc. TV numéric, AJDA 2011.251.
3. § 174.
4. CE 3 novembre 1922, Dame Cachet, R. 790 ; RDP 1922.522, concl. Rivet.
5. CE 19 mars 2010, synd des Cies aériennes autonomes, AJDA 2010.580.
6. **CE Ass 26 octobre 2001, Ternon**, R. 497, concl. Séners, revenant sur le délai de deux mois institué par l'arrêt « Dame Cachet ». La règle s'applique, sauf texte législatif ou réglementaire contraire : « Cons. que, sous réserve de dispositions législatives ou réglementaires contraires, et hors les cas où il est satisfait à la demande des bénéficiaires, l'administration ne peut retirer une décision individuelle explicite créatrice de droits, si elle est illégale, que dans le délai de quatre mois suivant la prise de décision. » Ce revirement trouve son explication dans le fait qu'en liant délai de retrait et délai de recours, la jurisprudence « Cachet » rendait possible le retrait à tout moment des décisions administratives n'ayant fait l'objet d'aucune mesure de publicité. Une exception, justifiée par la règle de la séparation des pouvoirs et le principe de l'indépendance de l'autorité judiciaire : même illégale, la nomination d'un magistrat ne peut être retirée [CE 1er octobre 2010, Me T, AJDA, 2010.1850 : nomination d'un magistrat ayant commis des actes frauduleux).

point de départ de ce délai est la date d'édiction de la décision, et non celle de sa notification à l'administré[1].

Selon la **loi du 12 avril 2000**, les **décisions implicites d'acceptation** peuvent quant à elles être retirées pour des motifs de légalité, dans un délai de **deux mois** ou tant que le juge n'a pas statué[2]. La règle s'applique aussi aux **décisions implicites de rejet**, mais en vertu de la jurisprudence « Dame cachet », maintenue en l'espèce !

4. **Le retrait des décisions individuelles, régulières et créatrices de droits, est impossible**, sauf texte contraire, ou à la demande du bénéficiaire et « à la condition de ne pas porter atteinte aux droits des tiers »[3].

(177) ### C. L'annulation contentieuse

L'annulation d'une décision administrative unilatérale par le juge présente nécessairement un **caractère rétroactif**, dès lors que celui-ci statue sur une mesure ou un comportement ayant déjà produit des effets de droit. Comme dans l'hypothèse du retrait administratif, l'acte censuré est censé n'avoir jamais existé. Dépourvu de tout fondement textuel, ce principe est susceptible d'engendrer parfois de très fâcheuses conséquences pour les administrés. Aussi le Conseil d'État s'autorise-t-il depuis peu à y déroger **en modulant si nécessaire la portée d'une annulation contentieuse** : les suites de l'annulation sont désormais susceptibles d'être différées, voire atténuées, par des mesures transitoires[4].

II. Le contrat administratif

(178) ### Contrats administratifs et contrats de l'administration

Le procédé contractuel est utilisé depuis fort longtemps par la puissance publique[5]. À l'heure actuelle, les services publics concluent une multitude de contrats avec leurs **usagers** (eau, gaz, électricité) ou leurs **fournisseurs** (**marchés publics**), voire même pour confier à une personne privée la gestion du service (**contrats de délégation**)[6]. Toutefois, les notions de contrat administratif et de **contrat de l'administration** ne se confondent pas. Celle-ci peut en effet conclure, soit des **contrats administratifs** qui obéissent à un régime juridique spécifique, soit des **contrats de droit privé**[7].

---

1. CE 21 décembre 2007, soc. Brétim, RFDA 2008.471, concl. Struillou.
2. Article 23. Le législateur revient ainsi sur une jurisprudence qui distinguait selon que ces décisions implicites d'acceptation faisaient, ou non, l'objet de mesures de publicité. Les premières pouvaient être retirées dans un délai de deux mois, alors que les secondes ne pouvaient l'être.
3. Solution identique à celle qui vaut pour l'abrogation : CE 2 fév. 2011, soc. TV numéric, préc.
4. **CE ass. 11 mai 2004, ass. AC !**, R. 97, concl. Devys (*cf. supra* § 169).
5. Que l'on songe simplement aux fermiers généraux, chargés sous l'Ancien Régime de collecter l'impôt en lieu et place de la puissance publique. *Cf.* Mestre, *Introduction historique au droit administratif français*, *op. cit.*, pp. 45 et s.
6. § 124.
7. **CE 6 février 1903, Terrier**, R. 94, concl. Romieu.

Nous examinerons en premier lieu les critères du contrat administratif (1), puis les règles gouvernant sa formation (2) et son exécution (3).

II.1. Critères

(179) A. Contrats administratifs par détermination de la loi

Le caractère administratif de certains contrats résulte parfois d'un texte, qui attribue expressément la connaissance de leur contentieux à la juridiction administrative[1] : **marchés de travaux publics**[2], **contrats comportant occupation du domaine public**[3], **contrats de marché**, dès lors qu'ils relèvent du Code des marchés publics[4], ou contat liant les enseignants à un établissement privé sous contrat[5].

(179bis) B. Critères jurisprudentiels

La plupart du temps, le caractère administratif d'un contrat se trouve déterminé par l'application d'un double critère jurisprudentiel : organique, puis alternatif.

(180) 1°) Le critère organique

Une première condition est exigée, simple et logique : un contrat ne peut être administratif que si l'une des deux parties au contrat est une personne publique[6].

L'application de ce critère organique connaît cependant **trois exceptions** :

• La jurisprudence « Entreprise Peyrot » concerne le domaine spécifique des travaux autoroutiers. L'application du critère organique aurait conduit à diviser le contentieux de ces travaux entre les juges administratifs et judiciaires, selon qu'ils auraient été effectués par la puissance publique ou par des sociétés concessionnaires. Désireux d'en unifier et d'en conserver le contentieux, le Conseil d'État va admettre la possibilité donnée à une société concessionnaire d'autoroutes (ici une société d'économie mixte) de conclure avec une personne privée des contrats administratifs. Une solution justifiée par le fait que le concessionnaire agit « en pareil cas *pour le compte* de l'État », et que « la construction des routes nationales a le caractère de travaux publics *et appartient par nature à l'État* »[7]. D'abord strictement entendue, la dérogation sera ensuite appliquée à des sociétés concessionnaires entièrement privées[8].

1. L'inverse peut aussi se produire : selon la loi du 2 juillet 1990, les contrats passés par La Poste avec ses usagers, ses fournisseurs ou des tiers sont des contrats de droit privé.
2. Loi du 28 pluviôse an VIII.
3. Décret-loi du 17 juin 1938. Ce type de contrats reste administratif alors même qu'il serait passé par deux personnes privées, l'une d'elles étant une société concessionnaire (TC 23 févr. 1981, soc. Socamex, R. 501).
4. Loi du 11 décembre 2001.
5. Loi du 5 janv. 2005, appliquée par CE 9 juillet 2010, M. Arethras, AJDA 2010.2067.
6. Principe simple, réaffirmé not. par TC 13 déc. 2010, soc. Groenyellow et autres c/EDF, AJDA 2011.439, concl. M. Gyomard et note L. Richer.
7. **TC 8 juillet 1963, soc. Entreprise Peyrot**, R. 787 ; RDP 1963.766, concl. Lasry.
8. CE 3 mars 1989, Soc. des autoroutes de la région Rhône-Alpes, R. 69, concl. Guillaume.

• <u>La **théorie du mandat**</u> autorise deux personnes privées à passer un contrat administratif, dès lors que l'une d'elles agit « pour le compte » d'une personne publique. L'idée en apparaissait déjà dans l'arrêt Peyrot, mais assortie d'une condition portant sur l'exécution de travaux publics autoroutiers appartenant « par nature à l'État ». Ces restrictions vont progressivement disparaître : d'abord nécessairement **explicite**[1], le mandat peut désormais être **implicite**, et la mission exercée « pour le compte » de la personne publique concerner des travaux publics autres que autoroutiers[2] – voire même une activité n'ayant plus le caractère de travaux publics[3].

• <u>**Le Conseil d'État sanctionne désormais la pratique de certaines personnes publiques**</u> consistant à déléguer la gestion de services publics à des personnes privées créées de toutes pièces, afin d'échapper aux règles du droit public. Qualifiées de « **transparentes** » au regard de leurs conditions de création et de fonctionnement, elles passent des contrats qui seront administratifs s'ils se conforment au deuxième critère alternatif[4].

(181) **2°) Le critère alternatif**

Réserve faite des exceptions que nous venons d'évoquer, le caractère administratif d'un contrat suppose donc la participation d'une personne publique. C'est là une **condition nécessaire, mais non suffisante**. Pour être administratif, le contrat doit en effet satisfaire à un **critère alternatif**, c'est-à-dire :

• <u>**soit faire participer le cocontractant de l'administration à l'exécution du service public**</u>[5]. Dégagée au début du XXe siècle[6], cette condition devient secondaire après 1912, avant de se voir réaffirmée après la Deuxième Guerre mondiale sous la forme plus restrictive de « l'exécution *même* du service public »[7]. Une jurisprudence qui conduira à distinguer, au sein d'un même service, entre agents publics et salariés de droit privé – voire, pour une même

1. CE 2 juin 1961, Leduc, R. 365.

2. CE 30 mai 1975, Soc. d'équipement de la région montpelliéraine, R. 326 ; TC 5 juillet 1975, commune d'Agde, R. 798.

3. CE 18 juin 1976, Dame Culard, R. 320 (contrats de prêt consentis par le Crédit foncier de France).

4. Une personne privée gérant un SP est qualifiée de « transparante » lorsqu'elle a été créée pour gérer l'activité en cause et que la puissance publique la soumet à un « contrôle comparable » à celui qu'elle exerce sur ces services (CE 6 avril 2007, commune d'Aix-en-Provence, et CE 21 mars 2007, commune de Boulogne-Billancourt, préc.).

5. Ainsi, les **contrats de délégation du service public** seront toujours des contrats administratifs.

6. **CE 6 février 1903, Terrier**, R. 94, concl. Romieu (destruction des vipères) ; **CE 4 mars 1910, Thérond**, R. 193, concl. Pichat (capture et mise en fourrière des chiens errants, et enlèvement des bêtes mortes).

7. **CE 20 avril 1956, époux Bertin** (**contrat verbal** passé entre l'administration et des particuliers, afin de nourrir des ressortissants soviétiques hébergés dans un centre de rapatriement) **et cons. Grimouard** (contrat conclu entre l'État et des particuliers en vue de reboiser leur terrain), R. 167 et 168 ; RDP 1956.869, concl. Long, note Waline : « que ledit contrat a eu pour objet de confier [...]

personne, selon les périodes et l'intensité de sa participation au service public. Ainsi de cette employée, salariée de droit privé tant qu'elle fut chargée de faire le ménage dans les salles de classe, devenue agent public lorsqu'elle participera à « l'étude »[1] ! Cette jurisprudence inutilement complexe et vexatoire[2] sera abandonnée par le Tribunal de conflits en 1996, lorsqu'il décidera que « les personnels non statutaires travaillant pour le compte d'un service public à caractère administratif sont des agents contractuels de droit public quel que soit leur emploi »[3]. La condition tirée de la participation à l'exécution même du service public demeure toutefois exigée par les autres catégories de contrats administratifs[4].

• **soit contenir une ou plusieurs clauses exorbitantes du droit commun**[5] : clauses exclues des relations entre particuliers[6], mais aussi clauses inégalitaires comme le **pouvoir de modification ou de résiliation unilatérale dans l'intérêt du service** conféré à la personne publique[7]. En revanche, la référence à un cahier des charges ne remplira cette fonction que si ledit cahier contient lui-même de telles clauses[8].

Enfin, dans quelques rares hypothèses, ce n'est pas une clause parfaitement identifiée qui confère la qualité administrative au contrat mais, plus globalement, un « régime exorbitant du droit commun »[9], notion beaucoup plus vague qui semble renvoyer au « contexte général de passation du contrat »[10].

---

aux intéressés l'*exécution même du SP* alors chargé d'assurer le rapatriement des réfugiés de nationalité étrangère se trouvant sur le territoire français ; que cette circonstance suffit, *à elle seule*, à imprimer au contrat dont il s'agit le caractère d'un contrat administratif ; [...] » (Épx Bertin).

1. TC 25 novembre 1963, Dame Mazerand, R. 792.

2. Elle conduisait en effet à distinguer entre tâches « nobles », faisant participer à l'exécution *même* du service public, et les autres, généralement moins valorisantes et moins bien rémunérées. Ainsi, par ex., des personnels des restaurants universitaires, qui n'étaient pas considérés comme des agents publics, puisque ne participant pas *directement* à l'exécution même du SP dont était chargé le CROUS (TC 19 avril 1982, Mme Robert, R. 561).

3. TC 25 mars 1996, préfet de la région Rhône-Alpes / Berkani, R. 536. Ainsi le sieur Berkani, aide-cuisinier au CROUS, possède-t-il la qualité d'agent public, ce qu'eût interdit la jurisprudence antérieure.

4. *Cf.* par ex. CE 8 oct 2010, Soc. HLM « un toit pour tous », AJDA 2010.1915 : le contrat de location passé entre un CROUS et une société de HLM dans le but de sous-louer des appartements à des étudiants a « pour objet l'exécution même du SP du logement des étudiants et [revêt] en conséquence le caractère d'un contrat administratif.

5. **CE 31 juillet 1912, Soc. des granits porphyroïdes des Vosges** (SGPV), R. 909, concl. Blum.

6. TC 2 juillet 1962, cons. Cazautets, R. 823 : contrat prévoyant certaines exonérations fiscales.

7. Toutefois, une clause permettant à toutes les parties de résilier prématurément le contrat n'est pas une clause exorbitante du droit commun : TC 12 déc. 2011, Cne de Nouméa c/soc. Lima AJDA 2011.2502. Plus étonnant, une clause permettant à un établissement public de résilier unilatéralement un contrat de bail, pour des raisons financières ou de service, n'a pas été qualifiée de CEDC : TC 17 oct. 2011, Me Schwartz-Didier et M. Varraud c/CH de Laragne, AJDA 2011.2036.

8. TC 5 juillet 1999, UGAP, R. 465.

9. CE 19 janvier 1973, Soc. d'exploitation électrique de la rivière du Sant, R. 48.

10. Frier et Petit, *op. cit.*, p. 347.

(181bis) Le critère jurisprudentiel et ses exceptions

En règle générale, un contrat sera donc administratif si l'une des parties au contrat est une personne publique et si le contrat fait participer le cocontractant à l'exécution du service public, **ou alors** si l'une des parties au contrat est une personne publique et que le contrat contient une ou plusieurs clauses exorbitantes du droit commun.

Le principe connaît **deux exceptions** :

• **Un contrat passé entre deux personnes publiques est un contrat administratif** sauf si, « eu égard à son objet », il « ne fait naître entre les parties que des rapports de droit privé »[1].

• **Les contrats passés entre un service public industriel et commercial et ses usagers sont toujours des contrats de droit privé**, même s'ils contiennent une ou plusieurs clauses exorbitantes du droit commun[2].

II.2. Formation

(182) Une liberté contractuelle très encadrée

Au niveau national, les contrats administratifs passés par l'État sont conclus par les ministres, ou toute autre personne habilitée par eux. Dans les départements, c'est en règle générale le préfet qui est compétent. Pour les collectivités locales, la conclusion d'un contrat doit être autorisée par l'assemblée délibérante (conseil municipal, général ou régional) ; dans les établissements publics, la compétence appartient au président-directeur général ou au directeur, souvent après autorisation du conseil d'administration. En principe, le contrat est écrit, mais il peut y avoir des exceptions[3].

La liberté contractuelle des « décideurs publics » n'est cependant pas absolue. Pendant une bonne partie des XIXe et XXe siècles, la volonté (déjà) affichée de lutter contre la corruption avait conduit le législateur à supprimer cette liberté en instituant la procédure de l'adjudication, qui obligeait l'administration à contracter avec l'entreprise « la mieux disante », proposant le prix le plus bas. Critiqué et concurrencé, ce procédé a finalement disparu du Code des marchés publics au profit d'un encadrement plus souple et plus « ciblé », imposé pour partie par le droit communautaire, et qui s'applique selon des modalités différentes aux **marchés publics** et aux **contrats de délégation du service public** : règles de transparence, de publicité et de mise en concurrence.

Les marchés publics sont constitués de documents dits généraux (cahier des clauses administratives ou techniques générales), qui sont des contrats types, et de documents particuliers à chaque contrat. **Les contrats de délégation** comprennent quant à eux une convention et un cahier des charges. Certaines

1. TC 21 mars 1983 UAP, R. 537 ; AJDA 1983.356, conc. Labetoulle (contrat de prêt passé entre deux personnes publiques).
2. CE 13 octobre 1961, Éts Companon-Rey, R. 567, AJDA 1962.98, concl. Heumann ; TC 17 décembre 1962, Dame Bertrand, R. 831, concl. Chardeau
3. **CE 20 avril 1956, Épx Bertin**, préc.

de ces clauses, relatives à l'organisation et au fonctionnement du service, sont dites « réglementaires », par opposition aux stipulations plus classiques portant sur les questions financières. Tous peuvent évidemment contenir des **clauses exorbitantes du droit commun.**

(183) Sanction : les recours contentieux

La violation de ces règles est susceptible de se voir sanctionnée par le juge administratif, étant entendu que toute irrégularité n'entraîna pas nécessairement la nullité du contrat[1].

Pour satisfaire aux exigences communautaires, la loi a institué un **reféré précontactuel** qui autorise tous ceux « qui ont intérêt à conclure le contrat et qui sont susceptibles d'être lésés » par un manquement aux obligations de publicité et de mise en concurrence gouvernant les marchés publics et les contrats de délégation du service public à saisir, **avant la signature du contrat**, le juge des référés. Celui-ci dispose de 20 jours pour statuer et peut, pour ce faire, différer la signature de la convention d'autant[2].

Une fois le contrat signé, seules les parties pourront en demander au juge l'annulation totale ou partielle. **En principe, le recours pour excès de pouvoir n'est ouvert que contre les décisions administratives unilatérales**. La règle, qui laisserait les tiers dépourvus de tout recours, connaît cependant de nécessaires exceptions. Le préfet peut ainsi déférer tous les contrats administratifs passés par les collectivités locales[3]. Les particuliers peuvent quant à eux former un recours contre les **clauses dites « réglementaires »**[4] d'un contrat de délégation du service public, et contre les **actes** considérés comme matériellement **détachables du contrat**[5], à l'instar de toutes les décisions prises préalablement à la signature de l'accord.

Surtout, le Conseil d'État, sensible à l'absence de recours ouvert à certains requérants et à l'évolution du droit communautaire sur cette question, a admis, dans une **décision Société Tropic Travaux signalisation de 2007**, la recevabilité du **recours de plein contentieux** formé par « tout concurrent évincé de la conclusion d'un contrat administratif [...] contestant la validité de ce contrat ou de certaines de ses clauses, qui en sont divisibles »[6].

1. Il appartient en effet au juge du contrat « d'apprécier l'importance et les conséquences » de l'irrégularité commise, et de se prononcer « en tenant compte de l'objectif de stabilité des relations contractuelles ». Il pourra ainsi autoriser, sous certaines conditions, la poursuite de l'exécution du contrat, ou en prononcer la résiliation – immédiate ou différée « sous réserve que sa décision ne portera pas une atteinte excessive à l'intérêt général ». [CE A 28 déc. 2009, C^{ne} de Beziers, AJDA 2010.4 et 142].

2. Article 551-1 CJA.

3. CE 18 juillet 1991, commune de Sainte-Marie de la Réunion, R. 302 ; RFDA 1991.966, concl. Legal.

4. Ces clauses concernent l'organisation et le fonctionnement du service.

5. **CE 4 août 1905, Martin**, R. 749, concl. Romieu.

6. CE Ass. 16 juillet 2007, soc. Tropic Travaux Signalisation, R. 360, concl. Casas ; AJDA 2007.1577. Le recours est ouvert dans le délai de 2 mois à compter de l'accomplissement des formalités de publicité. En revanche, l'ouverture de ce recours de plein contentieux impose

II.3. Exécution

184) Le contrat administratif, contrat inégalitaire

L'administration peut passer des contrats, mais elle est aussi en charge de l'intérêt général, mission dont l'importance explique qu'elle peut – et parfois doit – conclure des contrats administratifs obéissant à un régime juridique spécifique, consacrant l'inégalité des contractants.

Ces contrats supposent certes un accord de volontés qui les distingue des décisions administratives unilatérales. Mais, contrairement à ce qui se passe en droit privé, le droit des contrats administratifs se caractérise par la **faculté donnée à l'administration de modifier unilatéralement les termes du contrat, voire même de le résilier**. Ces prérogatives ne se justifient que par la poursuite et la satisfaction de l'intérêt général par l'administration. Elles se présentent comme la conséquence et l'illustration des **principes de continuité et de mutabilité** qui gouvernent le fonctionnement des services publics, et conditionnent tout l'intérêt de la distinction établie entre contrats de droit privé et contrats administratifs. **Elles existent en dehors de toute clause contractuelle, et en dépit des clauses contraires insérées dans le contrat.**

Ces prérogatives peuvent être exercées **spontanément** par l'administration (A), ou à la suite de la survenance de **faits nouveaux** emportant de graves conséquences sur l'exécution du contrat (B). Leur utilisation est certes susceptible de conduire à l'octroi par le juge de dommages-intérêts au cocontractant lésé, mais non à l'annulation des mesures contestées, sauf en matière de résiliation des contrats de concession. Les **tiers** disposent quant à eux du recours pour excès de pouvoir, ouvert contre certains actes d'exécution du contrat considérés comme **détachables** de l'accord contesté[1].

A. Droits et obligations des parties au contrat

185) Pouvoirs de direction, de contrôle et de sanction de l'administration

Pour lui permettre de satisfaire l'intérêt général, l'administration dispose d'un pouvoir de direction et de contrôle qui lui permet, par exemple, d'exiger des prestations non prévues par le contrat. Après mise en demeure, elle peut aussi user de son pouvoir de sanction : **sanctions pécuniaires** (pénalités de retard, « amendes » diverses), **sanctions coercitives**, où l'administration se substitue ou substitue un tiers au cocontractant défaillant, et ce aux risques et périls de ce

l'application de la règle de l'**exception de recours parallèle**, qui interdit l'usage du REP pour le concurrent évincé : « qu'à partir de la conclusion du contrat, et dès lors qu'il dispose du recours défini ci-dessus, le concurrent évincé n'est, en revanche, plus recevable à demander l'annulation pour excès de pouvoir des actes préalables qui en sont détachables ».

1. Refus de l'administration de prendre certaines décisions relatives à l'exécution du contrat ; décision de l'administration de résilier le contrat ou, au contraire, refus de le résilier... **CE 4 août 1905, Martin**, préc.

dernier[1] et, enfin, **résiliation-sanction**. L'exercice de ce pouvoir doit être motivé et respecter les droits de la défense, mais son existence est indépendante des stipulations du contrat[2], réserve faite des contrats de concession où, sauf clause contraire, la résiliation ne peut être prononcée que par le juge, et pour « une faute d'une particulière gravité »[3].

(186) Pouvoir de modification unilatérale de l'administration dans l'intérêt du service

En droit privé, « les conventions légalement formées tiennent lieu de loi à ceux qui les ont faites », ce qui exclut en principe tout pouvoir de modification unilatérale des parties au contrat[4]. La situation diffère en droit public, où l'administration ne contracte que pour mieux satisfaire l'intérêt général, et doit donc pouvoir adapter de son seul fait les termes de son engagement[5].

Extrêmement dangereux pour le cocontractant de l'administration, ce pouvoir de modification unilatérale « dans l'intérêt du service » se limite logiquement aux **clauses intéressant le fonctionnement du service public**. Les clauses financières ne peuvent être affectées, et l'exercice de ce pouvoir implique, bien au contraire, le rétablissement de l'**équilibre financier du contrat** lorsque celui-ci a été compromis. Le cocontractant peut aussi obtenir des dommages et intérêts en cas de modification injustifiée, voire même la résiliation de son contrat par le juge, dans l'hypothèse d'un bouleversement des termes du contrat.

(187) Pouvoir de résiliation unilatérale de l'administration dans l'intérêt du service

L'administration dispose aussi d'un **pouvoir de résiliation dans l'intérêt du service**[6], à distinguer de la résiliation-sanction précédemment étudiée. Cette prérogative ne vient pas en effet réprimer le comportement fautif du cocontractant, elle exprime la nécessité pour la puissance publique d'adapter ses prestations afin de satisfaire au mieux l'intérêt général. Elle apparaît donc comme la traduction et la conséquence directe du **principe de mutabilité** gouvernant le fonctionnement de tous les services publics, et comme l'exemple topique de la **clause exorbitante de droit commun** qualifiant le contrat administratif. Tou-

1. « mise sous séquestre » des concessions, « mise en régie » des marchés de travaux publics, « exécution par défaut » des marchés de fournitures.
2. CE 31 mai 1907, Deplanque, R. 513, concl. Romieu.
3. Dans le cas contraire, le juge ne peut prononcer la déchéance du concessionnaire (*cf.* par ex. CE 12 mars 1999, SA Méribel 92, R. 61).
4. Article 1134 C. civ. Le principe n'en sera assoupli que dans le dernier quart du XXe siècle.
5. **CE 21 mars 1910 Compagnie générale française des tramways**, R. 216, concl. Blum ; CE 2 février 1983, Union des transports publics urbains et régionaux, R. 33. Pouvoir réaffirmé par CE 27 oct. 2010, Synd. intercommunal des transports publics de Cannes, Le Canet, Mandelieu-la-Napoule, AJDA 2010.2076.
6. CE Ass. 2 mai 1958, distillerie de Magnac-Laval, R. 246 ; CE Ass. 2 février 1987, soc. TV 6, R. 28.

tefois, elle existe en dehors de toute stipulation contractuelle et contre toute stipulation contractuelle, dès lors que l'administration ne peut renoncer à exercer une prérogative susceptible de se révéler indispensable à la poursuite de sa mission[1].

Ce pouvoir de résiliation doit cependant être concilié avec la règle de l'**équilibre financier du contrat** ; il est donc susceptible d'ouvrir un droit à l'indemnisation du cocontractant, dans l'hypothèse d'un exercice abusif ou injustifié[2].

(188) Droits et obligations du cocontractant de l'administration

En application des principes de **continuité** et de **mutabilité** du service public, le cocontractant de l'administration se voit imposer une **obligation générale d'exécution jusqu'à l'échéance du contrat** – normale ou anticipée en cas d'accord entre les parties. Une obligation qui ne connaît d'exception qu'en cas de **force majeure**, ou de **résiliation** du contrat par le juge administratif ou l'administration[3]. La jurisprudence récente s'efforce toutefois d'imposer désormais une « exigence de loyauté des relations contractuelles ». Un principe qui conduit le juge à appliquer le contrat, sauf lorsque ce dernier présente un caractère illicite ou se trouve affecté d'un vice de consentement d'une particulière gravité ou de toute autre illégalité – grave et accompagnée de circonstances particulières[4]. Le contractant de l'administration peut donc contester dans le délai de 2 mois la décision de résiliation[5] ; le juge peut alors ordonner la reprise des relations contractuelles lorsque celle-ci ne porte pas d'atteinte « excessive » à l'intérêt général, non plus qu'aux « droits du titulaire d'un nouveau contrat »[6].

Les droits du cocontractant de l'administration sont aussi pécuniaires. Il a bien évidemment droit au paiement du prix fixé par le contrat, amendé par différentes clauses de variation, d'indexation ou de révision. Mais il se trouve aussi protégé par la **règle de l'équilibre financier**, qui interdit à l'administration d'en faire la victime impuissante de ses pouvoirs de modification et de résiliation unilatérales, et l'autorise à réclamer des indemnités en cas de faits nouveaux, survenus lors de l'exécution du contrat.

1. CE 6 mai 1985, Ass. Eurolat, R. 141.
2. L'absence de toute clause prévoyant l'indemnisation du concessionnaire n'autorise pas l'administration à s'exonérer de son obligation de réparation ; seule une clause contraire expresse peut lui conférer ce privilège (CE 31 juillet 2009, soc. Jonathan Loisirs, AJDA 2009.1517).
3. **Résiliation dans l'intérêt du service** décidée par l'administration ; **résiliation-sanction** prononcée par l'administration, ou par le juge administratif lorsqu'elle n'a pas été prévue par le contrat (*cf. supra* §§ 185 et 187).
4. CE 28 déc. 2009, Cne de Béziers, AJDA 2010.142 ; 12 janv. 2011, Manoukian, AJDA 2011.71.
5. Jurisprudence applicable à la résiliation-sanction, mais aussi à la résiliation dans l'intérêt du service.
6. CE 21 mars 2011, Cne de Béziers, AJDA 2011.591 et 670, chron. Lallet et Domino.

B. Faits nouveaux et exécution du contrat administratif

(189) Faits nouveaux et volonté de l'administration

L'intervention de « faits nouveaux » est susceptible de venir perturber l'exécution du contrat administratif. **À la différence des prérogatives précédemment étudiées et réserve faite de la théorie du fait du prince, ces événements sont indépendants de la volonté de l'administration.**

Si la volonté de répartir les risques entre l'administration et son contractant se trouve de mieux en mieux prise en compte par le contrat lui-même[1] avec la multiplication des clauses de variation, d'indexation et de révision du prix[2], l'intérêt des solutions traditionnelles dégagées par la jurisprudence n'en demeure pas moins, qui se fondent une fois encore sur la primauté accordée à la satisfaction de l'intérêt général.

(190) Sujétions imprévues et théorie de l'imprévision

• La théorie jurisprudentielle des sujétions imprévues concerne principalement les marchés de travaux publics, et vise à prendre en compte la venue d'aléas matériels (veine rocheuse plus dure que prévu ou, au contraire, terrain instable) qui alourdissent la charge du cocontractant de l'administration. Dans cette hypothèse, et en l'absence de toute faute, celui-ci pourra obtenir l'indemnisation intégrale du « surcoût » ainsi provoqué.

• La théorie jurisprudentielle de l'imprévision est à la fois plus large et plus restrictive que la précédente. Plus large, dès lors qu'elle porte sur tous les contrats administratifs ; plus restrictive, puisqu'elle ne vise pas à réparer l'intégralité du préjudice subi par le cocontractant de l'administration.

Son application se trouve subordonnée à la réunion de **trois conditions** : l'événement venu contrarier l'exécution du contrat doit être **imprévu et imprévisible**[3], **indépendant de la volonté des parties**[4] et provoquer un **bouleversement de l'économie du contrat**, et non un simple déficit[5].

La théorie de l'imprévision se présente comme une conséquence et une illustration du **principe de continuité**. Elle a pour objet et pour effet de

1. À l'origine, le contrat de concession avait en effet pour objet de reporter l'aléa de gestion sur le concessionnaire, qui exécutait le contrat « à ses risques et périls » (*cf. supra* § 124).

2. Un décret du 18 décembre 2008 modifiant l'article 18 du Code des marchés publics généralise de la sorte l'insertion d'une clause de révision de prix pour les marchés publics « d'une durée d'exécution supérieure à trois mois ».

3. Dans le cas contraire, les parties subissent les conséquences de ce qui paraît être les aléas normaux d'exécution d'un contrat.

4. Le cocontractant ne peut, évidemment, modifier les termes du contrat. Si l'administration cocontractante le fait, elle utilise son pouvoir de modification unilatérale ou s'inscrit dans le cadre de la théorie du fait du prince, hypothèses qui conduisent toutes deux à l'indemnisation intégrale du cocontractant.

5. **CE 30 mars 1916, Compagnie générale d'éclairage de Bordeaux**, R. 125, concl. Chardenet : hausse considérable du prix du charbon et, donc, de la fabrication du gaz d'éclairage, à la suite de la déclaration de guerre de 1914 et de l'invasion du nord de la France qui s'ensuivit.

contraindre le cocontractant de l'administration à poursuivre l'exécution de son contrat **dans une situation extracontractuelle. L'indemnité d'imprévision** versée par l'administration en dehors de toute obligation contractuelle **ne couvre donc pas la totalité du préjudice subi** par le cocontractant, mais seulement la part qui ne relève pas de l'aléa ordinaire et qui apparaît nécessaire au maintien de l'exécution du contrat et, donc, du service public[1].

La théorie de l'imprévision ne vise au demeurant qu'à régler des difficultés passagères. Si la situation extracontractuelle perdure, l'administration devra utiliser son pouvoir de modification ou de résiliation unilatérale ; les parties pourront aussi invoquer la théorie de la force majeure.

191) La force majeure

La force majeure qualifie un **événement imprévu et imprévisible, indépendant de la volonté des parties** (deux conditions identiques à celles de la théorie de l'imprévision) et **irrésistible**, en ce sens qu'il rend impossible l'exécution du contrat[2]. Elle constitue une **exception au principe de continuité des services publics**, dès lors qu'elle autorise le cocontractant à s'exonérer de son obligation d'exécution, et à demander éventuellement au juge la résiliation de son contrat.

192) Le fait du prince

À la différence des théories précédemment étudiées, les difficultés rencontrées sont ici la conséquence directe de mesures édictées par l'administration contractante, mais **à un autre titre que celui de partie au contrat**. L'événement n'est donc pas totalement extérieur aux parties comme dans l'imprévision ou la force majeure ; il résulte d'une décision de l'administration qui ne porte pas directement sur le contrat considéré, mais qui emporte ou emportera des conséquences sur son exécution. Dès lors, si la mesure atteint le cocontractant de l'administration de manière suffisamment **spécifique**[3], celui-ci aura droit à la **réparation intégrale** du préjudice subi.

---

1. **CE 30 mars 1916, Compagnie générale d'éclairage de Bordeaux**, préc. : « Cons. qu'en principe le contrat de concession règle d'une façon définitive, jusqu'à son expiration, les obligations respectives du concessionnaire et du concédant ; que le concessionnaire est tenu d'exécuter le service dans les conditions précisées au traité [...] ». Toutefois, la compagnie est « fondée à soutenir qu'elle ne peut être tenue d'assurer, aux seules conditions prévues à l'origine, le fonctionnement du service tant que durera la situation anormale ci-dessus rappelée ». C'est seulement en 2004 que la Cour de cassation admettra que certains événements puissent venir remettre en cause les modalités d'exécution du contrat, qualifié par l'article 1134 du Code civil de « loi » des parties (Civ., 16 mars 2004).

2. CE 29 janvier 1909, Compagnie des messageries maritimes, R. 111, concl. Tardieu : grève présentant un caractère de force majeure ; **CE 9 décembre 1932, Compagnie des tramways de Cherbourg**, R. 1050, concl. Josse : imprévision se transformant en force majeure en raison de son caractère permanent.

3. CE 17 juillet 1950, Chouard, R. 444 : refus d'indemniser le cocontractant des conséquences d'une augmentation des impôts locaux qui touche tous les contribuables de la commune.

Titre 3
Obligations

La France est un **État de droit**. L'administration s'y trouve donc soumise à la règle de droit, elle doit respecter le principe de légalité (chapitre 1).

L'activité administrative est aussi susceptible de causer des préjudices aux administrés, préjudices qui engagent, sauf exceptions, la **responsabilité** de la puissance publique (chapitre 2).

Chapitre 1

Légalité

193) **Le principe de légalité**

Le principe de légalité exprime le rapport de l'administration à la « loi » *largo sensu*; il lui impose de respecter et d'obéir à la règle de droit. Cette relation se présente, au minimum, comme un **rapport de compatibilité** : l'administration ne peut aller à l'encontre de la « loi », elle ne peut édicter d'actes ou adopter des comportements qui lui soient contraires. En revanche, tout ce qui ne lui est pas interdit lui est permis. Elle peut aussi mettre en œuvre un **rapport de conformité formelle qui interdit à l'administration d'agir si elle n'en a pas reçu l'habilitation, l'autorisation de la loi. Le rapport de** conformité matérielle, **plus strict, suppose quant à lui que la « loi » détermine le contenu même de la décision administrative, et non plus seulement le principe de son intervention**[1].

Il est cependant pratiquement impossible que l'administration obéisse, en tout et pour tout, à un principe de conformité matérielle. Selon les hypothèses visées, la « loi » sera susceptible de déterminer avec plus ou moins de précision les modalités de l'action administrative, « liant » ainsi avec une intensité variable la compétence de l'administration et lui conférant un **pouvoir discrétionnaire** plus ou moins important[2].

Contrairement à ce qui se passe dans les pays anglo-saxons, où l'individu et la puissance publique se trouvent soumis, par principe, aux mêmes règles, l'administration française obéit à un **droit spécial**, distinct et autonome de celui qui s'applique aux particuliers : le droit administratif. C'est cette spécificité de la légalité administrative qui fonde et justifie l'existence d'une justice administrative séparée de l'autorité judiciaire.

1. Sur toutes ces questions, *cf.* C. Eisenmann, « Le droit administratif et le principe de légalité, études et documents du Conseil d'État, 1957.25. *Cf.* aussi *Cours de droit administratif*, Paris, LGDJ, 1982-1983, 2 vol.

2. Sur la distinction pouvoir discrétionnaire-compétence liée, *cf. infra* §§ 217 et 218.

(194) Variations autour d'un principe

Ce serait une erreur que d'imaginer l'actuelle soumission de l'administration française à la « loi » comme le produit d'une progression linéaire, continue et « triomphale » du principe de légalité. Celui-ci a connu bien des revers de fortune, et des modalités d'application fort diverses.

La Révolution confère un rôle éminent à la loi. Devenue « l'expression de la volonté générale », elle peut seule limiter l'exercice des « droits naturels et imprescriptibles de l'homme ». Les « bornes » de la liberté « ne peuvent être déterminées que par la loi »[1], et chaque droit ou liberté spécifiquement consacré trouve sa limite dans la loi[2]. Comme son nom l'indique, le pouvoir exécutif n'a pour fonction que d'exécuter la loi[3], et c'est une interprétation fort stricte de cette mission qui se trouve mise en œuvre en 1789. Dépourvu de tout réel pouvoir réglementaire[4], le roi se trouve constitutionnellement confiné dans l'application mécanique, l'individualisation de la loi[5]. Impraticable, cette conception sera rapidement amendée, en fait puis en droit, par des assemblées confrontées à la tourmente révolutionnaire et à la guerre européenne.

L'arrivée au pouvoir de Bonaparte conduit à une remise en cause radicale des relations nouées entre le législatif et l'exécutif. Le gouvernement (et non plus l'exécutif)[6] se trouve désormais doté d'un pouvoir réglementaire constitutionnellement reconnu pour la première fois, mais aussi d'un pouvoir réglementaire autonome[7]. Très vite, le nouveau régime se caractérise par une liberté sans cesse plus affirmée du gouvernement à l'égard du pouvoir législatif, et la soumission de plus en plus étroite de l'administration à ce même gouvernement.

---

1. Respectivement, articles 6, 2 et 4 DDH.
2. Lib. individuelle et sûreté (art. 7, 8 et 9), lib. d'opinion et d'expression (art. 10 et 11), droit de propriété (art. 17).
3. « Il n'y a point en France d'autorité supérieure à celle de la loi. Le roi ne règne que par elle, et ce n'est qu'au nom de la loi qu'il peut exiger l'obéissance » (Const. du 3 sept. 1791, titre 3, chap. 2, section 1, art. 3).
4. « Le pouvoir exécutif ne peut faire aucune loi, même provisoire, mais seulement des proclamations conformes aux lois, pour en ordonner ou en rappeler l'exécution » (Const. De 1791, titre 3, chap. 4, sect. 1, art. 6). *Cf.* aussi *infra*, § 211.
5. Pour des raisons essentiellement politiques (limiter le pouvoir d'un roi dont ils se méfiaient), les révolutionnaires de 1789 s'efforcèrent de mettre en œuvre une conception de l'exécutif largement inspirée du *contrat social*. De fait, selon Rousseau, la « puissance exécutive [...] ne consiste qu'en des actes particuliers », et le gouvernement n'est plus qu'un « corps intermédiaire établi entre les sujets et le souverain (le peuple) pour leur mutuelle correspondance, chargé de l'exécution des lois et du maintien de la liberté, tant civile que politique » (*Du contrat social*, livre 3, chap. 1, 1762, rééd. Paris, Garnier-Flammarion, 1966, pp. 97-98).
6. Const. du 22 frimaire an VIII (13 déc. 1799), article 39 : « Le gouvernement est confié à trois consuls nommés pour dix ans, et indéfiniment rééligibles [...] »
7. Article 44 : « Le gouvernement propose les lois et fait les règlements nécessaires pour assurer leur exécution. » Article 48 : « La garde nationale en activité est soumise aux règlements d'administration publique ; la garde nationale sédentaire n'est soumise qu'à la loi. »

En 1804, celui qui n'est encore « que » le Premier consul en fera le constat devant le Conseil d'État en des termes qui méritent d'être rapportés. « Le Corps législatif, expose-t-il, ne doit s'occuper que de l'impôt et des lois civiles générales. [...] Tout ce qui est administration, sûreté, police, n'est pas de son ressort [...] ». Et de conclure par cette formule remarquable, témoin des profondes modifications imposées à l'idée de légalité depuis 1789 : « Le gouvernement n'est plus, comme jadis, une émanation du Corps législatif ; *il n'a plus avec lui que des rapports éloignés.* »[1]

La chute du premier Empire (1814-1815) ne devait guère remettre en question l'idée d'une administration devenue le domaine réservé d'un gouvernement disposant d'un large pouvoir réglementaire autonome. La charte de 1830 limite certes la compétence de l'exécutif à un pouvoir réglementaire d'exécution des lois[2], mais, dans les faits, la situation n'évolue que lentement. C'est seulement en 1833 que le Conseil d'État admettra pour la première fois la recevabilité d'un recours pour excès de pouvoir dirigé contre un règlement du ministre des Finances[3]. À cette date, aucun recours contentieux ne venait assurer la soumission effective du pouvoir réglementaire à la loi[4].

En vertu d'un paradoxe qui n'est qu'apparent, la situation n'évoluera de manière significative qu'à compter du second Empire (1852-1870). La période se signale en effet par une expansion remarquable du recours pour excès de pouvoir, qui apparaît alors comme le nécessaire contrepoids de la déconcentration administrative opérée en 1852 et en 1861, et comme la « soupape de sûreté » du régime impérial[5].

La dévalorisation du Conseil d'État au début de la IIIe République se traduira par une réserve certaine du juge administratif, et c'est seulement au tournant du siècle que la jurisprudence relative à l'excès de pouvoir se fera plus dynamique et audacieuse, approfondissant et resserrant par là même les liens tissés entre l'administration et la loi. Au début du XXe siècle R. Carré de Malberg pourra présenter sans exagération le règlement administratif comme un acte de « puissance dérivée ». « La loi, note-t-il, conditionne à la fois la faculté

---

1. Propos tenus le 7 février 1804 et cités par PJC Pelet de la Lozère, *Opinions de Napoléon sur divers sujets de politique et d'administration*, Paris, 1833, pp. 181-182.

2. Charte du 14 août 1830, article 13 : « Le roi [...] fait les règlements et ordonnances nécessaires pour l'exécution des lois, sans jamais pouvoir ni suspendre les lois elles-mêmes, ni dispenser de leur exécution [...] ». À comparer avec l'article 14 de la charte du 4 juin 1814 : « le roi (...) fait les règlements et ordonnances nécessaires pour l'exécution des lois et la sûreté de l'État ». *Cf.* aussi Const. 14 janvier 1852, art. 13 ; Const. 4 nov. 1848, art. 49 ; loi constitutionnelle du 25 fév. 1875, art. 3 ; Const. 27 oct. 1946, art. 47 ; Const. 4 oct. 1958, art. 21, qui confie de surcroît, pour la première fois depuis 1830, un pouvoir réglementaire autonome à l'exécutif dans ses art. 34 et 37C.

3. CE 22 mars 1833, Dailly et cons., R. 174. Solution définitivement établie par CE, 11 février 1836, Dussart et cons., R. 72.

4. En témoigne, par ex., la suite d'ordonnances qui réglera l'organisation et le fonctionnement du Conseil d'État jusqu'en 1845.

5. § 225.

d'entreprendre l'acte et le contenu éventuel dont celui-ci est susceptible. L'essence du pouvoir exécutif, c'est donc de ne comporter que des actes faits *secundum legem* ou *ex lege*. »[1].

Après la période noire du régime de Vichy (1940-1944), le perfectionnement du recours pour excès de pouvoir se poursuit, avec la **diversification des règles de droit que doit désormais respecter l'administration**. Jusque-là subordonnée essentiellement à la loi, l'activité administrative se trouve désormais soumise à une pluralité de normes organisées en un système ordonné et hiérarchisé : Constitution, règles de droit international, loi et principes généraux du droit. Plutôt que de principe de légalité, il faudrait donc évoquer aujourd'hui le **principe de juridicité**, qui sanctionne l'obéissance de l'administration au droit en général, et non plus à la seule loi votée par le Parlement.

Nous étudierons la structure de ce principe (I), ses modalités d'application (II), puis sa sanction (III).

I. Structure : la hiérarchie des normes

(195) Principe de juridicité et hiérarchie des normes

La « loi » qui conditionne l'ensemble de l'activité administrative ne se limite plus à la loi *stricto sensu*, c'est-à-dire à l'acte normatif voté par le Parlement selon les procédures prévues par la Constitution. En vertu d'une métaphore bien connue, on évoque l'ensemble de ces règles de droit comme les « sources » du droit administratif. Notre étude se limitera aux **sources formelles**, c'est-à-dire aux « techniques par lesquelles sont produites les normes juridiques »[2], par opposition aux **sources matérielles** telles que les conditions historiques, économiques, sociologiques...

Ces « sources » formeraient un système de normes, une **pyramide** où les règles ne seraient pas seulement juxtaposées, mais ordonnées et hiérarchisées. Le sommet en serait la Constitution et le « bloc de constitutionnalité » ; viendraient ensuite le droit international, la loi nationale, les principes généraux du droit (PGD), les règlements et, enfin, à la base, la multitude des décisions individuelles et des contrats pris par l'administration.

Selon une opinion largement admise, cette hiérarchie des normes ne ferait que reproduire celle de leurs auteurs : pouvoir constituant, acteurs internationaux, Parlement, juge administratif et administration[3]. Certains publicistes, qualifiés de normativistes, contestent cependant cette approche. Selon eux, ces deux hiérarchies seraient indépendantes ; la hiérarchie des normes sanctionnerait seulement la validité formelle de toute norme. Une norme ne serait valide qu'en « raison de sa conformité à une norme supérieure, qui est elle-même valide parce

1. R. Carré de Malberg, *La Loi, expression de la volonté générale*, Paris, Sirey, 1931 ; rééd. Economica, 1984, p. 35 (souligné par l'auteur).
2. F. Hamon et M. Troper, *Droit constitutionnel*, Paris, LGDJ, 2009 (31e éd.), p. 32.
3. Thèse développée not. par R. Carré de Malberg, *op. cit.*, pp. 45 et s.

qu'elle est conforme à une norme encore supérieure »[1]. Installée au sommet de l'ordre juridique et de la pyramide des normes, la Constitution elle-même trouverait sa validité dans une norme fondamentale « présupposée »[2].

Cette vision d'une hiérarchie des normes se trouve actuellement remise en question par l'importance prise par le droit international et, notamment, le droit européen, conventionnel ou communautaire[3].

I.1. La Constitution et les autres principes et règles de valeur constitutionnelle

(196) A. Le « bloc de constitutionnalité »

La **Constitution du 4 octobre 1958** se trouve placée au sommet de la hiérarchie des normes s'imposant au législateur et à l'administration. Certains de ses articles intéressent directement l'autorité administrative : articles 13 et 21C, déterminant les compétences respectives du président de la République et du Premier ministre ; articles 34 et 37C, instituant la répartition des compétences entre la loi et le règlement ; article 55C, consacrant la supériorité du traité sur la loi ; articles 72C et s, relatifs à la décentralisation...

À la Constitution proprement dite se rattache le **préambule**, dont la valeur constitutionnelle sera solennellement consacrée par une **décision du Conseil constitutionnel du 16 juillet 1971**, relative à la liberté d'association[4]. Un préambule qui fait référence à la Déclaration des droits de l'homme et du citoyen de 1789, au préambule de la Constitution de 1946 et, depuis la révision constitutionnelle du 1er mars 2005, à la charte de l'environnement de 2004. Ont ainsi valeur constitutionnelle :

- tous les droits, principes et libertés proclamés dans le préambule, qui sont autant de bornes à l'action administrative : **liberté** individuelle, liberté d'opinion et d'expression, liberté d'entreprendre et **droit de propriété**, liberté du commerce et de l'industrie, principe d'**égalité**, qui constitue, nous l'avons vu, l'une des trois grandes « lois » du service public[5]... ;

- certains principes dont la source ne peut être trouvée directement dans le préambule, qui témoignent de la capacité normative du Conseil constitutionnel : **principes fondamentaux reconnus par les lois de la Répu-**

1. F. Hamon et M. Troper, *op. cit.*, p. 4.
2. « Cette norme fondamentale n'existe pas. Elle n'est même pas véritablement une norme. C'est seulement le présupposé, faute duquel il serait impossible de traiter la Constitution comme une norme [...] » *(ibid.)*.
3. Le droit européen conventionnel est issu de la convention européenne des droits de l'homme et des libertés fondamentales, signée le 4 novembre 1950. Le droit communautaire repose sur le traité de Rome du 25 mars 1957, suivi de toute une série de traités modificatifs : Maastricht, Amsterdam, Lisbonne. *Cf.* § 198 et s.
4. **CC 71-44 DC du 16 juillet 1971** (lib. d'association), R. 29.
5. §§ 100 et s.

blique (liberté d'association, liberté de l'enseignement, respect des droits de la défense, existence et indépendance de la juridiction administrative...)[1] et autres principes de valeur constitutionnelle, tel le **principe de continuité** des services publics – deuxième grande « loi » du service public[2] ;

- enfin, certains objectifs de valeur constitutionnelle tels la **sauvegarde de l'ordre public**[3], qui permettent au Conseil constitutionnel de régler l'exercice des droits et principes, ainsi que les modalités de leur éventuelle conciliation.

Tous ces principes, règles et objectifs forment avec la Constitution ce que l'on nomme le « **bloc de constitutionnalité** », expression commode qui masque le caractère parfois très hétérogène des normes appliquées par le Conseil constitutionnel. Contrairement à la thèse dangereuse défendue par l'école normativiste, l'**État de droit**, tel qu'il est conçu et mis en œuvre en France et dans l'Union européenne, ne se limite donc pas à une hiérarchie formelle des normes, à un simple procédé d'édiction de la règle de droit. Il est aussi, et en premier lieu, un **État protecteur de certains droits considérés comme fondamentaux**, bénéficiant comme tels d'une garantie constitutionnelle.

(197) B. Constitution et décision administrative unilatérale : la théorie de la loi-écran

Un règlement directement contraire à la Constitution ou à l'un des principes énumérés ci-dessus sera donc annulé par les juridictions administratives pour inconstitutionnalité[4]. En revanche, le juge administratif ne se reconnaît pas le droit d'annuler un règlement ou une décision administrative individuelle conforme à une loi inconstitutionnelle, prise **après l'entrée en vigueur du texte constitutionnel**. La **théorie de la loi-écran** empêche la censure d'un tel acte, car ce serait porter un jugement sur la constitutionnalité de la loi – ce que le juge administratif s'est toujours refusé à faire[5]. Ce refus ne concerne toutefois que les lois adoptées **après** l'entrée en vigueur de la Constitution de 1958. Le juge accepte en effet d'opérer un contrôle de **compatibilité** sur les

1. De manière tout à fait exceptionnelle, le CE s'est permis de proclamer un PFRLR relatif à l'impossibilité pour le gouvernement français d'extrader pour motif(s) politique(s), seule manière pour lui d'écarter en l'espèce l'application d'un traité qui aurait rendu possible l'extradition du requérant (**CE Ass. 3 juillet 1996, Koné**, R. 255). En revanche, un apatride peut parfaitement être extradé vers le pays qui lui a retiré le bénéfice de sa nationalité (CE 11 juin 2010, M.S., AJDA 2010.1177).

2. §§ 105 et s.

3. CC 82-141 DC du 27 juillet 1982, R. 48, liberté de communication (*cf. supra*, § 143).

4. *Cf.* par ex. CE Ass., avril 1987, Peltier, R 128, concl. Massot : annulation du refus de délivrance d'un passeport pour atteinte à « la liberté fondamentale d'aller et venir » ; CE 11 mai 1998, Mlle Aldige, R. 708 : annulation d'un décret limitant l'accès à la fonction publique militaire en violation du principe constitutionnel consacrant l'égalité entre hommes et femmes...

5. CE 6 novembre 1936, Arrighi, R. 966, S. 1937.3.33, concl. Latournerie. Jurisprudence qui ne lui paraît pas contrarier le droit au recours consacré par l'article 13 de la Conv. EDH (CE 28 mars 2008, M. Tauatomo Mairau, AJDA 2008.1715).

textes votés **antérieurement** à son adoption. Selon lui, il ne s'agit pas là en effet d'un contrôle de constitutionnalité de la loi, mais de l'application de la règle classique selon laquelle la loi postérieure (ici, la Constitution) l'emporte sur la loi antérieure. Le contrôle, limité, s'opère donc au prix de l'ignorance de la supériorité constitutionnelle ; il se veut la simple constatation de l'abrogation implicite d'un texte (la loi) par un autre, plus récent (la Constitution)[1].

D'application peu fréquente, cette jurisprudence devrait devenir plus rare encore à la suite de la **révision constitutionnelle du 23 juillet 2008**, qui instaure une **question prioritaire de constitutionnalité** portant sur les lois déjà promulguées, qu'elles soient antérieures ou postérieures à l'entrée en vigueur de la Constitution de 1958.

)7bis) **C. La question prioritaire de constitutionnalité (QPC)**

Guidée par la volonté de renforcer les droits des citoyens et de mettre fin à une « exception française » qui accordait aux règles du droit international une meilleure protection qu'à la constitution[2], la révision constitutionnelle du 23 juillet 2008 a institué un contrôle de constitutionnalité **a posteriori** qui vient compléter le contrôle **a priori** mis en place en 1958. Sur « renvoi du Conseil d'État ou de la Cour de cassation », le Conseil constitutionnel peut désormais apprécier si une disposition législative déjà promulguée « porte atteinte aux droits et libertés que la constitution garantit »[3].

Une loi organique du 10 décembre 2010[4] est venue préciser les modalités d'application de cette procédure, ouverte à compter du 1er mars 2010. À l'occasion d'un litige porté devant les juridictions judiciaires ou administratives, les requérants peuvent contester, dans un mémoire distinct et motivé, la constitutionnalité d'une loi qui leur est appliquée. Le juge saisi apprécie si la disposition est « applicable au litige ou à la procédure » en cours, ou constitue « le fondement du litige » ; si, « sauf changement de circonstance », elle n'a pas déjà été « déclarée conforme à la constitution dans les motifs et le dispositif d'une décision du Conseil constitutionnel » ; et, enfin, si la question « n'est pas dépourvue de caractère sérieux ». Si ces trois conditions se trouvent réunies, le juge sursoit à statuer et transmet la « question » à sa juridiction suprême[5]. Le Conseil d'État ou Cour de cassation se livre, dans un délai de 3 mois, à un nouvel examen des deux premières conditions, et

1. Distinction opérée de manière particulièrement nette par CE, ass. 16 décembre 2005, min. des Aff. sociales, du Travail et de la Solidarité, et synd. national des huissiers de justice, R. 570 : « S'il n'appartient pas au juge administratif d'apprécier la conformité d'un texte législatif aux dispositions constitutionnelles en vigueur à la date de sa promulgation, *il lui revient de constater l'abrogation, fût-elle implicite, de dispositions législatives (dont) le contenu est inconciliable avec un texte qui leur est postérieur, que celui-ci ait valeur législative ou constitutionnelle.* »

2. Le juge ordinaire, judiciaire ou administratif, accepte en effet de contrôler la conventionnalité de dispositions législatives promulguées, alors qu'il refuse d'opérer un contrôle de constitutionnalité des lois. *Cf.* §§ 197 et 201.

3. Art. 61-1C.

4. Déclarée conforme à la constitution par une décision CC 2009-595 DC du 3 déc. 2009.

5. Art. 23-1, 2 et 3 de la loi organique du 10 décembre 2010.

vérifie spécifiquement si la question est « nouvelle ou présente un caractère sérieux »[1]. En cas de réponse positive, ces juridictions saisissent le Conseil constitutionnel, qui doit se prononcer dans un délai de 3 mois.

Une procédure novatrice, donc, mais qui risquait fort de subir la concurrence d'un recours en inconventionnalité exercé depuis plus de 20 ans devant les juridictions judiciaires et administratives[2]. Le constituant s'efforça de remédier à ce handicap en conférant au Conseil le pouvoir d'abroger la disposition législative déclarée inconstitutionnelle, et de moduler et/ou de différer les effets de sa décision[3]. Le législateur organique a quant à lui transformé ce qui n'était qu'une question préjudicielle en question prioritaire[4]. Au terme d'un feuilleton judiciaire remarquablement bref, la compatibilité de ce caractère prioritaire avec le droit communautaire a été successivement admise par le Conseil constitutionnel, le Conseil d'État et la Cour de justice de l'Union européenne[5], dès lors que le juge national demeure libre de saisir « à tout instant » la CJUE d'une question préjudicielle, qu'il peut « adopter toute mesure nécessaire afin d'assurer la protection juridique provisoire des droits conférés par l'ordre juridique de l'Union » et qu'il peut refuser d'appliquer toute disposition législative contraire au droit communautaire[6].

La mise en œuvre de la QPC a déjà permis au Conseil constitutionnel d'adopter de très importantes décisions, relatives, par exemple, à l'inconstitutionnalité des peines accessoires automatiquement attachées à certaines condamnations, ou du régime actuel de garde à vue[7] ou de l'hospitalisation d'office fondée sur la seule « notoriété publique »[8].

I.2. Le droit international

(198) A. Le « bloc de conventionnalité »

Le XXe siècle fut l'époque d'une extraordinaire multiplication du nombre des conventions internationales, dont certaines influent de manière déterminante sur

1. Art. 23-4, 5, 6 et 7.
2. 1975, pour les juridictions judiciaires; 1989, pour les juridictions administratives. *Cf. infra* § 201.
3. Art. 62C révisé. Après avoir déclaré inconstitutionnel le régime de la garde à vue dans une décision du 30 juillet 2010, le CC a ainsi différé l'abrogation des dispositions en cause au 1er juillet 2011.
4. Les juridictions concernées doivent « se prononcer par priorité sur la transmission de la question de constitutionnalité au CE ou à la Cour de cassation », qui doivent se « prononcer par priorité sur le renvoi » de la « question » au CC. La LO prévoit même la transmission automatique au CC, si les juridictions suprêmes ne se prononcent pas dans les délais prévus (art. 23-2, 5 et 7).
5. Question posée Cass. 16 avril 2010, Melki à la CJUE. Interprétation « communautaire » de la QPC donnée par CC 2010-605 DC du 12 mai 2010, jeux en ligne », et CE 14 mai 2010, Rujovik, et acceptée, sous certaines conditions par CJUE 22 juin 2010, Melki et Abdeli. Sur ces questions, cf. not. Les n° 3 et 4 de la RFDA 2010 et l'article de M. Houser, QPC et renvoi préjudiciel (...), LPA 2010 n° 191.
6. CJUE préc.
7. CC 2010-6/7 QPC du 11 juin 2010; CC 2010-14/22 QPC du 30 juillet 2010.
8. CC 2011-174 QPC du 6 oct. 2011, Me Oriette, AJDA 2011.1927.

notre droit, à l'image des **traités européens**[1] ou de la **Conv. EDH**[2]. Par droit international, il faut entendre non seulement les traités, ce que l'on nomme le **droit originaire**, mais aussi le **droit dérivé** édicté par les organismes internationaux créés par ces conventions.

La Constitution de 1958 établit une première distinction entre les traités, négociés et ratifiés par le président de la République, et les accords internationaux relevant de la compétence du gouvernement, pour lesquels le chef de l'État est seulement tenu « informé de toute négociation »[3]. Toute ratification ou approbation des traités ou accords les plus importants[4] doit être autorisée par la loi, parlementaire ou référendaire[5] ; les traités portant sur l'échange, la cession ou l'adjonction de territoire doivent en outre recueillir « le consentement des populations intéressées »[6].

Le **droit dérivé** a lui aussi acquis une très grande importance avec la multiplication d'organisations internationales intergouvernementales disposant de compétences parfois extrêmement étendues : ONU, OTAN, OMC, UE... Le **droit communautaire dérivé** est ainsi devenu une source très importante du droit des États membres de l'Union européenne. Il se compose de **règlements communautaires** directement applicables ; de **directives communautaires** qui ne lient les États membres qu'au regard des résultats à atteindre et nécessitent donc, en principe, des **lois** ou des **décrets de transposition** ; de **décisions** (nominatives), d'**avis** et de **recommandations**.

Enfin, l'article 38 du statut de la Cour internationale de justice évoque aussi, comme sources du doit international, des normes non écrites telles que la **coutume internationale** et « les **principes généraux du droit** reconnus par les nations civilisées ».

(199) B. Application et interprétation des traités et autres conventions internationales

Les juridictions administratives se sont longtemps contentées de vérifier l'**existence** de la convention internationale ou, plus exactement, l'existence de l'acte la ratifiant ou l'approuvant. Elles contrôlent désormais le **respect de la procédure de ratification ou d'approbation** prévue par le texte constitutionnel[7]. Le juge

1. Traité de Rome du 25 mars 1957, entré en vigueur le 14 février 1958, et tous les traités modificatifs : Maastricht, Amsterdam, Lisbonne...

2. Signée le 4 novembre 1950, ratifiée et entrée en vigueur en France en 1974.

3. Article 52C.

4. Article 53C : traités de paix ou de commerce ; traités ou accords relatifs à l'organisation internationale ou à l'état des personnes, qui engagent les finances de l'État...

5. La ratification du traité de Maastricht fut ainsi autorisée – de justesse – par le référendum du 20 septembre 1992 ; celle du traité constitutionnel européen fut refusée par le référendum du 29 mai 2005.

6. Art. 53C. Procédure utilisée en 1974 pour l'accession à l'indépendance des Comores, réserve faite de Mayotte, qui se prononça en faveur du maintien dans la République française.

7. **CE Ass. 18 décembre 1998, SARL du Parc d'activités de Blotzheim**, R. 483, concl. Bachelier. L'article 55C évoque en effet « les traités régulièrement ratifiés ou approuvés ».

se refuse en revanche à contrôler la constitutionnalité d'un traité, opération qui relève de la compétence du Conseil constitutionnel en vertu de l'article 54 de la Constitution[1].

Concernant l'**interprétation** des normes internationales, il est nécessaire de distinguer entre le droit communautaire et le droit international général.

• Pour le droit communautaire, c'est-à-dire le droit issu du traité de Rome, c'est la **Cour de justice de l'Union européenne** (CJUE) qui est chargée d'interpréter et d'apprécier la validité des traités et des actes dérivés. Le renvoi devant cette juridiction est obligatoire pour les cours suprêmes (CE, TC et Cour cass.), et facultatif pour les juridictions inférieures[2]. Ce système permet de maintenir l'unité de la jurisprudence européenne sans surcharger les rôles du juge européen, et évite de la sorte d'allonger et de compliquer inutilement les procédures.

• Pour le droit international général, c'est-à-dire autre que communautaire, **le juge administratif s'estime désormais compétent pour interpréter les actes internationaux**[3], abandonnant en cela l'ancienne jurisprudence qui lui commandait d'en faire une question préjudicielle et d'en réclamer l'interprétation auprès du ministre des Affaires étrangères. Confronté aux dispositions divergentes de deux traités applicables en l'espèce, il peut aussi les interpréter afin d'opérer leur conciliation, voire, si celle-ci s'avère impossible, déterminer la règle internationale qu'il appliquera afin d'apprécier la conventionnalité de la décision administrative contestée devant lui[4].

Le juge administratif vient aussi d'abandonner la jurisprudence – traditionnelle, mais contraire à la règle du procès équitable – qui lui interdisait de connaître de la condition de réciprocité prévue à l'article 55C[5]. Un avis du ministre des affaires étrangères demeure certes nécessaire en la matière, mais c'est désormais le juge qui en apprécie seul la réalisation[6].

1. Cf. pour un ex. récent et particulièrement tipique : CE Ass. 9 juilllet 2010, Me Chériet-Benséghir et fédération nationale de la libre pensée (2 sept.), AJDA 2010.1635.

2. Article 177 du traité de Rome.

3. **CE Ass. 29 juin 1990, GISTI** (groupement d'intervention et de soutien des travailleurs immigrés), R. 171, concl. Abraham.

4. CE Ass. 23 déc. 2011, M. Kandyrine de Brito Paiva, AJDA 2012.201, chron. X. Domino et A. Bretonneaux. Bien entendu, la méconnaissance de la règle de droit international ainsi écartée par le juge est susceptible d'engager la responsabilité de la puissance publique.

5. Article 55C : « Les traités ou accords régulièrement ratifiés ou approuvés ont, dès leur publication, une autorité supérieure à celle des lois, *sous réserve, pour chaque accord ou traité, de son application par l'autre partie.* »

6. CE Ass. 9 juillet 2010, Me Chériet-Benseghir et fed. nat. de la libre pensée (2 sept.), AJDA 2010.1635. Abandon de la jurisprudence. du CE Ass. 29 mai 1981, Rekhou, R. 220 (RDP 1981.1707, concl. Théry) confirmée par CE Ass. 9 avril 1999, Mme Chevrol-Benkeddach (R. 115), mais condamnée par CEDH 13 février 2033 Chevrol/France (AJDA 2003.1984, note Rambaud).

(200) C. Des rapports établis entre Constitution et droit international

Le rapport établi entre Constitution et conventions internationales est évoqué à l'**article 54C** : « Si le Conseil constitutionnel, saisi par le président de la République, par le Premier ministre, par le président de l'une ou l'autre assemblée ou par soixante députés ou soixante sénateurs, a déclaré qu'un engagement international comporte une clause contraire à la Constitution, l'autorisation de ratifier ou d'approuver l'engagement international en cause ne peut intervenir qu'après la révision de la Constitution. »

La Constitution dispose donc d'une valeur juridique supérieure à celle d'un engagement international, dès lors que celui-ci ne pourra être ratifié (traité) ou approuvé (accord) qu'après une *éventuelle* révision de la Constitution. L'utilisation de cette procédure a conduit à plusieurs révisions, relatives notamment à l'évolution institutionnelle de la Communauté européenne[1] et à la création d'une Cour pénale internationale[2]. En une occasion, la décision de contrariété du Conseil constitutionnel ne sera pas suivie de l'indispensable révision de la Constitution, ce qui interdira à la République de ratifier la Charte européenne des langues régionales ou minoritaires[3].

Désormais contestée, cette primauté de la Constitution sur les engagements internationaux a donné lieu à une jurisprudence subtile et contrastée. Sans grande surprise, le juge européen a très tôt proclamé la supériorité du droit communautaire sur le droit national des États membres[4], y incluant expressément les règles de rang constitutionnel[5]. Le juge français – civil ou administratif – continue pour sa part d'affirmer, dans l'ordre interne, la supériorité juridique de la Constitution sur le droit international général et communautaire[6]. Plus diplomate, le CC a admis, dans sa décision du 19 novembre 2004 relative au traité constitutionnel européen, la primauté du droit communautaire posée par ce traité, tout en rappelant le rôle et la place de la Constitution « au sommet de l'ordre juridique interne »[7]...

Apparaît ainsi la représentation et l'acceptation de deux systèmes juridiques, national et communautaire, dont les relations se trouvent pacifiées et apaisées par la référence aux idées de valeurs communes et d'équivalence de

1. 1992 (Maastricht), 1997 (Amsterdam), 2004 (traité constitutionnel européen ; révision rendue largement inutile par le référendum négatif du 29 mai 2005) et 2007 (Lisbonne).

2. Rév. const. « minimaliste » du 8 juillet 1999, ajoutant un article 53-2C : « La République peut reconnaître la juridiction de la Cour pénale internationale dans les conditions prévues par le traité signé le 18 juillet 1998. »

3. CC 99-412 DC du 15 juin 1999, R. 71. La révision constitutionnelle du 23 juillet 2008 a ajouté un article 75-1C fort vague – « Les langues régionales appartiennent au patrimoine de la France » – que certains interprètent comme autorisant la République à ratifier cette Charte.

4. CJCE 15 juillet 1964, Costa / ENL, Rec. Jur. Cour justice Communautés eur. (RCJCE) 1141, concl. Lagrange.

5. CJCE 17 décembre 1970, International Handelsgesellschaft, RCJCE 1125, concl. Dutheillet de Lamothe.

6. **CE Ass. 30 octobre 1998, Sarran**, R. 369 ; RFDA 1998.1081, concl. Maugüe ; Cass. Ass. plén. 2 juin 2000, Fraisse, RDP 2000.1037, note Prétot.

7. **CC 2004-505 DC du 19 novembre 2004**, R. 173.

protection[1]. De fait, si la procédure prévue par l'article 54C permet d'éviter le risque d'un conflit ouvert entre une convention internationale et la Constitution, la question peut cependant être soulevée indirectement, à l'occasion du contrôle de constitutionnalité d'une loi (par le CC) ou d'un décret (par le CE) transposant ou appliquant un texte international.

Les règles à observer en la matière ont été énoncées en 2004 par le **Conseil constitutionnel, qui refuse désormais de contrôler la constitutionnalité des lois que l'on pourrait qualifier de « transparentes », dès lors qu'elles se contentent de transposer mécaniquement un acte communautaire en droit français**[2]. Cette opération de transposition traduit en effet une obligation constitutionnelle prévue à l'article 88-1C[3], et bénéficie en conséquence d'une présomption de constitutionnalité qui ne s'efface que si la loi de transposition contrarie « **une règle ou un principe inhérent à l'identité constitutionnelle de la France** »[4]. Le Conseil constitutionnel ne devrait donc plus intervenir que dans ce dernier cas, très spécifique et probablement fort rare. Dans toutes les autres hypothèses, la loi de transposition devra être contestée devant la Cour de justice des Communautés européennes, pour contrariété avec le droit communautaire.

Le Conseil d'État adoptera une solution semblable en refusant de contrôler la constitutionnalité d'un décret transposant une directive européenne, dès lors que le droit communautaire offre une **protection équivalente** au requérant. Hormis l'hypothèse où serait mis en cause un principe constitutionnel original, le conflit entre le décret appliquant une directive européenne et la Constitution se transforme de la sorte en un contentieux strictement communautaire opposant le décret à la directive, éventuellement renvoyé devant la Cour de justice des Communautés européennes en cas de « difficulté sérieuse »[5].

(201) D. Supériorité des conventions internationales sur la loi nationale

L'**article 55C** confère aux « traités ou accords régulièrement ratifiés ou approuvés [...] une autorité supérieure à celle des lois » votées par le Parlement ou adoptées à la suite d'un référendum[6], réserve faite de la clause de réciprocité précédemment évoquée[7].

Le Conseil d'État s'est pourtant longtemps refusé à sanctionner l'inconventionnalité des lois. Dans l'hypothèse d'une loi édictée antérieurement à l'enga-

1. Sur cette question, *cf.* note Lafaille sous CE 3 juin 2009, Soc. Arcelor Atlantique et Lorraine, AJDA 2009.1710.
2. CC 2004-496 DC du 10 juin 2004 (loi sur l'économie numérique), R. 101.
3. Interprétation « constructive » de la disposition qui suit : « La République participe aux Communautés européennes et à l'Union européenne, constituées d'États qui ont choisi librement, en vertu des traités qui les ont instituées, d'exercer en commun certaines de leurs compétences. »
4. CC 2006-540 DC du 27 juillet 2006 (droit d'auteur), R. 88.
5. **CE Ass. 8 février 2007, soc. Arcelor Atlantique et Lorraine**, R. 56.
6. **CE Ass. 30 octobre 1998, Sarran**, préc.
7. § 199.

gement international, le juge contournait la question en faisant application du principe selon lequel la règle postérieure l'emporte sur la loi antérieure, concluant de la sorte à l'abrogation implicite de la loi par la convention internationale[1]. Les lois postérieures demeuraient quant à elles en vigueur[2].

Toutefois, en renonçant à intégrer le contrôle de la conventionnalité des lois au sein du contrôle de constitutionnalité « en raison de la différence de nature de ces deux contrôles »[3], le Conseil constitutionnel semblait inviter le juge « ordinaire » à disposer de cette compétence extrêmement importante. Quatre mois plus tard, la Cour de cassation n'hésitait pas à sanctionner l'inconventionnalité d'une disposition législative adoptée postérieurement à l'entrée en vigueur du traité de Rome[4]. Le Conseil d'État se montrera quant à lui beaucoup plus réservé ; c'est en 1989 seulement qu'il se décidera à sanctionner la supériorité des engagements internationaux sur des lois édictés après leur approbation ou leur ratification[5]. Cette jurisprudence sera ensuite promptement étendue au **droit communautaire dérivé** : le juge administratif contrôle de la sorte la compatibilité de la loi nationale avec les **règlements**[6] et **directives communautaires**[7].

La Constitution de 1958 n'évoque que les traités, accords ou engagements internationaux dans ses articles 52, 53, 54 et 55C. Le 7préambule de 1946 énonce cependant que « la République française, fidèle à ses traditions, se conforme aux règles du droit international », ce qui semble bien inclure les **règles non écrites** telles que la coutume ou les principes généraux du droit international. Le juge administratif se refuse pourtant à sanctionner la primauté de ces normes sur la loi nationale, au motif que ni l'article 55C, « ni aucune autre disposition de nature constitutionnelle ne prescrit ni n'implique que le juge administratif ne fasse prévaloir la coutume internationale en cas de conflit entre ces deux normes »[8]. Cette solution fort contestable est désormais suscep-

1. CE 11 décembre 1987, Daniélou, R. 409. Un raisonnement semblable lui permet d'abroger les lois édictées antérieurement à l'entrée en vigueur de la Constitution de 1958, et contraires à ce texte (*cf.* § 197).

2. CE 1er mars 1968, synd. général des fabricants de semoule de France, R. 149 ; AJDA 1968.234, concl. Questiaux.

3. **CC 74-54 DC du 15 janvier 1975, IVG** 1, R. 19

4. Cass. Chambres mixtes, 24 mai 1975, soc. des cafés J. Vabre, GP 1975.2.470, concl. Touffait.

5. **CE Ass. 20 octobre 1989, Nicolo**, R. 190, concl. Frydman. Le TC vient, pour la première fois en 2010, de censurer une loi inconventionnelle. La répartition des compétences entre les deux ordres de juridiction est en principe sans incidence sur le droit au procès équitable. Mais en l'espèce, la loi, de portée rétroactive, conduisait à « une ingérence du pouvoir législatif dans l'administration de la justice » non justifiée par un motif « impérieux » d'intérêt général : TC 13 déc. 2010 Soc. Greenyellow et autres c/ EDF, concl. M. Guyomard et note L. Richer, AJDA 2011.439.

6. CE 24 septembre 1990, Boisdet, R. 251 ; les petites affiches (LPA) 12 octobre 1990, concl. Laroque.

7. CE Ass. 28 février 1992, SA Rothmans International France, R. 80, concl. Laroque.

8. CE Ass. 6 juin 1997, Aquarone, R. 206, concl. Bachelier. Solution similaire pour les principes généraux du droit international (CE 28 juillet 2000, Paulin, R. 317).

tible d'engager la responsabilité internationale de la France sur le fondement de la responsabilité sans faute[1].

(202) E. Conventions internationales et décisions administratives unilatérales

En vertu de la hiérarchie des normes établie par la Constitution, les décisions administratives unilatérales contrariant directement un engagement international seront censurées pour illégalité par le juge administratif[2]. Mais la mesure frappe aussi celles qui ne seraient qu'indirectement contraires à un tel acte. **La théorie de la loi-écran ne joue plus dans cette hypothèse** : le juge, se reconnaissant le pouvoir d'apprécier la conventionnalité de la loi, annulera pour illégalité une décision administrative conforme à une loi incompatible avec une règle écrite de droit international. La solution s'applique aussi au **droit communautaire dérivé** ; les décisions administratives unilatérales doivent respecter les règlements, directives et décisions communautaires, sous peine de censure juridictionnelle[3].

Dès lors, le respect de cette hiérarchie des normes où le traité l'emporte sur la loi exonère logiquement le pouvoir réglementaire de son obligation constitutionnelle d'exécuter la loi, lorsque celle-ci paraît incompatible avec une règle de droit international[4]. Conduit, en 1999, à apprécier le refus du Premier ministre d'utiliser la procédure de l'article 37-2C, le juge administratif n'hésite plus à faire référence aux « exigences inhérentes à la hiérarchie des normes ainsi qu'à l'obligation pour l'autorité nationale d'assurer l'application du droit communautaire »[5]. Enfin, depuis 2007, il admet que la puissance publique puisse engager, dans des conditions assez favorables pour les requérants, sa **responsabilité sans faute du fait d'une loi inconventionnelle**[6].

1. *Cf. infra* § 288.
2. CE 30 mai 1952, Dame Kirkwood, R. 291 ; RDP 1952.781, concl. Letourneur ; CE Ass. 24 juin 1977, Astudillo-Caleja, R. 290 ; D. 1977.695, concl. Genevois.
3. Les règlements nationaux contraires à une directive communautaire sont censurés depuis une décision du **CE Ass. du 3 février 1989, Cie Alitalia** (R44). Le CE s'est en revanche longtemps refusé à sanctionner les décisions administratives individuelles contrariant les dispositions d'une directive non transposée (**CE Ass. 22 déc. 1978, Cohn-Bendit**, R524). Cette jurisprudence vient d'être abandonnée par une décision du CE Ass. du 30 oct. 2009, Me Perreux (AJDA 2009.2028). Tout justiciable peut désormais « se prévaloir, à l'appui d'un recours dirigé contre un acte administratif non réglementaire, des dispositions précises et inconditionnelles d'une directive, lorsque l'État n'a pas pris, dans les délais impartis par celle-ci, les mesures de transposition nécessaires ».
4. CE 24 février 1999, Ass. des patients de la médecine d'orientation anthroposophique, R. 29.
5. CE 3 décembre 1999, Ass. ornithologique et mammalogique de Saône-et-Loire (2 esp.), R. 379, concl. Lamy.
6. CE 8 février 2007, Gardedieu, R. 78, concl. Derepas. *Cf. infra* § 288. En 1992, le CE avait accepté de réparer le préjudice résultant de la faute commise par l'administration, lorsqu'elle appliquait une loi contrariant une règle de droit international (CE 28 février 1992, Soc. Arizona Tobacco Products, R. 78, concl. Laroque). Avec l'arrêt Gardedieu, c'est la loi inconventionnelle elle-même qui ouvre désormais le droit à réparation.

I.3. La loi

(203) **A. Diversité**

Dans les années 1930, R. Carré de Malberg pouvait évoquer le caractère monolithique de la loi, qui transcendait selon lui la distinction traditionnellement opérée entre lois constitutionnelles et lois « ordinaires »[1]. Cet attribut a totalement disparu avec la Constitution de 1958 qui, dans sa volonté d'abaisser la loi et le Parlement, **multiplie au contraire les catégories d'actes législatifs soumis à des régimes juridiques différents** : lois constitutionnelles[2], organiques[3], référendaires[4] ; lois de finances et de financement de la Sécurité sociale[5] ; « lois de pays » de la Nouvelle-Calédonie[6] ; ordonnances de l'article 38C[7] et de l'article 92C[8] ; décisions présidentielles de l'article 16C prises dans le domaine de la loi[9]. S'y ajoutent désormais les lois « transparentes » transposant mécaniquement les directives européennes qui, sauf exception, échappent désormais au contrôle du Conseil constitutionnel[10].

---

1. Dès lors que la loi est considérée comme exprimant la volonté générale et se trouve pratiquement identifiée avec la volonté du Parlement, « la base même de toute différenciation véritable entre lois constitutionnelles et lois ordinaires s'évanouit » (*La Loi, expression de la volonté générale*, *op. cit.*, p. 104).

2. Adoptées selon une **procédure d'élaboration spécifique prévue à l'article 89C, et soustraites au contrôle du CC.**

3. Soumises à une **procédure spécifique et au contrôle obligatoire du CC (art. 46 et 61C)**, qui sanctionne de la sorte la délicate distinction opérée entre « compléter » et modifier la Constitution, cette dernière compétence étant conférée à la loi constitutionnelle.

4. **Adoptées par le peuple** (art. 11C), elles « constituent l'expression directe de la souveraineté nationale ». **Le CC refuse en conséquence d'en contrôler la constitutionnalité (CC 62-20 DC du 6 nov. 62**, R. 27, réaffirmée par **CC 93-313 DC du 23 sept. 1993, Maastricht 3**, R. 94). La révision constitutionnelle du 23 juillet 2008 prévoit la possibilité d'organiser un référendum « à l'initiative d'un cinquième des membres du Parlement, soutenue par un dizième des électeurs inscrits sur les listes électorales ». L'adoption de ces « propositions de loi » obéit à des conditions spécifiques, et se trouve subordonnée au contrôle *préalable* obligatoire du CC (art. 11 et 61C révisés).

5. **Qui obéissent toutes deux à des procédures d'élaboration spécifiques** prévues aux **articles 34, 39, 42, 47 et 49C.**

6. Textes votés en certaines matières par le Congrès de Nouvelle-Calédonie, soumis au contrôle *préalable* du CC (art. 77C).

7. § 215.

8. Abrogée par la révision constitutionnelle du 4 août 1995, cette disposition autorisait le gouvernement ou le Conseil des ministres à prendre des « ordonnances ayant force de loi », nécessaires « à la mise en place des institutions » et « au fonctionnement des pouvoirs publics », ou déterminant « le régime électoral des Assemblées prévues par la Constitution ». L'art. 92C habilitait le gouvernement à édicter selon le même procédé, toutes « les mesures qu'il jugera nécessaires à la vie de la Nation, à la protection des citoyens ou à la sauvegarde des libertés ». Entre le 4 octobre 1958 et le 4 février 1959, l'exécutif adoptera 321 ordonnances de l'article 92C, dont 25 ordonnances portant loi organique. Par ce véritable « tour de passe-passe », la Constitution sera complétée sans intervention des nouvelles Assemblées, et dans un sens exclusivement favorable au président de la République et au gouvernement.

9. § 220.

10. § 200.

(203bis) B. Une loi soumise à la Constitution

Contrairement aux textes gouvernant les IIIe et IVe Républiques, la Constitution de 1958 opère une véritable distinction entre lois constitutionnelles et lois ordinaires. L'**article 61C** organise en effet un **contrôle de constitutionnalité a priori, facultatif**, mis en œuvre par le Conseil constitutionnel et permettant de sanctionner, le cas échéant, la subordination effective de la loi « ordinaire » à la Constitution[1]. En 1958, la saisine du juge constitutionnel se trouvait limitée aux quatre plus hautes autorités de l'État : Président de la République, Premier ministre, présidents de l'Assemblée nationale et du Sénat. Le rôle nouveau du Conseil, devenu le gardien des libertés fondamentales depuis 1971[2], rendit nécessaire l'élargissement du droit de saisine à 60 députés ou 60 sénateurs[3]. Grâce à cette réforme essentielle, l'intervention du Conseil constitutionnel est devenue une étape fréquente et importante d'une procédure législative close par la promulgation de la loi effectuée par le président de la République[4], et la minorité parlementaire peut désormais espérer empêcher la volonté de la majorité d'acquérir force de loi.

L'institution, en 2008, d'un contrôle de constitutionnalité a posteriori, matérialisé par la question prioritaire de constitutionnalité, est venue renforcer la subordination effective de la loi à la constitution[5].

(204) C. Le domaine de la loi

La Constitution de 1958 s'est efforcée de rompre avec la situation antérieure en créant à l'article 34C un domaine de la loi limitant la compétence du législateur. À la définition formelle traditionnelle de la loi – acte voté par le Parlement selon la procédure prévue par la Constitution – succède une **définition qui associe les dimensions formelle et matérielle**, nettement séparées depuis la révision constitutionnelle du 23 juillet 2008. « Le Parlement vote la loi » dispose l'article 24C, mais la loi « fixe les règles » ou « détermine les principes fondamentaux » relatifs à certaines matières limitativement énumérées à l'article 34C[6].

1. Symbole de cette « mise au pas » du législateur, cette affirmation du **Conseil constitutionnel** en date du **23 août 1985**, selon laquelle « la loi *votée* [...] n'exprime la volonté générale que dans le respect de la Constitution ». CC 85-197 DC du 23 août 1985.

2. **CC 71-44 DC du 16 juillet 1971** (lib. d'association), préc. (*cf. supra* § 196), consacrant la valeur constitutionnelle du préambule.

3. Révision constitutionnelle du 29 octobre 1974.

4. **CC 85-197 DC du 23 août 1985 (évolution de la Nouvelle-Calédonie)**, préc.

5. Cf. *supra* § 197 bis.

6. « *La loi fixe les règles* concernant : [...] les droits civiques et les garanties fondamentales accordées aux citoyens pour l'exercice des libertés publiques, la liberté, le pluralisme et l'indépendance des médias », « la nationalité, l'état et la capacité des personnes », « la détermination des crimes et délits et des peines qui leur sont applicables », la procédure pénale et l'amnistie, « l'assiette, le taux et les modalités de recouvrement des impositions de toute nature », « la création de catégories d'établissements publics », les nationalisations et les privatisations... *La loi détermine aussi « les principes fondamentaux :* [...] « de l'organisation générale de la défense nationale ; de la libre administration des collectivités territoriales »...

Apparaît ainsi l'idée, proprement révolutionnaire au regard de la tradition républicaine française, d'un **domaine de la loi**. Certes, le rôle du législateur demeure essentiel : « tout ce qui touche aux libertés publiques et aux droits individuels », « aux pouvoirs publics et aux structures fondamentales de l'État », le budget, la déclaration de guerre et la prorogation de l'état de siège relèvent toujours de sa compétence[1], mais c'en est fini pourtant de la toute-puissance passée[2]. « Les matières autres que celles qui sont du domaine de la loi, énonce l'article 37C, ont un caractère réglementaire. » Avec cette consécration d'un **pouvoir réglementaire autonome**, c'est la **vieille idée bonapartiste d'un gouvernement et d'une administration seulement limités par la loi**[3] qui redevenait possible.

(205) Une révolution ?

Il y avait certes eu des précédents avec, notamment, la **loi André Marie du 17 août 1948**, créant un domaine où le pouvoir réglementaire pouvait intervenir sans habilitation spécifique du législateur. Mais cette simple description met en lumière tout ce qui distingue cette répartition des tâches de celle qui sera décidée dix ans plus tard.

La loi de 1948 crée un domaine du règlement ; l'exécutif ne se voit donc conférer qu'une compétence normative d'attribution, le législateur conservant la compétence de droit commun. Le rapport de force s'inverse en 1958 avec l'enfermement de la loi dans un domaine limité. **C'est désormais le pouvoir réglementaire qui dispose de la compétence normative de droit commun, le législateur ne disposant plus que d'une compétence d'attribution.** En 1948, le législateur demeure seul maître de sa compétence ; il décide de la création d'un domaine du règlement qu'il peut étendre, réduire, voire même supprimer selon son gré. En 1958, c'est le pouvoir constituant qui réalise l'opération, et prend la précaution d'instituer un **Conseil constitutionnel**, chargé d'empêcher le législateur de sortir de son domaine.

La tradition l'a cependant largement emporté grâce à la situation politique et aux jurisprudences conservatrices du Conseil constitutionnel et du Conseil d'État. L'émergence en 1962 du « **fait majoritaire** », c'est-à-dire d'une majorité parlementaire stable, disciplinée et cohérente, rend moins nécessaire la répartition des compétences opérée en 1958, et presque obsolètes les procédures sanctionnant l'évasion du législateur hors de son domaine[4]. Qu'importe en effet qu'il outrepasse sa compétence, dès lors que les textes votés refléteront fidèlement les attentes du gouvernement ?

1. Discours de M. Debré, ministre de la Justice du gouvernement de Gaulle, présentant le texte de la future Constitution au Conseil d'État, conformément à la procédure arrêtée par la loi constitutionnelle du 3 juin 1958 (27 août 1958).
2. Toute-puissance juridique qui peut au demeurant se traduire par l'impuissance politique de fait et le recours à « l'homme providentiel » (en 1940 et en 1958).
3. § 194.
4. § 212.

Le **rôle du juge** n'est pas non plus négligeable dans ce qui peut apparaître comme un véritable processus de « domestication » de la rupture. Dès 1959, le **Conseil d'État**, très réservé à l'encontre de l'institution d'un domaine de la loi[1], affirmera la subordination des règlements autonomes de l'article 37C aux principes généraux du droit et aux dispositions législatives pertinentes, lorsqu'elles existent[2]. Le règlement, devenu autonome quant à son mode d'édiction, n'en demeure pas moins soumis au principe de légalité selon les mêmes modalités que les classiques règlements d'exécution des lois.

La jurisprudence du Conseil constitutionnel s'inscrit elle aussi dans la perspective d'un renforcement de la capacité du législateur. La distinction opérée par l'article 34C entre deux niveaux d'intervention de la loi – « la loi fixe les règles » et « la loi détermine les principes fondamentaux » – sera de la sorte rapidement neutralisée au profit d'une interprétation unitaire de cette disposition[3]. Surtout, la compétence du législateur ne se limite pas à la seule liste de l'article 34C : encore faut-il y ajouter les matières évoquées par d'**autres dispositions constitutionnelles**[4] et les domaines réservés à la loi par le **préambule**, auquel le Conseil constitutionnel confère pleine valeur constitutionnelle en 1971. Le législateur retrouve aussi sa compétence pour toute dérogation à l'application d'un **principe général du droit** – formulé par le Conseil constitutionnel aussi bien que par le Conseil d'État[5]. Enfin, le Conseil constitutionnel a admis en 1982 qu'une loi n'était pas inconstitutionnelle du seul fait qu'elle porterait sur le domaine du règlement. La protection de ce dernier ne peut se faire qu'à l'initiative du gouvernement ou du président de l'Assemblée concernée, par le truchement des procédures spécialement prévues à cet effet par les articles 37-2C et 41C[6]. La procédure de l'article 61C, qui ouvre la saisine du Conseil constitutionnel à 60 députés ou sénateurs, est déclarée impraticable en l'espèce[7].

1. La loi constitutionnelle du 3 juin 1958 prévoyait que le gouvernement devrait demander l'avis du CE sur le projet de Constitution. Les débats révèlent que le juge se montra très hostile au système mis en place par les articles 34 et 37C, contraignant le gouvernement à une concession qui n'eut pas les suites espérées. L'article 34C corrigé dispose en effet que « les dispositions du présent article pourront être précisées et complétées par une loi organique » – faculté jamais utilisée à ce jour... (*Documents pour servir à l'histoire de l'élaboration de la Constitution du 4 octobre 1958*, Paris, La Documentation française, 3 vol., 1987-1991, t. 3, pp. 396 et s, et 439 et s).

2. **CE 26 juin 1959, synd. des ingénieurs conseils**, R. 394 ; RDP 1959.1004, concl. Fournier.

3. CC 61-13L du 3 mai 1961, R. 36.

4. Articles 35, 36, 53, 72C...

5. CC 69-55 L du 26 juin 1969, R. 27. **À la différence des PFRLR de valeur constitutionnelle, les PGD consacrés par le CC n'ont qu'une valeur législative** : principe selon lequel le silence gardé par l'administration vaut décision de rejet, principe de la non-rétroactivité des actes administratifs.

6. § 212.

7. **CC 82-143 DC du 30 juillet 1982**, R. 57 (prix et revenus). Cette solution semble toutefois partiellement (?) remise en cause par une jurisprudence récente du CC qui, dans sa défense de la qualité de la loi, censure désormais de son propre chef les dispositions réglementaires insérées dans un texte législatif (CC 2005-512 DC du 21 avril 2005, R. 72).

La véritable révolution doit donc être trouvée ailleurs, dans la **création du Conseil constitutionnel**, conséquence directe de l'apparition d'un domaine de la loi. Initialement institué pour censurer les empiétements du législateur sur la compétence de l'autorité réglementaire, celui-ci a réussi à s'ériger à compter des années 1970 en gardien des libertés fondamentales ; il est donc devenu, à ce titre, l'un des principaux instruments de l'État de droit français.

(206) L'application de la loi

Pour pouvoir être appliquée, la loi doit être promulguée par le président de la République « dans les 15 jours qui suivent la transmission au gouvernement de la loi définitivement adoptée »[1]. La **promulgation** clôt la procédure législative[2].

La loi doit ensuite être **publiée**, premier acte d'exécution qui la rend opposable aux administrés. Depuis 2004, tous les textes publiés au *Journal officiel* entrent en vigueur le lendemain de leur publication, et l'édition électronique du *JO* a désormais la même valeur que l'édition papier[3].

La loi peut cependant prévoir la date où elle s'appliquera ; surtout, elle peut se révéler inapplicable en l'absence des décrets nécessaires. L'inertie du gouvernement peut en effet la réduire à n'être plus qu'un « effet d'annonce » dépourvu de toute conséquence concrète. Sensible à ce problème, le Conseil d'État vient de consacrer l'existence d'un **nouveau principe général du droit**, relatif à l'obligation pour l'administration de publier ses règlements dans un délai raisonnable... qui peut tout de même dépasser deux ans[4] !

I.4. Les principes généraux du droit

(207) A. Le pouvoir normatif du juge

La Révolution décida de proscrire les « arrêts de règlement » des cours de justice d'Ancien Régime[5], et avec eux l'idée d'un pouvoir normatif du juge. L'édiction de règles de portée générale et impersonnelle devait être réservée à la loi, devenue « l'expression de la volonté générale »[6], les pouvoirs judiciaire et exécutif se trouvant idéalement limités à l'application mécanique de la loi au cas particulier, à l'individualisation de la règle législative[7]. Les juges ne devaient plus être, selon la célèbre formule de Montesquieu, « que la bouche qui prononce les paroles de la loi »[8].

Cette conception se heurtera à la dure réalité, qui imposera rapidement de nombreux accommodements. L'un d'entre eux conduira à l'apparition d'une jus-

1. Article 10C.
2. **CC 85-197 DC du 23 août 1985**, R. 70 (évolution de la Nouvelle-Calédonie).
3. Décret du 29 juin 2004.
4. CE 12 décembre 2003, Synd. des commissaires et hauts fonctionnaires de la police nationale, R. 506.
5. Loi des 16-24 août 1790.
6. Article 6 DDH.
7. *Cf.* §§ 194 et 211 , concernant le pouvoir exécutif.
8. *De l'esprit des lois*, livre XI, chap. 6 ; rééd. Garnier-Flammarion, 1979, t. 1, p. 309.

tice administrative, la nécessaire liberté d'action de l'administration interdisant de confier l'expédition de son contentieux à des juges confinés dans l'application automatique de la loi. La légitimité de ce pouvoir normatif du juge sera longtemps contestée ; celui-ci n'en existe pas moins, ainsi qu'en témoigne l'**arrêt de principe** qui, au-delà d'une solution ponctuelle réglant un litige particulier, dégage une règle ayant vocation à s'appliquer dans des hypothèses similaires.

(208) Le droit administratif, droit prétorien ?

Les réticences de la doctrine et le spectre souvent agité du « gouvernement des juges » n'ont pourtant pas intimidé le Conseil d'État, dont l'action décisive a imprimé au droit administratif un caractère traditionnellement qualifié de « **prétorien** »[1]. Une qualité largement tributaire des circonstances, puisque le juge administratif ne disposait pas, au début du XIXe siècle, d'un code qu'il aurait pu se contenter d'appliquer, à l'instar d'un juge civil longtemps cantonné dans l'interprétation étroite et fidèle du Code civil.

Ce serait toutefois commettre une erreur que de penser que les textes faisaient défaut. La rédaction de ses « institutes » aurait ainsi obligé Gérando, l'un des premiers administrativistes, à colliger plus de 80 000 lois et règlements[2] ! Mais ceux-ci « se commentent sans s'expliquer », « se contredisent sans s'abroger » et « se rapportent sans se suppléer » ; aussi la jurisprudence peut-elle seule en « régulariser l'application »[3]. « La jurisprudence, constate froidement Cormenin, a partout expliqué, commenté, remplacé la loi »[4] : elle est devenue *« une seconde législation »*, voire parfois même « presque toute la législation »[5].

Dès le début du XIXe siècle, les publicistes français acceptent donc d'étudier et de diffuser un droit administratif où la jurisprudence a « remplacé » la loi. L'argumentaire de Cormenin traversera le siècle et, en 1896 encore, Laferrière évoquera un droit où « l'abondance des textes, la diversité de leurs origines » et « le peu d'harmonie qu'ils ont souvent entre eux » expliquait et justifiait la mission de sélection et de régulation assurée par le Conseil d'État. « La jurisprudence, notait-il dans un paragraphe sans surprise, est ici une des sources essentielles de la doctrine, parce qu'elle seule peut faire la part entre les principes permanents et les dispositions contingentes, établir une hiérarchie entre les textes, remédier à leur silence, à leur obscurité, à leur insuffisance, en s'inspirant des principes généraux du droit et de l'équité. »[6]

1. Les préteurs étaient deux magistrats romains chargés de « dire le droit ». Le préteur urbain tranchait les litiges entre citoyens romains ; le préteur pérégrin, créé en 241 av. J.-C., jugeait les litiges entre citoyens romains et étrangers. **Est prétorien le droit exclusivement ou largement formulé par des juges.**
2. De Gérando, *Institutes du droit administratif français* (...), Paris, 1829-1836, t. 1, pp. 2 et s.
3. Cormenin, *Prolégomènes*, Paris, sd, pp. VIII-IX.
4. Cormenin, *Du Conseil d'État envisagé comme conseil et comme juridiction sous notre monarchie constitutionnelle*, Paris, 1818, p. 230.
5. Cormenin, *Questions de droit administratif*, Paris, 1840, 5e éd., t. 1, p. XXVII (souligné par nous).
6. E. Laferrière, *Traité de la juridiction administrative et des recours contentieux*, Paris, 1896, 2e éd., t. 1, p. XII.

La tâche du publiciste est donc clairement établie. « Fixer les principes du droit administratif, en classer les éléments sont, assure Gérando, premier titulaire de la chaire de droit public et administratif créée à Paris par l'ordonnance du 24 mars 1819, les deux moyens principaux qui doivent servir, tout ensemble, et à perfectionner cette science et à en répandre la connaissance. »[1] Quant à la méthode proposée, elle consiste à se focaliser sur la jurisprudence du Conseil d'État, seul « véritable » juge administratif pendant cent cinquante ans. L'un des premiers, Cormenin exposera la suite d'opérations permettant de reconnaître l'**arrêt ou le considérant de principe** présentant une « **virtualité de généralisation** »[2]. Sa démarche « consiste à relier les espèces, à les élever par la généralisation au rang d'axiomes et à déduire de ces axiomes les conséquences jurisprudentielles qui s'y rattachent et que les citations d'arrêts justifient »[3].

Ce droit jurisprudentiel ne présente cependant pas que des avantages, sa relative « souplesse » étant susceptible de nuire à la sécurité des relations juridiques. L'annulation contentieuse présentant un caractère rétroactif, les administrés ou l'administration peuvent en effet être sanctionnés en application d'une règle jurisprudentielle qu'ils ne pouvaient connaître au moment des faits ou de la décision contestée. Le seul accommodement consistera longtemps à user de la technique de l'**arrêt de rejet** : la règle nouvelle apparaissait dans un arrêt repoussant les prétentions des requérants, procédé qui offrait un temps d'adaptation à l'administration aux dépens des intérêts des administrés. Depuis quelques années cependant, le juge a entrepris de remédier à cet inconvénient en s'attribuant **le pouvoir de moduler les effets d'une annulation contentieuse**[4].

Ce caractère prétorien du droit administratif français s'est au demeurant beaucoup atténué depuis une cinquantaine d'années, avec la mise en œuvre de la Constitution de 1958 et de textes internationaux tels que les traités de Rome ou la Conv. EDH, et la multiplication des règles législatives et réglementaires. L'importance accordée aux « grands arrêts de la jurisprudence administrative » dans l'enseignement de la matière tend cependant à masquer le phénomène, et révèle une autre fonction de la jurisprudence, relative à la diffusion du droit administratif. À défaut de continuer de « construire » le droit administratif, ceux-ci demeurent en effet un outil pédagogique inégalé[5].

---

1. *Op. cit.*, 1842 (2e éd.), t. 1, préface, p. XVI.

2. E. Serverin, *De la jurisprudence en droit privé. Théorie d'une pratique*, PU Lyon, 1985, pp. 199-200, souligné par l'auteur. L'arrêt ou le considérant de principe est le point de passage obligé entre une solution d'espèce, par nature isolée, et l'affirmation de « *régularités* telles qu'une prévision dans les rapports juridiques soit rendue possible » *(ibid.)*.

3. *Questions de droit administratif*, 1837, 4e éd., t. 1, p. XV.

4. §§ 56, 169 et 177.

5. *Cf.* not. G. Braibant, « Qu'est-ce qu'un grand arrêt ? », AJDA 2006.1428 ; N. Kada, « Les grands arrêts et le droit administratif », AJDA 2008.2098.

(209) B. Le cas particulier des principes généraux du droit

Les principes généraux du droit (PGD) sont une très importante source du droit administratif, formulée par le Conseil d'État et le Conseil constitutionnel[1]. Bien entendu, le juge ne crée pas ces principes *ex nihilo*. Selon R. Chapus, ils doivent être « en accord avec l'état général et l'esprit de la législation », et se conformer « aux exigences de la conscience juridique du temps et à celles de l'État de droit »[2]. Pour MM. Fier et Petit, ils reposent sur les « conceptions idéologiques de la conscience nationale et/ou d'une masse de textes constitutionnels, internationaux ou législatifs »[3].

Ces principes sont apparus à la fin de la Deuxième Guerre mondiale, à une époque où aucun législateur élu par le peuple n'existait plus en France[4]. Pour certains ils auraient une valeur législative ; pour d'autres, ils prendraient place entre la loi et le règlement, avec une valeur « infralégislative et supradécrétale »[5]. L'élément essentiel réside dans le fait que **toutes les autorités administratives, tous les actes administratifs doivent respecter ces principes généraux du droit**.

Un temps, l'avenir de ces principes a pu sembler hypothéqué par la concurrence des principes de valeur constitutionnelle énoncés par le Conseil constitutionnel, et l'influence grandissante de la jurisprudence de la Cour européenne des droits de l'homme. La consécration récente de principes généraux du droit fort importants semble venir récuser ce pessimisme.

(210) Liste des principaux PGD

Depuis 1944, la liste des principes généraux du droit s'est considérablement enrichie :

- PGD d'égalité devant la loi, la justice et les charges publiques[6] ; d'égalité d'accès aux emplois publics[7] et d'égalité devant le SP[8] ;
- principe de sécurité juridique, récemment consacré par le Conseil d'État[9] ;

1. Le CC formule lui aussi des PGD de valeur législative (principe selon lequel le silence gardé par l'administration vaut décision de rejet, ou principe de la non-rétroactivité des actes administratifs), qui doivent être soigneusement distingués des PFRLR et autres principes de valeur constitutionnelle (§ 196).
2. *Op. cit.*, t. 1, p. 73.
3. *Op. cit.*, t. 1, p. 88.
4. **CE 5 mai 1944, Dame Veuve Trompier-Gravier**, R. 133 ; RDP 1944.256, concl. Chenot ; CE Ass. 26 octobre 1945, Aramu, R. 213 ; S. 1946.3.1, concl. Odent. Ces deux décisions consacrent le **principe général des droits de la défense**.
5. *Op cit.*, t. 1, p. 83.
6. Respectivement : CE Ass. 22 janvier 1982, Ah Won et Butin, R. 33 ; RDP 1982.822, concl. Bacquet ; CE Ass. 12 octobre 1979, Rassemblement des nouveaux avocats de France, R. 371 ; CE Ass. 7 février 1958, synd. des propriétaires de forêts de chênes-lièges d'Algérie, R. 74.
7. **CE 28 mai 1954, Barel**, R. 308, concl. Latournerie.
8. **CE 25 juin 1948**, soc. du journal *L'Aurore*, R. 289 ; **CE 9 mars 1951, soc. des concerts du conservatoire**, R. 151.
9. **CE Ass. 24 mars 2006, soc. KPMG**, R. 154. Le CC a, en revanche, refusé d'en faire un principe de valeur constitutionnelle : CC 2010-102 QPC du 11 fév. 2011, M. Pierre L., AJDA 2011.303.

- liberté du commerce et de l'industrie[1] ;
- PGD permettant de contester toute décision administrative par la voie du recours pour excès de pouvoir[2] ;
- PGD relatifs à l'obligation de publier les règlements[3], et d'abroger ceux qui seraient illégaux[4] ;
- PGD relatif à la non-rétroactivité des actes administratifs[5] ;
- principe de continuité du SP[6] ;
- PGD relatifs au droit de l'extradition[7] ou à celui des réfugiés[8] ;
- PGD interdisant à l'administration de licencier une salariée en état de grossesse[9], ou lui imposant de verser à ses agents une rémunération au moins égale au SMIC[10] ;
- PGD relatif au droit pour les étrangers installés en France de « mener une vie familiale normale »[11]...

I.5. Les règlements

(211) ### A. Le pouvoir réglementaire avant 1958

Le pouvoir réglementaire peut être défini comme la **capacité, pour une autorité autre que le législateur, d'édicter des règles de portée générale ou, à tout le moins, non nominatives**[12]. Cette prérogative essentielle de l'exécutif permet de régler l'organisation et l'activité administratives, mais aussi d'encadrer une bonne partie de la vie de la Nation. Prohibée sans succès en 1789[13], admise

1. **CE Ass. 22 juin 1951, Daudignac**, R. 362.
2. **CE ASS. 17 février 1950, Dame Lamotte**, R. 111 ; RDP 1951.478, concl. Delvolvé, note Waline.
3. CE 12 décembre 2003, synd des commissaires et hauts fonctionnaires de la police nationale, R. 506.
4. **CE 3 février 1989, Compagnie Alitalia**, R. 44 ; RFDA 1989.391, concl. Chahid-Nouraï.
5. **CE 25 juin 1948**, soc. du journal *L'Aurore*, préc.
6. CE 13 juin 1980, Dame Bonjean, R. 274 : le principe de continuité est ici qualifié de « principe fondamental ». Le CC en avait déjà fait un principe de valeur constitutionnelle : **CC 79-105 DC du 25 juillet 1979**, R. 33.
7. CE 25 septembre 1984, Lujambio Galdéano, R. 380 ; AJDA 1984.669, chron. Schoettl et Hubac. Pour la première fois en 1996, le CE s'est autorisé à consacrer l'existence d'un principe fondamental reconnu par les lois de la République (PFRLR) prohibant les extraditions reposant sur des motifs politiques, seule façon pour lui d'écarter l'application d'une convention d'extradition (**CE Ass. 3 juillet 1996, Koné**, R. 255 ; RFDA 1996.870, concl. Delarue ; *cf.* § 196).
8. CE 1er avril 1988, Bereciartua-Echarri, R. 135 ; JCP 1988. II. 21071, concl. Vigouroux.
9. CE Ass. 8 juin 1973, Dame Peynet, R. 406, concl. Grévisse.
10. CE 23 avril 1982, ville de Toulouse, R. 151, concl. Labetoulle.
11. **CE 8 décembre 1978, GISTI** (groupe d'information et de soutien des travailleurs immigrés), R. 493. Une vie de famille normale au regard des lois françaises, qui exclut donc la polygamie (CE 16 avril 2010, M. Dieng, AJDA 2010.813).
12. Le nombre des destinataires importe peu : une décision individuelle pourra s'adresser à plusieurs destinataires, dès lors qu'ils sont nommément désignés.
13. « Le pouvoir exécutif ne peut faire aucune loi, même provisoire, mais seulement des proclamations conformes aux lois, pour en ordonner ou en rappeler l'exécution » (Const. de 1791, titre 3, chap. 4, sect. 1, art. 6).

de manière équivoque en l'an III (1795)[1], elle sera finalement reconnue par la Constitution de l'an VIII (1799), qui consacre non seulement l'existence d'un pouvoir réglementaire d'exécution des lois, mais aussi celle d'un pouvoir réglementaire autonome s'exerçant en dehors de toute habilitation législative[2]. Maintenu par la Charte constitutionnelle de 1814[3], ce dernier sera finalement proscrit en 1830[4], pour réapparaître en 1958.

Bien avant cette date, un **pouvoir réglementaire autonome extraconstitutionnel** existait déjà, limité par le juge aux activités de police[5] et à l'organisation des services publics[6].

(212) **B. Le pouvoir réglementaire sous la Ve République**

Le pouvoir réglementaire se trouve apparemment considérablement renforcé par la Constitution de 1958. À côté des traditionnels **règlements d'exécution des lois**[7], celle-ci consacre, pour la première fois depuis 1814, l'existence de **règlements autonomes**. L'article 37C énonce en effet que « les matières autres que celles qui sont du domaine de la loi ont un caractère réglementaire ». Le pouvoir réglementaire autonome connaît donc une extension remarquable, qui dispose désormais de la **compétence normative de droit commun**.

Le texte constitutionnel instaure **deux procédures**[8] de contrôle *a priori* et *a posteriori*, permettant de s'opposer efficacement à toute ingérence non souhaitée du législateur.

• L'article 41C institue une procédure de contrôle *a priori*, mise en œuvre au cours de la procédure d'élaboration de la loi. Lorsqu'une proposition de loi ou

1. Const. du 5 fructidor an III (22 août 1795), art. 144 : « Le Directoire pourvoit, d'après les lois, à la sureté extérieure ou intérieure de la République. [...] Il peut faire des proclamations conformes aux lois et pour leur exécution [...] ».

2. Const. Du 22 Frimaire an VIII (13 déc. 1799), articles 44 : « Le gouvernement propose les lois et fait les règlements nécessaires pour assurer leur exécution » et 48 : « La garde nationale en activité est soumise aux règlements d'administration publique ; la garde nationale sédentaire n'est soumise qu'à la loi. »

3. Article 14 : « Le roi [...] fait les règlements et ordonnances nécessaires pour l'exécution des lois et la *sûreté de l'État.* » L'utilisation inconséquente de ce pouvoir réglementaire autonome par le roi Charles X déclenchera la révolution de 1830.

4. Charte du 14 août 1830, article 13 : « Le roi [...] fait les règlements et ordonnances nécessaires pour l'exécution des lois, sans jamais pouvoir ni suspendre les lois elles-mêmes, ni dispenser de leur exécution [...] » Qualité réaffirmée sous une forme ou sous une autre par les constitutions suivantes : Const. 4 novembre 1848, art. 49 ; Const. 14 janvier 1852, art. 13 ; loi constitutionnelle du 25 février 1875, art. 3 ; Const. 27 octobre 1946, art. 47.

5. Pouvoir attribué au président de la République sous la IIIe République, au président du Conseil sous la IVe République, au Premier ministre sous la Ve République (*cf. supra*, § 146).

6. § 214.

7. Article 21C : « Le Premier ministre [...] assure l'exécution des lois [...] ».

8. Selon le CC, la procédure prévue à l'article 61C ne peut en effet permettre de résoudre ce problème de compétence (CC 30 juillet 1982, prix et revenus, préc.). Quant à la QCP de l'article 61-1C, elle ne peut être mise en œuvre qu'en cas d'atteinte portée « aux droits et libertés que la Constitution garantit ».

un amendement ne porte pas sur le domaine de la loi, « le gouvernement ou le président de l'assemblée saisie peut opposer l'irrecevabilité ». En cas de désaccord persistant, le Conseil constitutionnel peut être amené à trancher « à la demande de l'un ou de l'autre ».

Longtemps réservé au gouvernement, le déclenchement de cette procédure relève aussi, depuis la révision constitutionnelle du 23 juillet 2008, de la compétence du « président de l'assemblée saisie ». Une réforme qui permettra peut-être de réactiver une procédure utilisée 11 fois depuis 1959, et jamais depuis 1979.

• L'article 37-2C met en place un contrôle *a posteriori*, exercé après la publication et l'application de la loi considérée. Selon cette disposition, « les textes de forme législative » pris avant l'entrée en vigueur de la Constitution de 1958 sur des matières qui ne feraient plus partie du domaine de la loi « *peuvent* être modifiés par décrets pris après avis du Conseil d'État ». En revanche, pour ceux qui « interviendraient après l'entrée en vigueur de la présente Constitution », la délégalisation et la modification par la voie réglementaire ne sont possibles qu'après **avis conforme du Conseil constitutionnel**[1].

Le contexte politique, avec l'apparition, en 1962, du « fait majoritaire » et la jurisprudence des juges administratif et constitutionnel, ont cependant considérablement relativisé la portée de cette innovation. L'interprétation des dispositions constitutionnelles a en définitive réduit à peu de choses un pouvoir réglementaire autonome soumis, dès 1959, au respect du **principe de légalité** et, notamment, des principes généraux du droit[2].

213) 1°) Le pouvoir réglementaire général

En période de circonstances exceptionnelles, le chef de l'État rassemble entre ses mains le pouvoir normatif réglementaire et législatif[3]. En temps normal, le pouvoir réglementaire général est partagé entre le **président de la République** et le **Premier ministre**, qui disposent seuls d'une compétence portant sur tout le territoire français et sur toutes les matières non réservées à la loi par la Constitution.

La compétence de droit commun appartient cependant au Premier ministre, chargé d'assurer l'exécution des lois par l'article 21C. Elle s'exprime par l'édiction annuelle de plus de mille décrets, « contresignés, le cas échéant, par les ministres chargés de leur exécution »[4]. Le Président de la République ne signe quant à lui que « les ordonnances et les décrets délibérés en Conseil des ministres »[5]. Peu nombreux[6] mais fort importants, ils doivent être contresignés par le Premier ministre « et, le cas échéant, par le ministre responsable »[7].

1. Le juge constitutionnel est intervenu à plus de 150 reprises depuis 1959.
2. **CE 26 juin 1959, synd. des ingénieurs conseils**, préc.
3. Article 16C.
4. Article 22C.
5. Article 13C.
6. Environ 5 % de la production décrétale.
7. Article 19C.

Toutefois, les décrets délibérés en Conseil des ministres ne pouvant être modifiés ou abrogés que par des actes analogues[1], le chef de l'État peut, avec la complicité du gouvernement, étendre progressivement sa compétence.

La pratique de la Ve République a apparemment permis l'apparition d'une troisième catégorie de décrets : les décrets du président de la République non délibérés en Conseil des ministres. Dépourvus de toute base constitutionnelle, ces actes, évidemment soumis à la règle du contreseing[2], sont validés par le Conseil d'État en tant que décrets du Premier ministre, susceptibles comme tels d'être modifiés ou abrogés par ce dernier[3].

(214) 2°) Le pouvoir réglementaire spécial

Les autres autorités réglementaires voient leur compétence limitée à une circonscription administrative ou à certains domaines de compétence. La première hypothèse renvoie à une **spécialisation territoriale** : préfets, conseils et exécutifs des collectivités locales. La seconde, à une **spécialisation matérielle** : ministres, autorités administratives indépendantes, dirigeants d'établissements publics et, sous certaines conditions, organismes privés participant à l'exécution d'un service public[4].

Les ministres ne disposent donc pas du pouvoir réglementaire général. Ils contresignent certes, le cas échéant, les actes du Président de la République et du Premier ministre, mais cette faculté ne leur donne pas la qualité de coauteur de l'acte[5]. La loi, le décret ou l'ordonnance peut cependant leur attribuer un **pouvoir réglementaire spécial**, portant sur une matière ou une activité déterminée.

Le Conseil d'État leur a aussi reconnu un **pouvoir réglementaire relatif à l'organisation et au fonctionnement du service** : « Même dans les cas où les ministres ne tiennent d'aucune disposition législative un pouvoir réglementaire, il leur appartient *comme à tout chef de service* de prendre les mesures nécessaires au bon fonctionnement de l'administration placée sous leur autorité. »[6] La jurisprudence leur accorde enfin un **pouvoir d'instruction, d'interprétation ou d'orientation**, qui se présente souvent comme un **substitut à l'absence de pouvoir réglementaire**[7].

Le Conseil constitutionnel a aussi admis la possibilité pour le législateur de confier l'exécution d'une loi à l'échelon national à d'autres titulaires que le

1. CE Ass. 10 septembre 1992, Meyet, R. 327, concl. Kessler.
2. Le principe connaît des exceptions, limitativement énumérées à l'article 19C.
3. CE 27 avril 1962, Sicard, R. 279 : la signature du président de la République est présentée en l'occurrence comme superfétatoire, n'apportant ni ne retirant rien au règlement qui porte la signature du Premier ministre.
4. §§ 134 et s.
5. CE Ass. 12 juillet 1957, Chambre de commerce d'Orléans, R. 474. En conséquence, l'absence de contreseing apparaît constitutive d'un vice de forme, et non d'une incompétence.
6. **CE 7 février 1936, Jamart**, R. 172.
7. Instructions, circulaires et directives (§§ 45 et 76 et s).

Premier ministre ou les ministres. Tel est le cas de **certaines autorités administratives indépendantes**, sous réserve toutefois que l'habilitation ne porte que sur « des mesures de portée limitée tant par leur champ d'application que par leur contenu »[1]. Cette déconcentration du pouvoir réglementaire est certes utile, voire même nécessaire ; elle n'en est pas moins contraire à l'article 21C, dont la formule est, en l'espèce, dépourvue de toute ambiguïté.

(215) **3°) Deux catégories particulières de règlements**

• Les décisions présidentielles de l'article 16C, prises dans des matières relevant en temps normal de la compétence de l'autorité réglementaire, sont considérées par le juge comme des actes administratifs, relevant comme tels de sa compétence contentieuse[2].

• Les ordonnances de l'article 38C. Cette disposition autorise le gouvernement à prendre, par voie d'ordonnances et après **habilitation** du Parlement, des mesures qui relèvent normalement de la compétence du législateur. La loi d'habilitation prévoit deux sortes de délai : le délai de dépôt sur le bureau des assemblées parlementaires, dont la violation se trouve sanctionnée par la caducité de l'ordonnance ; le délai d'habilitation, qui détermine quant à lui la période pendant laquelle le Parlement se dessaisit d'une partie de sa compétence au profit du gouvernement.

Les ordonnances sont délibérées en Conseil des ministres et doivent être signées par le président de la République. La cohabitation des années 1986-1988 a montré que ce dernier disposait en la matière d'un véritable pouvoir de décision. De nature réglementaire, elles ne sont pas soumises au contrôle du Conseil constitutionnel, mais (éventuellement) à celui du Conseil d'État. La ratification par le Parlement transforme l'ordonnance en loi : elle n'est pas obligatoire, mais doit se faire « de manière expresse » depuis la révision du 23 juillet 2008, réforme qui devrait éviter bien des recours inutiles et favoriser le contrôle opéré sur ces actes. L'ordonnance non ratifiée reste un acte administratif, susceptible comme tel d'être contesté par la voie du recours pour excès de pouvoir[3] ; elle ne pourra cependant être modifiée que par la loi ou par une autre ordonnance, prise sur le fondement d'une nouvelle habilitation parlementaire.

Cette procédure, certes utile, devait *a priori* demeurer exceptionnelle – cantonnée pour l'essentiel aux situations d'urgence. La pratique des années 2000 en a fait un « procédé ordinaire de législation »[4] : 29 lois d'habilitation entre 2000 et 2005, contre 35 pour les quarante années précédentes, et 124 ordonnances

1. CC 88-248DC du 17 janvier 1989 (CSA), R. 18.
2. Les décisions prises dans des matières relevant normalement de la compétence du législateur sont considérées quant à elles comme des « actes législatifs » dont il « n'appartient pas au juge administratif de connaître ». **CE Ass. 2 mars 1962, Rubin de Servens** et autres, R. 143 ; *cf. infra* § 220.
3. CE 3 nov. 1961 Damiani, R. 607 ; CE Ass. 24 nov. 1961, féd. Nat. Des synd. de police, R. 658.
4. Y. Gaudemet, Sur l'abus ou sur quelques abus de la législation déléguée, « Mélanges Pactet », Paris, Dalloz, 2003 p. 618.

contre 245[1]. Surtout, cette « législation de chefs de bureau », entachée de « malfaçons » multiples, souligne *a contrario* toutes les vertus de la loi parlementaire, pourtant si souvent décriée[2].

(216) La hiérarchie des actes administratifs

La hiérarchie des normes inclut évidemment celle des décisions administratives. **Trois éléments** doivent être pris en compte : le niveau hiérarchique de l'auteur de la décision, la compétence qui est la sienne, le caractère réglementaire ou individuel de la décision considérée.

En général, la hiérarchie établie entre les règlements suit celle de leurs auteurs : décrets du Président de la République pris en Conseil des ministres, décrets du Premier ministre, arrêtés ministériels, préfectoraux... Toutefois, ce n'est pas là une règle absolue, dès lors qu'interviennent certaines considérations relatives à la **compétence de l'auteur de l'acte**. Ainsi, lorsqu'une autorité subordonnée se voit conférer une compétence réglementaire, le supérieur ne peut réglementer à sa place ; le pouvoir hiérarchique n'inclut pas le pouvoir de substitution[3]. Un élément qui intervient aussi lorsque les règlements sont pris par des autorités de même niveau hiérarchique : chaque ministre régle les matières où la loi ou le décret lui attribue compétence, dans les limites de celle-ci et sans empiéter sur celle de ses collègues. Certaines questions pourront au demeurant faire l'objet d'arrêtés interministériels signés de plusieurs membres du gouvernement. De la même manière, **les décrets pris après avis du Conseil d'État l'emportent sur les décrets « simples »**, l'omission de cette consultation étant assimilée par le juge à une question de compétence, et non à un vice de procédure[4].

Enfin, **les règlements s'imposent aux décisions administratives individuelles**. La règle s'applique non seulement lorsque le règlement est pris par une autorité supérieure ou par la même autorité, mais aussi lorsque la loi ou le décret confie, sur une même question, un pouvoir réglementaire à l'autorité subordonnée[5].

II. Modalités

Nous nous intéresserons ici aux relations entretenues par le principe de légalité avec les notions de pouvoir discrétionnaire (1) et de circonstances exceptionnelles (2).

---

1. H. Portelli, Les ordonnances : les raisons d'une dérive, Droits n° 43 (2006), vol. 2 pp. 3 et s.
2. G. Carcassonne, *La constitution*, Paris, Le seuil, 9e éd. (2009) p. 198.
3. § 78. En matière de police, par ex., le préfet ne peut se substituer au maire qu'en cas de défaillance, et après une mise en demeure restée sans résultat (§ 147).
4. Jurisprudence traditionnelle, not. réaffirmée par CE Ass. 9 juin 1979, SCI bd Arago, R. 237 et JCP 1979 n 19032, concl. Genevois ; CE Ass. 10 septembre 1992, Meyet, R. 327, concl. Kessler.
5. Le permis de construire délivré par le préfet, concernant la construction d'un lycée, doit ainsi respecter le plan d'urbanisme de la commune intéressée.

II.1. Principe de légalité et pouvoir discrétionnaire

(217) A. Le pouvoir discrétionnaire, pouvoir légal

Le pouvoir discrétionnaire consiste en une **liberté de choix** laissée à l'administration par la règle de droit : Constitution, traités, principes généraux du droit, loi *stricto sensu* et règlements. Le pouvoir discrétionnaire est donc un **pouvoir légal** ; il laisse à l'administration la capacité de se prononcer entre deux ou plusieurs solutions également conformes à la « loi ». C'est en cela qu'il se distingue de l'arbitraire[1].

Prévu et organisé par la « loi », le pouvoir discrétionnaire répond à la nécessité d'adapter l'action administrative aux circonstances, aux lieux et au cas particulier. Il ne peut en aucune façon être analysé en termes de « limites » du principe de légalité ou de carence du législateur. Dès le XIXe siècle, il est conçu bien au contraire comme l'une des modalités d'application de ce principe, un « appui que les lois prêtent à l'administration publique »[2] et le produit de la volonté du législateur de faire de l'administration « un serviteur intelligent et doué d'indépendance, et non un esclave garrotté par des prescriptions inflexibles »[3].

(218) B. Pouvoir discrétionnaire et compétence liée

Le pouvoir discrétionnaire s'oppose à la compétence liée, hypothèse où l'administration ne dispose d'aucune liberté d'appréciation dans l'édiction de la décision. Sa mission se réduit alors à l'**application automatique de la règle de droit au cas particulier**, un cas de figure extrêmement rare.

En réalité, il existe une « échelle de discrétionnalité »[4], selon que le pouvoir de l'administration se trouve plus ou moins lié au niveau de son **intervention**, puis du **contenu de l'acte**.

• L'administration dispose-t-elle de **la liberté d'intervention** face à une situation donnée ? Si oui, elle devra exercer son pouvoir discrétionnaire sous peine de commettre une erreur de droit[5] ; si non, sa compétence se trouve liée, et elle engage sa responsabilité si elle s'abstient[6]. Le supérieur hiérarchique *peut* ainsi infliger une sanction à un fonctionnaire ayant commis une faute profes-

1. Le CE a pu ainsi annuler une nomination au « tour extérieur », la liberté de choix laissée au gouvernement « ne le dispensant pas de respecter la règle posée par l'article 6 DDH », relatif aux capacités et aux talents ! CE 23 déc. 2011, Synd. parisien des administrations centrales, économiques et financières, AJDA 2012.607, note O. Dord.

2. Intitulé du chapitre que Gérando consacre à la question (*Institutes du droit administratif français* (...), Paris, 1829-1936, t. 1, p. 103).

3. Vivien, *Études administratives*, Paris, 1re éd. (1845) ; 3e éd. (1859), rééd. Cujas, 1974, t. 1, p. 124.

4. Frier et Petit, *op. cit.*, p. 311.

5. § 231.

6. L'administration se trouve ainsi tenue d'exécuter les décisions de justice. Elle engage sa responsabilité pour faute si elle ne le fait pas, et sa responsabilité sans faute si cette abstention est justifiée par des nécessités tirées de la sauvegarde de l'ordre public. *Cf. infra* § 287.

sionnelle ; c'est là une simple faculté, et non une obligation. En revanche, le préfet se voit *tenu* d'intervenir, lorsqu'il lui est réclamé le récépissé d'une déclaration d'association.

• L'administration peut-elle décider du **contenu** de l'acte ? Si oui, elle devra exercer son pouvoir discrétionnaire sous peine de commettre une erreur de droit ; si non, sa compétence est liée, et elle commet une illégalité en prenant une décision autre que celle qui lui est commandée par la règle de droit. Confronté à la déclaration d'une association, la compétence du préfet se trouve doublement liée : non seulement il doit intervenir, mais il ne peut prendre qu'une mesure, délivrer le récépissé réclamé.

L'autorité administrative peut ainsi recourir à la technique des **directives**, sous réserve de se livrer à un examen particulier de chaque dossier et de se laisser la possibilité d'y déroger, pour des motifs d'intérêt général ou tirés de la situation particulière de l'administré. À cette double condition, leur emploi est légal ; l'administration ne commet aucune erreur de droit en se référant à un tel acte[1]. Pouvoir discrétionnaire et compétence liée sont ici comme l'eau et le sirop : plus on ajoute d'eau, plus le sirop se dilue ; plus la règle de droit se fait précise, plus le pouvoir discrétionnaire se délite et plus la compétence de l'administration est liée. La distinction n'en emporte pas moins des conséquences non négligeables quant à l'étendue du contrôle de légalité opéré par le juge sur les décisions administratives[2].

II.2. Principe de légalité et circonstances exceptionnelles

(219) La notion de « légalité de crise »

En période de circonstances exceptionnelles, les modalités de la conciliation opérée entre la sauvegarde de l'ordre public et le respect des libertés changent. La **Constitution**, la **loi** et la **jurisprudence** confèrent à l'administration civile ou militaire des pouvoirs renforcés, correspondant à ce que l'on appelle la « **légalité de crise** ». Une expression galvaudée, mais qui n'en revêt pas moins une signification juridique précise, dès lors qu'elle suppose le maintien – selon des modalités certes différentes – du principe de légalité : la « crise » n'excuse pas tout et ne permet pas de faire n'importe quoi !

(220) A. L'article 16 de la Constitution de 1958

Cette légalité de crise intéresse en premier lieu le **Président de la République** qui, en cas d'application de l'**article 16C**, réunit entre ses mains des prérogatives normalement distribuées entre les pouvoirs législatif et exécutif. Le général de Gaulle en imposa l'insertion dans le texte constitutionnel, instruit par l'impuissance des pouvoirs publics en 1940 et en 1958.

1. **CE 11 déc. 1970, Crédit foncier de France**, R. 750, concl. Bertrand (*cf. supra* § 77).
2. §§ 232 et s.

Les conditions de sa mise en œuvre en sont définies avec une relative précision : « Lorsque les institutions de la République, l'indépendance de la Nation, l'intégrité de son territoire ou l'exécution de ses engagements internationaux sont menacées d'une manière grave et immédiate *et* que le fonctionnement des pouvoirs publics constitutionnels est interrompu, le président de la République prend les mesures exigées par les circonstances [...] »

Jusqu'en 2008, la liberté ainsi accordée au chef de l'État était à peu près totale. Il décidait seul de la mise en œuvre de l'article 16C[1], **acte de gouvernement** bénéficiant d'une pleine immunité juridictionnelle[2], des mesures à prendre et du retour à une vie constitutionnelle normale. Une contrainte de but assez imprécise[3], la réunion de plein droit du Parlement, l'impossibilité de dissoudre l'Assemblée nationale et l'improbable perspective d'une destitution[4] étaient alors les seules restrictions apportées par la Constitution à l'exercice de ces pouvoirs exceptionnels.

La **révision du 23 juillet 2008** est venue apporter quelques timides tempéraments à cette nécessaire, mais inquiétante liberté d'action du chef de l'État. Après 30 jours d'exercice, le Conseil constitutionnel *peut* désormais être saisi par le président de l'Assemblée nationale, le président du Sénat, ou 60 députés ou 60 sénateurs pour « examiner » si les conditions d'application de l'article 16C « demeurent réunies ». L'avis est rendu public, ce qui devrait lui conférer un « poids » politique non négligeable. L'examen est « de plein droit » au terme de 60 jours d'exercice, « et à tout moment au-delà de cette durée »[5].

Le Conseil d'État s'est refusé à unifier le régime juridique des **décisions présidentielles** prises en cas d'application de l'article 16C. Certaines d'entre elles sont en effet susceptibles de porter sur des domaines qui relèvent habituellement de la compétence du législateur. Quoi que fort dangereuses pour l'exercice des libertés publiques, elles présentent selon lui « le caractère d'un acte législatif dont il n'appartient pas au juge administratif de connaître ». Seules les décisions relevant en temps normal de la compétence du pouvoir réglementaire – les moins importantes du point de vue des libertés publiques – sont donc considérées comme des actes administratifs relevant de la compétence contentieuse du Conseil d'État[6].

L'article 16C n'a été appliqué qu'une seule fois, lors du putsch organisé par des généraux opposés à la politique algérienne du général de Gaulle. Commencée

1. Qui prévoit seulement la « consultation officielle du Premier ministre, des présidents des Assemblées ainsi que du Conseil constitutionnel », dont l'avis est rendu public (ordonnance portant loi organique du 7 nov. 1958, art. 53).

2. **CE Ass. 2 mars 1962, Rubin de Servens et autres**, R. 143. Sur l'acte de gouvernement, *cf. supra* § 47.

3. « Ces mesures doivent être inspirées par la volonté d'assurer aux pouvoirs publics constitutionnels, dans les moindres délais, les moyens d'accomplir leur mission. » Le Conseil constitutionnel est certes « consulté à leur sujet », mais ces avis ne sont pas rendus publics.

4. Article 68C, révisé par la loi constitutionnelle du 23 février 2007.

5. Article 16C révisé.

6. Régime juridique précisé par **CE Ass. 2 mars 1962, Rubin de Servens** et autres, préc.

le 23 avril 1961, la période ne s'achèvera que le 29 septembre de cette année, alors que la sédition avait été réduite en quelques jours. Un comportement délibéré de la part du chef de l'État, qui révèle toute l'importance et la nécessité de la réforme opérée en 2008.

(221) B. L'état de siège

Les pouvoirs publics ne restent pas démunis face à une crise qui ne permettrait pas d'appliquer l'article 16C. En cas de « **péril imminent résultant d'une guerre étrangère ou d'une insurrection à main armée** », les **lois du 9 août 1849 et du 3 avril 1878** autorisent en effet la mise en œuvre de « l'état de siège ». Selon l'**article 36C**, il est « décrété en Conseil des ministres », mais « sa prorogation au-delà de douze jours » doit être autorisée par le Parlement.

La proclamation de l'état de siège se traduit par une très importante diminution des garanties entourant l'exercice des libertés publiques. **L'administration civile se trouve dessaisie d'une partie de ses compétences au profit des autorités militaires**, qui bénéficient de **pouvoirs de police étendus** : perquisitions autorisées de jour comme de nuit, restrictions apportées à la liberté de la presse et à la liberté de réunion...

Fort heureusement, l'état de siège n'a encore jamais été décrété sous la Ve République.

(222) C. L'état d'urgence

Moins attentatoire aux libertés publiques, l'état d'urgence n'a pas été constitutionnalisé. Institué par une **loi du 3 avril 1955** prise pendant la guerre d'Algérie, il obéit à une procédure identique – décret en Conseil des ministres et prorogation au-delà de douze jours nécessairement autorisée par le Parlement – mais a pour objet de remédier au « **péril imminent résultant d'atteintes graves à l'ordre public** », ou à des « **événements présentant par leur nature et leur gravité le caractère de calamités publiques** ».

Il se traduit par des limites renforcées apportées à l'exercice des libertés mais, à la différence de l'état de siège, l'état d'urgence ne confère aucune prérogative nouvelle aux autorités militaires. Les pouvoirs de police sont certes étendus (perquisitions autorisées à toute heure du jour et de la nuit, restrictions de la liberté de la presse, de la liberté de circulation et de réunion), mais ils restent confiés à l'**administration civile** et, notamment, aux préfets.

La loi sur l'état d'urgence a été utilisée à plusieurs reprises. Pendant la guerre d'Algérie puis en Nouvelle-Calédonie, au début des années 1980[1] ; en 2005, pour faire face à ce que l'on a appelé « la crise des banlieues ». Dans ce dernier cas, l'état d'urgence a été proclamé par un décret pris en Conseil des ministres du 8 novembre 2005, certaines mesures se trouvant renforcées dans

1. La loi autorisant la prorogation de l'état d'urgence fut déférée au Conseil constitutionnel, et validée : **CC 85-187 DC du 25 janvier 1985** (état d'urgence en NC), R. 43.

certaines zones par un décret du Premier ministre pris le même jour. Il sera ensuite prorogé pour trois mois par la loi du 18 novembre 2005.

Ce fut aussi pour le Conseil d'État l'occasion d'apporter quelques intéressantes précisions sur ce sujet. Ainsi, ne remettant pas en cause la répartition des pouvoirs publics constitutionnels, **les décrets instituant l'état d'urgence ne sont pas des actes de gouvernement**, à la différence de la décision du président de la République de faire application de l'article 16C, et le juge peut donc exercer son office. Examinée dans le cadre du contrôle de conventionnalité, la loi du 3 avril 1955 lui est ainsi apparue compatible avec les dispositions de la Conv. EDH[1].

(223) D. La théorie jurisprudentielle des circonstances exceptionnelles

La théorie jurisprudentielle des circonstances exceptionnelles est née de la Première Guerre mondiale. Elle autorise l'administration à prendre, sous le contrôle du juge, des mesures qui seraient censurées pour illégalité en période normale. Contrairement à ce qui se passe en cas d'application de l'article 16C, le juge administratif vérifie l'existence des circonstances exceptionnelles alléguées par l'administration, et apprécie la légalité – certes « adaptée » aux temps de crise – des mesures prises.

La guerre a pu ainsi justifier qu'un simple décret du Président de la République soit en mesure de suspendre certaines des garanties accordées aux agents publics par la loi du 22 avril 1905, prévoyant notamment la communication de leur dossier avant toute mesure disciplinaire[2]. La théorie des circonstances exceptionnelles lui permet aussi d'appliquer de manière extensive la **théorie du fonctionnaire de fait**[3] ou de déqualifier la voie de fait en une « simple » illégalité, confiant ainsi au seul juge administratif le contrôle de l'administration des temps de crise[4].

La théorie des circonstances exceptionnelles n'est pas exclusive de l'application de la loi sur l'état de siège ou l'état d'urgence. Elle peut au contraire justifier une nouvelle extension des pouvoirs conférés par ces textes[5].

1. Sur toutes ces questions, *cf.* CE Ass. 24 mars 2006, Rolin et Boisvert, R. 171, AJDA 2006.1033.
2. **CE 28 juin 1918, Heyriès**, R. 651 ; S. 1922.3.49, note Hauriou.
3. CE 5 mars 1948, Marion, R. 113 : les circonstances (guerre et exode) autorisent de simples particuliers, « autorité de fait », à prendre les mesures indispensables en lieu et place des autorités légales, disparues ou empêchées.
4. TC 27 mars 1952, Dame de la Murette, R. 626.
5. **CE 28 février 1919, Dames Dol et Laurent**, R. 208 : légalité de la mesure du préfet maritime de Toulon, interdisant notamment le racolage en dehors du « quartier réservé ».

III. Sanction : le contrôle de légalité

(224) Diversité des contrôles

La soumission de l'administration au droit est sanctionnée par divers contrôles exercés par l'administration et par le juge.

Le **contrôle administratif** s'opère spontanément, ou à la demande de l'administré à la suite d'un **recours gracieux ou hiérarchique** ; il conduit à l'abrogation ou au retrait de l'acte illégal[1].

Le **contrôle juridictionnel** s'opère en règle générale devant le juge administratif[2]. L'**exception d'illégalité** est ouverte sans condition de délai pour les décisions de caractère réglementaire ; elle conduit le juge à refuser d'appliquer l'acte frappé d'illégalité dans l'affaire qui lui est soumise. Le **recours pour excès de pouvoir** (REP) permet quant à lui d'obtenir l'annulation de la décision administrative entachée d'illégalité.

(225) La lente maturation du recours pour excès de pouvoir

Histoire étonnante que celle du recours pour excès de pouvoir. Au milieu du XIXe siècle, Vivien soulignait déjà l'utilité d'un Conseil d'État appliqué à « maintenir l'harmonie entre tous les ressorts de la machine administrative », et devenu « l'appui du pouvoir et du principe de l'autorité »[3].

Ce souci avait conduit le juge à **réprimer, dès le premier Empire, l'incompétence et l'excès de pouvoir des autorités administratives**. En 1813[4], la censure de cette forme d'illégalité se trouve soumise à un régime juridique distinct, dès lors qu'elle peut être **portée directement devant le Conseil d'État** – solution solennellement confirmée par une décision Égret-Thomassin du 18 novembre 1818[5]. Une particularité justifiée par la gravité de l'illégalité sanctionnée, qui porte atteinte à des règles aussi essentielles que le principe de séparation des autorités administratives et judiciaires, ou le principe hiérarchique[6]. Cette fonction de contrôle et de régulation devait au demeurant se révéler suffisamment importante pour transcender la *summa divisio* alors établie entre administration conten-

1. §§ 175 et 176.
2. Les juridictions répressives peuvent apprécier la légalité d'une décision administrative « lorsque, de cet examen, dépend la solution du procès pénal qui leur est soumis » (art. 111.5 CPP). Le juge non répressif n'est compétent qu'en cas de voie de fait (*cf. supra* § 15).
3. Vivien, *Études administratives*, Paris, 1859 (3e éd.), rééd. Cujas, 1974, t. 1, p. 94.
4. CE 21 janvier 1813, Carbonnel, R. 140 ; 29 janvier 1814, David, R. 507... Privilège dérogatoire à la règle qui faisait du CE la juridiction d'appel des ministres, devenus juges de première instance du contentieux administratif (*cf. supra* §§ 25 et 27, sur la théorie du ministre-juge).
5. R. 424 : « C'est devant nous, en notre Conseil d'État, que doivent être déférés les actes administratifs attaqués pour incompétence et excès de pouvoir. » Rappelons qu'à cette époque le CE se trouve soumis au système de la « justice retenue » : il ne rend que des avis, transformés en décisions de justice par la signature du chef de l'État (*cf. supra* § 25).
6. *Cf.* par ex. Bigot, *Introduction historique au droit administratif depuis 1789*, *op. cit.*, p. 115 : « Le recours pour excès de pouvoir a pour fonction de fabriquer de l'ordre ; ainsi peut-on espérer asseoir la domination du pouvoir. »

tieuse et pure administration[1]. Primitivement limité à la première, le « recours pour incompétence et excès de pouvoir » sera ouvert à l'encontre de la seconde dès 1826, sans que cela affecte en rien son caractère contentieux[2].

L'étape suivante consistera pour le Conseil d'État à attribuer à ce recours une **base légale**, c'est-à-dire un fondement textuel. Il le trouve en 1832, dans la **loi des 7-14 octobre 1790**[3]. Ainsi assuré, son développement n'en demeurera pas moins modeste pendant le quart de siècle qui suit. La monarchie de Juillet (1830-1848) voit certes apparaître une **deuxième cause d'ouverture**, le **vice de forme ou de procédure**[4], mais c'est le second Empire qui voit croître et embellir un recours devenu la « soupape de sûreté » du régime impérial[5], et le contrepoids aux mesures de déconcentration décidées en 1852 et en 1861[6]. Transformation quantitative, avec un nombre de requêtes multiplié par deux ; qualitative, avec le développement du vice de forme et de procédure et l'apparition, en 1857, d'une **troisième cause d'ouverture : le détournement de pouvoir**[7]. La formule traditionnelle de « recours pour incompétence et excès de pouvoir » disparaît au demeurant du vocabulaire du Conseil d'État après 1852 et le **décret du 2 no-**

1. L'activité administrative est alors perçue comme divisée en une administration dite « contentieuse », dès lors qu'elle porte atteinte à un droit garanti par la loi ou le règlement, et une « pure administration », qui ne blesse que de simples intérêts ne méritant pas la protection d'un juge. Sur cette conception dualiste de l'administration, *cf.* Bigot, *op. cit.*, pp. 92 et s ; Burdeau, *Histoire du droit administratif*, *op. cit.*, pp. 159 et s.

2. CE 4 mai 1826, Landrin, R. 256. *Cf.* Bigot, *op. cit.*, pp. 95 et s ; Burdeau, *op. cit.*, pp. 167 et s.

3. Longtemps seule base légale des procédures de conflit, ce texte faisait désormais « double emploi » avec l'ordonnance du 1er juin 1828. En 1832, le CE décida d'en faire une utilisation nouvelle, susceptible de conforter sa mission de juge de « l'excès de pouvoir » : CE 2 mars 1832, Dellier et cons., R. 66 ; 24 mars 1832, Vve Bouillet, R. 97 ; 15 juillet 1832, 3 esp. « Préfet de la Seine » et 1 esp. « Préfet du calvados », R. 382 ; 24 août 1832, min. de l'Int., R. 510 ; 22 mars 1833, Dailly, R. 175...

4. CE 30 août 1842, Thomas, R. 435.

5. La thèse qui fait du développement du REP un palliatif à l'absence de contrôle parlementaire et la conséquence nécessaire de l'intérêt bien compris du régime impérial sera développée par le commissaire du gouvernement Robert, dans des conclusions qui recevront l'honneur insigne de se voir publiées *in extenso* dans le *Journal officiel*. « Notre Constitution, note-t-il, déclare l'Empereur responsable devant le pays. Quoi de plus naturel et de plus logique que de lui donner le moyen de redresser lui-même, avec l'aide de son conseil, les actes qui lui sont signalés comme lésant des droits acquis ? » (concl. sur CE 21 juillet 1864, Acad. des Beaux-Arts, R. 682). Elle sera ensuite reprise et divulguée par **L. Aucoc**, auteur de cette formule qui fera fortune (*Conférences sur l'administration et le droit administratif*, Paris, 1869-1876, 3 vol., t. 1, p. 394).

6. Décrets des 25 mars 1852 et 23 avril 1861. La relation entre politique de déconcentration et développement du REP sera explicitement établie par certains commissaires du gouvernement (concl. L'Hôpital sur CE 27 mai 1863, Estienne, R. 448 et De Belbeuf sur CE 4 févr. 1869, boulangers de Montluçon, R. 95), puis soulignée par les plus grands noms de la doctrine (L. Aucoc, *Des recours pour excès de pouvoir devant le Conseil d'État*, Paris, 1878.26 ; E. Laferrière, « Origine et développement du recours pour excès de pouvoir », Rev. crit. de lég. et de jurisp., 1876.325). *Cf.* aussi Bigot, pp. 158 et s ; Burdeau, *op. cit.*, pp. 175 et s.

7. CE 29 janvier 1857, Ponchon, R. 79 ; 19 mai 1858, Vernes, R. 399 ; 26 décembre 1862, Larbaud, R. 862 ; 25 février 1864, Lesbats, R. 209, concl. L'Hôpital ; 19 mai 1865, Barthélémy, R. 537, concl. Aucoc...

vembre 1864, premier texte à s'intéresser à ce recours, le dote d'une procédure spécifique, « essentiellement caractérisée par la quasi-gratuité »[1].

L'apparition d'une **quatrième cause d'ouverture**, traditionnellement mais inexactement **qualifiée de violation de la loi**[2], se fera plus difficilement, dès lors que le juge a le sentiment d'élargir son contrôle aux motifs mêmes de la décision administrative. L'incorporation se fera de manière furtive, presque clandestine, sous le couvert d'une conception élargie de l'incompétence, puis du détournement de pouvoir[3]. Une audace remise en cause pendant les trente premières années de la IIIe République, décrites comme une période de « recentrage », voire même de « stagnation » du recours pour excès de pouvoir[4]. L'embellie n'intervient que dans les dernières années du XIXe siècle. Entre 1890 et 1908, le nombre des recours pour excès de pouvoir passe de 186 à 1 160[5] ; l'intérêt pour agir devient de plus en plus libéralement entendu et la violation de la loi se trouve désormais explicitement sanctionnée[6].

Après la Deuxième Guerre mondiale, une nouvelle ère d'expansion voit le recours pour excès de pouvoir acquérir ses caractéristiques actuelles. Son existence relève désormais d'un **principe général du droit** ; l'arrêt « dame Lamotte » de 1950 évoque en effet un « recours ouvert même sans texte contre tout acte administratif, et qui a pour effet d'assurer, conformément aux principes généraux du droit, le respect de la légalité »[7].

(226) Le recours pour excès de pouvoir, recours contentieux

Représentant à peine 10 % du contentieux administratif en 1870, le recours pour excès de pouvoir compte actuellement pour la moitié de l'activité juridictionnelle du Conseil d'État. Ouvert « même sans texte » **contre toute décision administrative « faisant grief »**[8], **c'est aussi un recours d'ordre public**

1. Bigot, *op. cit.*, p. 166. L'importance de la période se trouve de mieux en mieux soulignée par la doctrine. G. Bigot évoque de la sorte la « seconde matrice napoléonienne » et l'« équation politique » qui favorise à l'époque le développement du REP (*op. cit.*, pp. 126 et s et pp. 158 et s). F. Burdeau examine quant à lui « le tournant du second Empire » (*op. cit.*, pp. 174 et s).

2. *Cf. infra* § 231.

3. Ex. topique : CE 13 mars 1867, Bizet, R. 271. Dans ses conclusions, le commissaire du gouvernement Aucoc usait de cette tactique prudente en recommandant l'annulation de la décision contestée, tout en continuant de définir l'excès de pouvoir comme résultant de « l'incompétence, de la violation des formes substantielles, et de l'usage d'un pouvoir dans un but différent de celui que le législateur se proposait d'atteindre » *(ibid.)*.

4. Respectivement : Burdeau (*op. cit.*, pp. 242 et s) et Bigot (*op. cit.*, pp. 207 et s).

5. Chiffres cités par F. Burdeau, *op. cit.*, p. 256. Un développement qui s'explique par la nécessité de lutter contre l'extrême politisation de l'administration de l'époque et les nombreuses « incitations du législateur (*ibid.*, pp. 257 et s).

6. Bigot, *op. cit.*, pp. 249 et s ; Burdeau, *op. cit.*, pp. 261 et s.

7. **CE Ass. 17 février 1950, Dame Lamotte**, R. 110 ; RDP 1951.478, concl. Delvolvé et note Waline. Une solution confirmée par le Conseil constitutionnel : CC 86-217 DC du 18 septembre 1986, R. 141 ; **CC 88-248 DC du 17 janvier 1989**, R. 18.

8. Décisions unilatérales, mais aussi clauses dites « réglementaires » et actes « détachables » des contrats administratifs (*cf.* § 44). *Cf.* par ex. 31 juillet 2009, soc. « Les sables d'or », AJDA 2010.895.

auquel les administrés ne peuvent renoncer[1]. Il doit être exercé dans les **deux mois** suivant la publication ou la notification de la décision contestée.

La condition tirée de l'**intérêt pour agir**, qui commande la faculté donnée au requérant d'intenter le recours, a été considérablement assouplie au début du XXe siècle. Il doit certes être suffisamment direct et personnel, mais il peut être moral aussi bien que matériel, individuel ou collectif[2]. Aussi le recours se trouve-t-il ouvert au contribuable communal ou départemental[3], mais pas au contribuable national[4] ou au « simple » citoyen[5]. Les particuliers peuvent évidemment l'exercer – usagers du service public[6] ou agents publics[7] – de même que les collectivités publiques[8], les associations ou les syndicats[9].

Une **fin de non-recevoir particulière au recours pour excès de pouvoir** doit être mentionnée : **l'exception de recours parallèle**. La crainte que ce recours ne le conduise à exercer une « juridiction universelle »[10] a en effet déterminé le Conseil d'État à en restreindre l'accès aux requérants ne disposant pas d'une autre voie de droit leur permettant d'obtenir des résultats semblables[11]. Ainsi, les parties à un contrat doivent en principe saisir le juge du contrat, et non celui de l'excès de pouvoir[12] ; de même, l'existence d'un

1. CE 19 novembre 1955, Andréani, R. 551.

2. § 44.

3. **CE 29 mars 1901, Casanova**, R. 333 ; S. 1901.3.73, note Hauriou (pour le contribuable communal) ; CE 27 janvier 1911, Richemond, R. 105, concl. Heilbronner (pour le contribuable départemental).

4. CE 13 février 1930, Dufour, R. 176. Confirmation, par ex., dans CE 23 novembre 1988, Dumont, R. 418.

5. CE 23 septembre 1983, Lepetit, R. 372.

6. **CE 21 décembre 1906, synd. des propriétaires et contribuables du quartier de Croix-de-Séguey-Tivoli**, R. 962, concl. Romieu.

7. Les agents publics peuvent attaquer les décisions qui portent atteinte à leurs droits (**CE 11 déc. 1903, Lot**, R. 780), mais pas celles qui touchent à l'organisation et au fonctionnement du SP (*cf.* par ex. CE 13 janv. 1993, synd. nat. autonome des policiers en civil, R. 13).

8. **CE 18 avril 1902, commune de Néris-les-Bains**, R. 275 (recours d'une commune contre une décision du préfet).

9. **CE 28 décembre 1906, synd. des patrons-coiffeurs de Limoges**, R. 977, concl. Romieu. Recours toujours ouvert contre les décisions de caractère réglementaire. La jurisprudence distingue ensuite entre les décisions individuelles « positives » (nomination, avancement) et « négatives » (sanctions). Le recours est ouvert aux groupements contre les premières, dès lors qu'elles sont susceptibles de porter atteinte aux intérêts des autres membres ; seule la personne désignée nominativement se trouve en revanche autorisée à contester la légalité des secondes.

10. Idée avancée par Aucoc dans ses concl. sur CE 20 février 1868, Bouchers de Paris, et reprise par Laferrière (*cf.* not., *op. cit.*, t. 2, p. 447).

11. CE 24 février 1864, Lesbats, R. 209, concl. L'Hôpital. Solution confirmée par CE 14 janvier 1876, Vve Regnault, R. 31.

12. L'exception de recours parallèle joue aussi pour les concurrents évincés, qui viennent de se voir reconnaître l'exercice d'un recours de plein contentieux par une décision du CE Ass. 16 juillet 2007, soc. Tropic travaux signalisation, R. 360, concl. Casas. Les tiers, en revanche, peuvent former des REP contre les actes détachables du contrat (**CE 4 août 1905, Martin**, préc.).

recours de plein contentieux exclut en règle générale le recours pour excès de pouvoir[1].

L'administration bénéficiant du **privilège du préalable, le recours pour excès de pouvoir n'est évidemment pas suspensif**[2]. Les décisions du juge en la matière bénéficient cependant d'une **autorité absolue de chose jugée**[3] : conduisant à l'annulation d'un acte administratif illégal, ses effets s'imposent à tous, ils sont valables *erga omnes*.

Nous étudierons les causes d'ouverture du recours pour excès de pouvoir (1), puis l'étendue (variable) du contrôle du juge (2).

III.1. Les causes d'ouverture du recours pour excès de pouvoir

(227) Causes d'ouverture et causes juridiques : légalité externe et légalité interne

Depuis Laferrière, on distingue traditionnellement **quatre causes d'ouverture** du recours pour excès de pouvoir, c'est-à-dire **quatre « moyens de droit »** permettant d'obtenir l'annulation d'une décision administrative unilatérale : l'**incompétence**, le **vice de forme ou de procédure**, le **détournement de pouvoir** et la **violation de la loi**.

Les deux premiers visent l'**illégalité « externe »** de l'acte, relative au processus de prise de décision ; les deux derniers, une **illégalité « interne »** portant sur la décision même. Ces deux formes d'illégalité correspondent à des « **causes juridiques** » distinctes ; une notion importante, dès lors que, sauf à être qualifié d'ordre public, un moyen nouveau ne pourra être soulevé après l'expiration du délai de recours que s'il appartient à une « cause juridique » déjà invoquée dans la requête initiale[4]. La règle peut paraître sévère ; elle n'est que la traduction du principe de l'immutabilité de l'instance, qui permet de « cristalliser » le litige, et d'éviter ainsi des complications contraires à la bonne administration de la justice[5].

Un moyen sera dit **d'ordre public** lorsque, en raison de la gravité de l'illégalité invoquée, il peut être soulevé à tout moment de l'instance, par le juge

1. Exception formulée dans **CE 8 mars 1912, Lafage**, R. 348, concl. Pichat : le REP est recevable contre toute décision administrative dont l'objet est pécuniaire (traitement ou salaire, refus de subvention...) dès lors que le requérant en réclame seulement l'annulation.

2. § 51.

3. § 57.

4. CE 20 février 1953, soc. Intercopie, R. 88. Le requérant avait invoqué le vice de procédure puis, dans un deuxième temps, la violation de la loi. Selon le CE, ce moyen se fonde « sur une cause juridique distincte » et constitue « une demande nouvelle » formulée hors délai et, donc, irrecevable. Dégagée pour le recours en cassation, la solution sera étendue au REP par CE Ass. 15 juillet 1954, soc. « Aciéries et forges de Saint-François », R482, puis aux juridictions administratives spécialisées par CE 27 juin 2011, M. Bessis, AJDA 2011.2023, concl. R. Keller.

5. Concl. R. Keller, préc.

ou les parties. Les moyens d'ordre public sont l'**incompétence**, le **défaut de base légale**, l'**inexistence** de la décision contestée, l'atteinte portée au **principe de non-rétroactivité** et la méconnaissance de l'**autorité de chose jugée**.

Selon leurs effets, on distinguera aussi les **moyens déterminants** des **moyens inopérants**. Seuls les premiers sont susceptibles de conduire à l'annulation de la décision administrative ; les seconds, mêmes fondés, n'emportent aucune conséquence contentieuse. Il en est ainsi, par exemple, lorsque la compétence de l'administration est liée : la décision aurait dû être prise, en dépit de l'illégalité invoquée.

(228) A. L'incompétence

Première des causes d'ouverture du recours pour excès de pouvoir apparue sous le premier Empire[1], l'incompétence est aussi un **moyen d'ordre public** en raison de la gravité de l'illégalité invoquée, qui remet en question la hiérarchie administrative, voire même la séparation des autorités administrative et judiciaire.

Plusieurs formes, plusieurs « qualités » d'incompétence peuvent être distinguées : l'incompétence peut être **positive** ou **négative** ; matérielle (rationae materiae), territoriale (rationae loci) **ou** temporelle (rationae temporis)[2].

(229) B. Le vice de forme ou de procédure

La **deuxième cause d'ouverture** du recours pour excès de pouvoir apparaît sous la monarchie de Juillet (1830-1848) avec, déjà opérée par le juge, la distinction entre **formalités substantielles** et **non substantielles**[3]. Seules les premières sont susceptibles de conduire à l'annulation de la décision administrative. Le **contreseing**, formalité qui ne confère pas la qualité de coauteur de la décision[4], la **motivation** ou la **procédure consultative obligatoire** sont ainsi considérés comme des formalités substantielles. Une erreur ou une omission dans les visas d'une décision, le dépassement de délais seulement indicatifs n'ont en revanche aucune conséquence sur la validité et le maintien de la décision ; le juge y voit des formalités non substantielles ou, plus exactement, des formalités dont l'omission ou l'accomplissement défectueux ne constitue pas une illégalité substantielle.

Mentionnons enfin l'existence de **formalités impossibles** à respecter dans les circonstances de l'espèce ; même substantielle, leur omission n'entraînera pas l'annulation de la décision contestée[5].

---

1. § 225.
2. §§ 159 et s.
3. §§ 163 et 225.
4. CE Ass. 12 juillet 1957, chambre de commerce d'Orléans, R. 474.
5. CE 12 octobre 1956, Baillet, R. 356 (impossibilité de réunir un organisme consultatif en raison de la « défection systématique » de certains de ses membres) ; CE 12 juin 1987, Ferretti, R. 658 (impossibilité de constituer le conseil dont l'avis fait défaut).

(230) C. Le détournement de pouvoir

Avec cette **troisième cause d'ouverture**, apparue sous le second Empire[1], le Conseil d'État s'aventure à contrôler la **légalité interne** de la décision administrative. Ce n'est plus la compétence de son auteur ou ses conditions d'édiction qui se trouvent sanctionnées, mais bien l'objectif poursuivi par l'administration et l'intention de son auteur.

Le détournement de pouvoir censure en effet « l'usage d'un pouvoir dans un but différent de celui que le législateur se proposait d'atteindre »[2]. L'activité administrative se trouvant subordonnée à la satisfaction de l'intérêt général, le juge annulera de la sorte les décisions prises en fonction de mobiles personnels ou politiques[3]. Dans quelques autres hypothèses, il sanctionnera des actes certes édictés dans un intérêt public, mais qui méconnaissent l'objectif spécifiquement prévu par les textes : esthétique ou environnement pour certaines polices spéciales, utilité publique pour les opérations d'expropriation... Ainsi, par exemple, de l'annulation pour détournement de pouvoir d'actes pris dans le seul intérêt financier de l'administration, en contradiction avec l'objet particulier spécifié par la loi ou le règlement[4].

Rarement sanctionné, le détournement de pouvoir a principalement pour fonction de censurer des décisions ou des comportements administratifs inacceptables. Un exemple assez célèbre montre le Conseil d'État annulant un décret modifiant le statut de la Comédie-Française, dont le « motif déterminant » avait été de permettre au gouvernement d'évincer l'un de ses administrateurs, et d'ignorer ce faisant l'autorité de la chose jugée, le juge ayant déjà annulé une précédente révocation pour illégalité[5] ! Ainsi que l'avait souligné Hauriou au début du XIXe siècle, le détournement de pouvoir emporte une véritable condamnation morale de l'administration[6].

(231) D. La violation de la loi

Bien que traditionnelle depuis Laferrière, la dénomination de cette quatrième cause d'ouverture du recours pour excès de pouvoir n'est pas des plus heureuses, dès lors que tous les « moyens » précédemment étudiés se fondent sur une violation de la loi. Aussi les administrativistes préfèrent-ils désormais évoquer

---

1. § 225.
2. Aucoc, concl. sur CE 13 mai 1867, R. 271.
3. Ex. topiques du maire révoquant le fonctionnaire ayant verbalisé l'une de ses connaissances (CE 16 nov. 1900, Maugras, R. 617), ou licenciant un agent communal stagiaire pour des raisons politiques (CE 8 juillet 1991, Amato, R. 686).
4. **CE 26 novembre 1875, Pariset** et Laumonnier-Carriol (2 esp.), R. 934 et 936 (fermeture d'une fabrique d'allumettes, officiellement pour contravention à la réglementation relative aux établissements insalubres, incommodes ou dangereux, en réalité pour réduire le montant d'une future indemnité d'expropriation). Plus récemment, CE 12 janvier 1994, Esvan, R. 769 (commune modifiant le POS afin de réduire la valeur d'un terrain dont elle envisage de faire l'acquisition).
5. CE 13 juillet 1962, Bréart de Boisanger, R. 484, D. 1962.664, concl. Henry.
6. Note sous CE 16 novembre 1900, Maugras, préc., S. 1901.3.57.

les **illégalités relatives au contenu ou aux motifs de la décisions administrative**.

1) <u>Les **illégalités relatives au contenu même de la décision administrative**</u> renvoient à l'hypothèse où celle-ci remet en cause la hiérarchie des normes en contrariant l'une ou l'autre des règles de droit qu'elle prétend appliquer : Constitution, traité ou convention internationale, loi, principes généraux du droit ou, éventuellement, règlement.

2) <u>Les **illégalités relatives aux motifs de la décision administrative**</u> sanctionnent les raisons qui ont conduit l'administration à prendre la décision contestée[1]. Les **motifs de droit** doivent être distingués des **motifs de fait**, bien qu'ils ne soient pas exclusifs les uns des autres. Une décision est en effet prise dans le but de répondre à une situation de fait, qui conditionne de la sorte la légalité de la décision administrative.

• **Le contrôle des motifs de droit intègre le défaut de base légale** – la décision administrative se trouve dépourvue de tout fondement légal[2] ou fait application d'un texte irrégulier[3] – **et l'erreur de droit**. L'administration n'applique pas la disposition pertinente ou fait une mauvaise interprétation de la règle de droit qu'elle doit appliquer (ajout d'une condition non prévue par la loi, pouvoir discrétionnaire inutilisé dès lors que l'administration croit sa compétence liée...).

• **Le contrôle des motifs de fait, ou erreur de fait, se traduit en toute hypothèse par le contrôle de l'exactitude matérielle des faits** qui ont conduit l'administration à prendre la décision contestée. La mesure de révocation prise à l'encontre d'un maire se fonde-t-elle sur des faits inexacts ? Elle sera annulée pour illégalité[4]. Sera censurée pour le même motif l'expulsion fondée sur la seule allégation (non prouvée) que le requérant se serait livré à des actes de violence[5].

C'est seulement après cette première et indispensable vérification portant sur l'exactitude matérielle des faits que l'examen effectué par le juge sur les motifs de fait pourra se diversifier, conduisant de la sorte à distinguer entre 4 modes de contrôle appliqués à la décision administrative : le contrôle normal, minimum, restreint ou maximum.

---

1. Les motifs d'une décision doivent être distingués de sa **motivation**, qui porte sur le mode de communication de ces motifs, ou de ses **mobiles**, éventuellement sanctionnés par le détournement de pouvoir.
2. Acte non encore signé ou non publié ou, au contraire, retiré ou abrogé au moment où la décision contestée fut prise.
3. *Cf.* par ex. CE Ass. 28 février 1992, SA Rothmans International France et SA Philip Morris France, R. 81, concl. Laroque : décret « dépourvu de base légale », dès lors qu'il fait application d'une loi contrariant une directive communautaire.
4. **CE 14 janvier 1916, Camino**, R. 15 ; RDP 1917.463, concl. Corneille, opérant pour la première fois le contrôle de l'exactitude matérielle des faits.
5. CE 4 février 1981, Konaté, D. 1981.353, note Pacteau.

III.2. L'étendue du contrôle du juge

(232) ### Un contrôle à « géométrie variable » : légalité et opportunité de la décision administrative

« La tendance de l'administration, exposait un savant orateur en 1843, est de traiter chaque affaire en elle-même, de donner plus de crédit aux faits qu'aux principes, et de mieux aimer une facile solution d'expédient qu'une difficile solution de jurisprudence. La tendance naturelle du Conseil d'État est de rapporter chaque affaire à une règle générale, d'y chercher plutôt la question qui en découle que les intérêts qui y sont engagés et d'assujettir la pratique de l'administration à l'exactitude des théories administratives. Chacune de ces tendances a ses dangers : poussées à leur dernier terme, elles aboutiraient, l'une à une administration sans règle, l'autre à une administration sans activité. »[1] Une description certes un peu forcée, mais qui présente le mérite de souligner toute la difficulté de la mission confiée au Conseil d'État. Contrôler l'activité administrative sans pour autant administrer exige en effet de distinguer la « part du droit » de ce qui relève de la liberté laissée à l'administration.

Cet équilibre délicat entre **compétence liée** et **pouvoir discrétionnaire**[2], **légalité** et **opportunité** est opéré en premier lieu par les textes : Constitution, conventions internationales, lois... Mais le juge s'octroie aussi parfois la capacité d'accroître ou de restreindre la liberté d'appréciation de l'administration. Le plus souvent, il « déliera » ou libérera la compétence de l'administration en se référant aux nécessités de l'intérêt général ou de l'ordre public[3]. L'autorité administrative peut ainsi, sous le contrôle du juge, s'exonérer de l'application d'une règle de droit qui ne peut tout prévoir, et faire montre de cette « intelligence des situations » qui lui est reconnue[4]. Ainsi que le notent MM. Frier et Petit, « la lettre du texte n'est qu'un point de départ. [...] Le contrôle est susceptible de variations en moins ou en plus, en fonction de la marge de discrétionnalité que le juge souhaite laisser à l'administration ».[5]

En fonction de l'intensité de l'examen exercé par le juge sur les motifs de fait de la décision administrative, il est possible d'identifier **quatre modes de contrôle** : **minimum**, **restreint**, **normal** et **maximum**. Un contrôle dont les modalités sont loin d'être figées, qui peuvent passer d'un contrôle minimum à un contrôle restreint, de celui-ci à un contrôle normal...

---

1. Dumont devant la Chambre des députés, cité par L. Aucoc, *Le Conseil d'État avant et depuis 1789*, Paris, 1876, p. 120.
2. §§ 217 et 218.
3. Ainsi, le juge accepte-t-il que l'administration puisse, pour des motifs d'ordre public, refuser d'exécuter une décision de justice, engageant alors sa responsabilité sans faute. *Cf. infra* § 287.
4. J. Le Gars, De la manière de délier l'administration de sa compétence liée (...), AJDA 2010.1406.
5. *Op. cit.*, p. 484.

Nous étudierons en premier lieu le contrôle normal, puis les contrôles « allégés » – contrôle minimum et contrôle restreint – et, enfin, le contrôle renforcé, dit « maximum ».

(233) A. Le contrôle normal

Le contrôle normal sanctionne l'**incompétence**, le **vice de forme ou de procédure**, le **détournement de pouvoir**, les **atteintes directes à la hiérarchie des normes** et les **illégalités relatives aux motifs de la décision administrative**, ce qui implique l'examen du **défaut de base légale**, de l'**erreur de droit**, de l'**exactitude matérielle des faits** et de la **qualification juridique des faits**. Un examen des faits nettement distingué d'un contrôle de l'opportunité de la décision administrative : « Considérant, énonce le juge, que si le Conseil d'État ne peut apprécier l'opportunité des mesures qui lui sont déférées par la voie du recours pour excès de pouvoir, il lui appartient, d'une part, de vérifier la matérialité des faits qui ont motivé ces mesures et, d'autre part, dans le cas où lesdits faits sont établis, de rechercher *s'ils pouvaient légalement motiver* l'application des sanctions prévues par la disposition précitée »[1].

Par la qualification juridique des faits, le juge vérifie que **les faits de l'espèce sont « de nature » à justifier légalement la décision prise par l'administration**. Un contrôle exercé pour la première fois en 1914, lorsque le Conseil d'État décida d'apprécier le caractère de « perspective monumentale » de la place Beauvau, avec toutes les conséquences juridiques que cela impliquait[2]. Les faits reprochés à un fonctionnaire sont-ils constitutifs d'une faute passible d'une sanction disciplinaire[3] ? Une organisation syndicale est-elle « représentative » selon le sens donné à cette expression par la loi du 31 juillet 1963, qualification dont dépend la faculté de déclencher légalement un mouvement de grève dans les services publics[4] ? Un film présente-t-il un caractère pornographique, caractère qui conduira le juge à lui appliquer une réglementation très défavorable[5] ?

Très schématiquement, ce contrôle normal correspond aux hypothèses où la compétence de l'administration est liée, c'est-à-dire où sa décision d'intervenir et/ou le contenu de cette intervention sont déterminés par la règle de droit. Il ne s'agit là toutefois que d'une approximation pédagogique commode, dès lors que le juge n'hésite pas à « ajouter » ou à « retirer » aux textes, ce qui lui permet d'étendre ou de restreindre son contrôle en fonction du rapport qu'il entend instituer entre le pouvoir de l'administration et les droits des administrés.

Le Conseil d'État peut passer de la sorte d'un contrôle restreint à un contrôle normal, alors même que le contenu des dispositions applicables n'a

1. **CE 14 janvier 1916, Camino**, préc.
2. **CE 4 avril 1914, Gomel**, R. 488 ; S. 1917.3.25, note Hauriou.
3. CE Ass. 26 octobre 1945, Aramu, R. 213 ; **CE Ass. 13 mars 1953, Teissier**, R. 133...
4. CE Ass. 21 janvier 1977, CFDT et CGT, R. 39, concl. Denoix de Saint-Marc.
5. CE 30 juin 2000, ass. « Promouvoir », R. 265, concl. Honorat.

pas changé[1]. Ainsi, des sanctions prises par l'autorité administrative, qui se trouvent progressivement soumises à un contrôle normal : sanctions infligées aux administrés ou aux adhérents d'une fédération sportive ; aux magistrats ou aux élus locaux[2]. Les sanctions infligées à un fonctionnaire font en revanche, pour l'instant, l'objet d'un contrôle restreint[3]. Dans certains cas, cette évolution se trouve directement « inspirée » par la jurisprudence de la Cour européenne des droits de l'homme[4].

(234) B. Le contrôle dit « minimum »

Dans certaines hypothèses, **l'examen du juge s'arrête, une fois vérifiée l'exactitude matérielle des faits.** Le Conseil d'État refuse de porter quelque jugement que ce soit sur les appréciations de fait qui ont conduit l'administration à prendre la décision contestée : **notes et appréciations portées par un jury de concours ou d'examen**[5] ; choix entre divers modes de gestion du service public et, en cas de gestion déléguée, du gérant du service[6] ; transfert ou désignation d'un chef-lieu[7], modifications des limites d'une circonscription territoriale[8]...

(235) C. Le contrôle restreint

Le contrôle restreint se distingue du contrôle normal en ce que **le juge se refuse à apprécier la qualification juridique des faits qui ont conduit l'administration à prendre la décision contestée, mais accepte tout de même de vérifier que celle-ci n'a pas commis d'erreur manifeste d'appréciation** (EMA).

---

1. *Cf.* par ex. CE 18 mars 1983, Mulsant, R. 125 et CE 10 juin 1983, Raoult, R. 251 ; AJDA 1983.552, concl. Laroque (sur les décisions refusant à un candidat l'*accès* à un concours administratif).
2. CE Ass. 16 févr. 2009, Soc. Atom, R. 25, AJDA 2009.583 RFDA 2009.259, concl. Legras (sanction infligée à un administré) ; CE 2 mars 2010, féd. fr. d'athlétisme, AJDA 2010.664 (adhérent d'une fédération sportive) ; CE 30 juin 2010, Me Ponsard, AJDA 2010.1345 (magistrat) ; CE 2 mars 2010, Dalongeville, AJDA 2010.664 (élul local).
3. CE 1er févr. 2004, Touzard, R 38 : contrôle restreint, dont il n'est pas certain qu'il respecte le droit à un procès équitable, désormais exigé par la CEDH en la matière, ni la jurisprudence du CC, qui applique désormais le principe de proportionnalité à « toute sanction ayant le caractère d'une punition » (CC 87-237 DC du 30 déc. 1987). Solution pourtant réaffirmée par CE 7 avril 2010, AP-HP, AJDA 2010.2329 : sanction disciplinaire annulée pour erreur manifeste d'appréciation (EMA), ici, une exclusion temporaire de 2 mois infligée à une auxiliaire puéricultrice stagiaire dont les fautes professionnelles avaient provoqué le décès d'un nourrisson.
4. Un exemple tiré de la **police spéciale des publications étrangères** illustrera toute l'importance du juge européen. Dans un arrêt Ekin de 1997, le Conseil d'État avait tenté de « sauver » le décret-loi du 6 mai 1939 en passant d'un contrôle restreint à un contrôle normal. La CEDH n'en estima pas moins ce régime discriminatoire et injustifié ; le CE s'inclina finalement dans un arrêt GISTI de 2003, qui déclara le décret-loi de 1939 contraire à la Conv. EDH et en ordonna l'abrogation.
5. Une solution qui s'explique par le risque de multiplication incontrôlée du nombre des recours. *Cf.* not. CE 20 mars 1987, Gambus, R. 100 ; CE 17 juin 1988, Bady, R. 247...
6. CE Ass. 16 avril 1986, Compagnie luxembourgeoise de TV, R. 97 (refus de contrôler le choix du gouvernement, concernant une société concessionnaire du SP de la TV).
7. CE 26 novembre 1976, Soldani, R. 508.
8. CE 9 novembre 1984, ass. Bretagne-Europe, R. 354 (mod. des limites d'une région par le gouvernement).

Très schématiquement, le contrôle restreint correspond aux hypothèses où l'administration dispose d'un **pouvoir discrétionnaire** conféré par un texte, ou par le juge, qui refuse de contrôler les conditions d'application prévues par les textes au-delà de l'erreur manifeste. Celle-ci sanctionne alors la « disproportion excessive, ou déraisonnable, entre une décision et les faits qui l'ont provoquée »[1]. La liberté d'appréciation de l'administration subsiste, seulement limitée et encadrée par l'idée (raisonnable) qu'elle doit s'exprimer par une décision raisonnable.

Apparu au début des années 1960 dans le contentieux des équivalences d'emplois publics[2], le contrôle de l'erreur manifeste s'est rapidement étendu à l'ensemble de l'activité administrative : sanctions disciplinaires[3], notations dans la fonction publique[4], mais aussi mesures de police[5]...

Le contrôle normal sanctionne :	Le contrôle restreint sanctionne :
• l'incompétence	• l'incompétence
• le vice de forme et de procédure	• le vice de forme et de procédure
• le détournement de pouvoir	• le détournement de pouvoir
• les illégalités relatives au contenu de l'acte	• les illégalités relatives au contenu de l'acte
• les illégalités relatives aux motifs de l'acte, ce qui implique le contrôle - du défaut de base légale	• les illégalités relatives aux motifs de l'acte, c'est-à-dire - le défaut de base légale
- de l'erreur de droit	- l'erreur de droit
- de l'exactitude matérielle des faits	- l'exactitude matérielle des faits
- De la qualification juridique des faits	- l'erreur manifeste d'appréciation (EMA), qui pallie dans une faible mesure l'absence de contrôle de la qualification juridique des faits.

(236) D. Le contrôle maximum

Enfin, dans certaines hypothèses, le juge exerce un contrôle maximum qui lui permet non seulement de vérifier la qualification juridique des faits, mais aussi d'apprécier l'exacte adéquation de la décision prise par l'administration au regard

1. Chapus, *op. cit.*, p. 903.

2. CE 15 février 1961, Lagrange, R. 121.

3. CE 9 juin 1978, Lebon, R. 245 ; AJDA 1978.573, concl. Genevois (contrôle de l'EMA sur le rapport établi entre la gravité de la faute de l'agent et la sanction décidée par l'administration). Jurisprudence transposée au contentieux de la cassation, le CE refusant d'exercer son contrôle sur les sanctions infligées par un ordre professionnel, hormis l'hypothèse rarissime d'une dénaturation : CE 30 mai 2011, Me O., AJDA 2011.2246, note J. Petit.

4. CE 26 octobre 1979, Leca, R. 397 (pas d'EMA ni de détournement de pouvoir, concernant la notation d'un agent public). Pour la première fois, le CE vient d'annuler pour EMA une nomination faite au « tour extérieur » et qui contrevenait par trop à la règle posée par l'art. 6 DDH, relative aux capacités et aux talents : CE 23 déc. 2011, Synd. parisien des administrations centrales, économiques et financières, AJDA 2012.607, note O. Dord.

5. CE Ass. 2 novembre 1973, soc. « Librairie Maspéro », R. 611 (contrôle sur les publications étrangères, devenu un contrôle normal avec l'arrêt Ekin de 1997 ; *cf. supra* § 151) ; 19 février 1975, Fouéré, R. 1219 (délivrance de passeport)...

de la situation qu'elle entend régler, voire même de « peser » les avantages et les inconvénients de l'acte administratif.

• Ce **contrôle de l'adéquation** de la décision administrative aux faits qui ont conduit à son édiction, appelé aussi **contrôle de proportionnalité**, s'exerce principalement sur les **mesures de police**. Portant atteinte à une liberté publique, celles-ci ne sont légales que si elles sont adaptées, proportionnées aux risques de troubles de l'ordre public qu'elles entendent prévenir. Le contrôle du juge est dit maximum, puisque l'opportunité de la décision de l'administration conditionne ici sa légalité. Il s'agit, pour reprendre le propos des commentateurs des « grands arrêts », « de concilier les exigences parfois contradictoires de l'ordre et de la liberté, en tenant compte des circonstances de l'espèce, du rapport des forces en présence et du climat politique du moment »[1]. Pour ce faire, le Conseil d'État et le Conseil constitutionnel appliquent désormais un « triple test de proportionnalité »[2], dès lors que la mesure de police ne sera légale que si elle est « adaptée, nécessaire et proportionnée »[3].

Inaugurée en 1933 afin de concilier liberté de réunion et ordre public[4], cette jurisprudence sera ensuite étendue à toutes les grandes libertés publiques : liberté de la presse[5], liberté d'association[6], liberté d'installation ou de circulation[7]... Une jurisprudence certes libérale, reprise par le Conseil constitutionnel[8], mais longtemps dépourvue d'effets directs, dès lors que la décision du juge intervenait plusieurs années après la mesure de police déclarée illégale. Une lacune de l'État de droit français, corrigée par la loi du 2 mars 1982 instituant un **déféré préfectoral spécifique** à l'encontre des mesures prises par une collectivité locale, et « de nature à compromettre l'exercice d'une liberté publique ou individuelle »[9], et par la loi du 30 juin 2000 organisant des procédures de **référé-suspension** et de **référé-liberté**[10].

• **La théorie dite du bilan coûts-avantages trouve à s'exercer en matière d'expropriation pour cause d'utilité publique.** Le juge recherche si l'opération envisagée est nécessaire et justifiée par un intérêt public, avant de faire le rapport entre ses avantages et ses inconvénients. Dès lors, « une opération

1. Commentaire sous **CE 19 mai 1933, Benjamin**, GAJA, 16 e éd. (2007), p. 299.
2. M. Gyomard et X. Domino, chron. sous CE Ass. 26 oct. 2011, Ass. pour la promotion de l'image, AJDA 2012.35. Les auteurs voient dans ce procédé la mise en œuvre d'un véritable « standard international en la matière ».
3. CE Ass. 26 oct. 2011, préc. CC 2008-562 DC du 21 fév. 2008.
4. **CE 19 mai 1933, Benjamin** (préc.), R. 541 ; S. 1934.3.1, concl. Michel, note Mestre.
5. *Cf.* par ex. CE 10 janvier 1968, ass. Enbata, R. 28.
6. CE Ass. 21 juillet 1970, Boussel dit Lambert, R. 504.
7. CE 2 décembre 1983, ville de Lille c. Ackermann, R. 470.
8. **CC 76-75 DC du 12 janvier 1977**, R. 33 (fouille des véhicules), portant sur la liberté individuelle et censurant le texte de loi « en raison de l'étendue des pouvoirs, dont la nature n'est, par ailleurs, pas définie, conférée aux officiers de police judiciaire et à leurs agents ».
9. §§ 53, 54 et 88.
10. §§ 53 et 54.

ne peut être légalement déclarée d'utilité publique que si les atteintes à la propriété privée, le coût financier et éventuellement les inconvénients d'ordre social que comporte l'opération ne sont pas excessifs eu égard à l'intérêt qu'elle présente »[1].

Le Conseil d'État ne se limite pas à apprécier le **coût financier** de l'opération contestée[2] ; il s'intéresse aussi, intérêt général oblige, à son **coût social**[3] et/ou **environnemental**[4]. Quelques mois plus tard, il intégrera dans les éléments qui fondent son appréciation, l'atteinte éventuelle « à d'autres intérêts publics »[5].

La jurisprudence « ville nouvelle Est » est certes surtout appliquée à des opérations de peu d'importance, mais son caractère dissuasif ne doit pas être sous-estimé : la sagesse est ici fille de la crainte d'une annulation contentieuse.

1. **CE Ass. 28 mai 1971, « ville nouvelle Est »**, R. 409, concl. Braibant.

2. CE 26 octobre 1973, Grassin, R. 598 : installation d'un aérodrome sur le territoire d'une petite commune.

3. Le commissaire du gouvernement Braibant évoquait d'une part la destruction d'une centaine de logements et, d'autre part, la construction d'un axe routier, d'une « ville nouvelle » et d'un campus universitaire. *Cf.* par ex. CE 4 octobre 1974, Grimaldi, R. 465 : aménagement d'un chemin causant des troubles de voisinage disproportionnés.

4. Furent ainsi évoqués les risques de pollution et l'atteinte éventuellement portée à « une partie du patrimoine naturel et culturel du pays » *(ibid.)*. *Cf.* par ex. CE 26 mars 1980, Vve Beau de Loménie, R. 171 : opération censurée en raison de son coût environnemental excessif.

5. CE Ass. 20 octobre 1972, soc. civ. Sainte-Marie de l'Assomption, R. 657, concl. Morisot : en l'espèce, les plans de construction d'une autoroute menaçaient les installations d'un hôpital.

Chapitre 2

Responsabilité

Le présent chapitre sera limité à l'étude de la **responsabilité extra-contractuelle** de la puissance publique[1], la responsabilité née d'un contrat obéissant à des règles particulières[2].

(237) Des différentes fonctions des différents systèmes de responsabilité

Sanctionner, réparer et prévenir, telles sont, selon MM. Frier et Petit, « les fins assignées à tout système de responsabilité ». Et de préciser : « Il s'agit, dans un ordre qui varie en fonction des conceptions juridiques et morales, de réparer le préjudice causé à une personne, de sanctionner celui qui l'a causé et par la vertu d'exemplarité de cette punition de guider le comportement futur des acteurs, prévenant ainsi la commission de nouveaux dommages. »[3] Si l'idée de sanction l'emporte, le système de responsabilité sera principalement, voire exclusivement fondé sur la faute ; si elle s'efface devant celles de prévention et de réparation, une responsabilité dissociée de la faute devient envisageable.

Le droit à réparation ouvert par le droit administratif français emprunte aujourd'hui l'une ou l'autre de ces voies. Si la responsabilité pour faute constitue le droit commun de la responsabilité administrative, il n'en existe pas moins certaines hypothèses où la responsabilité de la puissance publique est susceptible de se trouver engagée sans qu'il soit besoin de prouver ou de récuser l'existence d'une faute de l'administration.

Après l'étude de certaines considérations relatives au droit à réparation des administrés, applicables aux deux grands systèmes de responsabilité mis en œuvre par le droit administratif français (I), nous évoquerons successivement la responsabilité pour faute (II), puis la responsabilité sans faute (III).

---

1. Et, plus précisément, de la République. Pendant près de 60 ans, le juge administratif refusera de la sorte de réparer les préjudices provoqués par le gouvernement de Vichy. Revirement de jurisprudence avec **CE Ass. 12 avril 2002, Papon**, R. 139.

2. §§ 185 et s.

3. *Op. cit.*, p. 489.

I. Le droit à réparation

Nous en examinerons le principe même, qui fut longtemps contesté dès lors qu'il s'agissait de mettre en cause la responsabilité de la puissance publique (1), puis les éléments constitutifs (2).

I.1. Principe

(238) ### A. Le principe traditionnel de l'irresponsabilité de la puissance publique

Une bonne compréhension du sujet nécessite de **distinguer la responsabilité de la puissance publique, de celle qui est susceptible d'atteindre ses agents**.

Sous l'Ancien Régime, s'il était possible de poursuivre les agents du roi devant l'Intendant ou le Conseil du roi pour leurs agissements irréguliers, il était impossible en revanche de mettre en cause la responsabilité de la puissance publique elle-même, en vertu de l'adage selon lequel « le roi ne peut mal faire »[1].

La Révolution ne change que peu de choses en la matière : elle pose certes le principe de la responsabilité des agents publics, promptement aménagé par le principe de séparation des autorités administratives et judiciaires, mais maintient, sauf exception prévue par la loi, un principe de l'irresponsabilité de la puissance publique, directement justifié par la poursuite de l'intérêt général[2]. La majeure partie du XIXe siècle semble dominée de la sorte par « la volonté constante de la haute juridiction administrative d'écarter l'application des articles 1382 et suivants du Code civil aux situations où l'administration est en cause »[3].

Cette spécificité apparaît de manière éclatante dans une décision du Conseil d'État, « Rotschild », en date du 6 décembre 1855 : « C'est à l'administration seule qu'il appartient, sous l'autorité de la loi, de régler les conditions des services publics, dont elle est chargée d'assurer le cours ; qu'il lui appartient de déterminer les rapports qui s'établissent, à l'occasion de ces services, entre l'État, les nombreux agents qui opèrent en son nom et les particuliers qui profitent de ces services ; [...] *que ces rapports, ces droits et ces obligations ne peuvent être réglés selon les principes et les dispositions du seul droit civil et comme ils le sont de particulier à particulier ;* que, notamment, en ce qui touche la responsabilité de l'État en cas de faute, de négligence ou d'erreurs commises par un agent de l'administration, *cette responsabilité n'est ni générale, ni absolue, qu'elle se modifie suivant la nature et les nécessités de chaque service.* »[4] En l'espèce, cette spécificité du droit administratif conduisait à une véritable immunité de la puissance publique.

1. J.-L. Mestre, *Introduction historique au droit administratif français*, *op. cit.*, pp. 258-259.
2. Principale exception, la loi du 28 pluviôse an VIII, article 4, sur les dommages de travaux publics. M. Burdeau évoque aussi « de rares lois » portant sur la réparation des dommages causés par les douanes, les contributions indirectes, les chemins de fer et les Postes » (*Histoire du droit administratif*, Paris, PUF, coll. Thémis, 1995, pp. 144 et s).
3. F. Burdeau, *op. cit.*, p. 149. *Cf.* aussi G. Bigot, *Introduction historique au droit administratif depuis 1789*, *op. cit.*, pp. 144 et s.
4. S. 1856.2.508.

(239) B. L'arrêt Blanco (TC 8 février 1873)

Statuant en 1873 sur la procédure de conflit provoqué par l'accident causé à une petite fille par des ouvriers de l'État, le Tribunal des conflits, créé par la loi du 24 mai 1872, reprend presque mot pour mot les formules énoncées par le Conseil d'État près de vingt ans plus tôt : « Considérant que la responsabilité qui peut incomber à l'État pour les dommages causés aux particuliers par le fait des personnes qu'il emploie dans le service public *ne peut être régie par les principes qui sont établis dans le Code civil, pour les rapports de particulier à particulier* ; [...] *Que cette responsabilité n'est ni générale, ni absolue ; qu'elle a ses règles spéciales qui varient suivant les besoins du service et la nécessité de concilier les droits de l'État avec les droits privés ;* [...] »[1].

Mais, de l'apparente continuité naît la rupture. La formule concernant la spécificité des règles applicables à la puissance publique est en effet suffisamment compréhensive pour justifier un régime d'irresponsabilité en 1855, puis un régime de responsabilité « spécial » à compter de 1873. Une autonomie qui justifiera le maintien d'îlots d'irresponsabilité, mais aussi l'existence d'une responsabilité pour faute lourde ou d'une responsabilité sans faute, aux côtés d'un régime de responsabilité pour faute érigé en régime de responsabilité de droit commun.

(240) C. Une responsabilité administrative

Réinterprété et considérablement réévalué par la doctrine de la fin du XIXe siècle, l'arrêt Blanco consacre l'existence d'une **responsabilité administrative**, et non pas d'une responsabilité de l'administration. Il s'agit là bien plus que d'une nuance : cette responsabilité est qualifiée d'administrative en ce qu'elle obéit à des règles spécifiques, distinctes de celles prévues par le Code civil ; elle ne s'applique pas, loin de là, à l'ensemble des activités de l'administration. Ainsi, c'est seulement au début du XXe siècle que le Conseil d'État acceptera la mise en cause de la responsabilité de l'État pour ses activités de police[2], puis le principe de la responsabilité des autres personnes de droit public : collectivités locales et établissements publics[3].

De nos jours, et en conséquence du phénomène de privatisation qui affecte depuis près d'un siècle l'administration française, ce sont **les règles du Code civil** qui s'appliquent, sauf exception, lorsque la responsabilité d'un service public administratif géré par une personne privée ou d'un service public industriel et commercial est mise en cause. **La responsabilité administrative évoquée dans l'arrêt Blanco ne régit donc plus, pour l'essentiel, que les services publics administratifs gérés par des personnes publiques**[4].

1. TC 8 février 1873, Blanco ; S. 1873, 2, 153.
2. TC 27 février 1903, Zimmermann, R. 180 ; S. 190, 3, 17, note Hauriou ; **10 février 1905, Tomaso Gréco**, R. 139, concl. Romieu ; S. 1905, 3, 113, note Hauriou.
3. Extension réalisée par trois arrêts du TC : TC 29 février 1908, Feutry, R. 208, concl. Teissier (départements) ; TC 11 avril 1908, de Fouscolombes, R. 448 (communes) ; TC 23 mai 1908, Jouillié, R 509 (EP).
4. §§ 132 et s.

I.2. Éléments constitutifs

Quel que soit le système de responsabilité envisagé, l'ouverture du droit à réparation suppose la réunion de trois éléments : un **préjudice** causé à l'administré, un **fait dommageable**, appelé aussi **fait générateur**, imputable à l'administration, et un **lien de causalité** entre le fait générateur reproché à l'administration et le préjudice causé à l'administré.

A. Le préjudice

(241) Un préjudice indemnisable

Aussi surprenant que cela puisse paraître, tout dommage causé à l'administré ne constitue pas nécessairement un préjudice indemnisable lui ouvrant un droit à réparation. Le droit administratif français consacre en effet, pour des raisons éthiques et/ou financières, l'existence de véritables **îlots d'irresponsabilité**.

Ne constituent pas un préjudice indemnisable :

• **les dommages provoqués par des opérations militaires**[1]**, ou occasionnés par des actes de gouvernement ou des lois** (sauf exception)[2] ;

• **les dommages qui pourraient accompagner la naissance d'un enfant** suite à une interruption volontaire de grossesse manquée, sauf circonstances ou situations particulières : « Cons. que la naissance d'un enfant, même si elle survient après une intervention pratiquée sans succès, en vue de l'interruption d'une grossesse [...] n'est pas génératrice d'un préjudice de nature à ouvrir à la mère un droit à réparation par l'établissement hospitalier où cette intervention a eu lieu, à moins qu'existent, en cas d'échec de celle-ci, des circonstances ou une situation particulières susceptibles d'être invoquées par l'intéressée ; [...] »[3] ;

• **les dommages issus de la situation illégitime de la victime**, en vertu de l'adage selon lequel « nul ne peut se prévaloir de sa propre turpitude »[4]. C'est ainsi que la destruction irrégulière d'une « paillote » illégalement implantée sur une plage ne constitue pas un préjudice indemnisable[5] ;

1. *Cf.* par ex. CE Ass. 30 mars 1966, Guyot et soc. Ignazio Messina (2 esp.), R. 258-259 ; RDP 1966.789, concl. Questiaux et 1967.143, note Waline ; CE 23 juillet 2010, Soc. Touax et Touax Rom, AJDA 2010.2269, note H. Belrhali-Bernard : confirmation de l'irresponsabilité de l'État du fait d'opérations militaires, sauf texte contraire (ex. lois des 19 avril et 24 juin 1919 ; des 26 mai et 28 oct. 46).

2. § 47, pour les actes de gouvernement ; § 288, sur les hypothèses de responsabilité du fait des lois.

3. CE Ass. 2 juillet 1982, D^lle^ R., R. 266 ; D. 1984.435, note J.-B. d'Onorio.

4. L'adage « **Nemo auditur propriam suam turpitudinem allegans** » s'est longtemps opposé à l'indemnisation du concubin ou de la concubine de la victime. Première acceptation en 1978, avec CE Ass. 3 mars 1978, Dame Muësser, Vve Lecomte, R. 116 ; JCP 1978.2.18986, concl. Dondoux. Toutefois, le CE continue de refuser d'ouvrir le droit à une pension de reversion en cas de concubinage (CE 18 juin 2010. M^e^ Le Dortz, AJDA 2010.1237 : justifié par l'absence de solidarité financière et de toute autre obligation entre les concubins).

5. CAA Marseille, 21 février 2005, Axa France, AJDA 2005.2250, note N. Albert (aff. dite de la paillote « chez Francis »). *Cf.* aussi CE 7 mars 1980, SARL Cinq-Sept, R. 129, concl. Massot : refus opposé aux assureurs d'un dancing détruit par un incendie causé par l'ignorance des règles de sécurité, et qui avait provoqué la mort de 147 personnes !

• les dommages provoqués par des servitudes d'urbanisme, dès lors que celles-ci ne portent pas atteinte à un droit acquis[1], ou **suscités par des « modifications apportées à la circulation générale »** et résultant de changements effectués dans l'assiette, la direction ou la création de voies nouvelles[2].

(242) Qualités du préjudice indemnisable

Pour ouvrir le droit à réparation, le préjudice doit présenter certaines qualités : il doit être **personnel**[3], **direct**[4], **certain**[5] et **réel**. Enfin, dans nombre d'hypothèses de responsabilité sans faute, seul un préjudice anormal et spécial peut ouvrir le droit à réparation.

Pour le reste, la jurisprudence se montre assez libérale. Le préjudice peut être **matériel** ; seront ainsi indemnisés les dommages corporels et ceux touchant aux biens de l'administré (destruction ou atteinte à la propriété mobilière ou immobilière). Il peut aussi présenter un caractère **immatériel** : douleur morale résultant par exemple de la perte d'un être cher[6], ou de la lenteur anormale d'une procédure juridictionnelle[7] ; préjudice esthétique[8], atteinte à la réputation ou à l'honneur[9] et, plus généralement, troubles dans les conditions d'existence.

Enfin, le préjudice peut revêtir un caractère **médiat** ou **immédiat**. Le droit à réparation est en effet ouvert à la **victime principale** ou **« immédiate »** du préjudice, mais aussi à certaines **victimes collatérales**, dites **« victimes par ricochet »** : conjoint, parents, enfants et, depuis 1978, concubin ou concubine[10].

---

1. Article L 160-5 du Code de l'urbanisme. Le CE vient de refuser d'adresser au CC une OPC sur ce sujet (CE 16 juillet 2010, Soc. La Saulaie, AJDA 2010.1453).
2. CE 2 juin 1972, soc. Les vedettes blanches, R. 414 ; D. 1974.260, concl. Rougevin-Baville.
3. Le procès pénal ayant pour seul objet « d'assurer la rétribution de la faute commise par l'auteur de l'infraction et le rétablissement de la paix sociale », les victimes ne disposent « d'aucun droit propre » à sa tenue. Confrontées au décès du criminel présumé, elles ne peuvent donc « soutenir que l'impossibilité qu'un tel procès puisse se tenir [leur] causerait un préjudice personnel de nature à ouvrir le droit à l'indemnité » (CE Ass. 19 juillet 2011, M. et Mlle A., AJDA 2012.223, note H. Belrhali-Bernard).
4. *Cf. infra* § 246, sur la qualité du lien de causalité unissant le fait générateur au préjudice subi.
5. **Ce qui n'empêche pas la jurisprudence d'instituer des présomptions de préjudice** (*cf. infra* § 269, sur la présomption de préjudice constituée par le dépassement d'un délai raisonnable de jugement).
6. Première indemnisation avec CE Ass. 2 novembre 1961, Letisserand, R. 661 ; D. 1962.34, concl. Heumann ; RDP 1962.330, note Waline.
7. CE 19 octobre 2007, Blin, AJDA 2008.597.
8. CE 23 mars 1962, Caisse de Sécurité soc. de Normandie, R. 211, concl. Heumann.
9. CE 3 avril 1936, Sudre, R. 452 (atteinte à la réputation d'un sculpteur, provoquée par le défaut d'entretien d'une de ses œuvres, achetée par une commune) ; CE 5 octobre 1957, D^lle^ Artus, R. 454 (préjudice provoqué par l'obligation illégale de se soumettre à des examens médicaux relatifs au dépistage de certaines maladies vénériennes).
10. CE Ass. 3 mars 1978, Dame Muësser, Vve Lecomte, préc.

(243) Le principe de la réparation intégrale du préjudice

Sauf exception[1], le principe en droit administratif français est celui de **la réparation intégrale du préjudice causé par la puissance publique**, ce qui est susceptible d'inclure désormais la **perte d'une chance** sérieuse résultant d'une faute de l'administration : éviction illégale d'un marché public et, surtout, information erronée ou incomplète donnée par un médecin du service public hospitalier[2]. Dans une décision de 2007 relative à la réparation d'un préjudice causé par un diagnostic tardif, le Conseil d'État précise que « le préjudice [...] qui doit être intégralement réparé n'est pas le dommage corporel constaté, mais la perte de chance d'éviter que ce dommage soit advenu [...] »[3].

La réparation peut se faire **en nature** – déplacement de l'ouvrage public ayant causé le préjudice, remplacement ou réparation du bien abimé ou détruit. Elle s'opère en règle générale **par équivalent**, et prend la forme de dommages-intérêts. L'indemnité est versée sous forme de capital ou d'une rente dont le juge admet, depuis 1981, qu'elle peut être indexée[4]. Elle peut s'accompagner de **mesures accessoires** : remboursement de certains frais, intérêts moratoires ou compensatoires[5].

La **date d'évaluation du préjudice** est évidemment très importante en période d'inflation. En droit administratif, elle est fonction de la nature du préjudice subi[6]. Elle se fera :

- « à la date où intervient la décision » du juge, pour les **dommages corporels**[7] ;
- à la date de la réalisation du préjudice et, plus précisément, à la date où « leur cause ayant pris fin et leur étendue étant connu », il pouvait être procédé aux travaux de remise en état, pour les **dommages causés aux biens**, solution évidemment moins favorable aux intérêts du requérant[8].

Deux précisions terminales. Le juge se trouve partiellement lié par l'estimation faite par le requérant ; il peut donner moins, jamais plus, et le requérant ne peut modifier sa demande en appel, sauf aggravation du préjudice depuis le premier

1. *Cf.* par ex. le système de responsabilité forfaitaire (pensions d'invalidité) prévu pour les agents publics victimes d'un accident dans le cadre de leurs fonctions.
2. CE 5 janvier 2002, Consorts Telle, R. 1 ; AJDA 2000.180, chron. Guyomar et Collin ; RFDA 2000.641, concl. Chauvaux (diagnostic incomplet conduisant à une intervention superflue et manquée).
3. CE 21 décembre 2007, centre hospitalier de Vienne, AJDA 2008.135.
4. CE 12 juin 1981, centre hospitalier de Lisieux, R. 262, concl. Moreau.
5. **Les intérêts moratoires** sont « le prix du temps » (Frier et Petit, *op. cit.*, p. 522). Ils ont pour objet d'indemniser (au taux légal) le délai écoulé entre la première demande ou, à défaut, la décision de justice, et le paiement de l'indemnité principale. **Les intérêts compensatoires** sanctionnent quant à eux les retards excessifs dans le versement de l'indemnité ou la mauvaise volonté dont fait preuve l'administration dans l'exécution de ses obligations.
6. Distinction inconnue du juge judicaire, qui arrête son évaluation du préjudice à la date du jugement.
7. CE Ass. 21 mars 1947, Dames V[ves] Aubry et Lefèvre (2 esp.), R. 122 ; RDP 1947.198, note Jèze.
8. CE Ass.21 mars 1947, Compagnie générale des eaux (ou Dame Vve Pascal), *ibid.*

jugement. Enfin, la puissance publique ne peut être condamnée à payer plus qu'elle ne doit ; il s'agit là d'un **moyen d'ordre public** pour le juge, aisément compréhensible au vu de l'objectif de préservation des finances publiques.

B. Le fait générateur

(244) Fait générateur et fait administratif

La responsabilité spécifique admise par l'arrêt Blanco ne s'applique pas, loin de là, à l'ensemble de l'activité administrative, désormais soumise pour une large part au droit privé en raison du phénomène de privatisation qui affecte l'administration française. Elle ne gouverne plus, au principal, que les **actes et comportements des personnes publiques gérant un service public administratif**.

Réserve faite de ce premier cas, la compétence du juge administratif en matière de responsabilité extracontractuelle n'est plus que **résiduelle**. Lorsque le service public administratif est géré par une personne privée, elle se limite à la réparation des **dommages de travaux publics** et de ceux provoqués par l'**emploi de prérogatives de puissance publique**. Quelle que soit la qualité (publique ou privée) du gestionnaire, la responsabilité des **services publics industriels et commerciaux** relève quant à elle du droit privé pour tous les dommages causés aux **usagers**. Le juge administratif ne recouvre sa compétence que pour réparer **certains préjudices causés aux tiers** : **dommages de travaux publics**, ou causés par l'**utilisation de prérogatives de puissance publique**[1].

Le recours se fait devant le tribunal administratif compétent[2], avec possibilité d'appel devant une cour administrative d'appel lorsque cette voie de droit est maintenue, et recours en cassation devant le Conseil d'État.

(244bis) Fait générateur et règle de la décision préalable

Sauf en matière de dommages de travaux publics, la requête doit être dirigée contre une **décision (préalable)**[3] **obtenue à la suite d'un recours administratif**, la réponse de l'administration étant seule susceptible de « lier le contentieux ». Contrairement à l'excès de pouvoir, nécessairement dirigé contre un acte administratif, le contentieux de la responsabilité extracontractuelle met en jeu des faits, des dommages, et non des décisions juridiques ; d'où l'obligation de susciter une réaction de l'administration en lui réclamant réparation.

Il s'agit là d'une survivance de la **théorie du ministre-juge**, définitivement abandonnée en 1889. Jusqu'à cette date, en effet, le ministre était considéré comme juge de première instance du contentieux administratif, le Conseil d'État intervenant seulement en appel pour tout ce qui ne relevait pas du recours pour excès de pouvoir. L'exigence d'une décision préalable du ministre demeure

1. Sur toutes ces questions, *cf.* §§ 134 et s.

2. C'est-à-dire gouvernant le ressort où le requérant se trouve domicilié. Par exception, le TA compétent pour réparer les dommages de travaux publics est celui dans le ressort duquel le fait générateur du préjudice s'est produit.

3. Article R 421-1 CJA.

donc maintenue, même si elle change de nature et de signification : « de juridictionnelle qu'elle était, elle devient administrative », et apparaît désormais comme un « préliminaire de conciliation »[1].

Ce recours administratif préalable est enfermé dans le délai imposé par la règle de la **prescription quadriennale des dettes des personnes publiques**[2]. Le recours contentieux doit quant à lui être formé dans les deux mois suivant l'obtention de la décision administrative, qui peut être explicite ou implicite, et résulte alors du silence gardé pendant plus de deux mois par l'administration.

(245) Fait générateur et faute de l'administration

Le fait générateur ouvrant le droit à réparation de l'administré ne doit pas nécessairement présenter un caractère fautif : les notions de responsabilité et de faute peuvent désormais être dissociées.

Certes, en règle générale, la responsabilité de l'administration ne peut être engagée que sur le fondement de la faute, prouvée ou présumée ; la **responsabilité pour faute** demeure la responsabilité de droit commun de la puissance publique. Dans un certain nombre d'hypothèses précisément déterminées, la responsabilité de l'administration peut cependant être engagée sans qu'il soit besoin que le fait générateur revête obligatoirement un caractère fautif. **Il peut certes y avoir faute, mais cette considération reste logiquement indifférente** à l'ouverture du droit à réparation dans le système de **responsabilité sans faute** prévu par le droit administratif français[3].

C. Le lien de causalité

(246) La théorie de la « causalité adéquate »

Pour que la responsabilité de la puissance publique puisse être engagée, encore faut-il que le fait générateur qui lui est imputé soit à l'origine du préjudice subi par l'administré. Parfois négligées, l'existence et la qualité de ce lien de causalité conditionnent pourtant l'ouverture du droit à réparation.

Deux grandes conceptions du lien causal peuvent trouver à s'appliquer. La théorie dite de « **l'équivalence des conditions** » considère indifféremment comme causes du préjudice tous les faits, décisions et comportements à l'origine du dommage. La thèse dite de « **la causalité adéquate** », adoptée par le juge administratif, ne retient au contraire que les faits et comportements qui apparaissent comme la **cause directe et immédiate du préjudice**. Seuls seront pris en compte ceux qui ont une « vocation particulière à provoquer ce dommage »[4].

1. C. Debbasch et J.-C. Ricci, *Contentieux administratif*, Paris, Précis Dalloz (8e éd.), 2001, pp. 366 et s.
2. *Cf. supra* § 153.
3. §§ 273 et s.
4. Chapus, *op. cit.*, p. 1054.

Les exemples qui suivent permettront d'éclairer le raisonnement suivi par le juge administratif, et de mieux appréhender l'« appréciation sélective »[1] des événements ayant contribué à la réalisation du préjudice à laquelle il se livre.

Une première affaire, banale, porte sur les dégâts causés à un camion à la suite d'un affaissement non signalé de la chaussée. Après une réparation sommaire, le conducteur reprend la route, provoquant ainsi de nouvelles dégradations. Le mauvais état de la voie publique et l'absence de signalisation peuvent certes être rangés parmi les « causes » se trouvant à l'origine de la panne du véhicule. Le Conseil d'État considérera pourtant que la cause directe du dommage doit être recherchée dans l'imprudence du conducteur, qui avait négligé de prendre certaines précautions élémentaires. Le préjudice, relève le juge, « n'a qu'un lien indirect avec l'affaissement de la chaussée », qui ne peut donc ouvrir le droit à réparation[2].

Bien plus terrible, l'histoire de ce prisonnier qui s'évade un mois avant la date de sa libération, et commet un double meurtre *48 jours* après son évasion. Le coupable et sa complice seront arrêtés, jugés et condamnés, puis un recours en indemnité sera intenté contre l'État au nom des enfants du couple assassiné. Il y a bien faute de l'administration pénitentiaire et préjudice (extrême) ; manque cependant le lien de causalité directe entre la faute et le préjudice puisque, à la date des meurtres, l'assassin aurait été remis légalement en liberté, sa peine achevée[3].

Dernier exemple, la reconnaissance par le Conseil d'État de l'existence d'un lien de causalité entre la vaccination contre l'hépatite B, obligatoire pour certaines catégories d'agents publics, et le déclenchement de l'affection nommée sclérose en plaques. Encore exige-t-il un laps de temps très court entre ces deux événements et, bien entendu, l'absence de tout antécédent ou de tout symptôme susceptible de remettre en cause le caractère direct de la relation de causalité[4].

247) Les causes exonératoires

Certaines « **causes étrangères** » à l'administration (hormis le cas fortuit) peuvent parfois contribuer à la réalisation du préjudice, et permettre ainsi à la puissance publique de s'exonérer partiellement ou totalement de sa responsabilité.

Le juge administratif dénombre quatre causes exonératoires : la **faute de la victime**, la **force majeure**, le **fait du tiers** et le **cas fortuit**. Les deux premières sont des **causes exonératoires générales**, applicables quel que soit le système de responsabilité. Les deux dernières se présentent comme des **causes exonéra-**

1. G. Darcy, *La Responsabilité de l'administration*, Paris, Dalloz, coll. Connaissance du droit, 1996, p. 124.
2. CE 14 octobre 1966, Marais, R. 458 ; D. 1966.636, concl. Galmot. Le commissaire du gouvernement souligne qu'« il ne faut retenir comme cause du dommage que l'événement qui portait normalement en lui ce dommage ».
3. CE 10 mai 1985, Mme Ramade, R. 147 ; JCP 1986, nº 20603, note Crozafon. La solution aurait été différente si le double meurtre avait été commis entre la date de l'évasion et celle de la libération régulière, la condition tenant à l'existence d'un lien de causalité directe étant alors respectée.
4. CE 9 mars 2007 (4 esp.), AJDA 2007.861. L'indemnisation se fait alors sur le fondement de la responsabilité sans faute de la puissance publique. *Cf. infra* § 278.

toires particulières au système de responsabilité pour faute : elles ne peuvent être invoquées lorsque la responsabilité de la puissance publique se trouve engagée sur le fondement d'une responsabilité sans faute.

1) **Les causes exonératoires générales :**

• **La faute de la victime** peut permettre à l'administration de s'exonérer partiellement ou totalement de sa responsabilité. La gamme en est presque infinie : état d'ébriété, vitesse excessive, imprudence, risque pris et accepté en toute connaissance de cause par la victime[1].

Une exception importante : la prétendue faute de la victime ne peut être une cause exonératoire en cas de **harcèlement moral**, défini par la loi de modernisation sociale du 17 janvier 2002 comme une « dégradation des conditions de travail susceptible de porter atteintes (aux) droits et à (la) dignité (de l'agent), d'altérer sa santé physique ou mentale ou de compromettre son avenir professionnel ». Selon M. Guyomar, rapporteur public, toute autre solution reviendrait en effet à légitimer le comportement inacceptable et dangereux du persécuteur, et à en tenir la victime pour partiellement responsable. La conduite de celle-ci doit être appréciée en amont, lorsque le juge détermine si les agissements en cause peuvent être qualifiés de harcèlement moral, ou s'ils n'ont pas « excédé les limites de l'exercice normal du pouvoir hiérarchique »[2].

• La **force majeure** se caractérise par la réunion de trois éléments : **irrésistibilité, extériorité** (ce qui en fait une « cause étrangère » à la puissance publique) et **imprévisibilité**[3]. Cette dernière qualité suppose l'absence de tout précédent, même peu fréquent ou très éloigné dans le temps[4]. La force majeure est donc rarement admise, et l'arrêté prononçant l'état de catastrophes naturelles n'a pas systématiquement « pour effet de qualifier de force majeure les faits de l'espèce »[5].

2) **Les causes exonératoires particulières** au système de responsabilité pour faute :

• Le **fait du tiers**, c'est-à-dire d'une personne étrangère à l'administration comme à la victime. Cette cause exonératoire peut se révéler très préjudiciable

1. CE 11 avril 1975, dépt de la Haute-Savoie, R. 230 ; AJDA 1975.528, concl. Labetoulle ; JCP 1976 n° 18244, note Moderne (alpinistes victimes d'une avalanche sur un itinéraire signalé comme particulièrement exposé à ce genre de phénomène) ; CAA Paris, 9 juillet 1991, synd. des copropriétaires de la résidence de la défense, RDP 1991.1433, concl. Dacre-Wright (propriétaires ne pouvant ignorer les nuisances sonores auxquelles ils étaient susceptibles de s'exposer, et qui ne peuvent donc demander « réparation d'un préjudice qu'ils se sont exposés à subir en connaissance de cause »).

2. Concl. sur CE 11 juillet 2011, Me Montaut, AJDA 2011.2072.

3. § 191.

4. CE 22 février 1967, ville de Royen, R. 961 (précipitations ne présentant pas un caractère de force majeure en raison d'un précédent en 1935) ; CE 14 mars 1986, ommune de Val-d'Isère, R. 711 ; JCP 1986 n 20670, concl. Lasserre et note Moderne (avalanche ne présentant pas ce caractère au regard des trois précédents survenus depuis 1917).

5. CE 2 octobre 1987, commune de Labastide-Clarience, R. 992.

pour la ou les victime(s), dans l'hypothèse où le tiers ne peut être identifié ou est insolvable. Aussi la jurisprudence en limite-t-elle la portée aux hypothèses où la responsabilité de l'administration ne peut être engagée que sur le fondement de la faute (les plus nombreuses), et à l'exclusion des dommages de travaux publics[1].

• Le **cas fortuit, imprévisible et irrésistible**, se distingue de la force majeure en ce que la cause du dommage reste inconnue. Il est donc impossible de conclure avec certitude qu'elle est extérieure à l'administration (ce serait alors un cas de force majeure) ou, au contraire, que cette dernière a commis une faute[2].

Contrairement aux trois « causes » précédentes, **le cas fortuit ne constitue donc pas une cause étrangère à l'administration**, l'élément d'extériorité ne pouvant être prouvé.

	Force majeure	Faute victime	Cas fortuit	Fait du tiers
Responsabilité pour faute	**Cause exonératoire**	**Cause exonératoire**	**Cause exonératoire**	**Cause exonératoire** sauf dommages de travaux publics
Responsabilité sans faute	**Cause exonératoire**	**Cause exonératoire**	Pas de cause exonératoire	Pas de cause exonératoire

II. La responsabilité pour faute

248) Le droit commun de la responsabilité administrative

Fortement imprégnée de la pensée chrétienne, l'idée de responsabilité demeurera longtemps inséparable de celles de faute et de culpabilité. Au début du XXIe siècle encore, la procédure pénale reste dominée par l'aveu qu'il paraît nécessaire d'obtenir du suspect[3], et le Code civil met en place un système de responsabilité visant à réparer le préjudice et à sanctionner la faute. « Tout fait quelconque de l'homme, dispose l'article 1382, qui cause à autrui un dommage, oblige celui par la *faute* duquel il est arrivé, à le *réparer*. » Aussi est-ce fort

1. Toutefois, et dans le but de préserver les finances publiques, le fait du tiers est susceptible de recouvrer valeur exonératoire lorsque des dispositions expresses interdisent à l'administration de se retourner contre le ou les tiers coauteur(s) du dommage (CE 15 juillet 1959, Vve Cornut, R. 471 ; DA 1960.41, concl. Khan).

2. CE Ass. 28 mai 1971, dépt du Var c. entr. Bec frères, R. 419 (JCP 1972 n 17133, note Verrier) et 22 octobre 1971, ville de Fréjus, R. 630 (RDP 1972.695, note Waline) : rupture du barrage de Malpasset, due à une cause inconnue ; CE 28 novembre 1986, communauté urbaine de Lille, R. : préjudice causé par un éclat d'obus projeté par la tondeuse à gazon utilisée par un employé municipal !

3. C'est seulement avec la loi du 4 janvier 1993 que les expressions de « mis/mise en examen » remplacent celles d'inculpé et d'inculpation (de *culpa*, « la faute »), considérées désormais comme inconciliables avec une présomption d'innocence que l'on entend renforcer (*cf.* par ex. B. Bouloc, *Procédure pénale*, Paris, Dalloz, 20e éd., 2006, p. 592). Ce texte accorde aussi une garantie essentielle en prévoyant l'intervention de l'avocat lors de la garde à vue (art. 63-4 Code procédure pénale).

logiquement que le dictionnaire Le Robert peut définir la « responsabilité » comme « l'obligation de réparer le dommage causé par sa faute, dans certains cas déterminés par la loi ».

En droit administratif aussi, **la responsabilité pour faute**, prouvée ou présumée, **constitue le droit commun**. Sauf exception, l'administré cherchant à obtenir réparation d'un préjudice causé par l'administration devra mettre en évidence l'existence d'une faute commise par cette dernière. Nous étudierons donc la distinction fondamentale opérée par le juge entre la responsabilité de la puissance publique et celle de ses agents (1), avant de nous intéresser aux différents régimes de responsabilité pour faute (2).

II.1. Responsabilité de la puissance publique, responsabilité de ses agents

La responsabilité administrative pour faute s'articule autour de la distinction opérée entre **faute personnelle** de l'agent public, et **faute de service** (A). Le préjudice subi peut au demeurant résulter d'une association de ces deux catégories de fautes, et donner lieu en conséquence à un **cumul des responsabilités** de l'administration et de son agent (B). Exceptionnellement la loi peut prévoir un **régime dérogatoire de substitution de responsabilité** (C).

A. La distinction faute personnelle et faute de service

(249) **La « garantie des fonctionnaires »**

La responsabilité des agents publics[1] sera considérée par les révolutionnaires comme une indispensable précaution contre la tyrannie et l'arbitraire. Aussi le principe en est-il solennellement consacré par l'**article 15 de la Déclaration des droits de l'homme et du citoyen** de 1789[2], pour être rapidement amendé en application du principe de séparation des autorités administratives et judiciaires[3]. La **loi des 16-24 août 1790** interdit en effet aux juges de poursuivre ces agents pour des faits relatifs à leurs fonctions, et la loi des 7-14 octobre 1790 généralise ce que l'on nommera au XIXe siècle la « garantie des fonctionnaires »[4]. « Aucun administrateur, dispose son article 2, ne peut

1. En règle générale, la faute est commise par un ou plusieurs agents publics nettement identifiés. Dans quelques hypothèses, le préjudice est provoqué par une **faute anonyme** : CE 17 février 1905, Auxerre, S. 1905.3.114, note Hauriou (soldat tué par le tir d'une compagnie, lors de manœuvres militaires) ; CE 17 novembre 1972, Vve Boisgard, R. 739 (suite d'erreurs commises lors de la « prise en charge » d'un malade par le SP hospitalier).

2. « La société a le droit de demander compte à tout agent public de son administration. »

3. §§ 8 et s.

4. « Garantie » qui ne doit pas être confondue avec la protection statutaire (ou fonctionnelle) due par la puissance publique à ses fonctionnaires. C'est là l'une des conséquences du principe de continuité des SP, qui suppose nécessairement d'assurer la protection des agents de service. Il y a là pour l'État une obligation qu'il ne peut méconnaître que pour des motifs d'intérêt général : CE Ass. 14 févr. 1975, Teitgen, CE 28 déc. 2009, Me Borel, AJDA 2010.1090.

être traduit devant les tribunaux pour raison de ses fonctions, à moins qu'il n'y ait été renvoyé par l'autorité supérieure conformément aux lois. »[1]

Ce système sera repris par les Constitutions de 1791[2] et de l'an III[3]. Ce n'est donc pas sans abus que l'on présente l'**article 75 de la Constitution de l'an VIII** comme instituant une « garantie des fonctionnaires » dont elle se contente en réalité de généraliser l'application, désormais confiée au Conseil d'État. « Les agents du gouvernement, autres que les ministres, énonce-t-il, ne peuvent être poursuivis pour des faits relatifs à leur fonction, qu'en vertu d'une décision du Conseil d'État : en ce cas, la poursuite a lieu devant les tribunaux ordinaires. »[4]

Cette disposition fera preuve d'une pérennité remarquable. Elle survivra à la disparition de la Constitution de l'an VIII et sera maintenue, en dépit des critiques[5], par tous les régimes qui succéderont au Consulat et à l'Empire, avant d'être abrogée par la IIIe République, en 1870[6]. Cette surprenante longévité s'explique par les vertus attribuées à la « garantie : à la fois conséquence et sanction du principe de séparation des autorités administratives et judiciaires, mais aussi indispensable soutien d'un principe hiérarchique devenu la colonne vertébrale de l'administration française.

250) L'arrêt Pelletier (TC 30 juillet 1873)

Expression d'une ancienne revendication libérale, **le décret du 19 septembre 1870** pris par le gouvernement de défense nationale mis en place après le renversement du second Empire, crut abolir la « garantie des fonctionnaires » en supprimant l'autorisation préalable du Conseil d'État, et en renvoyant devant les tribunaux judiciaires le contentieux des fautes commises par les agents publics dans l'exercice de leurs fonctions.

Le Tribunal des conflits nouvellement créé devait cependant considérablement réduire la portée de ce texte. Dans un **arrêt Pelletier en date du 30 juillet**

1. La loi municipale du 14 décembre 1789 subordonnait déjà la répression des « délits d'administration » commis par les officiers municipaux (élus) à l'intervention de l'administration de département, qui renvoyait « s'il y a lieu, devant les juges qui en devront connaître » (art. 61).

2. Les administrateurs locaux étant élus, la Constitution de 1791 subordonnait leur renvoi devant les tribunaux criminels à l'autorisation du Corps législatif lui-même (titre 3, chap. 4, sect. 2, art. 8). *Cf.* aussi chap. 5, art. 3 : « Les tribunaux ne peuvent ni s'immiscer dans l'exercice du pouvoir législatif, ou suspendre l'exécution des lois, ni entreprendre sur les fonctions administratives, ou citer devant eux les administrateurs pour raison de leurs fonctions. »

3. C'est désormais le Directoire qui est chargé de renvoyer les administrateurs locaux « devant les tribunaux de département lorsqu'il y a lieu » (art. 196). L'article 203 reprend quant à lui la disposition interdisant aux juges de « citer devant eux les administrateurs pour raison de leurs fonctions ».

4. Les progrès de la centralisation administrative rendent possible ce transfert de compétence, du Corps législatif (1791) au Directoire (1795), puis au Conseil d'État (1799).

5. La Charte constitutionnelle de 1830 avait certes prévu, « dans le plus court délai possible », le vote d'une loi portant sur « la responsabilité des ministres et des autres agents du pouvoir » (art. 69-2). Le projet, péniblement élaboré, sera discuté et finalement repoussé par les Chambres en 1835.

6. Sur ces questions, *cf.* F. Burdeau, *Histoire du droit administratif*, *op. cit.*, pp. 45, 79 et s, 144 et s ; G. Bigot, *Introduction historique au droit administratif depuis 1789*, *op. cit.*, pp. 40, 64 et s.

1873[1], il estimera en effet que les lois révolutionnaires établissaient « deux prohibitions distinctes » : l'une, « destinée à protéger l'acte administratif » ; l'autre, « destinée surtout à protéger les fonctionnaires publics ». Le décret du 19 septembre 1870 avait certes pu abroger la deuxième prohibition, mais non la première, qui interdit au juge judiciaire « de connaître des actes administratifs », sous peine de porter atteinte à un « principe de la séparation des pouvoirs » entendu comme impliquant la séparation des autorités administratives et judiciaires. Au terme de ce raisonnement très « constructif », le Tribunal des conflits distinguait entre deux catégories de fautes, la **faute personnelle** et la **faute de service**.

La **faute personnelle** de l'agent public engage sa responsabilité devant le **juge judiciaire**, sans qu'il soit désormais besoin d'obtenir l'autorisation du Conseil d'État. Cette « garantie » a pu être révoquée sans inconvénient pour le principe de séparation des autorités administratives et judiciaires, dès lors que la faute personnelle est conçue comme une **faute détachable du service** ; le juge judiciaire peut donc en connaître sans apprécier pour autant l'organisation ou le fonctionnement du service public.

La **faute de service** met en jeu la responsabilité de l'administration devant le **juge administratif**. Cette compétence, nullement évoquée dans le décret du 19 septembre 1870, est présentée comme la conséquence du principe de séparation, dès lors que la faute de service ne peut être détachée du service et suppose donc de porter une appréciation sur l'organisation et le fonctionnement du service. Ce faisant, le Tribunal des conflits renvoyait le contentieux de la responsabilité de la puissance publique proprement dite devant le juge administratif, et substituait un système de garantie à un autre, généralisé à tous les agents publics, et non plus réservé aux seuls « agents du gouvernement ». L'autorisation préalable du Conseil d'État avait certes disparu, mais la responsabilité de l'agent demeurait toujours difficile à engager, masquée qu'elle était désormais par la faute de service, et l'obligation faite au préfet d'élever le conflit[2].

(251) Le critère temporel

Le critère temporel est souvent déterminant dans la qualification de la faute. En règle générale, la faute commise pendant le service est une faute de service[3] ; la faute commise en dehors du service est une faute personnelle[4].

Le principe connaît cependant d'importantes exceptions. Certaines fautes, bien que commises pendant le service, peuvent être détachées de ce dernier, et

1. **TC 30 juillet 1873, Pelletier**, R. 1er supplt. 117, concl. David.

2. § 21, sur les conflits positifs.

3. CE 24 novembre 2006, Mme Baillet, R. 486 ; AJDA 2007.428 (harcèlement moral d'un agent public sur un autre) ; Cass. Civ. 6 février 2007, Mme de Panafieu, AJDA 2007.337 (refus illégal d'un maire de célébrer le mariage d'un étranger en situation irrégulière et d'une Française, pour défaut de « consentement éclairé » de la part de cette dernière).

4. CE 23 juin 1954, Dame Vve Litzler, R. 376 (douanier utilisant, en dehors des heures de service, son uniforme et son arme de service pour résoudre « un différend d'ordre privé ») ; CE 5 novembre 1976, min. des Armées c. Compagnie d'ass. « La prévoyance » et soc. des laboratoires Berthier-Derol, R. 475 (accident provoqué par un sous-officier se rendant sur son lieu de travail en empruntant un itinéraire irrégulier et particulièrement dangereux).

engagent donc la responsabilité de l'agent public pour faute personnelle, devant les tribunaux judiciaires. D'autres fautes, en revanche, quoi que commises en dehors du service, seront considérées comme non dépourvues de tout lien avec lui, susceptibles comme telles d'engager la responsabilité de la puissance publique devant les tribunaux administratifs.

252) Le critère temporel aménagé : la faute détachable du service

Le critère temporel ne permet pas de rendre compte de l'ensemble de la jurisprudence. Commises pendant le service, certaines fautes n'en sont pas moins considérées par le juge comme intellectuellement **détachables** du service en raison de l'intention (malveillante) qui anime l'agent public, de son comportement (excessif) ou de la gravité (particulière) de la faute.

Il existe donc une véritable graduation des fautes et des responsabilités, qui est fonction du **degré d'implication du service** et de **l'intention et/ou du comportement de l'agent.**

1) La faute de service, commise pendant le service, avec les moyens du service et dans le cadre normal du service engagera la responsabilité de la puissance publique devant les juridictions administratives[1].

Dans ses célèbres conclusions sur l'**arrêt Laumonnier-Carriol**, le commissaire du gouvernement **Laferrière** décrivait ainsi la diversité (et la relativité) des liens susceptibles de rattacher la faute au service : « [...] si l'acte dommageable est impersonnel, s'il révèle un administrateur, un mandataire de l'État plus ou moins sujet à l'erreur, et non l'homme avec ses faiblesses, ses passions, ses imprudences, l'acte reste administratif et ne peut être déféré aux tribunaux[2].

2) La faute personnelle. Bien que commises pendant le service et avec les moyens du service, certaines fautes peuvent être détachées du service en raison du comportement ou de l'intention de l'agent, et engager de la sorte sa responsabilité personnelle devant les tribunaux judiciaires. Ainsi pour Laferrière, « si la personnalité de l'agent se révèle par des fautes de droit commun, par une voie de fait, un dol, alors la faute est imputable au fonctionnaire, non à la fonction. L'acte perd son caractère administratif et ne fait plus obstacle à la compétence judiciaire. » Ce sera le cas pour :

- **La faute intentionnelle.** L'acte ou le comportement de l'agent public, bien que commis pendant le service ou à l'occasion du service, obéit en réalité à des motivations totalement étrangères au service et révèle une **intention de nuire**, parfois parfaitement répréhensible[3].

---

1. L'atteinte à la présomption d'innocence, commise par un ministre lors d'une émission de radio, mais dans l'exercice de ses fonctions, « ne présente pas les caractères d'une faute personnelle détachable du service » : TC2 déc. 2011, M.S et M.H c/M. Hortefeux (2 esp.).
2. TC 5 mai 1877, Laumonnier-Carriol, R. 437.
3. TC 14 janvier 1980, Técher c. Pahon, R. 504 ; RDP 1981.253 (brutalités commises par un receveur des postes envers l'une de ses subordonnées, révélatrices « d'une certaine animosité ») ; CE 21 avril 1937, D^{lle} Quesnel, R. 423 (détournements de fonds commis par une employée des P&T); CE 11 novembre 1953, Oumar Samba, R. 218 (vols commis par des détenus, à l'instigation et avec la complicité de leur gardien).

• **Les comportements excessifs** : excès de boisson ou de langage ; diffamations, injures[1]...

• **Les fautes inexcusables, d'une gravité particulière** : brutalités commises par deux policiers lors d'une garde à vue[2] ; « extrême gravité » de la faute commise par un officier faisant procéder, en dehors de toute instruction de sa hiérarchie, à un exercice de tir « à balles réelles »[3] ; écoutes illégales réalisées sur instructions de l'Élysée, à l'époque de F. Mitterrand[4]...

3) **Toutefois, certaines fautes** intentionnelles et/ou d'une exceptionnelle gravité **peuvent, en raison des circonstances, n'être pas détachables du service**. L'intention révèle certes une faute personnelle, mais celle-ci ne peut être détachée du service[5], et permet en conséquence d'engager la responsabilité de la puissance publique[6].

4) Enfin, dans certaines hypothèses, le juge préfèrera constater l'existence de **deux fautes** ayant provoqué le préjudice : une faute personnelle et une faute de service. Ainsi, de cette décision du Conseil d'État en date du 12 avril 2002, sieur Papon. Secrétaire général de préfecture, ce dernier avait « prêté son concours actif à l'arrestation et à l'internement de 76 personnes d'origine juive », qui furent ensuite déportées. Son comportement, « qui ne peut s'expliquer par la seule pression exercée sur l'intéressé par l'occupant allemand, revêt, eu égard à la *gravité exceptionnelle des faits et de leurs conséquences, un caractère inexcusable* et constitue par là même une faute personnelle détachable de l'exercice des fonctions ; que la circonstance, invoquée par M. Papon, que les faits reprochés ont été commis dans le cadre du service ou ne sont pas dépourvus de tout lien avec le service est sans influence

1. TC 9 octobre 1974, cpmmune de Lusignan, R. 477 (lieutenant de pompiers acceptant de conduire un véhicule, en état d'ébriété) ; TC 2 juin 1908, Girodet c. Morizot, R. 597, concl. Tardieu ; S. 1908.3.81, note Hauriou (propos injurieux tenus par un instituteur devant sa classe).

2. Cass. Crim. 14 juin 2005, AJDA 2006.1058, qui évoque des « manquements volontaires et inexcusables à des obligations d'ordre professionnel et déontologique », *cf.* aussi Cass. crim. 10 févr. 2009, M.C, constatant que les violences exercées par un policier « présentaient un caractère de brutalité sans rapport avec les nécessités de l'exercice de ses fonctions » (AJDA 2009.1844).

3. CE 17 décembre 1999, Moine, R. 425. L'incompétence doit être vraiment spectaculaire : ainsi, un sapeur-pompier déclenchant involontairement un incendie avec sa cigarette pendant le service a pu commettre en l'espèce une faute non dépourvue de tout lien avec le service ! (CE 27 févr. 1981, commune de Chonville-Malaumont, R. 116).

4. Cass. Crim. 30 septembre 2008, AJDA 2008.1801 : comportement qui, « impliquant une intention de nuire ou présentant une gravité particulière, révèle un manquement volontaire et inexcusable à des obligations d'ordre professionnel et déontologique ».

5. Un exemple devenu malheureusement trop fréquent : le harcèlement moral d'un agent public, faute personnelle non dépourvue de tout lien avec le service, dès lors qu'elle se produit « au sein et à l'occasion du service » (Concl. M. Guyomar sur CE 11 juillet, Me Montaut, préc.).

6. L'intention de l'agent apparaît essentielle. *Cf.* par ex. CE 2 juin 2010, Me Fauchère, M. Mille, AJDA 2010.2165 : commissaire de police qui profite de ses fonctions pour obtenir l'expulsion rapide, « accompagnée de la mise en œuvre de moyens disproportionnés », des personnes occupant un bien immobilier dont il venait de faire l'acquisition. En revanche, la faute personnelle n'est pas retenue contre des gendarmes qui avaient incendié, sur ordre du préfet, une « paillote » illégalement construite sur le domaine public maritime. La Cour estime qu'ils ont « agi sur ordre, dans le cadre de leurs fonctions [...] et sans poursuivre d'intérêt personnel » (Cass. Crim. 13 oct. 2004, Bonnet, Mazères et autres).

sur leur caractère de faute personnelle [...] »[1]. Mais le juge reconnaît aussi l'existence de fautes de service (création d'un service des questions juives, ordres données à la police), qui « ont permis et facilité, indépendamment de l'action de M. Papon, les opérations qui ont été le prélude à la déportation ».

La jurisprudence puis le législateur ont donc décidé, bien tardivement et non sans réticences, de faire prévaloir ici le principe de légalité sur le respect de la hiérarchie administrative. L'agent public peut désormais commettre une faute personnelle et engager sa responsabilité lorsqu'il exécute un **ordre manifestement illégal et de nature à compromettre gravement un intérêt public**[2]. En revanche, la faute pénale[3] ou la voie de fait[4] commise par un agent public dans l'exercice de ses fonctions ne constitue plus systématiquement une faute personnelle.

253) Le critère temporel aménagé : la faute non dépourvue de tout lien avec le service

Le critère temporel se trouve aussi remis en question dans le but de favoriser le dédommagement des victimes. Certaines fautes, quoique **commises en dehors du service**, seront considérées par le juge comme **non dépourvues de tout lien avec le service**. Si celui-ci a, d'une façon ou d'une autre, favorisé ou « conditionné l'accomplissement de la faute »[5], les requérants seront en mesure d'engager la responsabilité de la puissance publique devant les tribunaux administratifs.

Il en est ainsi dans les cas suivants :

• La faute de l'agent a été favorisée ou n'a été rendue possible que par la mauvaise organisation ou le fonctionnement défectueux du service. C'est là ce que l'on appelle la théorie du **défaut de surveillance**[6].

1. **CE Ass. 12 avril 2002, M. Papon**, R. 139, concl. Boissard.

2. CE 10 novembre 1944, Langneur, R. 288 ; D. 1945.88, concl. Chenot, réclamait « seulement » un ordre manifestement illégal. La loi du 13 juillet 1983 (art. 28) se fait plus restrictive, qui exige « un ordre manifestement illégal et de nature à compromettre gravement un intérêt public ».

3. **TC 14 janvier 1935, Thépaz, R. 1224** (accident causé à un cycliste par un véhicule militaire) ; TC 19 octobre 1998, préfet du Tarn c/ CA de Toulouse, R. 1164 (un faux en écriture publique est qualifié de faute de service, dès lors que l'agent « n'était animé par aucun intérêt personnel »). *Cf.* aussi Cass. Crim. 13 octobre 2004, Bonnet, Mazères et autres, préc., où la faute de service est retenue à l'encontre de gendarmes ayant incendié une « paillote » sur ordre du préfet.

4. **TC 8 avril 1935, Action française**, R. 1226, concl. Josse : saisie d'un journal ordonnée irrégulièrement par un préfet. Voie de fait mais faute de service, ledit préfet « ayant agi, non comme partie en cause, mais comme représentant de la puissance publique ». Sur la voie de fait, *cf.* § 17.

5. Concl. L. Blum sur **CE 26 juillet 1918, Lemonnier**, R. 761.

6. CE 21 février 1947, cons. Deleau, R. 73 ; 24 octobre 1947, épx Arnaud, R. 73 ; 10 décembre 1947, Bourret, R. 470 ; 7 janvier 1948, Dame Vve Manchon, R. 10 ; CE 13 décembre 1963, Occelli, R. 629, concl. Braibant (meurtre commis par des militaires ayant irrégulièrement quitté leurs quartiers. Le commissaire du gouvernement énumère les différents dysfonctionnements révélant la « mauvaise organisation et le défaut de surveillance » qui ont rendu possible le préjudice).

• La faute a été commise avec l'instrument fourni par le service, et rendue possible ou favorisée par la mauvaise organisation du service ; au **défaut de surveillance** s'ajoute un **lien instrumental**[1].

• La faute a certes été commise avec l'instrument du service ou grâce aux moyens offerts par le service, mais sans qu'il soit possible de relever l'existence d'une mauvaise organisation ou d'un fonctionnement défectueux du service. Le Conseil d'État se contente alors de constater que le préjudice « ne saurait, dans les circonstances de l'affaire, être regardé comme dépourvu de tout lien avec le service »[2].

• La faute a été commise avec l'instrument fourni par le service, et rendue possible ou favorisée par les règles mêmes du service ; le lien est ici **instrumental et fonctionnel** [3].

• La faute a été favorisée ou rendue possible par la seule appartenance de l'agent au service. Dans cette hypothèse le lien retenu par le juge est uniquement **fonctionnel**[4].

(254) Une qualification imprécise ?

L'opération de qualification de la faute, qui conditionne la compétence de l'un des deux ordres de juridiction et la détermination de la personne responsable, apparaît donc parfois singulièrement subtile et complexe. Trois facteurs sont en mesure d'expliquer l'absence de frontière nette séparant la faute personnelle de la faute de service :

• La qualification est fonction d'éléments d'une infinie diversité, que le juge doit apprécier dans chaque espèce : y a-t-il eu intention de nuire ou intérêt personnel[5] ? L'auteur du préjudice est-il un agent d'exécution ou appartient-il au personnel d'encadrement[6] ?...

1. CE 22 mars 1957, Jeannier, R. 196, concl. Khan (accident provoqué par des militaires ayant « emprunté » un véhicule appartenant à l'armée).

2. **CE 18 novembre 1949, D^lle^ Mimeur**, R. 492 ; JCP 1950.II.5286, concl. Gazier : accident provoqué avec le véhicule du service lors d'un « détournement d'itinéraire » effectué en cours de mission, l'agent s'étant illégalement rendu en visite dans sa famille. Le commissaire du gouvernement récuse en l'espèce l'application de la théorie du défaut de surveillance, qui impliquerait d'affecter un gardien pour chaque chauffeur, puis un autre gardien pour surveiller le premier gardien...

3. CE Ass. 26 octobre 1973, Sadoudi, R. 603 ; RDP 1974.936, concl. Bernard ; D. 1974.255, note Auby ; RDP 1974.554, note Waline (gardien de la paix tué accidentellement en dehors du service par un collègue qui nettoyait son arme de service, le règlement leur imposant de conserver leur arme à domicile).

4. CE 18 novembre 1988, Raszewski, R. 416 ; JCP 1989.II.21211, note Pacteau (meurtres commis par un gendarme en dehors du service, avec une arme non fournie par le service. Son appartenance à la gendarmerie constitue le seul lien susceptible de relier ses crimes au service, dès lors qu'elle aurait favorisé ses entreprises).

5. Faute personnelle des agents ayant mis en place un système d'écoutes illégales à la demande de l'Élysée, mais faute de service pour les gendarmes ayant incendié, sur la demande du préfet, une « paillote » illégalement construite (Cass. Crim 30 sept. 2008 et 13 oct. 2004, préc.).

6. Faute personnelle d'un officier ayant décidé d'un exercice de tir « à balles réelles », mais faute non dépourvue de tout lien avec le service pour un sapeur-pompier ayant provoqué un incendie avec sa cigarette (CE 17 déc. 1999, Moine, et 27 févr. 1981, commune de Chonville-Malaumont, préc.).

• La limite en est tracée par deux juges, le juge administratif et le juge judiciaire, qui n'obéissent pas toujours aux mêmes considérations, et pourront parfois être tentés de donner telle qualification plutôt que telle autre à une faute, afin d'être en mesure d'exercer leur compétence. Le Tribunal des conflits a certes été créé pour régler ce genre de questions, mais encore faut-il qu'il soit saisi.

• Surtout, la jurisprudence sur le **cumul des responsabilités**, qui vise à donner un débiteur solvable – la puissance publique – aux victimes d'un fait administratif, a pour conséquence de « brouiller » ces frontières. Tel préjudice sera produit par un fait unique, mêlant faute personnelle et faute de service ; telle faute personnelle sera considérée, pour les besoins de la (bonne) cause, comme non dépourvue de tout lien avec le service. Un raisonnement dont le caractère artificiel, voire même fictif apparaît en pleine lumière, lorsque l'action récursoire engagée par l'administration contre son agent conclut à la pleine et entière responsabilité de ce dernier[1] !

B. Le principe : le cumul des responsabilités

255) Apparition

Pendant près de quarante ans, la jurisprudence rejeta toute idée d'un cumul des responsabilités de l'agent et de l'administration. La faute personnelle et la faute de service étaient exclusives l'une de l'autre, ce qui pouvait entraîner des conséquences dramatiques pour des victimes confrontées à un débiteur, l'agent public, déclaré responsable par le juge judiciaire, mais parfois insolvable. Une solution d'autant plus injuste qu'à l'époque la gravité de la faute décidait pour l'essentiel de sa qualification. La faute de service étant assimilée à une faute légère et la faute personnelle à une faute d'une gravité particulière[2], le requérant risquait fort d'être indemnisé de la première, mais non de la seconde.

Ce n'est que très progressivement que la règle du cumul parviendra à s'imposer. Le Conseil d'État retiendra en premier lieu l'hypothèse parfaitement logique d'un dommage résultant de la conjonction de **deux fautes distinctes** : une faute personnelle et une faute de service. Cette jurisprudence, inaugurée en **1911**[3], sera notamment appliquée en 2002 dans ce que l'on a appelé « l'affaire Papon »[4].

---

1. § 257.

2. C'est en 1902 que le TC admet pour la première fois qu'une faute lourde puisse être qualifiée de faute de service, suivi par le CE en 1911 (TC 15 mars 1902, Mascaras et CE 20 janv. 1911, Delpech, cités in F. Burdeau, *op. cit.*, p. 297).

3. **CE 3 février 1911, Anguet**, R. 146 : usager blessé à la suite de la fermeture prématurée d'un bureau de poste (faute de service), puis d'une expulsion « musclée » par l'un des agents du service (faute personnelle).

4. **CE Ass. 12 avril 2002, M. Papon**, R. 139, préc. : préjudice (arrestation, internement et déportation de 76 personnes d'origine juive) résultant d'une faute personnelle de M. Papon – le CE relève « la gravité exceptionnelle des faits et de leurs conséquences » et le « caractère inexcusable » de la faute –, et d'une faute de service : création d'un service des questions juives, pouvoirs spéciaux conférés au préfet et ordres transmis à la police – « tous actes ou agissements de

En 1918, le juge administratif admet pour la première fois le **cumul des responsabilités produit par un fait unique, survenu pendant le service** et mêlant faute personnelle et faute de service[1]. Le requérant peut alors engager la responsabilité de l'agent devant les juridictions judiciaires pour faute personnelle, et/ou la responsabilité de la puissance publique devant les juridictions administratives pour faute de service. Cette solution présente l'immense avantage de garantir les droits de la victime en lui offrant un débiteur solvable : l'administration.

En 1949, le champ d'application de ce système de cumul des responsabilités sera **étendu à la faute commise en dehors du service, mais non dépourvue de tout lien avec lui**[2], suivant en cela les conclusions prémonitoires du commissaire du gouvernement L. Blum qui estimait, dès 1918, que la responsabilité de la puissance publique devait pouvoir être engagée dès lors que « le service a conditionné l'accomplissement de la faute »[3].

(256) Conséquences

S'il donne un débiteur solvable aux victimes, le cumul des responsabilités ne peut évidemment se traduire par un **cumul des indemnités**, qui permettrait au requérant d'obtenir double réparation pour un même préjudice.

Pour ce faire, les juridictions administratives utilisèrent longtemps le système de la **subrogation**[4], qui conditionnait le versement de l'indemnité à la faculté laissée à l'administration de se subroger dans les droits de la victime pour toute action intentée contre l'agent public devant les juridictions judiciaires. L'**arrêt époux Lemonnier**, après avoir admis la possibilité d'un cumul des responsabilités, s'empressait ainsi de préciser qu'il appartenait au juge administratif de prendre « les mesures nécessaires, en vue d'empêcher que sa décision n'ait pour effet de procurer à la victime, par suite des indemnités qu'elle a pu ou qu'elle peut obtenir devant d'autres juridictions à raison du même accident, une réparation supérieure à la valeur totale du préjudice subi »[5].

---

l'administration française qui ne résultaient pas directement d'une contrainte de l'occupant » et qui « ont permis et facilité, indépendamment de l'action de M. Papon, les opérations qui ont été le prélude à la déportation ».

1. **CE 26 juillet 1918, Épx Lemonnier**, R. 761 : blessure provoquée par un tir forain installé sans précaution près d'une promenade très fréquentée. L'autorisation donnée par le maire, responsable de la police municipale, présente le caractère d'une faute personnelle en raison de sa gravité et de son caractère inexcusable, mais aussi celui d'une faute de service. Dès lors, « la circonstance que l'accident éprouvé serait la conséquence d'une faute d'un agent administratif préposé à l'exécution d'un service public, laquelle aurait le caractère d'un fait personnel [...] ne saurait avoir pour conséquence de priver la victime de l'accident du droit de poursuivre directement, contre la personne publique qui a la gestion du service incriminé, la réparation du préjudice souffert ; [...] ».
2. **CE Ass. 18 novembre 1949, D^lle Mimeur**, R. 492. *Cf. supra* § 253.
3. Concl. sur CE 26 juillet 1918, Lemonnier, préc.
4. La subrogation personnelle est un acte juridique qui permet de substituer une personne à une autre, et de lui conférer ainsi divers droits et prérogatives.
5. **CE 26 juillet 1918, Épx Lemonnier**, préc.

Le cumul des responsabilités présente toutefois l'inconvénient d'instaurer une irresponsabilité de fait des agents publics. **La conception de plus en plus libérale et compréhensive de la faute de service conduisit en effet à multiplier les hypothèses de cumul. La faute personnelle totalement détachable du service se fit rare, pour ne pas dire exceptionnelle[1], et avec elle les risques de mise en cause de la responsabilité personnelle de l'agent public.**

Une situation encore aggravée par le fait que l'administration ne disposa longtemps d'aucune action juridique contre son agent. En 1924, le Conseil d'État censura de la sorte la tentative faite par l'État d'obtenir auprès d'un officier le remboursement de l'indemnité versée aux ayants droit d'un homme qu'il avait fait fusiller pendant la guerre, sous le seul prétexte qu'il lui paraissait suspect[2] ! Un cas extrême, certes, mais révélateur de l'impunité de fait à laquelle menait souvent la théorie du cumul.

257) La répartition définitive de la charge de l'indemnité : les actions récursoires

C'est par **deux arrêts d'assemblée en date du 28 juillet 1951, Laruelle et Delville**, que le Conseil d'État se résoudra enfin à reconnaître l'existence d'**actions récursoires** permettant d'apprécier les responsabilités respectives de l'administration et de son agent dans le préjudice causé, et de répartir ainsi plus équitablement la charge de l'indemnité versée à la victime[3].

Trois précisions s'imposent :

1) Il existe deux catégories d'actions récursoires. Celle intentée par l'agent contre son administration, qu'il estime pour tout ou partie responsable du préjudice pour lequel il vient d'être condamné pour faute personnelle. Ainsi, du sieur Delville, employé de ministère ayant provoqué un accident de la circulation. Condamné par les tribunaux judiciaires pour faute personnelle – il était en état d'ébriété lors des faits – il invoque devant le juge administratif la faute de service constituée par le mauvais entretien du véhicule, et obtient le remboursement de la moitié des indemnités versées à la victime.

1. CE 5 novembre 1976, min. des Armées c. Compagnie d'ass. « La prévoyance » et soc. des laboratoires Berthier-Derol, R. 475, préc. (accident provoqué par un sous-officier se rendant sur son lieu de travail en empruntant un itinéraire irrégulier et particulièrement dangereux). *Cf.* aussi cet arrêt de la CAA de Douai, 25 juin 2008, M. F., AJDA 2008.2127 (bataille de polochons entre deux sous-officiers, conduisant à des préjudices physiques graves pour l'un d'entre eux. La CAA évoque le grade des intéressés, leurs missions, l'heure tardive et le lieu de l'accident – un dortoir – pour rejeter l'idée d'un défaut de surveillance ou d'une mauvaise organisation du service susceptible d'autoriser l'application de la théorie du cumul).

2. CE 28 mars 1924, Poursines, R. 357 ; RDP 1924.601, note Jèze ; S. 1926.3.17, note Hauriou ; D. 1924.3.49, note Appleton.

3. **CE Ass. 28 juillet 1951, Laruelle et Delville** (2 esp.) ; R. 464.

Une deuxième catégorie d'actions récursoires recouvre celles entreprises contre l'agent par son administration, sanctionnée pour faute de service ou faute non dépourvue de tout lien avec le service. Dans l'arrêt Laruelle, l'administration, condamnée à réparer un accident provoqué par le défaut de surveillance et la mauvaise organisation du service, se retourne contre son agent, prouve que ladite faute de service fut provoquée par ses « manœuvres », et obtient ainsi le remboursement de la **totalité** des indemnités versées à la victime.

2) Visant à établir les fautes respectives de l'agent et de son administration, les actions récursoires portent exclusivement sur l'organisation et le fonctionnement du service. Dès lors, **le juge administratif est seul compétent** pour connaître du contentieux né de l'exercice de ces actions[1].

3) L'action récursoire engagée par l'administration ou son agent est totalement indépendante de l'action en indemnité intentée par la victime du dommage[2]. L'administration peut en conséquence réclamer à son agent l'intégralité des dommages-intérêts versés à la victime[3], comportement révélateur du caractère largement fictif de la faute de service, qui a permis de condamner la puissance publique, et de la fonction de garantie des droits de la victime allouée au système de cumul des responsabilités.

(258) L'irresponsabilité maintenue des agents publics ?

La portée de la jurisprudence Laruelle et Delville ne doit pas être surestimée. L'action récursoire ouverte à la puissance publique contre ses agents n'est que rarement utilisée, et plus exceptionnellement encore à mesure que l'on s'élève dans la hiérarchie administrative, en raison de son objectif « quasi disciplinaire »[4]. La vieille « logique d'immunité » persiste donc, et il n'est guère fré-

1. **CE Ass. Delville**, préc. : « Cons. que si, au cas où un dommage a été causé à un tiers par les effets conjugués de la faute d'un service public et de la faute personnelle d'un agent de ce service, [...] la contribution finale de l'administration et de l'agent à la charge des réparations doit être réglée par le juge administratif compte tenu de l'existence et de la gravité des fautes respectives constatées dans chaque espèce ; [...] ». Solution confirmée par TC 26 mai 1954, Moritz, R. 708 ; S. 1954.3.85, concl. Letourneur ; D. 1955.385, note Chapus ; JCP 1954, n° 8334, note Vedel.

2. **CE Ass., Laruelle**, préc : « Cons. que la décision qui a été rendue par le Conseil d'État le 12 mars 1948 sur l'action intentée contre l'État par la dame Marchand [la victime du préjudice] [...] n'a pas effet de chose jugée en ce qui concerne le litige qui s'est élevé ultérieusement entre l'État et le sieur Laruelle ; [...] ».

3. Tel est le cas, par ex., dans l'arrêt Laruelle, où la faute de service qui a permis de condamner l'État a été provoquée par des « manœuvres » de l'agent. Celui-ci se trouve ainsi, dans le cadre de l'action récursoire ultérieurement ouverte contre lui, condamné à rembourser à l'administration l'**intégralité** des sommes déboursées.

4. D. Bordier, « La faute personnelle, l'agent public et les finances publiques », AJDA 2008.2319. Selon MM. Frier et Petit, l'administration obtiendrait de son agent « le remboursement non de la part du préjudice dont il est causalement responsable, mais à hauteur de la faute disciplinaire commise » (*op. cit.*, p. 529). En témoigne l'arrêt Jeannier, portant sur un accident provoqué par un véhicule militaire. Dans le cadre de l'action récursoire intentée par l'État, le CE condamna non

quent que la responsabilité personnelle de l'agent public soit poursuivie, que ce soit au niveau de l'action en réparation ou de l'action récursoire[1].

Toutefois, si les administrés se sont longtemps satisfaits d'une jurisprudence leur garantissant un débiteur solvable, la très large irresponsabilité de fait dont bénéficient les agents publics ne leur semble plus aujourd'hui supportable. Affirmée au plus haut niveau de l'État, la thèse du « responsable, mais pas coupable »[2] finit d'ulcérer une opinion publique sensibilisée par l'affaire dite « du sang contaminé ». La Constitution dut être révisée afin de rendre plus effective la responsabilité pénale des ministres[3], mais la loi s'efforça ensuite de limiter un « phénomène de *pénalisation* » de la responsabilité administrative devenu préoccupant[4], les victimes n'hésitant plus désormais à mettre en cause la responsabilité pénale des agents publics[5]. Selon les termes de la **loi du 10 juillet 2000**, les agents publics et les élus ne peuvent plus être poursuivis pénalement pour des faits relatifs à leurs fonctions que s'ils sont directement à l'origine du dommage. Les dommages indirects ne peuvent faire l'objet de poursuites que dans l'hypothèse d'un manquement manifestement délibéré à une « obligation particulière de prudence ou de sécurité », ou d'une « faute caractérisée »[6].

---

seulement le chauffeur, seul auteur direct du préjudice, mais aussi ses compagnons, leur part dans le remboursement à l'administration des sommes versées à la victime étant établie en fonction de la gravité des fautes disciplinaires commises par chacun d'entre eux (CE 22 mars 1957, Jeannier, préc.).

1. *Cf.* cependant CE 12 décembre 2008, min. Éd. nat. c/ M. H, AJDA 2009.895 (gifles et coups infligés par un instituteur). L'action récursoire de l'État est admise alors que l'enseignant avait indemnisé les parents des victimes au terme d'une **transaction**. Ce mode de règlement des litiges ne fait donc pas « obstacle à la possibilité pour la collectivité de se retourner contre son agent à raison de la faute personnelle commise par celui-ci [...] ».

2. Formule utilisée par G. Dufoix, ministre des Affaires sociales, mise en cause dans l'affaire du « sang contaminé ».

3. Révision constitutionnelle du 27 juillet 1993 créant une institution nouvelle, la Cour de justice de la République, jugeant selon une procédure « allégée » et moins politisée (art. 68-1, 2 et 3C). L'article 68-3C donnait une portée rétroactive à la réforme, qui trouva ainsi à s'appliquer à l'affaire du « sang contaminé ». L. Fabius, Premier ministre, G. Dufoix, ministre des Affaires sociales, E. Hervé, secrétaire d'État à la santé furent poursuivis et jugés ; E. Hervé fut seul condamné, mais dispensé de peine.

4. Frier et Petit, *op. cit.*, p. 489.

5. *Cf.* par ex. la mise en cause du directeur de cabinet du préfet de Corse, jugé coupable d'homicides et blessures involontaires à la suite de l'effondrement de la tribune du stade de Furiani (Cass. Crim., 24 juin 1997).

6. Article L 121-3 du Code pénal : « [...] Il y a également délit, lorsque la loi le prévoit, en cas de faute d'imprudence, de négligence ou de manquement à une obligation de prudence ou de sécurité prévue par la loi ou le règlement, s'il est établi que l'auteur des faits n'a pas accompli les diligences normales compte tenu, le cas échéant, de la nature de ses missions ou fonctions, de ses compétences ainsi que du pouvoir ou des moyens dont il disposait.

Dans le cas prévu par l'alinéa qui précède, *les personnes physiques qui n'ont pas causé directement le dommage*, mais qui ont créé ou contribué à créer la situation qui a permis la réalisation du dommage ou qui n'ont pas pris les mesures permettant de l'éviter, sont responsables pénalement s'il est établi

C. L'exception : la substitution de responsabilité

(259) Un régime de responsabilité doublement dérogatoire

Dans certaines hypothèses, la loi institue des régimes de responsabilité spéciaux, qui se caractérisent par une double dérogation aux règles générales de la responsabilité de la puissance publique :

• Le cumul des responsabilités de la puissance publique et de son agent s'y trouve remplacé par un système de **substitution automatique de responsabilité**. Le requérant n'est plus libre d'engager la responsabilité personnelle de l'agent public devant les tribunaux judiciaires ; la loi l'oblige à poursuivre l'administration.

• De surcroît, et par exception à toutes les règles de compétence précédemment étudiées, la responsabilité de la puissance publique ne peut être engagée que devant les **tribunaux judiciaires**. Dans les trois hypothèses évoquées ci-dessous, cette surprenante compétence d'attribution s'explique pour des raisons diverses, souvent contingentes.

(260) Trois cas d'application

Ce régime particulier de substitution automatique trouve à s'appliquer dans la **loi du 5 avril 1937**, relative aux fautes commises par les membres de l'enseignement ; la **loi du 31 décembre 1957**, relative aux dommages causés par un véhicule ; et la **loi organique du 18 janvier 1979**, relative à la responsabilité des magistrats de l'ordre judiciaire.

1) **La loi du 5 avril 1937 gouverne les dommages subis ou causés par les élèves de l'enseignement public** (et privé sous contrat[1]), à la suite du défaut de surveillance d'un enseignant[2]. La loi est libéralement appliquée ; elle porte sur les activités scolaires, et sur celles qui en sont le complément plus ou moins direct : activités sportives, visites de musées, colonies de vacances. Elle protège les enseignants, mais aussi les surveillants et les moniteurs, et concerne tant les dommages

---

qu'elles ont soit violé *de façon manifestement délibérée* une obligation particulière de prudence ou de sécurité prévue par la loi ou le règlement, soit commis une *faute caractérisée* et qui exposait autrui à un *risque d'une particulière gravité qu'elles ne pouvaient ignorer*. »

1. Décret 60-389 du 22 avril 1960, article 10, pris en application de la loi « Debré » du 31 décembre 1959.

2. Article L 911-4 du Code de l'éducation : « Dans tous les cas où la responsabilité des membres de l'enseignement public se trouve engagée à la suite ou à l'occasion d'un fait dommageable commis soit par les élèves ou les étudiants qui leur sont confiés à raison de leurs fonctions, soit au détriment de ces élèves ou de ces étudiants dans les mêmes conditions, *la responsabilité de l'État est substituée à celle desdits membres de l'enseignement* qui ne peuvent jamais être mis en cause devant les tribunaux civils par la victime ou ses représentants. [...] Il en est ainsi toutes les fois que, pendant la scolarité ou en dehors de la scolarité, dans un but d'enseignement ou d'éducation physique, non interdit par les règlements, les élèves et les étudiants confiés ainsi aux membres de l'enseignement public se trouvent *sous la surveillance de ces derniers*. [...] *L'action en responsabilité exercée par la victime, ses parents ou ses ayants droit, intentée contre l'État, ainsi responsable du dommage, est portée devant le tribunal de l'ordre judiciaire* du lieu où le dommage a été causé et dirigée contre le représentant de l'État dans le département. [...] »

causés *par* les élèves que ceux **causés *aux* élèves**[1]. En revanche, le préjudice doit obligatoirement trouver son origine dans un **défaut de surveillance**, même si cette notion recouvre les fautes personnelles de l'agent. La loi ne s'applique donc pas aux dommages de travaux publics, non plus qu'à ceux qui seraient provoqués par la mauvaise organisation du service, ni aux dommages causés aux ou par des étudiants, dont la maturité exclut toute surveillance[2].

La compétence conférée par la loi aux tribunaux judiciaires s'explique par la réputation qui était la leur à l'époque, d'être moins soucieux des finances publiques et de mieux servir les intérêts des victimes[3]. Adoptée dans un souci de protection des enseignants[4], la loi du 5 avril 1937 s'est finalement révélée contre-productive, les justiciables n'hésitant plus à déplacer le débat sur le terrain pénal dans l'espoir d'obtenir la condamnation de l'enseignant dont le manque de vigilance aurait été la cause du dommage[5].

2) **La loi du 31 décembre 1957, relative aux dommages causés par un véhicule**. En établissant un « bloc de compétence » au profit du juge judiciaire, ce texte avait pour ambition de mettre fin à l'inégalité des réparations octroyées par les juges judiciaires et administratifs[6]. Il s'efforçait aussi de résoudre certaines questions de compétence fort délicates, soulevées lorsque le dommage avait été provoqué par une collision intervenue entre deux véhicules appartenant, l'un à une personne privée, l'autre à une personne publique[7].

La loi de 1957 déroge expressément à la loi des 16-24 août 1790, qui déclare les tribunaux judiciaires « seuls compétents pour statuer sur toute action tendant à la réparation des **dommages de toute nature causés par un véhicule** ». La loi s'applique, que le véhicule ait été à l'arrêt ou en mouvement. De plus, lorsque le

1. TC 31 mars 1950, D^lle^ Gravillet, R. 658 ; D. 1950.331, concl. Dupuich ; JCP 1950 n° 5579, note Vedel.

2. Cass. Civ. 13 janvier 1969, D 1969.237 ; CE 26 avril 1974, Hayat, R. 901 (tables).

3. En revanche, le contentieux d'éventuelles **actions récursoires** entre l'État et ses enseignants relève des juridictions administratives. Une compétence justifiée par la dimension disciplinaire d'un contentieux portant principalement sur l'organisation et le fonctionnement du service. *Cf. supra* § 258.

4. La loi instituait à l'origine un régime de présomption de faute à l'encontre des instituteurs. Une première réforme substitua la responsabilité de l'État à celle des enseignants (loi du 29 juillet 1889), avant que la loi de 1937 n'établisse un régime de faute prouvée. Par exception à la règle de la déchéance quadriennale, la prescription « est acquise par trois années à partir du jour où le fait dommageable a été commis » (art. L 911-4, préc.).

5. Cass. Crim. 18 juin 2002, bull. crim. n° 139 (pas d'homicide ou de coups et blessures involontaires pour la directrice et l'institutrice ayant organisé une « classe de découverte » dans le lit d'une rivière dont le niveau avait brutalement remonté à la suite d'un « lâcher d'eau » décidé par EDF) ; Cass. Crim. 6 septembre ; 2005, bull. crim. n° 218 (homicide involontaire pour un instituteur qui n'avait pas refermé les fenêtres de sa classe, négligence qui avait causé la chute et le décès de l'une de ses élèves)...

6. Le juge judicaire se montrait alors nettement plus généreux que le juge administratif.

7. Une affaire de ce genre avait déjà obligé le législateur à intervenir. La loi du 20 avril 1932 donna en effet compétence au Tribunal des conflits en cas de déni de justice résultant de deux décisions contradictoires rendues **sur le fond** (et non sur la compétence) par les deux ordres de juridictions (*cf. supra* § 20).

préjudice a été provoqué par un véhicule appartenant à une personne publique, la responsabilité de cette dernière se trouve automatiquement substituée à celle de son agent, qu'il y ait faute personnelle ou faute de service[1].

Il ne reste plus alors qu'à déterminer ce qu'est un « véhicule » selon la loi de 1957 : les voitures automobiles, camions, autobus, motocyclettes ou tracteurs entrent bien évidemment dans cette catégorie. Les bacs, les téléphériques et les bicyclettes aussi ; mais pas les ascenseurs ou les tondeuses à gazon. Les chevaux ne sont pas des « véhicules », au sens de la loi de 1957, contrairement aux charrettes à bras ! La diversité des solutions jurisprudentielles et les nombreuses interventions du Tribunal des conflits témoignent de la difficulté de l'entreprise, et relativisent l'intérêt et la portée de la simplification opérée par ce texte[2].

3) La loi organique du 18 janvier 1979, relative aux dommages causés par les magistrats de l'ordre judiciaire[3], prévoit que « la responsabilité des magistrats qui ont commis une faute personnelle se rattachant au service public de la justice ne peut être engagée que sur l'action récursoire de l'État », ce qui suppose la substitution de responsabilité de l'État à celle de ses magistrats, en cas d'action en responsabilité intentée par la victime ou ses ayants droit. Au demeurant, cette « action récursoire est exercée devant une chambre civile de la Cour de cassation », exception à la règle normale de compétence du juge administratif, justifiée dès lors qu'est en cause le fonctionnement du service public de la justice[4].

II.2. Les différents régimes de responsabilité pour faute

Le droit administratif français connaît **trois régimes de responsabilité pour faute**, respectivement fondés sur la **faute présumée** (A), la **faute « simple » prouvée** (B) et la faute qualifiée, ou **faute lourde** (C).

A. La faute présumée

(261) Trois cas de figure

Ce régime de responsabilité très favorable aux administrés se caractérise par un **renversement de la charge de la preuve** : l'administration est présumée fautive, c'est à elle d'apporter la preuve qu'elle n'a pas commis de faute.

Il s'applique dans trois hypothèses qui concernent :

1) Les dommages causés à l'usager de l'ouvrage public. Par opposition au tiers, qui bénéficie d'un régime de responsabilité sans faute[5], l'usager d'un

1. Le contentieux d'éventuelles **actions récursoires** entre l'État et l'agent conduisant le véhicule relève quant à lui du juge administratif (§ 257).
2. *Cf.* par ex. TC 8 juin 2009, Cons Royer c/ commune du Canet, AJDA 2009.1173 : accident survenu à un agent communal pendant le service, et avec le véhicule du service. Le TC refuse d'appliquer la loi de 1957, estimant qu'il s'agit d'un « accident de service » dont le contentieux relève du droit public et du juge administratif.
3. Loi organique du 18 janvier 1979, art. 1, modifiant l'ordonnance portant loi organique du 22 décembre 1958 (art. 11-1), relative au statut de la magistrature.
4. §§ 14 et 257.
5. § 276.

ouvrage public « est celui qui l'utilise de façon personnelle et directe »[1] : **piéton** ou **automobiliste**, utilisateur d'une piscine municipale ou joueur de football dans un stade... Le dommage peut être provoqué par le mauvais entretien d'une route ou l'absence de signalisation adéquate, le fonctionnement défectueux d'un passage à niveau ou l'absence d'un parapet...

La responsabilité de la puissance publique se trouve engagée sur le fondement du **défaut présumé d'entretien normal** de l'ouvrage public[2]. Le requérant devra seulement prouver l'existence d'un préjudice indemnisable et d'un lien de causalité entre celui-ci et l'ouvrage ou le travail public. L'administration, en revanche, ne pourra s'exonérer (totalement ou partiellement) de sa responsabilité qu'en invoquant l'existence d'une cause étrangère ou d'un cas fortuit.

2) Les conséquences dommageables, anormales et inattendues, de soins donnés dans les hôpitaux publics. La présomption de faute vise ici à réparer la disproportion constatée entre le dommage subi et le caractère bénin de l'intervention. Une disproportion qui « révèle », sauf cause exonératoire, une faute dans l'organisation ou le fonctionnement du service : injection ayant provoqué une paralysie[3], infection consécutive à une exploration radiologique ou à une intervention chirurgicale[4]. Désormais consacrée par la loi du 4 mars 2002, cette jurisprudence permit longtemps d'indemniser les **infections nosocomiales** contractées dans le milieu hospitalier[5].

3) Les dommages causés aux victimes de recherches biomédicales, dès lors qu'elles en retirent un « bénéfice individuel direct »[6].

1. O. Renard-Payen, « Les dommages de travaux publics subis par les usagers », Jurisclasseur administratif, fascicule n° 932.

2. *Cf. supra* § 153 quant à la définition de l'ouvrage public. Ex. d'ouvrages publics : un lycée ou un collège, un hôpital ou un musée, une route ou un trottoir, un passage à niveau ou un barrage...

3. CE 23 février 1962, Meier, R. 122 : « [...] que, s'agissant d'une intervention courante et à caractère bénin, les troubles ne peuvent être regardés que comme *révélant* une faute commise dans l'organisation ou le fonctionnement du service ».

4. CE 9 décembre 1988, sieur Cohen, R. 431 : « que le fait qu'une telle infection ait pu néanmoins se produire *révèle* une faute dans l'organisation ou le fonctionnement du service hospitalier [...] ».

5. Article L 1142-1, *al.* 2 du Code de santé publ. : « Les établissements, services et organismes susmentionnés sont responsables des dommages résultant d'infections nosocomiales, sauf s'ils rapportent la preuve d'une cause étrangère. » L'infection nosocomiale est définie dans le commentaire qui suit comme celle « qui apparaît au cours et à la suite d'une hospitalisation ou de soins, alors qu'elle était absente à l'admission ». Concrètement, elle doit se déclencher 48 h après l'admission. Le CE y intègre désormais les maladies provoquées par un germe endogène, infectant le patient avant son admission, mais devenu actif et nocif à la suite de l'hospitalisation et du traitement subi (CE 10 oct. 2011, CHU d'Angers, AJDA 2011.2536, note C. Lantéro). Ces infections touchent près de 7 % des patients, et sont la cause de plusieurs milliers de décès chaque année (4 000 en 2001).

6. Lois des 20 décembre 1988 et 23 janvier 1990. Lorsque ce n'est pas le cas, elles sont considérées comme plus « désintéressées », et bénéficient en conséquence d'un régime de responsabilité sans faute.

B. La faute « simple » prouvée

(262) **Le régime de droit commun de la responsabilité administrative**

La responsabilité pour faute « simple » se présente comme le **régime de droit commun de la responsabilité administrative**. Tous les autres régimes de responsabilité (présomption de faute, responsabilité pour faute lourde et responsabilité sans faute) ne sont que dérogations au principe général qui veut que la responsabilité de la puissance publique ne peut être engagée que sur le fondement d'une faute de service.

Fréquemment[1], la faute commise par l'administration revêt le caractère d'une **décision illégale** : délivrance irrégulière d'un permis de construire, refus du maire de célébrer le mariage d'un étranger en situation irrégulière avec une Française, faux en écriture publique, saisie irrégulière d'un journal, décision d'incendier un bâtiment illégalement construit sur le domaine public maritime...

Mais la notion de faute administrative est encore plus compréhensive, dès qu'elle porte sur des **comportements**, et non pas seulement sur des décisions à caractère juridique : retards, incompétences (incendie involontaire déclenché par la cigarette d'un pompier), informations erronées délivrées par l'administration, erreurs de diagnostic, harcèlement moral d'un agent public par un autre...

En revanche, **toute faute de l'administration n'ouvre pas systématiquement le droit à réparation** : encore faut-il pour cela qu'elle soit la cause directe et immédiate d'un préjudice indemnisable. Enfin, dans quelques hypothèses devenues heureusement plus rares, la responsabilité de l'administration ne peut être engagée que sur le fondement d'une **faute lourde**.

(263) **L'extension du champ d'application de la faute « simple »**

Pour nombre de services publics, la responsabilité pour faute lourde fut longtemps un point de passage obligé, conduisant à l'abandon du principe traditionnel d'irresponsabilité de la puissance publique. Concevable et acceptable en 1910 ou en 1950, voire même en 1970 ou 1980, cette marge d'irresponsabilité concédée à l'administration est de plus en plus difficilement supportée par les administrés. L'évolution des mentalités s'oppose à l'idée qu'une faute de l'administration puisse ne pas être sanctionnée par l'ouverture d'un droit à réparation.

Aussi n'est-il guère surprenant que la jurisprudence de ces vingt dernières années se caractérise par l'expansion continue du champ d'application de la faute simple, aux dépens de la faute lourde. Autrefois uniquement engagée sur le fondement de la faute lourde, la responsabilité du **service public hospitalier**,

---

1. Fréquemment, mais pas toujours. Et, de fait, **si toute illégalité commise par l'administration constitue une faute, celle-ci n'ouvre pas pour autant systématiquement le droit à réparation**. Doivent être pris en compte : l'existence d'un lien de causalité directe et immédiate, la règle nemo auditur, mais aussi la constatation que l'illégalité commise reste sans incidence sur le contenu de la décision. *Cf.* par ex. CE 9 févr. 2011, MD, AJDA 2011.1393, note A. Jacquemet-Gauché (instituteur condamné pour atteintes sexuelles sur mineure, puis révoqué par une décision illégale du ministre de l'EN. L'illégalité de cette décision n'est pas à l'origine du préjudice invoqué par l'instituteur, dont le seul comportement explique et justifie la mesure de révocation prise à son encontre).

de la **police administrative**, du **service public pénitentiaire** et, dans une certaine mesure, des **services fiscaux**, peut désormais être mise en cause pour faute simple.

(264) **1°) Le service public hospitalier**

Longtemps commandée par la dichotomie faute simple (pour tout ce qui concernait l'organisation, le fonctionnement du service, et les actes de soins courants), faute lourde (pour tout ce qui relevait de l'activité médicale proprement dite[1]), la responsabilité de l'ensemble du service public hospitalier se trouve soumise à la faute simple depuis un **arrêt d'Assemblée du Conseil d'État en date du 10 avril 1992, époux V**. Les requérants peuvent ainsi obtenir réparation d'un préjudice provoqué par une suite d'erreurs constitutives d'une faute, mais non d'une faute lourde[2], solution qui sera ensuite étendue au **service médical d'urgence** (SAMU)[3].

Mais encore faut-il qu'il y ait une **faute de nature à engager la responsabilité du service public hospitalier**. Le passage de la faute lourde à la faute simple ne doit pas être perçu comme « la substitution d'une responsabilité sous condition à une responsabilité systématique »[4], qui ignorerait ou minorerait « la prise en compte de la difficulté de l'action administrative »[5].

Cette jurisprudence novatrice et bienvenue sera consacrée par la **loi du 4 mars 2002**, qui dispose que le service public hospitalier n'est responsable « des conséquences dommageables d'actes de prévention, de diagnostic ou de soins qu'en cas de faute »[6].

(265) **2°) Le service public de la police**

C'est en **1905** que le Conseil d'État admit pour la première fois la responsabilité de la puissance publique pour ses activités de police[7], responsabilité explicitement limitée à la commission d'une faute lourde, en raison des **difficultés particulières** rencontrées par ladite activité[8]. Par la suite, la jurisprudence se fit plus compréhensive, mais aussi plus complexe, distinguant les activités

---

1. CE 26 juin 1959, Rouzet, R. 405.
2. CE ASS. 10 avril 1992, époux V., R. 171, concl. Legal; JCP 1992 n° 21881, note Moreau: préjudice résultant de l'administration de deux médicaments contre-indiqués, puis d'une perfusion utilisant du plasma insuffisamment décongelé. Pour le CE, « les erreurs ainsi commises [...] constituent une *faute médicale de nature à* engager la responsabilité de l'hôpital ».
3. CE 20 juin 1997, Theux, R. 253, concl. Stahl.
4. M. Lemaire, note sous CE 27 décembre 2006, commune de Baalon, AJDA 2007.385.
5. *Cf.* sur ce point les concl. du comm. du gvt Stahl sur CE 20 juin 1997, Theux, préc.
6. Article L 1142-1 du Code de la santé publique. Les seules exceptions reconnues bénéficient aux victimes: présomption de faute pour les conséquences dommageables et inattendues d'actes de soins courants (*al.* 2), et responsabilité sans faute dans quelques hypothèses (art. L 1142-1).
7. **CE 10 février 1905, Tomaso Grecco**, R. 139, concl. Romieu; S. 1905.3.113, note Hauriou.
8. CE 13 mars 1925, Clef, R. 266; RDP 1925.274, concl. Rivet. Le commissaire du gouvernement justifiait le recours à la faute lourde par la nécessité d'éviter que l'action de ce service ne soit « énervée par des menaces permanentes de complications contentieuses ».

juridiques et bureaucratiques, soumises à la faute « simple », des activités matérielles d'exécution plus ardues, commandées par la faute lourde[1]. Ce critère de répartition n'était cependant pas toujours respecté, et c'est en réalité la présence de « difficultés particulières » qui décidait de l'application de l'un ou l'autre régime de responsabilité[2].

La fin des années quatre-vingt-dix se traduit par un important revirement de jurisprudence. Le recours à la faute lourde se voit progressivement abandonné dans des domaines où l'activité de police se heurte pourtant à d'importantes difficultés : sauvetage en mer[3], service des incendies[4], hospitalisation d'office des malades mentaux[5], police des nuisances sonores[6] ou des édifices menaçant ruine[7], contrôle technique[8], contrôle aérien[9]... Une liste impressionnante qui ne cesse de s'étoffer, et semble présager de l'abandon pur et simple de la faute lourde pour engager la responsabilité de la puissance publique du fait de ses activités de police[10].

(266) **3°) Le service public pénitentiaire**

Le service public pénitentiaire se trouve lui aussi soumis à un régime de responsabilité pour faute « simple » depuis un **arrêt du Conseil d'État en date du 23 mai 2003, Mme Chabba**[11]. Cette jurisprudence, inaugurée au sujet du problème récurrent des suicides dans les prisons françaises[12], sera étendue par la suite à la réparation des dommages causés aux biens des détenus[13].

---

1. CE 4 mars 1932, Ville de Versailles, R. 274 ; CE 23 mai 1958, consorts Amoudrouz, R. 301 ; CE 25 mars 1966, soc. « Les films Marceau », R. 240 ; AJDA 1966.245, concl. Rigaud ; CE Ass. 12 février 1971, Rebatel, R. 123...

2. *Cf.* par ex. CE Ass. 20 décembre 1972 Marabout c/ Ville de Paris, R. 664 ; AJDA 1972.625, concl. Guillaume ; RDP 1973.832, note Waline. Le commissaire du gouvernement y estime que « les difficultés que la police de la circulation rencontre à Paris » justifient le recours à la faute lourde pour apprécier l'insuffisance des mesures réglementaires.

3. CE 13 mars 1998, Améon, R. 82.

4. CE 29 avril 1998, commune de Hannapes, R. 185.

5. CE 14 avril 1999, AGF, R. 1014 (tables).

6. CE 28 novembre 2003, commune de Moissy-Crayamel, R. 464 ; RFDA 2004.205.

7. CE 27 décembre 2006, commune de Baalon, AJDA 2007.385, note Lemaire.

8. CE 31 mars 2008, soc. Capraro et compagnie, AJDA 2008.1780.

9. CE 2 avril 2010, Cons. Cyrot et autres, AJDA 2010.705.

10. Dans sa note sous CE 27 décembre 2006, commune de Baalon (préc.), M. Lemaire conclut à l'abandon généralisé de la faute lourde en matière de police administrative. Contra : G. Eveillard, « Existe-t-il encore une responsabilité pour faute lourde en matière de police administrative ? », RFDA 2006.733. MM. Frier et Petit (*op. cit.*, p. 495) évoquent quant à eux l'abandon très probable de la faute lourde en ce domaine.

11. CE 23 mai 2003, Mme Chabba, R. 240, concl. Prada-Bordenave ; AJDA 2004.157, note Albert ; DA 2003.44, note Lombard ; JCA 2003.1751, note Moreau. *Cf.* le dossier consacré au droit pénitentiaire par l'AJDA 2009, n° 8.

12. Le taux de suicide de la population carcérale française reste de 2 pour 1 000, **sept fois plus élevé que la moyenne nationale**.

13. CE 9 juillet 2008, M. Boussouar, AJDA 2008.2294, concl. Aguila (vol et vandalisme dans une cellule).

Une évolution nécessaire, grandement favorisée par la jurisprudence de la Cour européenne des droits de l'homme, qui s'attache à élaborer « un véritable droit commun européen de la détention »[1]. Ce dernier se traduit non seulement par la soumission du service public pénitentiaire à un régime de responsabilité pour faute « simple », mais aussi par l'insertion des mesures d'ordre intérieur prises par les autorités pénitentiaires dans la catégorie des décisions administratives faisant grief, susceptibles comme telles d'être attaquées devant le juge administratif[2].

Ignorée par nombre de cours administratives d'appel qui s'entêtent à exiger une faute lourde, la jurisprudence Chabba vient d'être réaffirmée d'éclatante manière par un arrêt qui fait figure de symbole. Le préjudice y est en effet extrême – la mort – provoquée par l'incendie volontaire de matelas par un codétenu, et par une série de négligences et de dysfonctionnements du service[3], « ensemble de circonstances (qui) présentait un caractère fautif ». « Qu'alors même qu'aucune de ces circonstances ne revêt le caractère d'une faute lourde dans l'organisation ou le fonctionnement du service de surveillance des détenus, la Cour a pu, estime le Conseil, sans entacher son arrêt d'une erreur de droit, juger que la responsabilité de l'État était susceptible d'être engagée à raison du décès de M. […] »[4].

(267) **4°) Le service public fiscal**

Exemple topique que celui des services fiscaux, longtemps protégés par un principe général d'irresponsabilité. Une longue et précautionneuse évolution jurisprudentielle exigera ensuite une « faute d'une gravité exceptionnelle » pour engager leur responsabilité (1927), puis une « faute manifeste et d'une particulière gravité » (1954) et, enfin, une « faute lourde » (1962)[5].

En 1990, le Conseil d'État accepte finalement de sanctionner la faute « simple » mais seulement dans l'hypothèse où l'activité, cause du préjudice,

1. B. Belda, « L'innovante protection des droits du détenu élaborée par le juge européen des droits de l'homme », AJDA 2009.406. Concernant la France, *cf.* not. CEDH 4 juillet 2006, Ramirez Sanchez c/ France (illégalité du régime d'isolement infligé au terroriste « Carlos ») ; CEDH 16 octobre 2008, Renolde c/ France (sur les suicides dans les prisons françaises et la nécessité pour l'État de protéger la vie des détenus). Le CE a cru bon de rappeler que « si les personnes détenues dans des établissements pénitentiaires ne sont pas de ce seul fait privées du droit d'exercer des libertés fondamentales […] l'exercice de ces libertés est subordonné aux contraintes inhérentes à leur détention » (CE 27 mai 2005, sect. française de l'OIP, M. Bret, Mme Blandin, R. 232 ; AJDA 2005.1579).

2. M. Guyomar, « La justiciabilité des mesures pénitentiaires devant le juge administratif », AJDA 2009.413. *Cf.* aussi § 45.

3. Danger connu des matelas en mousse utilisés, système d'évacuation des fumées « inadapté », « impossibilité pratique et matérielle pour le surveillant de nuit d'accéder rapidement au matériel de lutte contre l'incendie ».

4. CE 17 décembre 2008, garde des Sceaux, min. de la Justice c/ M. et M. Zaouiya, concl. De Silva, AJDA 2009.432.

5. Respectivement, CE 1er juillet 1927, Demoreuil, S. 1927.3.105, note Hauriou ; CE 30 octobre 1954, Murat, R. 566 ; CE 21 décembre 1962, Dame Husson-Chiffre, R. 701.

n'emporte pas de « difficultés particulières »[1] ; dans le cas contraire, la faute lourde demeurait exigée[2]. Une « avancée » dont les résultats concrets furent si décevants que le juge se résolut, en 2011, à soumettre l'ensemble des activités du service public fiscal au régime de responsabilité pour faute « simple »[3].

C. La faute lourde

(268) Le recul de la faute lourde

D'origine jurisprudentielle, la faute lourde exprime la spécificité du droit administratif. La responsabilité évoquée par l'**arrêt Blanco** n'est en effet « ni générale, ni absolue [...], elle a ses règles spéciales qui varient suivant les besoins du service et la nécessité de concilier les droits de l'État avec les droits privés ; [...] »[4]. Alors qu'en droit civil toute faute, même légère, est susceptible de déclencher une action en responsabilité[5], il est certains services ou certaines activités qui n'engagent la responsabilité de la puissance publique qu'en cas de faute qualifiée, c'est-à-dire de faute lourde.

Lorsqu'elle apparaît, au début du XXe siècle, la faute lourde est synonyme de progrès dans la remise en cause du principe de l'irresponsabilité de la puissance publique et, donc, dans l'indemnisation des victimes. Mais les temps changent, et les mentalités aussi. La justification traditionnelle de la faute lourde, fondée sur les « difficultés particulières » rencontrées par l'administration dans certaines activités[6], ne permet plus d'assurer l'existence et la légitimité d'un régime juridique désormais perçu comme l'expression d'un privilège inacceptable.

Aussi son champ d'application s'est-il considérablement restreint depuis la fin du XXe siècle : le service public hospitalier, la police, le service pénitentiaire et une partie des activités des services fiscaux se trouvent maintenant soumis à un régime de responsabilité pour faute « simple ». Pour l'essentiel, et au terme (provisoire ?) de ce processus, ne demeurent plus régis par la faute lourde que le **service public de la justice, certaines activités des services fiscaux ou de la Poste**, et **certaines activités de contrôle**.

1. CE 27 juillet 1990, Bourgeois, R. 242 : « La saisie et le traitement informatisé des déclarations [...] ne comportent pas de difficultés particulières tenant à l'appréciation de la situation des contribuables [...] ». Responsabilité de l'État qui, à la suite d'une erreur matérielle, avait multiplié par 10 le revenu imposable d'un contribuable !
2. CE 29 décembre 1997, commune d'Arcueil, R. 512 ; RFDA 1998.97, concl. Goulard.
3. CE 21 mars 2011, M. Krupa, AJDA 2011.1278, note F. Barque. Jurisprudence confirmée et étendue par CE 16 nov. 2011 Cne de Cherbourg-Oderville (AJDA 2011.2261), où le juge admet que la faute (simple), de l'administration fiscale puisse engager la responsabilité de l'État à l'encontre d'une collectivité territoriale.
4. **TC 8 février 1873, Blanco**, préc.
5. Articles 1382 et s Code civ.
6. *Cf.* not. concl. du commissaire du gouvernement Rivet sur CE 13 mars 1925, Clef (préc.).

(269) ### 1°) Le service public de la justice

Admettre la responsabilité du service public de la justice suppose, de la part du juge, une difficile et douloureuse remise en question. Mais, au-delà des erreurs ou des négligences commises par les magistrats, l'ouverture d'un droit à réparation sanctionne ici le constat infiniment plus dérangeant que justice n'a pas été rendue. Il n'est donc guère surprenant que le système d'irresponsabilité qui gouvernait cette activité régalienne par excellence n'ait été que tardivement et partiellement abandonné. Sauf exception, la responsabilité de l'État[1] du fait du fonctionnement du service public de la justice, judiciaire ou administrative, ne peut être engagée que sur le fondement de la faute lourde.

1) La justice judiciaire. La **loi du 5 juillet 1972**[2] n'autorise à engager la responsabilité de l'État du fait de l'activité du service public de la justice judiciaire qu'en cas de **faute lourde**[3] ou de **déni de justice**[4].

La règle connaît deux exceptions : l'une concernant les **collaborateurs occasionnels du service public de la justice**, dont les préjudices sont indemnisés sur le fondement d'un système de responsabilité sans faute[5]. L'autre, les **personnes placées en détention provisoire** qui, ayant bénéficié d'une décision de non-lieu, de relaxe ou d'acquittement, auraient subi, du fait de cette privation de liberté, « **un dommage manifestement anormal et d'une particulière gravité** »[6].

2) La justice administrative. Selon un **arrêt d'Assemblée du Conseil d'État en date du 29 décembre 1978, Darmon**, la responsabilité de l'État du fait du fonctionnement de la justice administrative ne peut être engagée que sur le fondement de la faute lourde. Encore doit-on préciser que ce régime, déjà fort restrictif, ne s'applique pas lorsque la faute lourde résulte du « contenu même »

---

1. **Rendue au nom du peuple français, la justice ne peut engager que la responsabilité de l'État**. Il en est ainsi, même pour des juridictions administratives spécialisées. *Cf.* **CE 27 février 2004, Mme Popin**, R. 86, concl. Schwartz (section disciplinaire du CA d'une université).

2. Article L 141-1 du Code de l'organisation judiciaire. Avant la loi de 1972, la responsabilité de ce SP ne pouvait être mise en cause que pour une erreur judiciaire reconnue à la suite d'un procès en révision (loi du 8 juin 1895 ; art. L 626 C. proc. pén.), ou une détention provisoire injustifiée (loi du 17 juillet 1970). La procédure de « prise à partie », abrogée en 1972, sanctionnait la faute lourde d'un magistrat (dol, fraude, concussion et faute lourde professionnelle).

3. Coups portés lors d'une garde à vue, interception irrégulière des communications téléphoniques d'un avocat...

4. Refus du juge de répondre aux requêtes des parties ou de prendre certaines mesures d'instruction.

5. Le principe, dégagé par la jurisprudence administrative, est appliqué par le juge de droit commun au COSP de la justice judiciaire. *Cf.* **Cass. civ., 23 novembre 1956, Dr Giry** ; RDP 1958.298, note Waline.

6. Article L 149 du C. proc. pén.

d'une décision de justice devenue définitive. Un régime d'irresponsabilité protège donc les dommages causés par ce type de faute [1].

Une exception importante concerne le **dépassement du délai raisonnable de jugement**, pour lequel le juge administratif, fortement stimulé par la jurisprudence de la Cour européenne des droits de l'homme[2], applique le régime de la **faute simple**[3], et celui de la **présomption de préjudice**. La durée excessive d'une procédure est en effet « présumée entraîner, par elle-même, un préjudice moral dépassant les préoccupations habituellement causées par un procès »[4].

La présomption de préjudice doit être soigneusement distinguée du régime de la présomption de faute, où l'administration ne peut s'exonérer de sa responsabilité qu'en invoquant l'existence d'une cause exonératoire. En l'espèce, le requérant devra prouver l'existence d'une faute « simple » des juridictions administratives, mais il n'aura pas à apporter la preuve du préjudice moral subi, qui est présumé.

(270) 2°) Certaines activités du service public postal

Aujourd'hui encore, la faute lourde permet d'« entamer » l'irresponsabilité de l'État, lorsque celle-ci se trouve expressément prévue par la loi. « La Poste » est ainsi déclarée irresponsable des dommages provoqués par la perte ou l'acheminement défectueux d'« objets de correspondance » ordinaires, comme des dysfonctionnements du service des chèques postaux[5]. Un privilège certes explicable par la nécessité de préserver les finances publiques, mais difficile à faire admettre aux administrés. Aussi la jurisprudence très « constructive » du Conseil d'État écorne-t-elle l'immunité ainsi accordée, en interprétant ces dispositions comme

1. CE Ass. 29 décembre 1978, Darmon, R. 542 ; AJDA 1979.45, note Lombard ; D 1979.279, note Vasseur ; RDP 1979.1749, note Auby. Cette restriction, justifiée par la nécessité de préserver l'autorité de la chose (mal) jugée, n'est abandonnée que dans l'hypothèse où la décision de justice porte sur l'application d'une règle du droit communautaire : CE 18 juin 2008, Gesta, JCA 2008.2187, note Moreau.

2. La Cour y voit une atteinte à la règle du procès équitable et à l'effectivité des recours (art. 6 et 13 de la Conv. EDH). *Cf.* not. CEDH 26 octobre 1989, H c/ France et CEDH 26 octobre 2000, Kudla c/ Pologne.

3. CE Ass. 28 juin 2002, Magiéra ; R. 247, concl. Lamy. Le caractère raisonnable du délai s'apprécie au regard de la complexité de l'affaire, de l'attitude des requérants et de l'autorité nationale, et de l'enjeu du procès. Il peut être évalué à 2 ou 3 ans par degré de juridiction (sanction, en l'espèce, d'un jugement rendu par le TA de Nice après 18 ans de procédure), et la responsabilité de l'État peut désormais être mise en cause alors même que l'instance n'est pas achevée (CE 25 janvier 2006, SARL Potchou et autres, AJDA 2006.589, chron. Landais et Lénica). Le CE intègre désormais la phase de l'exécution de la décision de justice, dans la jurisprudence du « délai raisonnable ». Cf. CE 26 mai 2010, M. Mafille : « Cons. que la durée globale du jugement (...) est à prendre en compte jusqu'à l'exécution complète de ce jugement ». (Ici, jugement du TA de Rennes, obtenu en nov. 94, complètement exécuté en févr. 2005 ! AJDA 2010.1054).

4. CE 19 octobre 2007, Blin, AJDA 2008.597. *Cf.* aussi CEDH 29 mars 2006, Apicella c/ Italie, consacrant l'existence d'une « présomption solide, quoique réfragable, selon laquelle la durée excessive d'une procédure occasionne un dommage moral ».

5. Articles L 7 et L 108 du Code des postes et communications électroniques.

instituant un régime d'irresponsabilité... sauf cas de faute lourde commise par ces services[1] !

(271) **3°) Certaines activités de contrôle**

Les activités de contrôle ne présentent pas de difficultés supérieures à certaines missions de police, désormais gouvernées par la faute simple. La surveillance exercée sur les centres de transfusion sanguine[2], mais aussi les opérations de contrôle technique effectuées sur les navires ont pu ainsi être soumises à ce régime sans inconvénient apparent[3].

La raison officiellement avancée pour justifier le maintien de la faute lourde relèverait de la volonté du juge de préserver l'autonomie de gestion des collectivités, établissements ou organismes soumis à ce type de contrôle, la faute lourde permettant de maintenir la nécessaire distanciation entre contrôleur et contrôlé[4]. Dès lors, ce seront, sauf exceptions précédemment énoncées, toutes les activités de contrôle de l'État qui obéiront au régime de la faute lourde, qu'elle s'exerce sur des collectivités territoriales[5] ou des établissements publics à caractère national[6], des autorités administratives indépendantes[7] ou des personnes privées chargées d'une mission de service public[8].

Toutefois, si les activités de contrôle administratif et budgétaire exercées par l'État sur les collectivités locales et la tutelle portant sur les établissements publics nationaux demeurent régies par un régime de faute lourde, c'est essentiellement pour des raisons matérielles et budgétaires. Ce sont en effet près de huit millions d'actes qui sont adoptés chaque année par les collectivités territoriales. Confrontées à ce tsunami bureaucratique, les préfectures ne peuvent se livrer qu'à une ombre de contrôle qui emprunte, le plus souvent, la voie du

1. CE 24 avril 1981, Mme Doublet, R. 192 : « Que cette disposition a pour objet d'exonérer l'État de *toute responsabilité* en raison des conditions irrégulières ou défectueuses dans lesquelles peuvent être acheminés ou distribués des objets de correspondance ordinaire ; *qu'il ne peut en être autrement qu'au cas où une faute lourde* a été commise dans la délivrance du courrier. » *Cf.* aussi Cass. civ. 19 sept. 2007, SA Sacer Atlantique / La Poste (JCP 10176) : « Attendu que ces dispositions exonératoires de responsabilité (...) ne trouvent pas à s'appliquer en cas de faute lourde de La Poste dans l'exécution de sa mission ».

2. CE Ass. 9 avril 1993, M. D., Mme B. et M. G. ; R. 110, concl. Legal ; AJDA 1993.344, chron. Maugüé et Touvet ; JCP 1993, I, n 3700, chron. Picard (l'acceptation de la faute simple se trouve justifiée en l'espèce par l'étendue des pouvoirs conférés à l'État sur les centres de transfusion sanguine par le Code de santé publique).

3. CE 13 mars 1998, Améon, R. 82 (préc.).

4. Y. Gaudemet, « La responsabilité de l'administration du fait de ses activités de contrôle », *Mélanges Waline*, Paris, Dalloz, 2002.501.

5. CE Ass. 29 mars 1946, Caisse départementale d'assurances sociales de Meurthe-et-Moselle, R. 100. Solution réaffirmée après l'entrée en vigueur de la loi du 2 mars 1982 par CE 29 avril 198, Notre-Dame de Kernitron, R. 161 ; RFDA 1987.989, concl. Roux (concernant le contrôle budgétaire).

6. CE 10 janvier 2001, Racinet (Université).

7. CE Ass. 30 novembre 2001, Kéchichian, R. 587, concernant le contrôle exercé sur la commission bancaire.

8. CE 27 octobre 1971, Markovitch, R. 640 (caisses de Sécurité sociale).

conseil : en moyenne 1 700 déférés préfectoraux, pour près de 100 000 « lettres d'observations », suivies partiellement ou totalement dans plus de 80 % des cas[1].

L'exigence maintenue de la faute lourde apparaît alors comme la traduction et la sanction juridiques de cette impossibilité matérielle : seuls ouvriront le droit à réparation les dysfonctionnements les plus graves des services préfectoraux dans cette mission de contrôle.

III. La responsabilité sans faute

(272) Enjeux

Ce n'est que très tardivement et très progressivement que les notions de faute et de responsabilité, étroitement unies par la pensée chrétienne, seront finalement dissociées[2]. Dans le domaine politique et constitutionnel, c'est seulement au cours du XIXe siècle que la responsabilité politique du gouvernement devant le Parlement se trouvera clairement identifiée, et séparée de sa responsabilité pénale[3]. L'article 1382 du Code civil allie quant à lui les idées de sanction (d'une faute) et de réparation (d'un dommage)[4], et c'est la jurisprudence qui construira de toutes pièces, à partir des années 1930, une responsabilité sans faute fondée sur l'article 1384 et la responsabilité du fait « des choses que l'on a sous sa garde »[5].

Le droit administratif consacre lui aussi quelques hypothèses de responsabilité sans faute. Peu nombreuses, mais en voie de développement depuis les années 1980, elles sont instituées tantôt par la jurisprudence, tantôt par la loi[6],

1. *Cf. supra* § 88.

2. En témoigne le refus de la CJCE de reconnaître l'existence, au niveau communautaire, d'un mécanisme de responsabilité sans faute ignoré de plus de la moitié des États membres (CJCE 9 sept. 2008, Fiamm et Fedon, AJDA 2008.2327).

3. Les membres du gouvernement peuvent toujours être sanctionnés individuellement pour des crimes et délits commis dans l'exercice de leurs fonctions, mais le gouvernement, politiquement et solidairement responsable devant le Parlement, peut être renversé par ce dernier en raison de divergences politiques, et sans référence obligée à une faute. Les lois constitutionnelles de 1875 seront les premières à opérer explicitement cette distinction, reprise par les articles 20, 49 et 50 (en ce qui concerne la responsabilité politique) et le titre X (pour ce qui est de la responsabilité pénale des membres du gouvernement) de la Constitution de 1958. Sur cette question, *cf.* not. A. Laquièze, *Les Origines du régime parlementaire en France (1814-1848)*, Paris, PUF, coll. Léviathan, 2002, pp. 293 et s ; P. Morabito, *Histoire constitutionnelle de la France (1789-1946)*, Paris, Domat-Montchrestien, 2000, pp. 189 et s.

4. « Tout fait quelconque de l'homme, qui cause à autrui un dommage, oblige celui par la *faute* duquel il est arrivé à le *réparer*. »

5. Cass. Chambres réunies, 13 février 1930 ; DP 1930, I, 57, note Ripert.

6. Il existe de **nombreux régimes législatifs spéciaux de responsabilité**, qui accordent tantôt compétence au juge administratif, tantôt au juge judicaire. Le **juge administratif** est compétent pour réparer **les dommages provoqués par les attroupements et rassemblements** (L. des 7 janvier 1983 et 9 janvier 1986), **ou causés par l'utilisation de produits défectueux par le SP hospitalier** (L. du 19 mai 1998). Le **juge judicaire** connaît des dommages subis à la suite d'une **vaccination obligatoire** (L. des 1er juillet 1964, art. L 3111-9, C. santé publ.), ou des préjudices

et constituent un **moyen d'ordre public** qui doit être examiné par le juge avant d'envisager la responsabilité pour faute du service.

Ce système de responsabilité, certes très favorable aux victimes, n'est pas non plus sans avantage pour la puissance publique. Il présente en effet le grand intérêt d'ouvrir le droit à réparation, sans pour autant impliquer la recherche d'une faute administrative. Le requérant doit seulement faire la preuve d'un fait générateur de l'administration et d'un lien de causalité directe avec le préjudice. La responsabilité sans faute n'emporte donc aucune espèce de condamnation. Elle « déculpabilise » la puissance publique, et déplace l'attention de la faute vers le préjudice indemnisable : **l'idée de risque ou de garantie se substitue à celle de faute.**

(273) Une présentation classique, mais dépassée : responsabilité pour risque et responsabilité pour rupture d'égalité devant les charges publiques

Une présentation classique distingue deux « types » de responsabilité sans faute : **la responsabilité pour risque** et **la responsabilité pour rupture d'égalité devant les charges publiques.**

Plusieurs raisons militent cependant en faveur de son abandon et, en premier lieu, le constat fait par M. Waline que « nombre de cas relèvent tout à la fois du risque et de la rupture d'égalité »[1]. Ensuite, toute activité humaine présente un risque, et l'application d'un régime de responsabilité sans faute à la sphère administrative ne peut se comprendre que si le fait générateur présente un risque « spécial ». Or, dans nombre d'hypothèses retenues, le risque indemnisé est loin de présenter cette particularité. De même l'idée de rupture d'égalité renvoie classiquement à l'idée de spécialité et d'anormalité. Mais la jurisprudence évolue, et le commissaire du gouvernement De Silva peut désormais souligner que « la reconnaissance d'un régime de responsabilité sans faute n'implique pas nécessairement l'exigence que le préjudice indemnisable soit anormal et spécial. Il n'y a pas d'automaticité en la matière »[2].

Enfin, cette présentation masque le fait essentiel que **ce système de responsabilité permet, pour partie, d'indemniser des dommages qui ne revêtent aucun caractère accidentel**, et apparaissent au contraire comme la conséquence nécessaire et prévisible d'une décision ou d'un comportement administratif. Dès lors, il nous semble logique d'en organiser l'étude en fonction du préjudice – accidentel (1) ou non (2) – qu'il vient indemniser.

---

causés par **l'inoculation du virus du sida, à la suite d'une transfusion sanguine** (L. du 31 déc. 1991 ; art. L 3122-1, C. santé publ.) ; **des dommages causés aux propriétés par les armées en temps de paix** (L. 3 juillet 1877), **ou des accidents d'origine nucléaire** (L. des 30 octobre 1968 et 16 juin 1990) ; **des dommages corporels relevant de la commission d'une ou de plusieurs infractions pénales** (L. des 3 janv. 1977, 8 juillet 1983 et 6 juillet 1990), **ou causés par des actes de terrorisme** (L. des 9 sept. 1986 et 23 janv. 1990)...

1. M. Waline, « L'évolution de la responsabilité extracontractuelle des personnes publiques », EDCE, 1995, p. 470.

2. Concl. sur CE 7 décembre 2008, garde des Sceaux c/ Lauze, AJDA 2008.661.

III.1. L'indemnisation de dommages accidentels

(274) **Hétérogénéité**

Pour des raisons fort diverses, la puissance publique entend indemniser sur le fondement de la responsabilité sans faute, certains dommages causés à certaines catégories de victimes : collaborateurs occasionnels du service public ; **ou** tiers, victimes d'un dommage de travaux publics, **d'un** risque « spécial », **d'un** risque médical **ou d'une** personne placée sous la garde de l'administration.

A. Les dommages causés aux collaborateurs occasionnels du service public

(275) **Une solution nécessaire**

C'est en 1895 que le Conseil d'État accepte pour la première fois d'appliquer un système de responsabilité sans faute[1]. Il s'agissait en l'espèce de réparer le dommage subi par un ouvrier de l'État à la suite d'un accident de travail. Certes, cette jurisprudence ne concerne plus les agents publics, depuis longtemps protégés par des systèmes d'indemnisation prévus par la loi, mais elle assure toujours la protection de ceux qui ne participent que ponctuellement à l'exécution du service public : **les collaborateurs occasionnels du service public** (COSP).

L'application de ce système de responsabilité s'explique par la volonté de la puissance publique d'indemniser le plus complètement et le plus aisément possible les dommages causés aux citoyens de bonne et de moins bonne volonté, qui acceptent ou qui se trouvent obligés de lui prêter leur concours. **Tous les dommages** causés au collaborateur occasionnel du service public seront ainsi réparés, et pas seulement ceux qui présenteraient un caractère anormal, et il y aura **réparation intégrale** du préjudice subi. La Cour de cassation n'hésite pas à reprendre en l'espèce les solutions dégagées par le Conseil d'État, pour indemniser le collaborateur occasionnel du service public de la justice[2].

Cette qualité suppose réunies plusieurs conditions :

1) Il faut évidemment qu'il y ait **participation à l'exécution d'un service public** : lutte contre les incendies ou les inondations, secours aux accidentés[3], mais aussi **donneurs de sang** et autres bénévoles du service public hospitalier, participants à l'organisation d'une fête traditionnelle[4]...

---

1. CE 21 juin 1895, Cames, R. 509, concl. Romieu ; S 1897.3.33, note Hauriou.

2. Cass. Civ. 23 novembre 1956, Trésor public c/ Docteur Giry, préc.

3. COSP, le salarié d'une entreprise privée (ici, un pilote d'hélicoptère employé par Elf-Gabon) qui collabore à une mission de SP (un sauvetage) « en dehors du cadre des missions qui lui étaient normalement confiées en vertu de son contrat de travail » (CE 12 oct. 2009, Me Chevillard, AJDA 2009.1863 ; RFDA 2010.410).

4. Encore faut-il que la fête présente ce caractère : CE Ass. 22 novembre 1946, commune de Saint-Priest-La-Plaine, R. 279 (COSP blessé par un feu d'artifice).

2) La collaboration doit avoir été **effective**[1].

3) **Sauf situation d'urgence**[2], la collaboration doit avoir été **sollicitée** – réquisition, demande individuelle ou collective (tocsin) – ou pour le moins **acceptée** par les agents du service[3].

4) Enfin, le collaborateur occasionnel doit avoir agi dans un **but désintéressé**. Dès lors, la qualité d'usager du service public exclut normalement celle de collaborateur occasionnel de ce même service[4]. Les participants à une compétition sportive[5] ou les avocats[6] ne sont pas non plus considérés comme des collaborateurs du service public des sports ou de la justice. En revanche, l'existence d'un lien de parenté entre le sauveteur et la personne secourue n'exclut pas nécessairement cette qualité[7].

B. Les dommages causés aux tiers par l'ouvrage public

(276) Gradation

Dans le domaine des travaux publics et des dommages causés par l'ouvrage public, le droit administratif français se livre à une véritable gradation des mécanismes de responsabilité en fonction de la qualité de la victime : responsabilité sans faute pour les tiers, présomption de faute pour les usagers, responsabilité pour faute « simple » pour les participants[8].

Ne profitant pas de l'ouvrage public, il apparaît juste que les tiers puissent bénéficier d'un système de responsabilité plus favorable que celui qui est réservé aux usagers. Toutefois, pour être indemnisé, le préjudice n'en doit pas moins revêtir un **caractère anormal**[9]. Le tiers peut être défini comme « toute personne

1. CE 3 octobre 1980, Gambini, R. 355 : refus d'attribuer cette qualité à une personne blessée lors d'une interpellation sur la voie publique à laquelle elle se contentait d'assister.

2. CE 25 septembre 1970, commune de Batz-sur-mer, R. 540 ; D. 1971.55 concl. Morisot ; AJDA 1971.37, concl. Labetoulle et Cabanes (personne victime d'une noyade alors qu'elle portait secours à un enfant et à un premier sauveteur).

3. CE 14 décembre 1981, Guinard, R. 901 : dommage subi par un malade qui aidait 6 infirmiers (!) à installer un autre malade dans un véhicule. Le CE lui refuse la qualité de COSP après avoir souligné que cette intervention n'avait « été ni sollicitée, ni acceptée par le personnel », et qu'« aucune nécessité ni aucune urgence ne la requérait ».

4. CE 29 avril 1983, Narcy, R. 851. Exception lorsque la participation excède « la contribution qui peut être normalement attendue » d'un usager « en contrepartie des avantages que lui apporte le service public ».

5. Le plaisir de la compétition et la perspective d'une éventuelle victoire s'opposent à l'attribution de la qualité de COSP ; *cf.* par ex. CE 10 février 1984, Launey, R. 65 ; AJDA 1984.405, obs. Moreau ; JCP 1984 n 20227, note Moderne.

6. Cass. civ. 13 octobre 1998, Consorts M.

7. CE 1er juillet 1977, commune de Coggia, R. 301 ; AJDA 1978.286, concl. Morisot ; RDP 1978.1141, note Waline (lien de cousinage) ; CE 22 juin 1984, Mme Nicolaï, R. 729 (COSP, le sauveteur de sa sœur et de son fils).

8. CE 4 octobre 1967, SEITA c. Luciani, R. 949 ; AJDA 1968.50, concl. Dutheillet de Lamothe.

9. CE Ass. 22 oct. 2010, Me Bleitrach, AJDA 2010.2020 : préjudice anormal et spécial d'une avocate handycapée, qui ne peut accéder sans difficultés au palais de justice.

qui n'utilise pas effectivement l'ouvrage public »[1] : ce peut être le passant électrocuté par la chute d'un câble haute tension, le propriétaire d'un bien touché par un incendie déclenché dans un bâtiment public voisin ou endommagé par les trépidations occasionnées par le passage des trains, les victimes de la rupture d'un barrage[2]...

Depuis peu, le juge répare le dommage causé par l'ouvrage public aussi bien que par son absence, c'est-à-dire le « défaut d'ouvrage public adapté »[3].

C. Les dommages causés aux victimes d'un « risque spécial »

Ce « risque spécial » infligé aux administrés est susceptible de trouver son origine dans des « **choses** », des **situations** ou des **méthodes dangereuses**.

1°) Les « choses » dangereuses

(277) Explosifs, armes à feu et ouvrages publics dangereux

Cette jurisprudence sera inaugurée en 1919, afin de réparer les dommages causés par l'explosion d'un dépôt de munitions[4]. Elle sera ensuite étendue aux dommages causés par des ouvrages publics dangereux[5] ou par des **armes à feu**.

Concernant ces dernières, **le juge distingue ici aussi entre le tiers** – le passant, le spectateur victime d'une « bavure » – et « l'**usager** » visé par l'opération de police. Le premier sera indemnisé sur le fondement de la responsabilité sans faute, tant en raison des « risques exceptionnels » que font courir ces matériels que de la gravité du dommage[6]. Cette solution, favorable à cette catégorie de victimes mais strictement limitée à ce type d'armes[7], répond aussi à la volonté de la puissance publique de ne point trop attirer l'attention sur les dysfonctionnements possibles des services de police.

---

1. Concl. Combarnous sur CE 11 mai 1960, Cons. Duboul de Malafosse, AJDA 1962.588.
2. CE Ass. 28 mai 1971, dépt du Var c/ Entr. Bec frères, R. 419 (préjudices causés par la rupture du barrage de Malpasset). *Cf.* aussi CE 23 février 1973, commune de Chamonix, R. 170 (chute d'un bloc de neige durcie du toit d'un bâtiment municipal sur une voiture automobile)...
3. CE 13 nov. 2009, C[ne] des Bordes, AJDA 2010.1440 : insuffisance du réseau pluvial et du réseau d'assainissement, cause directe d'une inondation.
4. **CE 28 mars 1919, Regnault-Desroziers**, R. 329 ; RDP 1919.239, concl. Corneille, note Jèze ; S. 1919.3.25, note Hauriou.
5. Jurisprudence d'application fort rare, concernant des voies publiques exceptionnellement dangereuses : CE Ass. 6 juillet 1973, Dalleau, R. 482 (AJDA 1973.588, chron. Franc et Boyon ; D. 1973.740, note Moderne) ; CE 5 juin 1992, Épx Cala, R. 224 (AJDA 1992.650, chron. Maugüé et Schwartz ; RFDA 1993.67, concl. Le Chatelier).
6. CE Ass. 24 juin 1949, Cons. Lecomte, R. 307 ; S. 1949.3.61, concl. Barbet ; RDP 1949.583, note Waline (propiétaire d'un café tué à coups de mitraillette devant son établissement par un gardien de la paix lors d'une arrestation).
7. Le juge refuse d'étendre ce mécanisme de responsabilité aux dommages causés par des matraques (CE 8 juillet 1960, Petit, R. 463) ou des grenades lacrymogènes (CE 16 mars 1956, Épx Domenech, R. 124, concl. Mosset).

En revanche, les préjudices causés aux « usagers » ne seront réparés que s'il y a eu faute « simple » (et non faute lourde, à l'époque), « en raison des dangers inhérents à l'usage des armes »[1].

2°) Les situations dangereuses

278) Diversité

La diversité des situations dangereuses auxquelles le service peut être conduit à confronter les administrés ou ses propres agents est presque infinie. Seront ainsi réparés, sur le fondement de la responsabilité sans faute, les dommages causés à des fonctionnaires français tenus de rester en poste dans un pays en proie à la guerre ou à l'insurrection[2] ; le préjudice extrêmement grave subi par une institutrice en début de grossesse, mais avant la date légale de son congé de maternité, à la suite d'une épidémie de rubéole sévissant dans l'établissement où elle exerçait ses fonctions[3] ; les dommages causés à la suite d'une vaccination obligatoire[4] ; les dommages anormaux provoqués par certains accidents médicaux[5].

La loi offre en la matière certains exemples particulièrement importants, tant par la gravité du préjudice subi que par le nombre des personnes concernées. Créant des **fonds d'indemnisation** au nom de la solidarité nationale, ces textes portent notamment sur la réparation des dommages causés par des actes de terrorisme[6] ou sur l'indemnisation des victimes du sida, infectées à la suite d'une transfusion sanguine[7]. Seule sera abordée plus en détail la réparation des dommages causés par des attroupements et rassemblements.

279) L'exemple des dommages causés par des attroupements et rassemblements

La loi prévoit l'indemnisation des dommages causés par des attroupements et rassemblements de personnes. Initialement mis à la charge des municipalités[8], ce chef de responsabilité sera ensuite transféré à l'État par deux lois des 7 janvier 1983 et du 9 janvier 1986[9]. Ce dernier se trouve désormais « civilement res-

1. CE 27 juillet 1951, Dame Aubergé et Dumont, R. 447 ; D 1952.108, concl. Gazier et note Morange (automobiliste blessé par les coups de feu tirés par un CRS, alors qu'il venait de forcer un barrage de police).
2. CE Ass. 16 octobre 1970, Épx Martin, R. 593 ; JCP 1971 n° 16577, concl. Braibant et note Ruzié.
3. CE Ass. 6 novembre 1968, Dame Saulze, R. 550 ; RDP 1969.505, concl. Bertrand et note Waline.
4. Loi du 1er juillet 1964 et article L. 3111-9 du C. santé publ.
5. Loi du 4 mars 2002 ; articles L 1142 et s C. santé publ., reprenant et libéralisant la jurisprudence Bianchi (§ 281).
6. Lois des 9 septembre 1986 et 23 janvier 1990, susceptibles de s'appliquer à toute personne frappée sur le territoire français, et à toute personne de nationalité française touchée à l'étranger.
7. Loi du 31 décembre 1991 ; article L. 3122-1 C. santé publ.
8. Solution adoptée par la Révolution dans le but de rétablir le calme, et maintenue pendant près de deux siècles.
9. Article L 2216-3 CGCT.

ponsable des dégâts et dommages résultant de crimes ou de délits commis à force ouverte ou par violence, par des attroupements et rassemblements armés ou non armés, soit contre les personnes, soit contre les biens ».

Le législateur impose la réunion **trois conditions** pour ouvrir le droit à réparation : les dommages doivent avoir été causés par des comportements qualifiés de crimes ou de délits, « commis à force ouverte ou par violence » au sein d'« attroupements et rassemblements », c'est-à-dire de groupements relativement inorganisés et spontanés[1]. Une action trop préméditée et planifiée, à l'image par exemple d'un acte terroriste, n'entre donc pas dans le champ d'application de la loi[2]. En revanche, peu importe la présence ou l'absence d'armes, non plus que l'objectif initial de l'attroupement, qui peut présenter le caractère d'une manifestation politique, sportive, voire même religieuse.

La loi permet en l'espèce de réparer **tous les préjudices**, sans qu'il soit besoin qu'ils revêtent un caractère spécial et anormalement grave[3].

3°) Les méthodes dangereuses

(280) Les méthodes d'éducation ou de réinsertion présentant un « risque spécial » pour les tiers

Ce courant jurisprudentiel sera inauguré par un arrêt du **Conseil d'État en date du 3 février 1956, Thouzellier**. La responsabilité sans faute de l'État s'y trouve engagée à la suite de dommages causés par un **mineur délinquant**, placé en régime de semi-liberté. Le juge considéra que ces **formules libérales d'éducation ou de rééducation** étaient susceptibles de créer un « risque spécial » pour les tiers, « lesquels ne bénéficient plus des garanties qui résultaient pour eux des règles de discipline anciennement en vigueur »[4]. Une jurisprudence qui, soulignons-le, ne s'applique qu'aux tiers ; le juge refuse en effet de l'étendre aux usagers qui, bénéficiant des avantages du service public, doivent en supporter aussi les inconvénients, sauf à prouver l'existence d'une faute[5].

---

1. Question délicate, emportant souvent de très graves conséquences. Ainsi, la « crise des banlieues » de l'automne et de l'hiver 2005 présente-t-elle un caractère organisé ? Si oui, la loi ne s'applique pas, et les compagnies d'assurances devront verser les indemnités réclamées ; si non, la loi s'applique, et l'État est responsable.

2. TC 24 juin 1985, préfet du Val-de-Marne, R. 537 : loi inapplicable à un attentat à l'explosif commis dans un aéroport.

3. Avis CE 20 février 1998, soc. d'études et de constructions de sièges pour l'automobile, R. 60 ; RFDA 1998.584, concl. Arrighi de Casanova.

4. CE 3 février 1956, Thouzellier, R. 49 ; AJDA 1956.96, chron. Gazier ; D. 1956.597, note Aubry ; RDP 1956.854, note Waline. Jurisprudence étendue à la période d'instruction pénale, lorsque le risque spécial apparaît clairement au vu, par ex., « du comportement délictueux antérieur de l'intéressé » (CE 5 déc. 1997, garde des Sceaux c/ Pelle, R. 481).

5. CE 17 déc. 2010, Garde des Sceaux c/ Fonds de garantie des victimes d'actes de terrorisme et autres infractions, AJDA 2011.1690, note D. Pollet-Panoussis (dommage causé à un mineur délinquant par un autre mineur délinquant, tous deux se trouvant placés sous la garde de la PP et fréquentant le même établissement). Une restriction qui marque un peu plus les différences existant entre les jurisprudences Thouzellier et Axa Courtage (§ 284).

La solution sera ensuite étendue à des **traitements psychiatriques en milieu semi-ouvert** favorisant la réadaptation familiale et sociale de certains patients[1], puis à des **méthodes pénitentiaires ayant pour objet de favoriser la réinsertion des détenus** : permissions de sortir, mesures de semi-liberté ou liberté conditionnelle. Ainsi, de cette décision de 1981, révélatrice du « risque spécial » suscité par des méthodes que le juge ne peut évidemment qualifier de fautives, sauf à remettre en cause la pertinence et la légitimité de solutions adoptées par le législateur : « Cons. qu'en instituant le régime des permissions de sortir, le législateur a entendu mettre en œuvre des méthodes nouvelles dans l'exécution des peines privatives de liberté en vue, notamment, de favoriser le maintien des liens familiaux ou la préparation à la réinsertion sociale ; que lesdites méthodes créent, lorsqu'elles sont utilisées, *un risque spécial pour les tiers qui ne bénéficient plus des garanties qui résultaient pour eux de l'application plus rigoureuse des peines privatives de liberté* [...] »[2]

Cette « **responsabilité sans faute du fait d'une activité publique dangereuse pour les tiers** »[3] connaît cependant des limites. Le juge en a ainsi refusé l'application à la réparation de dommages causés à la suite de mesures de grâce ou de réduction de peine, estimant que celles-ci ne « créent pas pour les tiers un risque spécial, susceptible d'engager, en l'absence de faute, la responsabilité de l'État »[4].

(281) Les techniques médicales présentant un « risque spécial »

La jurisprudence Thouzellier sera ensuite appliquée au domaine médical, et, plus particulièrement, à l'**aléa thérapeutique** qui, contrairement à la faute médicale[5], peut désormais être indemnisé même en l'absence de faute. Deux hypothèses doivent être soigneusement distinguées :

1. CE 13 juillet 1967, dépt de la Moselle, R. 341 ; AJDA 1968.419, note Moreau ; RDP 1968.391, note Waline (sortie d'essai). Le CE note que ces méthodes causent un risque spécial pour les tiers, « lesquels ne bénéficient plus des garanties de sécurité inhérentes aux méthodes habituelles d'internement » ; CE 13 mai 1987, Mme Piollet, R. 172 (placement familial surveillé). En revanche, l'hospitalisation de jour « ne constitue pas une méthode thérapeutique créant un risque spécial pour le tiers » (CE 17 févr. 2012, MAAF assurances, AJDA 2012.355).

2. CE 2 décembre 1981, garde des Sceaux c/ Theys, R. 456 (agression par un prévenu bénéficiant d'une permission de sortir) ; TC 3 juillet 2000, garde des Sceaux c/ Consorts Primau et Fosset, R. 766 (meurtre commis par un détenu bénéficiant d'une permission de sortir) ; CE 28 avril 1987, garde des Sceaux c/ Banque Populaire de la région économique de Strasbourg, R. 158 ; RFDA 1987.831, concl. Vigouroux (vol à main armée commis par deux détenus bénéficiant respectivement d'une permission de sortir et d'une mesure de libération conditionnelle).

3. M. Waline, note sous CE 3 février 1956, Thouzellier, préc.

4. CE 15 février 2006, garde des Sceaux c/ Maurel-Audry, R. 75 ; AJDA 2006.398. *Cf.* aussi CAA Versailles, 2 février 2006, M. et Mme Z, AJDA 2006.118 : pas de responsabilité sans faute susceptible de réparer les dommages causés par l'incarcération collective des détenus. Celle-ci n'est que la conséquence de la surpopulation carcérale, et non une technique de gestion délibérée qui ferait courir un « risque spécial » aux personnes incarcérées.

5. *Cf. supra*, § 264.

• La première concerne l'**utilisation d'une thérapeutique nouvelle** dont les effets ne sont pas encore parfaitement connus. Mais encore faut-il que le recours à ce type de traitement n'ait pas présenté le caractère d'une nécessité vitale, et que **les dommages subis soient exceptionnels et anormalement graves**[1]. Un cas très proche, prévu par la loi, organise la réparation des dommages causés aux victimes de recherches biomédicales, dès lors qu'elles n'en retirent aucun « bénéfice individuel direct »[2].

• La deuxième hypothèse porte sur l'**utilisation d'une thérapeutique présentant un risque connu, mais dont la survenance reste exceptionnelle**. Le recours à cet acte doit être nécessaire, et le dommage présenter « **un caractère d'extrême gravité** »[3]. Une jurisprudence légèrement assouplie afin d'être étendue aux dommages d'une « extrême gravité » provoqués par une anesthésie générale[4], puis considérablement modifiée par la loi du 4 mars 2002, relative aux droits du malade, qui n'exige plus qu'un dommage « grave » et s'applique même si l'acte médical ne présente pas un caractère de nécessité[5].

D. Les dommages causés par des produits ou des appareils de santé

(282) **Une obligation de sécurité sanitaire**

Apparue pour les produits dérivés du sang à l'occasion de l'affaire du « sang contaminé »[6], l'obligation de sécurité affectant certains produits de santé se distingue nettement des hypothèses gouvernées par les jurisprudences Gomez et Bianchi, en ce que le juge n'exige ni « risque spécial », ni préjudice d'une extrême gravité[7].

1. CAA Lyon 21 décembre 1990, cons. Gomez, R. 498 : « Cons. que l'utilisation d'une *thérapeutique nouvelle* crée, lorsque ses conséquences ne sont pas encore entièrement connues, un *risque spécial* pour les malades qui en sont l'objet ; que *lorsque le recours à une telle thérapeutique ne s'impose pas pour des raisons vitales, les complications exceptionnelles et anormalement graves* qui en sont la conséquence *directe* engagent, *même en l'absence de faute*, la responsabilité du service public hospitalier ; [...] ».

2. Lois des 20 décembre 1988 et 23 janvier 1990. Dans le cas contraire, c'est un régime de présomption de faute qui s'applique.

3. CE Ass. 9 avril 1993, Bianchi, R. 127, concl. Daël : « Cons., toutefois, que *lorsqu'un acte médical nécessaire* au diagnostic ou au traitement du malade présente *un risque dont l'existence est connue mais dont la réalisation est exceptionnelle* [...] la responsabilité du SP hospitalier est engagée si l'exécution de cet acte est la *cause directe de dommages* [...] *présentant un caractère d'extrême gravité* ; [...] ».

4. CE 3 novembre 1997, hôpital Joseph-Imbert d'Arles, R. 470 (anesthésie ayant provoqué la mort du patient). Le juge y admet que l'acte était « nécessaire », au sens de la jurisprudence Bianchi.

5. Articles L 1142-1 et s C. santé publ. (la loi ne s'applique qu'aux actes effectués à compter du 5 septembre 2001).

6. CE 26 mai 1995, cons. N'Guyen, R. 221 ; RFDA 1995.748, concl. Daël ; AJDA 1995.577, chron. Stahl et Chauvaux.

7. *Cf.* not. les conclusions du commissaire du gouvernement Margineau-Faure sur CAA Lyon 20 décembre 2007, Mme Poussardin et autres, AJDA 2008.826.

Le Conseil d'État, rejoignant en cela la Cour de cassation[1], en étendra ensuite le champ d'application à l'**ensemble des produits et appareils utilisés par le service public hospitalier**. Désormais, « le service public hospitalier est responsable, même en l'absence de faute de sa part, des conséquences dommageables pour les usagers de la défaillance des produits et appareils de santé qu'il utilise »[2]. Une jurisprudence qui ne porte pas sur les préjudices causés par une transplantation d'organe, toujours soumis à un régime de responsabilité pour faute simple[3], et qui ne permet d'engager que la seule reponsabilité du service public hospitalier[4].

283) Panorama en forme de conclusion sur la responsabilité du service public hospitalier

Une brève synthèse portant sur la responsabilité du service public hospitalier paraît maintenant nécessaire, non seulement en raison de la diversité et de la complexité des solutions retenues, mais aussi comme témoin des transformations mises en œuvre depuis une vingtaine d'années pour tenter de répondre à des problèmes nouveaux, ou ressentis différemment.

• Longtemps commandée par la dichotomie faute simple (organisation, fonctionnement du service et actes de soins courants) – faute lourde (actes médicaux et chirurgicaux), la responsabilité de l'ensemble du service public hospitalier se trouve soumise désormais à la **faute simple** depuis un arrêt d'Assemblée du **Conseil d'État en date du 10 avril 1992, époux V.**

• Lorsque exceptions il y a, celles-ci sont favorables aux victimes : **présomption de faute** pour les conséquences dommageables, anormales et inattendues, de soins donnés dans les hôpitaux publics ; **responsabilité sans faute** pour toute une série de dommages causés à certaines catégories de victimes[5] ou par certaines techniques, par les produits ou appareils de santé, voire même, par des patients atteints de troubles psychiatriques, lorsque ces derniers bénéficient de conditions de traitement créant un « risque spécial » pour les tiers.

Cette liste impressionnante ne doit cependant pas faire illusion. Le juge et le législateur français refusent tout dérapage « à l'américaine »[6]. La faute demeure

1. Cass. Civ. 9 novembre 1999, Mme Havet, D. 2000. Jur. 117, note Jourdain.
2. CE 9 juillet 2003, Marzouk, R. 338 ; AJDA 2003.72 et 1946, chron. Saison et note Deguergue (décès suite au fonctionnement défectueux d'un appareil respiratoire). Auparavant, le juge exigeait une faute « simple » prouvée.
3. CE 27 janv. 2010, Hospices civils de Lyon, CHU de Besançon, AJDA 2010.180 : faute simple exigée pour réparer les préjudices causées par une greffe.
4. La jurisprudence Marzouk se concilie ainsi avec le droit communautaire, qui institue une responsabilité du fait des produits défectueux applicable aux producteurs, importateurs et fournisseurs (CJUE 24 déc. 2011, CHU de Besançon, AJDA 2011.2505).
5. Collaborateurs occasionnels du SP hospitalier, certaines victimes de recherches biomédicales, victimes des suites d'une vaccination obligatoire ou victimes d'un sida provoqué par une transfusion sanguine.
6. Chaque année, l'activité médicale suscite plus de 18 millions d'actions judiciaires aux États-Unis. Certaines spécialités particulièrement risquées sont désormais soigneusement évitées par les étudiants, et certaines opérations se font, semble-t-il, à l'étranger, pour les patients en mesure de débourser les sommes réclamées.

exigée dans le plus grand nombre de cas et, même « simple », ne sanctionne en aucune façon une forme de « responsabilité systématique »[1]. Réserve faite de l'obligation de sécurité sanitaire précédemment évoquée, les hypothèses de responsabilité sans faute demeurent peu fréquentes, et des conditions de mise en œuvre restrictives en garantissent l'application plus rare encore.

E. Les dommages causés par des personnes placées sous la garde de la puissance publique

(284) Dommages causés par certaines catégories de mineurs

Dans un arrêt en date du **11 février 2005, GIE Axa Courtage**, le Conseil d'État a repris une solution dégagée voici une quinzaine d'années par la Cour de cassation[2], soumettant à un même régime de responsabilité la personne, publique ou privée, investie de la **garde d'un mineur en danger, bénéficiant d'une mesure d'assistance éducative**. Le juge administratif définit le « gardien » comme la personne chargée « d'organiser, diriger et contrôler la vie du mineur ». Au vu des pouvoirs qui lui sont conférés, « sa responsabilité est engagée, même sans faute pour les dommages causés aux tiers par ce mineur », et elle « n'est susceptible d'être atténuée ou supprimée que dans le cas où elle où elle est imputable à un cas de force majeure ou à une faute de la victime »[3].

Le Conseil d'État opère de la sorte un important revirement de jurisprudence[4]. Il s'agit là en effet d'une solution nouvelle, et non d'une simple extension de la jurisprudence Thouzellier. Celle-ci faisait certes application d'une responsabilité sans faute, mais seulement aux dommages causés par des **mineurs délinquants**, et en raison du « **risque spécial** » créé **pour les tiers** par certaines méthodes d'éducation libérales. La décision Axa Courtage relève d'une hypothèse très différente : le dommage y est provoqué par un **mineur en danger, bénéficiant d'une mesure d'assistance éducative** n'emportant aucun « risque spécial » **pour les tiers ou les usagers**[5].

Dans un arrêt de 2006, le Conseil d'État appliquera certes la jurisprudence « Axa Courtage » aux dommages causés par un mineur délinquant, mais tout en réservant expressément la possibilité de faire application de la jurisprudence

1. *Cf.* note Lemaire sous CE 27 décembre 2006, commune de Baalon, préc.

2. Cass. Ass. plén. 29 mars 1991, Cons. Blieck, D. 1991.324 (consacrant l'existence d'une « responsabilité de plein droit » du fait des personnes dont on doit répondre) ; Cass. Crim. 10 octobre 1996, foyer Saint-Joseph, JCP 1997, n 22833, note Chabas (application de la solution précédente aux dommages causés par les mineurs relevant de l'assistance éducative assurée par une institution privée).

3. R. 45 ; RFDA 2005.595 et 602, concl. Devys et note Bon ; AJDA 2005.663, chron. Landais et Lénica.

4. La responsabilité de la puissance publique n'était jusque-là engagée que sur le fondement de la faute prouvée. *Cf.* par ex. CE 14 juin 1978, soc. de construction et de fabrication pour le bâtiment, l'industrie et l'agriculture, R. 259.

5. CE 13 nov. 2009, min. de la Justice, AJDA 2009.2144 ; 17 déc. 2010, garde des Sceaux, c/ Fonds de garantie des victimes d'actes de terrorisme et autres infraction, préc.

« Thouzellier »[1]. Une option maintenue afin d'éviter tout amalgame fâcheux et profondément injuste entre le mineur en danger et le mineur délinquant. Ainsi, pour le commissaire du gouvernement Guyomar, « à la différence de fondement (risque contre garde) s'ajoute donc la différence de traitement : une seule voie d'indemnisation dans un cas, deux voies parallèles sinon concurrentes dans l'autre ». Une décision de 2010 rappellera que la jurisprudence Thouzellier conduit à engager la seule responsabilité de l'État, alors que la jurisprudence Axa Courtage autorise la mise en cause du gardien, État ou institution publique ou privée[2]. Enfin, la responsabilité sans faute du « gardien » permet de réparer les préjudices causés aux tiers et aux usagers[3], mais pas aux agents publics[4], alors que la jurisprudence Thouzellier ne s'applique qu'aux tiers[5].

Ce nouveau courant jurisprudentiel[6] se caractérise par l'**absence de spécialité du risque et du dommage**. La jurisprudence « Axa Courtage » ouvre en effet le droit à réparation à l'encontre de **tous les préjudices** causés aux tiers par des mineurs en danger, placés par l'État dans le cadre de l'assistance éducative[7]. Surtout, ce régime protecteur s'applique alors même que le mineur ne se trouve pas placé sous la garde effective de son gardien lors de la commission du dommage. Une décision de 2008 précise en effet que la responsabilité de ce dernier est engagée « sans qu'y fasse obstacle la circonstance que le mineur ne se trouvait pas, au moment des faits, sous la surveillance effective du service ou de l'établissement qui en a la garde »[8] ; les seules causes

1. CE 1er février 2006, garde des Sceaux c/ MAIF, R. 42, concl. Guiomar ; AJDA 2006.586, chron. Langlais et Lénica : « que l'action ainsi ouverte ne fait pas obstacle à ce que soit également recherchée devant la juridiction administrative la responsabilité de l'État en raison du risque spécial créé pour les tiers du fait de la mise en œuvre de l'une des mesures de liberté surveillée prévue par l'ordonnance du 2 février 1945 ». Le CE reprend, ici aussi, une solution dégagée par la Cour cass. Civ. 9 décembre 1999, ass. Montjoie et MAIF c/ GAN.

2. CE 17 mars 2010, Garde des Sceaux c/MAIF, AJDA 2010.580.

3. *Cf.* Jur. préc.

4. CE 22 juin 2011, Me Colmez, AJDA 2011.1295. Un agent public ne peut demander réparation d'un accident de travail à son employeur qu'en cas de faute intentionnelle ou de faute inexcusable dudit employeur.

5. *Cf. supra*, § 280.

6. *Cf.* aussi CE 26 mai 2008, dépt des Côtes-d'Armor, AJDA 2008.2081, note Fort (concernant les mineurs faisant l'objet d'une mesure d'assistance éducative *à la demande de leurs parents*).

7. CE 7 décembre 2008, garde des Sceaux c/ Lauze (AJDA 2008.661, concl. De Silva), qui précise explicitement que la réparation de cette catégorie de dommages « n'est pas subordonnée à l'existence d'un caractère anormal et spécial ». **L'absence de référence à un « risque spécial » permet à certains auteurs de soutenir l'idée que la jurisprudence Axa Courtage aurait conduit à l'apparition d'une nouvelle hypothèse de responsabilité sans faute reposant sur la notion de garde, à côté du « risque spécial » et de la rupture d'égalité.** *Cf.* note F.-X. Fort sous CE 26 mai 2008, dépt des Côtes-d'Armor, préc ; D. Meillou, « Un nouveau fondement pour la responsabilité sans faute des personnes publiques : la garde d'autrui », RDP 2006.1221.

8. CE 26 mai 2008, dep^t des Côtes-d'Armor, préc. En l'espèce, le mineur avait agressé un de ses condisciples dans l'enceinte du lycée agricole qu'il fréquentait, bien loin du foyer d'action éducative auquel il avait été confié.

sabilité

...es susceptibles d'être invoquées étant la force majeure ou la faute de ... mention devenue classique depuis l'arrêt GIE Axa Courtage..

...'indemnisation de dommages ne présentant aucun caractère accidentel

(285) Spécificités

Cette hypothèse se distingue radicalement de la précédente en ce que **les dommages indemnisés ne présentent aucun caractère accidentel**. Ils sont, bien au contraire, la conséquence logique et prévisible de mesures ou de comportements adoptés par la personne publique.

Toutefois, l'administration agissant en vue de la satisfaction de l'intérêt général, seuls des dommages d'une certaine importance, **traduisant une « rupture caractérisée » du principe d'égalité devant les charges publiques**[1], seront susceptibles d'ouvrir le droit à réparation. **Attendu, le dommage devra en conséquence apparaître comme spécial**, c'est-à-dire limité à quelques administrés, **et anormalement grave**. Cette dernière condition, qui permettait de présenter une partie de la responsabilité sans faute comme fondée sur l'idée d'égalité, commence toutefois à être battue en brèche par la **jurisprudence Gardedieu**[2].

À l'heure actuelle, le mécanisme de la responsabilité sans faute indemnise trois catégories de **dommages prévisibles**, suscités par l'action de la puissance publique : les **dommages permanents de travaux publics** ; les dommages liés au **refus d'exécution d'une loi, d'un règlement ou d'une décision de justice** ; les dommages provoqués par l'**exécution même de la loi, du règlement ou de la convention internationale**, ce que l'on nomme traditionnellement **la responsabilité du fait des lois**.

(286) A. Les dommages permanents de travaux publics

Les travaux publics seront longtemps définis comme des **travaux immobiliers effectués pour le compte d'une personne publique, dans un but d'intérêt général**[3], à l'exemple des barrages ou des lignes haute tension. Les problèmes de reconstruction et de reboisement suscités par la Deuxième Guerre mondiale conduiront le Tribunal des conflits à admettre l'existence d'une deuxième catégorie de travaux publics, **exécutés cette fois par une personne publique, parfois pour le compte d'une personne privée, mais toujours dans le cadre de sa mission de SP**[4].

---

1. Principe de valeur constitutionnelle selon le CC (*cf.* par ex. 79-109 DC du 12 juillet 1979, R. 31) et principe général du droit selon le CE (CE Ass. 7 février 1958, synd. des propriétaires de forêts de chênes-lièges d'Algérie, R. 74). La poursuite de l'intérêt général peut certes justifier des atteintes à ce principe, mais « il ne doit pas en résulter de rupture caractérisée de l'égalité devant les charges publiques » (CC n° 2000-440DC du 10 janv. 2001, R. 39).
2. § 288.
3. CE 10 juin 1921, C^ne de Monségur, R. 573.
4. TC 28 mars 1955, Effimieff, **R. 617**.

M. Chapus le soulignait à juste titre, l'expression de dommages permanents « n'est pas des mieux venues », dès lors que ces situations sont, fort heureusement, loin de revêtir toutes un caractère définitif[1]. Cette catégorie de dommages ne présente en revanche aucun caractère accidentel ; ils sont la conséquence logique des travaux publics entrepris, ou de l'existence de l'ouvrage public.

Ce sont bien plutôt des **troubles de voisinage**, qui doivent s'étaler sur une certaine durée et présenter un **caractère spécial et anormal** pour ouvrir le droit à réparation[2]. Seront ainsi indemnisés les dommages causés aux riverains par l'installation d'un dépôt d'ordures ou la construction d'une autoroute, voire même la perte financière substantielle, occasionnée à un magasin du fait de travaux de voirie effectués pendant près de deux ans...

(287) B. Les dommages liés au refus justifié d'exécuter une loi, un règlement ou une décision de justice

Le refus par l'administration d'exécuter une loi, un règlement ou une décision de justice constitue une faute[3], voire même une faute lourde à l'époque où cette qualité était encore exigée. Le juge administratif n'admet qu'une exception, lorsque **cette inexécution se trouve justifiée par des nécessités tirées du maintien de l'ordre public**. L'abstention de l'administration ne présente plus alors de caractère fautif ; elle n'est susceptible d'ouvrir le droit à réparation que lorsque le dommage allégué présente un élément **spécial et anormal**, révélateur d'une profonde rupture du principe d'égalité devant les charges publiques.

Cette jurisprudence sera inaugurée par un arrêt du **Conseil d'État « Couitéas », en date du 30 novembre 1923**, indemnisant le requérant du refus du gouvernement français d'exécuter un jugement ordonnant l'expulsion de plusieurs tribus installées sans titre sur ses propriétés tunisiennes[4]. Un refus certes justifié, dès lors que la mesure risquait de provoquer des troubles graves et supposait l'organisation d'une véritable opération militaire, mais qui emportait de lourdes conséquences financières pour l'administré, mis dans l'impossibilité d'user de sa propriété et d'obtenir l'application des lois de la République.

Cette solution, qui ménage (beaucoup) les intérêts de la puissance publique et (un peu) ceux des administrés sera ensuite étendue à divers refus d'exécution. Le juge apprécie toujours la justification tirée des nécessités de l'ordre public

---

1. *Op. cit.*, p. 1153.

2. Ex. topique : CE 24 juillet 1931, commune de Vic-Férenzac, R. 860 (ne présente pas un caractère anormal l'accumulation dans une propriété de feuilles provenant des arbres d'une place voisine). Moins anecdotique, le dégagement de vapeur d'une centrale nucléaire et son éclairage nocturne ne présentent pas un caractère anormal, à la différence des bruits émis ! (CE 2 octobre 1987, Mme Spire, R. 302.)

3. *Cf.* par ex. CAA Versailles 21 septembre 2006, consorts P. (AJDA 2006.1947), qui estime qu'en décidant d'appliquer une décision d'expulsion locative, le préfet « n'a commis *aucune faute de nature à engager la responsabilité de l'État* ».

4. **CE 30 novembre 1923, Couitéas**, R. 789, concl. Rivet ; RDP 1924.208, note Jèze ; S 1923.3.57, note Hauriou.

invoquée par l'administration, et le caractère spécial et anormal du préjudice subi. Seront ainsi indemnisés le refus de l'administration d'exécuter le jugement ordonnant l'expulsion de grévistes occupant leur lieu de travail[1], ou de locataires mis dans l'impossibilité de payer leur loyer[2], mais aussi le refus de faire application des règlements garantissant la liberté de circulation sur le domaine public fluvial[3].

Appliquée de manière trop libérale, la jurisprudence Couitéas recèle un indiscutable effet pervers, en conférant à la puissance publique la « possibilité de ne pas exécuter contre éventuel paiement »[4]. Une dérive contrariant directement la mise en œuvre de l'**État de droit**, fermement combattue par la Cour européenne des droits de l'homme, qui estime que l'exécution des décisions de justice relève du droit à un **procès équitable**[5]. Le Conseil constitutionnel en fait quant à lui « le corollaire du principe de la séparation des pouvoirs », et n'admet d'exception que dans « des circonstances exceptionnelles tenant à la sauvegarde de l'ordre public »[6], toutes jurisprudences qui devraient venir limiter le champ d'application de l'arrêt Couitéas.

(288) **C. La responsabilité du « fait des lois »**

Longtemps, le principe de l'irresponsabilité de l'État législateur s'opposa à l'idée que l'application de la loi, devenue expression de la volonté générale[7], pût causer des dommages et ouvrir un droit à réparation. Le principe de l'égalité devant les charges publiques conduira cependant le Conseil d'État à abandonner cette théorie dans un arrêt **Société des produits laitiers « La Fleurette »**, en date du **14 janvier 1938**[8]. L'irresponsabilité s'appliquait, sauf texte contraire[9] ; c'est désormais le principe inverse qui est mis en œuvre, dès

1. CE Ass. 3 juin 1938, soc. Cartonnerie Saint-Charles, R. 529 ; RDP 1938, note Jèze ; S 1939.3.9 concl. Dayras ; CE 6 mai 1991, soc. Automobiles Citroën, R. 172 : inexécution d'une ordonnance de référé prescrivant la dispersion de piquets de grève. Le CE estime en l'espèce que le refus d'exécution « entraîne pour le bénéficiaire de la décision de justice une charge anormale rompant l'égalité devant les charges publiques [...] ».

2. Le dommage n'est considéré comme anormal qu'après un délai de trois mois minimum, à compter de la date où le propriétaire peut en réclamer légalement l'exécution, sachant que la « trêve hivernale » interdit toute expulsion du 1er nov. au 15 mars.

3. Si le blocage de péniches par divers mouvements de grève revêt un caractère anormal dès lors qu'il se prolonge pendant plus d'un mois (CE 27 mai 1977, SA Victor Delforge, R. 253), il n'en est pas ainsi lorsque l'immobilisation n'a pas dépassé 17 jours (CE 17 janv. 1986, Duvinage, R. 10).

4. Frier et Petit, *op. cit.*, p. 507.

5. CEDH 19 mars 1997, Hornsby / Grèce.

6. CC 98-403DC du 29 juillet 1998, R. 276.

7. Article 6 de la Déclaration des droits de l'homme et du citoyen, adoptée le 26 août 1789.

8. **CE Ass. 14 janvier 1938, soc. des produits laitiers « La Fleurette »**, R. 25 ; RDP 1938.87, concl. Roujou, note Jèze (loi interdisant de fabriquer et de vendre un produit que ladite société était seule à commercialiser).

9. *Cf.* par ex. CE 5 février 1875, Moroge, R. 89.

lors que l'ouverture du droit à réparation ne se trouve pas exclue, même implicitement.

La responsabilité du fait des lois n'en reste pas moins exceptionnelle, qui ne peut être engagée que si **deux conditions** se trouvent réunies. En premier lieu, la loi ne doit pas avoir exclu toute possibilité d'indemnisation[1], exigence d'autant plus difficile à satisfaire que l'exclusion peut être implicite et résulter de la satisfaction de l'intérêt général en cause (défense nationale, santé publique, économie)[2]. Surtout, et c'est là une exigence classique mais difficilement réalisable au regard du caractère général de la loi, **le préjudice doit présenter un caractère spécial**, c'est-à-dire particulier à un nombre réduit de victimes potentielles **et anormalement grave**[3]. Aussi, le nombre des indemnisations est-il demeuré exceptionnellement faible jusqu'en 2007 : moins d'une dizaine en plus de 50 ans, l'indemnité attribuée par une décision de 2003 étant la première depuis 1944[4] !

La jurisprudence « la Fleurette » fut cependant étendue aux dommages causés par les conventions internationales (responsabilité du fait des traités)[5], puis par les actes administratifs[6]. En 2011, enfin, le Conseil d'État a admis pour la première fois l'existence d'une responsabilité sans faute provoquée par une **coutume internationale**[7]. Était en cause la « règle coutumière de droit public international » accordant aux États une « immunité d'exécution pour les actes qu'ils accomplissent à l'étranger »[8]. Le juge ouvrit le droit à réparation après avoir vérifié le caractère grave et spécial » du préjudice subi et l'absence de loi

---

1. CE 21 janvier 1998, ministère de l'Environnement c\ Plan, R. 19.
2. CE 15 juillet 1949, Ville d'Elbeuf, R. 359 : les dommages causés par la législation sur les prix ne peuvent engager la responsabilité de l'État, dès lors qu'elle a pour unique objet « de garantir l'ensemble de la population contre les hausses excessives ».
3. Exigence rappelée par CE 1er févr. 2012, M. Bizouerne, AJDA 2012.240 : ne peut être indemnisé que le préjudice qui « revêt un caractère grave et spécial et ne saurait, dès lors, être regardé comme une charge incombant normalement aux intéressés ».
4. CE 30 juillet 2003, ADARC (ass. pour le dévpt de l'aquaculture en région centre), R. 367 ; RFDA 2004.144, concl. Lamy.
5. CE Ass. 30 mars 1966, Cie générale d'énergie radioélectrique, R. 257 ; RDP 1966.774 et 995, concl. Bernard et note Waline. Deux décisions d'indemnisation en plus de 40 ans : CE 29 oct. 1976, cons. Burgat, R. 452, RDP 1977.213, concl. Massot ; 29 déc. 2004, Almayrac et autres, R. 465, RFDA 2005.586, concl. J.-H. Stahl.
6. CE 22 févr. 1963, Cne de Gavarnie, R. 113 ; RDP 1963.1019, note Waline (préjudice causé à un aubergiste par un règlement interdisant le passage des piétons sur un chemin de randonnée passant devant son établissement).
7. CE 14 oct. 2011, Me Saleh et autres, AJDA 2011.2482, note C. Broyelle.
8. L'ambassade du Koweit avait été condamnée par un juge français pour avoir licencié certains membres de son personnel. Ce pays avait refusé de verser les indemnités fixées et invoqué la règle coutumière de l'immunité d'exécution, qui s'oppose à toute saisie judiciaire. Les employés s'étaient alors retournés contre l'État français, finalement condamné à réparer le préjudice subi sur la base de la responsabilité sans faute du fait d'une coutume internationale.

contraire[1], dès lors que le Conseil refuse d'accorder à la coutume internationale la primauté que l'article 55C attribue aux seuls traités[2].

La responsabilité du fait des lois a connu un bouleversement avec une **décision d'Assemblée du Conseil d'État Gardedieu, en date du 8 février 2007** : « Cons. que la responsabilité de l'État du fait des lois est susceptible d'être engagée, *d'une part*, sur le fondement de l'égalité des citoyens devant les charges publiques, pour assurer la réparation de préjudices nés de l'application d'une loi à la condition que cette loi n'ait pas entendu exclure toute indemnisation et que le préjudice dont il est demandé réparation, revêtant un caractère grave et spécial, ne puisse dès lors être regardé comme une charge incombant normalement aux intéressés, *d'autre part*, en raison des obligations internationales qui sont les siennes pour assurer le respect des conventions internationales par les autorités publiques, pour réparer l'*ensemble des préjudices* qui résultent de l'intervention d'une loi adoptée en méconnaissance des engagements internationaux de la France. »[3]

La rédaction de l'arrêt, avec la formule « d'une part [...] d'autre part », ne fait pas de doute : c'est bien une deuxième hypothèse de responsabilité du fait de la loi qui est énoncée. La première se fonde sur le principe d'égalité et ne répare que le préjudice « grave et spécial » ; la seconde sanctionne l'obligation de respect des traités, et indemnise « **l'ensemble des préjudices** » qui résulterait de leur violation[4].

Ce faisant, le juge tire – enfin – toutes les conséquences de sa **jurisprudence Nicolo**[5], qui l'autorise à contrôler le respect par la loi des différentes conventions internationales, et rallie une jurisprudence déjà ancienne de la Cour de justice de l'Union européenne[6]. Son hésitation[7] peut toutefois se comprendre au regard des principes susceptibles de justifier l'existence de

1. « Cons. [...] qu'il ne résulte ni de la règle coutumière de droit public internationale de l'immunité d'exécution des États étrangers ni d'aucune disposition législative que soit exclue l'indemnisation par l'État des préjudices invoqués nés de l'application de cette règle [...] ».
2. CE Ass. 6 juin 1997, Aquarone, R. 206, concl. Bachelier. Ce faisant, le CE limite la portée de l'alinéa 14 du préambule de 1946, selon lequel la République française « se conforme aux règles du droit public international ». *Cf. supra* § 201.
3. **CE Ass. 8 février 2007, Gardedieu**, R. 78, concl. Derepas.
4. En l'espèce, le Conseil d'État condamne l'État à réparer les dommages causés par une loi de validation législative ne répondant pas à d'« impérieux motifs d'intérêt général », et contrariant comme telle l'article 6-1 de la Conv. EDH. CEDH 28 octobre 1999, Zielenski, RFDA 2000.289, note Mathieu. Solution reprise par Cass. Ass. plén. 24 janvier 2003, D 2003.1648, et CE 23 janvier 2004, soc. des laboratoires Genévrier, R. 256. *Cf.* aussi CE 21 décembre 2007, Féd. hospitalière privée, AJDA 2008.2280, note Rihal.
5. §§ 201 et 202.
6. CJCE 19 novembre 1991, Frankovitch.
7. À partir de 1992, le CE acceptera de réparer le préjudice résultant de la faute commise par l'*administration*, lorsqu'elle applique une loi contrariant une règle de droit international. *Jusqu'en 2007, c'est donc la décision administrative, illégale puisque appliquant une loi inconventionnelle, qui ouvre le droit à réparation, et non la loi elle-même* : CE 28 février 1992, soc. Arizona Tobacco Products, R. 78, concl. Laroque.

cette **responsabilité du fait des lois inconventionnelles**. Il ne peut s'agir de l'égalité devant les charges publiques (l'arrêt l'exclut expressément), et encore moins des théories du risque ou de la garde précédemment étudiées. Étonnante hypothèse de responsabilité sans faute, qui vient sanctionner les dommages prévisibles suscités par le refus de la France de respecter ses obligations internationales... ce qui ressemble fort à une faute du législateur que le juge se refuse à qualifier !

289) Conclusion

La responsabilité dont le principe fut posé par l'**arrêt Blanco** est **administrative**, non parce qu'elle régit tous les actes et comportements de l'administration, mais en ce qu'elle obéit à des règles spécifiques déterminées par le législateur, l'autorité réglementaire ou le juge administratif. Cette particularité se trouve désormais fortement atténuée, tant d'un point de vue quantitatif que qualitatif.

Quantitatif, puisque, suite au phénomène de privatisation de l'administration française, cette responsabilité ne concerne plus pour l'essentiel qu'une **partie des services publics**, les **services publics administratifs gérés par une personne publique** ; les autres se trouvent désormais soumis, sauf exception, au droit privé et au juge judiciaire.

Qualitatif, dès lors que les règles gouvernant cette responsabilité ont considérablement évolué. Le dogme de l'**irresponsabilité de la puissance publique** a été remis en cause, avant d'étrécir comme peau de chagrin : il ne reste plus aujourd'hui que quelques îlots, quelques résidus de ce principe autrefois tout-puissant. La **faute lourde**, qui gouverna longtemps de nombreux services publics, a maintenant disparu des services hospitalier et pénitentiaire, et probablement de celui de la police. Elle subsiste certes, mais cantonnée au service public de la justice, à une partie des activités du service fiscal, et à la plupart des missions de contrôle et de surveillance conférées à la puissance publique. Quant à la **responsabilité sans faute**, elle voit son champ d'action s'étendre pour le plus grand bénéfice des administrés et de l'administration, dont l'action se trouve ainsi soustraite à tout examen trop approfondi et à toute appréciation par trop délicate. Enfin, l'**unification de certains contentieux**, imposée parfois par le législateur ou le juge européen, atténue encore cette spécificité en soumettant l'indemnisation des victimes aux mêmes règles, qu'elles soient appliquées par le juge administratif ou le juge judiciaire.

Doit-on aller plus loin ? La question porte évidemment sur la question sensible entre toutes du service public de la **justice, encore majoritairement gouverné par la faute lourde**. La justice est l'une des grandes missions confiées à la puissance publique. Peut-on continuer d'admettre que l'État-justicier puisse commettre des fautes mettant en cause la liberté et l'honneur des citoyens sans engager, sauf exception, sa responsabilité ? Quelle peut bien être la justification de cette immunité partielle, alors même que celle qui protégeait l'État-législateur se trouve désormais sérieusement amendée ?

La question touche aussi à un choix éminemment politique et philosophique : peut-on se satisfaire encore du traditionnel **principe de prévention**, qui s'en tient à la prise en compte des risques connus et avérés, ou faut-il, face à d'inquiétants progrès technologiques, généraliser l'application du célèbre **principe de précaution**, qui a pour ambition d'obvier à la réalisation de dommages dont la survenance demeure « incertaine en l'état des connaissances scientifiques »[1] ?

1. Définition posée à l'article V de la Charte de l'environnement inscrite dans le préambule de la Constitution de 1958 par la révision constitutionnelle du 1er mars 2005. Le principe ne s'applique qu'au dommage qui « pourrait affecter de manière grave et irréversible l'environnement ».

Conclusion générale

(290) **Crise du droit administratif ?**

Pour tenter de répondre à cette question devenue traditionnelle, il nous semble nécessaire de distinguer en premier lieu les faits des appréciations portées par les citoyens et les professionnels du droit. En effet, « comme la notion de décadence, celle de crise est l'expression d'un jugement où transparaît la subjectivité de ceux qui le formulent »[1].

De ce point de vue, l'histoire du droit administratif semble se présenter comme une succession de « crises ». Peut-être est-il préférable d'en étudier alors l'évolution ou les mutations, plutôt que de déplorer la disparition d'un « âge d'or » largement mythique. Peut-on ainsi évoquer la « crise » du service public pour rendre compte d'un phénomène commencé en 1921, voire même en 1912[2], et de la mise en cause d'une notion érigée pendant moins de cinquante ans en critère d'application unique du droit administratif[3] ? Bien loin d'être neutre, l'expression, scientifiquement discutable, signale surtout « la désapprobation ressentie devant le nouveau cours donné par le juge à cette branche du droit public »[4].

Il n'en demeure pas moins que la multiplication des missions assumées par la puissance publique à la suite de la Première Guerre mondiale a conduit à la privatisation d'une bonne partie de l'administration, avec la banalisation des services publics assurés par une personne privée[5] et l'apparition de services publics gérés selon les méthodes du droit privé[6]. Un phénomène toujours présent, qui est la cause directe de la remise en question des notions de base du droit administratif – service public, acte administratif, établissement public... – et de la disparition d'un critère univoque de la compétence du juge administratif[7].

1. F. Burdeau, *Histoire du droit administratif*, *op. cit.*, p. 459.

2. **TC 22 janvier 1921, « bac d'Eloka »**, préc ; **CE 31 juillet 1912, Soc. des granits porphyroïdes des Vosges**, préc. ; *cf. supra* § 11.

3. **TC 8 février 1873, Blanco**, préc. ; *cf. supra* § 10.

4. F. Burdeau, *op. cit.*, p. 459.

5. **CE Ass. 13 mai 1938, caisse primaire « Aide et protection »**, préc. ; *cf. supra* §§ 11 et 123 et s.

6. **TC 22 janvier 1921, « bac d'Eloka »**, préc., traditionnellement présenté comme l'acte de création de la catégorie des SPIC. *Cf.* §§ 11 et 127 et s.

7. Ainsi, « le service public ne désigne plus une institution de nature administrative, mais un catalogue d'activités d'intérêt général, auxquelles peuvent se livrer des personnes privées comme des organismes publics » (Burdeau, *op. cit.*, p. 417).

Mais l'existence d'un droit administratif, son utilité n'en sont pas pour autant remises en cause. Le concept d'un droit spécifique et autonome s'efforçant de concilier les droits des administrés avec les prérogatives d'une puissance publique en charge de l'intérêt général demeure plus que jamais pertinent en cette période de mondialisation où la « loi du marché » peut apparaître à beaucoup comme une menace plutôt que comme une promesse. Il renvoie en effet, comme s'efforce de le démontrer cette étude, selon des modalités qui ne sont certes pas toujours pleinement satisfaisantes, à l'idée de « juste puissance » qui peut seule permettre « d'obtenir une obéissance consentie »[1].

En définitive, une question de liberté.

1. G. Bigot, *Introduction historique au droit administratif depuis 1789*, *op. cit.*, p. 355.

Éléments de bibliographie

Manuels et précis de droit administratif

J.-L. Autin et C. Ribot, *Droit administratif général*, Paris, Litec, 2007.

G. Braibant et B. Stirn, *Le Droit administratif français*, Paris, Dalloz, 2005.

R. Chapus, *Droit administratif* (t. 1), Paris, Montchrestien, 2001 (15e éd.).

G. Dupuis, M.-J. Guédon et P. Chrétien, *Droit administratif*, Paris, Dalloz, 2010 (12e éd.).

P.-L. Frier et J. Petit, *Précis de droit administratif*, Paris, Montchrestien, 2010 (6e éd.).

Y. Gaudemet, *Droit administratif*, Paris, LGDJ, 2010 (19e éd.).

M. Lombard et G. Dumont, *Droit administratif*, Paris, Dalloz, 2011 (9e éd.).

J. Morand-Deviller, *Cours de droit administratif*, Paris, LGDJ, 2011 (12e éd.).

B. Seiller, *Droit administratif*, Paris, Flammarion, 2011 (4e éd.).

D. Truchet, *Droit administratif*, Paris, PUF, Thémis, 2011 (4e éd.).

J. Waline, *Droit administratif*, Paris, Dalloz, 2010 (23e éd.).

Histoire de l'administration et du droit administratif

G. Bigot, *Introduction historique au droit administratif depuis 1789*, Paris, PUF, 2002.

F. Burdeau, *Histoire du droit administratif*, Paris, PUF, Thémis, 1995.

P. Legendre, *Histoire de l'administration de 1750 à nos jours*, Paris, PUF, Thémis, 1968.

J.-L. Mestre, *Introduction historique au droit administratif français*, Paris, PUF, 1985.

Recueils de jurisprudence

L. Favoreu et L. Philip, *Les Grandes Décisions du Conseil constitutionnel*, Paris, Dalloz, 2011 (16e éd.).

M. Long, P. Weil, G. Braibant, P. Delvolvé et B. Genevois, *Les Grands Arrêts de la jurisprudence administrative* (**GAJA**), Paris, Dalloz, 2011 (18e éd.).

Deuxième partie

Questionnaire à choix multiple

Le QCM (questionnaire à choix multiple)

Principe du QCM proposé ici : il y a toujours *au moins* une réponse juste.

1. Le droit administratif régit :
A. l'ensemble de l'activité administrative.
B. une partie seulement de l'activité administrative.

2. Le contentieux du SP de la justice relève :
A. du juge judiciaire.
B. du juge administratif.
C. des deux.

3. Le juge pénal peut :
A. interpréter tous les actes administratifs nécessaires au procès.
B. apprécier la légalité de tous les actes administratifs.
C. interpréter et apprécier la légalité des seuls actes administratifs réglementaires.

4. Le juge civil peut :
A. apprécier la légalité des actes administratifs.
B. interpréter les actes administratifs de caractère réglementaire.
C. se fonder sur une jurisprudence établie du juge administratif, pour régler le litige.

5. La voie de fait est :
A. une atteinte portée par l'administration à la propriété privée.
B. une atteinte portée par l'administration à une liberté fondamentale.
C. les deux.
D. une atteinte d'une particulière gravité, portée par l'administration à la propriété privée ou à une liberté fondamentale.

6. En cas de voie de fait, le juge administratif :
A. n'est jamais compétent.
B. est seul compétent pour constater l'existence de la voie de fait.
C. est compétent, en concurrence avec le juge judiciaire, pour apprécier l'existence de la voie de fait.

7. L'emprise est :
A. nécessairement irrégulière.
B. régulière ou irrégulière, selon les cas.

8. L'emprise :
A. exclut la compétence des tribunaux administratifs.
B. donne compétence aux tribunaux judiciaires pour apprécier l'existence de l'emprise et réparer les dommages.
C. Donne compétence aux tribunaux judiciaires pour réparer les dommages causés par une emprise irrégulière.

9. Le Tribunal des conflits fut créé :
A. sous la Révolution.
B. en 1848.
C. en 1872.

10. **La procédure de conflit positif permet :**
A. à l'administration de s'opposer aux entreprises du juge judiciaire.
B. au juge judiciaire de s'opposer aux entreprises de l'administration.
C. au juge judiciaire et à l'administration de s'opposer à leurs empiétements respectifs.

11. **Le conflit positif peut être élevé par :**
A. le ministre.
B. le préfet.
C. les deux.

12. **Le conflit négatif est une procédure :**
A. obligatoire.
B. facultative.
C. obligatoire ou facultative, selon l'hypothèse envisagée.

13. **Le Tribunal des conflits :**
A. n'est jamais juge du fond.
B. peut être juge du fond.
C. est toujours juge du fond.

14. **Les tribunaux administratifs furent créés :**
A. en l'an VIII.
B. en 1872.
C. en 1953.

15. **Les cours administratives d'appel furent créées :**
A. en 1872.
B. en 1953.
C. en 1987.
D. en 2003.

16. **Le Conseil d'État fut créé :**
A. en l'an VIII.
B. en 1852.
C. en 1872.

17. **Le Conseil d'État est :**
A. juge de premier et de dernier ressort.
B. juge d'appel.
C. juge de cassation.

18. **Les recours contentieux portés devant le juge administratif sont ouverts contre :**
A. les décisions administratives.
B. les jugements administratifs.
C. les deux.

19. **Un acte de gouvernement est un acte :**
A. pris par le gouvernement.
B. insusceptible de faire l'objet d'un recours juridictionnel.

20. **Les traités et autres conventions internationales :**
A. sont des actes de gouvernement.
B. ne sont pas des actes de gouvernement.

21. **Les recours intentés devant le juge administratif :**
A. sont suspensifs.
B. ne sont pas suspensifs.

22. **Le référé-suspension :**
A. est automatiquement accordé en cas d'urgence.
B. est automatiquement accordé en cas d'urgence et lorsqu'il existe un doute sérieux sur la légalité de la décision administrative.
C. peut être accordé en cas d'urgence et lorsqu'il existe un doute sérieux sur la légalité de la décision administrative.

23. **Les départements furent créés :**
A. sous l'Ancien Régime.
B. en 1789.
C. en 1800.

24. **Les préfets furent créés :**
A. en 1789.
B. en 1800.

25. **Au niveau national, le pouvoir réglementaire général appartient :**
A. au président de la République.
B. au Premier ministre.
C. aux ministres.
D. aux trois.

26. **L'arrêt du CE du 11 décembre 1970 Crédit foncier de France :**
A. condamne le recours au procédé des directives.
B. l'accepte, sous certaines conditions.

27. **Le recours au procédé des directives :**
A. laisse subsister le pouvoir discrétionnaire de l'administration.
B. supprime le pouvoir discrétionnaire de l'administration.

28. **Le pouvoir hiérarchique implique la capacité du supérieur à se substituer à son subordonné.**
A. Oui.
B. Non.

29. **Le défenseur des droits :**
A. a été institué par la révision constitutionnelle du 23 juillet 2008.
B. remplace le médiateur de la République.
C. remplace la HALDE.

30. **Le défenseur des droits adresse :**
A. des recommandations à l'administration.
B. des injonctions à l'administration.

31. **Le défenseur des droits peut être saisi :**
A. par tout administré.
B. par les ministres.
C. par les parlementaires.

32. **Tel qu'il est consacré par l'article 72 de la Constitution de 1958, le principe de libre administration des collectivités locales implique :**
A. l'existence de conseils élus.
B. l'existence de maires élus.

33. Ce principe de libre administration :
A. implique l'existence de procédés de déconcentration.
B. exclut l'existence de procédés de déconcentration.

34. Il existe en France :
A. plus de 10 000 communes.
B. plus de 30 000 communes.
C. plus de 50 000 communes.
D. plus de 100 000 communes.

35. Combien y a-t-il de communes de moins de 1 000 habitants ?
A. 50.
B. 150.
C. 1 500.
D. 5 000.
E. 10 000.
F. 20 000.
G. 30 000.
H. 40 000.

36. Le maire est élu :
A. par la population de la commune.
B. par le conseil municipal.

37. Le préfet est l'exécutif du département.
A. Oui.
B. Non.

38. La loi constitutionnelle du 28 mars 2003 transfère l'exécutif communal au maire.
A. Oui.
B. Non.

39. La loi du 2 mars 1982 transfère l'exécutif départemental au président du conseil général.
A. Oui.
B. Non.

40. La loi du 2 mars 1982 retire au préfet ses pouvoirs :
A. d'approbation.
B. de substitution.
C. d'annulation.

41. Le préfet peut-il se substituer à un maire qui refuse d'user de ses pouvoirs de police ?
A. Oui.
B. Non.

42. Le contrôle de légalité exercé par le préfet lui permet :
A. d'annuler les décisions illégales des collectivités locales.
B. de déférer ces décisions devant le tribunal administratif.
C. de déférer ces décisions devant le Conseil d'État.

43. Le SP est :

A. une activité d'intérêt général.

B. une activité d'intérêt général prise en charge par une personne publique et soumise à un régime juridique spécifique.

C. une activité d'intérêt général prise en charge par une personne publique.

44. Le critère du SP :

A. se fonde nécessairement sur la présence de prérogatives de puissance publique.

B. ne se fonde pas nécessairement sur la présence de prérogatives de puissance publique.

45. Les SP de dimension nationale sont créés par :

A. le législateur.

B. l'autorité réglementaire.

C. le juge.

46. Les SP communaux sont créés :

A. par le conseil municipal.

B. par le maire.

C. par le maire, après autorisation du préfet.

D. par le préfet.

47. La liberté du commerce et de l'industrie :

A. limite les possibilités de création de SPIC.

B. n'est plus reconnue comme un principe effectif du droit français depuis 1981.

48. Le principe de continuité des SP est :

A. un principe fondamental reconnu par le CE.

B. un principe de valeur constitutionnelle consacré par le CC.

49. Le principe de continuité implique :

A. la permanence du SP.

B. un fonctionnement normal et régulier du SP.

C. un service minimum, en cas de grève.

50. Le principe de continuité s'oppose à la suppression d'un SP.

A. Oui.

B. Non.

51. Le principe de continuité conduit à l'interdiction du droit de grève dans les SP.

A. Oui.

B. Non.

52. L'arrêt du CE Dehaene du 7 juillet 1950 :

A. interdit l'exercice du droit de grève dans les SP.

B. interdit l'exercice du droit de grève dans les SP, sauf autorisation du législateur.

C. reconnaît l'exercice du droit de grève dans les SP, à charge pour le législateur d'opérer les conciliations nécessaires avec le principe de continuité.

D. autorise le gouvernement à réglementer l'exercice du droit de grève, en cas de carence du législateur.

E. interdit au gouvernement de réglementer l'exercice du droit de grève sans l'autorisation du législateur.

53. Le principe de continuité du SP exige un service minimum, en cas de grève.
A. Oui.
B. Non.

54. Le principe de mutabilité autorise la suppression de certains SP.
A. Oui.
B. Non.

55. Le principe d'égalité est :
A. un PGD.
B. un principe de valeur constitutionnelle.

56. Le principe d'égalité joue à l'égard :
A. des usagers du SP.
B. des agents du SP.

57. Le principe d'égalité s'applique :
A. aux administrés se trouvant dans une situation semblable.
B. à tous les administrés, quelle que soit leur situation.

58. Des considérations d'intérêt général peuvent-elles autoriser des dérogations à l'application du principe d'égalité ?
A. Oui.
B. Non.

59. Exemple de SP géré en régie :
A. la régie Renault.
B. la justice.
C. l'armée.
D. la Régie autonome des transports parisiens (RATP).

60. L'arrêt du TC du 22 janvier 1921 « bac d'Eloka » consacre :
A. l'existence de SPIC.
B. l'existence de SP gérés par des personnes privées.
C. l'existence de SPIC gérés par des personnes privées.

61. Les SPA sont-ils toujours gérés par des personnes publiques ?
A. Oui.
B. Non.

62. Un SPIC peut être qualifié grâce à :
A. l'objet du SP.
B. la gestion par une personne privée.
C. l'origine des ressources.
D. les modalités de fonctionnement.

63. Un SPIC peut-il être qualifié ainsi au seul vu de ses modalités de fonctionnement ?
A. Oui.
B. Non.

64. Les SPIC sont-ils toujours gérés par des personnes privées ?
A. Oui.
B. Non.

65. Une personne privée gérant un SP peut-elle édicter des actes administratifs unilatéraux ?
A. Oui.
B. Non.

66. Une personne publique gérant un SPA peut-elle participer à un contrat de droit privé ?
A. Oui.
B. Non.

67. Une personne privée gérant un SP peut-elle conclure un contrat administratif ?
A. Oui.
B. Non.

68. La qualité d'usager du SP dépend de l'existence d'un contrat entre le SP et l'administré.
A. Oui.
B. Non.

69. Les contrats passés entre un SPIC et ses usagers sont toujours des contrats de droit privé.
A. Oui.
B. Non.

70. Une personne privée peut-elle gérer un SPA ?
A. Oui.
B. Non.

71. L'activité de police administrative a pour objet :
A. de surveiller les prisons.
B. de maintenir l'ordre public.
C. d'arrêter les malfaiteurs.

72. L'ordre public, c'est :
A. la sûreté.
B. la sécurité.
C. la salubrité.
D. le respect de la dignité de la personne humaine.

73. L'arrêt Benjamin du 9 mai 1933 institue :
A. un contrôle minimum sur les mesures de police venant restreindre l'exercice d'une LP.
B. un contrôle normal.
C. un contrôle maximum.

74. Au niveau national, les titulaires du pouvoir de police générale sont :
A. le président de la République.
B. le Premier ministre.
C. le ministre de l'Intérieur.
D. les trois.

75. Une autorité de police générale locale peut-elle modifier une mesure prise par l'autorité supérieure ?
A. Oui.
B. Non.
C. Aggraver.
D. Diminuer.

76. Le principe général du respect des droits de la défense s'applique-t-il aux mesures de police ?
A. Oui.
B. Non.

77. Le critère de la distinction entre police judiciaire et police administrative réside dans :
A. le personnel chargé de l'opération.
B. l'intention des auteurs de l'opération.
C. le caractère répressif ou préventif de l'opération.

78. Pour qu'une opération de police soit qualifiée de judiciaire :
A. il faut nécessairement qu'une infraction ait été commise.
B. il suffit que l'autorité de police pense qu'une infraction a été commise, vient d'être commise ou va être commise.

79. Un contrôle d'identité est une opération de police :
A. administrative.
B. judiciaire.

80. La distinction décision réglementaire-décision individuelle se fonde :
A. sur le nombre des destinataires de l'acte.
B. sur le caractère nominatif, ou non, de l'acte.
C. sur la nécessité de prendre l'avis du CE dans le premier cas.

81. L'adage « Qui ne dit mot consent » est-il appliqué en droit administratif français ?
A. Oui.
B. Non.

82. Les décisions administratives sont-elles nécessairement écrites ?
A. Oui.
B. Non.

83. La loi du 11 juillet 1979 consacre l'existence d'un PGD imposant la règle de la motivation des actes administratifs.
A. Oui.
B. Non.

84. La non-rétroactivité de la décision administrative est :
A. un PGD.
B. un principe de valeur constitutionnelle.

85. Le droit d'accès aux documents administratifs est ouvert à tous.
A. Oui.
B. Non.

86. La commission d'accès aux documents administratifs (CADA) peut contraindre l'administration à organiser la consultation du document dont l'administré exige la communication.

A. Oui.
B. Non.

87. La saisine de la CADA est le préalable nécessaire à tout recours contentieux dirigé contre le refus de l'administration de communiquer l'un de ses documents.

A. Oui.
B. Non.

88. L'exécution forcée peut se faire :

A. par voie juridictionnelle.
B. par voie administrative.

89. Les contrats passés entre deux personnes publiques sont-ils toujours des contrats administratifs ?

A. Oui.
B. Non.

90. Les contrats passés entre deux personnes privées sont-ils toujours des contrats de droit privé ?

A. Oui.
B. Non.

91. Pour être administratif, un contrat passé entre une personne publique et une personne privée doit :

A. contenir une clause exorbitante du droit commun et faire participer le cocontractant de l'administration à l'exécution du SP.
B. contenir une clause exorbitante du droit commun ou faire participer le cocontractant de l'administration à l'exécution du SP.

92. Les contrats passés entre une personne publique et une personne privée, contenant une clause exorbitante du droit commun sont-ils toujours des contrats administratifs ?

A. Oui.
B. Non.

93. La théorie de l'imprévision permet au cocontractant de l'administration de cesser d'exécuter son contrat.

A. Oui.
B. Non.

94. La force majeure :

A. permet au cocontractant de l'administration de cesser l'exécution de son contrat.
B. est une exception au principe de continuité.
C. est une application du principe de continuité.

95. Le sommet de la hiérarchie des normes se trouve occupé par :

A. la loi.
B. les traités internationaux.
C. la Constitution.

96. Les principes fondamentaux reconnus par les lois de la République ont une valeur :

A. constitutionnelle.
B. législative.

97. Le préambule de la Constitution a valeur constitutionnelle depuis :

A. 1958.
B. 1971.
C. 1974.

98. La question prioritaire de constitutionnalité permet au juge administratif d'abroger une loi contraire à la constitution.

A. Oui.
B. Non.

99. L'arrêt du CE du 20 octobre 1989 Nicolo refuse :

A. d'appliquer une loi contraire à un traité, lorsque celle-ci a été promulguée avant l'entrée en vigueur dudit traité.
B. d'appliquer une loi contraire à un traité, lorsque celle-ci a été promulguée après l'entrée en vigueur dudit traité.
C. d'appliquer un traité contraire à la Constitution.

100. Les règlements communautaires sont directement applicables dans le droit des États membres.

A. Oui.
B. Non.

101. La responsabilité de l'État français est engagée en cas d'ignorance :

A. d'une directive communautaire.
B. d'un règlement communautaire.

102. Le juge administratif annule les décrets contraires à une directive communautaire.

A. Oui.
B. Non.

103. Le juge administratif annule les décrets contraires à un règlement communautaire.

A. Oui.
B. Non.

104. Le juge administratif français refuse d'appliquer une loi contraire :

A. au traité de Rome.
B. à un règlement communautaire.
C. à une directive communautaire.

105. Dans le cadre d'un recours contentieux porté devant le juge administratif, l'interprétation d'un traité relève de la compétence :

A. du juge.
B. du ministre des Affaires étrangères.
C. du Premier ministre.
D. du Président de la République.

106. Dans le cadre d'un recours contentieux porté devant le juge administratif, l'interprétation du droit communautaire européen relève de la compétence :
A. du juge.
B. du ministre des Affaires étrangères.
C. du Premier ministre.
D. du Président de la République.
E. du Parlement européen.
F. de la Cour de justice des Communautés européennes.

107. La décision du CC du 30 juillet 1982 :
A. autorise le législateur à empiéter sur le domaine du règlement.
B. interdit au législateur d'empiéter sur le domaine du règlement.
C. ouvre la saisine du CC à 60 députés ou 60 sénateurs.

108. Le Conseil constitutionnel fut créé en :
A. 1958.
B. 1971.
C. 1974.

109. Le Conseil constitutionnel contrôle :
A. la conformité de la loi à la Constitution.
B. la conformité des traités à la Constitution.
C. la conformité de la loi aux traités.
D. la conformité des décisions administratives à la loi.

110. Les PGD sont « découverts » par :
A. le CC.
B. le CE.

111. Les PGD « découverts » par le CC ont une valeur :
A. constitutionnelle.
B. législative.

112. Le principe de la non-rétroactivité des actes administratifs est un principe de valeur :
A. constitutionnelle.
B. législative.
C. réglementaire.

113. Les PGD « découverts » par le CE ont une valeur :
A. constitutionnelle.
B. législative.
C. infra-législative.
D. réglementaire.

114. L'abrogation est rétroactive.
A. Oui.
B. Non.
C. Pas toujours.

115. Un règlement peut toujours être abrogé.
A. Oui.
B. Non.
C. Seulement s'il est illégal.

116. L'abrogation d'une décision individuelle créatrice de droits est :
A. toujours impossible.
B. possible, si illégale.
C. parfois possible, même si légale.

117. Le retrait d'une décision non créatrice de droits est :
A. impossible.
B. toujours possible.

118. Le retrait d'une décision individuelle créatrice de droits est :
A. toujours impossible.
B. possible, si la décision est irrégulière.
C. parfois possible, même si la décision est régulière.

119. Le délai pour retirer une décision irrégulière et créatrice de droits est de :
A. deux mois.
B. quatre mois.

120. Les ordonnances de l'article 38 non ratifiées par le Parlement :
A. sont caduques.
B. sont des actes administratifs.

121. Le Conseil constitutionnel contrôle la conformité des ordonnances de l'article 38 à la Constitution.
A. Oui.
B. Non.

122. Le pouvoir discrétionnaire est un pouvoir :
A. légal.
B. illégal.

123. Le pouvoir discrétionnaire constitue une limite apportée au principe de légalité.
A. Oui.
B. Non.

124. Le contrôle restreint :
A. se limite au contrôle de l'erreur manifeste d'appréciation.
B. reprend toutes les modalités du contrôle normal, à l'exception de la qualification juridique des faits, remplacée par le contrôle de l'erreur manifeste d'appréciation.

125. L'erreur manifeste d'appréciation fait-elle toujours l'objet d'un contrôle de la part du juge administratif ?
A. Oui.
B. Non.

126. La « jurisprudence du bilan » s'applique :
A. dans toutes les matières.
B. en matière d'expropriation pour cause d'utilité publique.
C. dans le domaine des mesures de police.

127. L'arrêt du TC du 8 février 1873 Blanco pose le principe :
A. de la responsabilité de la puissance publique.
B. d'une responsabilité spécifique de la puissance publique.
C. de la distinction faute personnelle/ faute de service.

128. L'existence d'un lien de causalité entre le préjudice subi et le fait reproché à l'administration :
A. s'impose, quel que soit le régime de responsabilité envisagé.
B. ne s'impose pas, dans l'hypothèse d'un régime de responsabilité sans faute.
C. ne s'impose pas, dans l'hypothèse d'un régime de responsabilité pour présomption de faute.

129. La distinction faute personnelle/faute de service a été posée :
A. par l'article 75 de la Constitution de l'an VIII.
B. par le décret du 19 septembre 1870.
C. par l'arrêt du TC du 8 février 1873 Blanco.
D. par l'arrêt du TC du 30 juillet 1873 Pelletier.

130. L'administration peut-elle voir sa responsabilité engagée pour une faute commise en dehors du service ?
A. Oui.
B. Non.

131. Toutes les fautes commises pendant le service sont-elles nécessairement des fautes de service ?
A. Oui.
B. Non.

132. Une faute commise intentionnellement par un agent public pendant le service est :
A. une faute personnelle.
B. une faute de service.

133. L'arrêt du CE du 18 novembre 1988 Raszewski admet la responsabilité de la puissance publique dans l'hypothèse d'un crime commis par un gendarme :
A. pendant le service.
B. en dehors du service.
C. avec son arme de service.
D. avec une arme personnelle.

134. La voie de fait constitue-t-elle nécessairement une faute personnelle ?
A. Oui.
B. Non.

135. L'agent public peut-il engager sa responsabilité lorsqu'il exécute :
A. un ordre illégal.
B. un ordre manifestement illégal.
C. un ordre manifestement illégal et de nature à compromettre gravement un intérêt public.

136. L'arrêt du CE du 26 juillet 1918 Lemonnier consacre la jurisprudence relative :
A. au cumul de responsabilités.
B. à la faute personnelle commise en dehors du service, mais non dépourvue de tout lien avec le service.

137. Un même comportement est-il susceptible de constituer à la fois une faute personnelle et une faute de service ?
A. Oui.
B. Non.

138. La jurisprudence relative au cumul de responsabilités ne concerne que les fautes commises pendant le service.
A. Oui.
B. Non.

139. Une action récursoire désigne :
A. l'action engagée par la victime du dommage contre l'administration.
B. l'action engagée par l'agent public contre l'administration afin d'obtenir une répartition plus équitable de la charge de l'indemnité versée à la victime du dommage.
C. l'action engagée par l'administration contre son agent afin d'obtenir une répartition plus équitable de la charge de l'indemnité versée à la victime du dommage.

140. Le contentieux né de l'exercice des actions récursoires relève de la compétence :
A. du juge judiciaire.
B. du juge administratif.

141. La responsabilité de l'administration ne peut être engagée que sur le fondement d'une faute.
A. Oui.
B. Non.

142. Toute faute commise par l'administration engage nécessairement sa responsabilité.
A. Oui.
B. Non.

143. La responsabilité du SP hospitalier est généralement engagée :
A. sur le fondement de la faute simple.
B. sur le fondement de la faute lourde.
C. selon les cas, sur le fondement de la faute simple ou de la faute lourde.

144. La responsabilité de l'administration ne peut être engagée qu'en cas de faute lourde.
A. Oui.
B. Non.

145. La responsabilité de la puissance publique du fait du fonctionnement du SP fiscal ne peut être engagée que sur le fondement de la faute simple.
A. Oui.
B. Non.

146. La réparation des dommages causés par des actes de terrorisme relève :
A. d'un régime de responsabilité pour faute lourde.
B. d'un régime de responsabilité sans faute.

147. Les dommages causés aux victimes du sida sont indemnisés sur la base :

A. d'une responsabilité pour faute.
B. d'une responsabilité pour faute présumée de l'administration.
C. d'une responsabilité sans faute.
D. d'une responsabilité sans faute, mais uniquement lorsque la maladie a été provoquée par une ou plusieurs transfusions sanguines.

148. La responsabilité sans faute de l'administration ne peut être engagée qu'en cas de dommages accidentels.

A. Oui.
B. Non.

149. La responsabilité sans faute ne joue que dans l'hypothèse où le préjudice présente un caractère spécial et anormalement grave.

A. Oui.
B. Non.

150. Les victimes de dommages liés au refus d'exécution d'une loi, d'un règlement ou d'une décision de justice :

A. ne peuvent jamais être indemnisées.
B. ne sont indemnisées qu'en cas de faute lourde.
C. peuvent, sous certaines conditions, être indemnisées sur le fondement d'une responsabilité sans faute.

Réponses au QCM

1. B (§§ 3, 132 et s, 139)
2. C (§ 14)
3. A et B (§ 15)
4. B et C (§ 15)
5. D (§ 17)
6. C (§ 17)
7. B (§ 18)
8. C (§ 18)
9. B et C (§ 20)
10. A (§ 21)
11. B (§ 21)
12. C (§ 21)
13. B (§ 20)
14. C (§ 31)
15. C (§ 32)
16. A (§ 33)
17. A, B et C (§ 37)
18. C (§ 39)
19. B (§ 47)
20. B (§ 47)
21. B (§§ 51 et s)
22. C (§ 53)
23. B (§ 71)
24. B (§ 71)
25. A et B (§ 213)
26. B (§§ 45, 77)
27. A (§§ 45, 77)
28. B (§ 78)
29. A, B et C (§ 69)
30. A et B (§ 69)
31. A (§ 69)
32. A (§ 65)
33. A (§§ 63, 66, 70 et s)
34. B (§ 70)
35. G (§ 79)
36. B (§ 79)
37. B (§ 80)
38. B (§ 79)
39. A (§ 80)
40. A et C (§ 88)
41. A (§§ 88, 147)
42. B (§ 88)
43. B (§§ 90 et s)
44. B (§ 93)
45. A, B et C (§ 95)
46. A (§ 96)
47. A (§ 97)
48. A et B (§ 105)
49. B (§ 106)
50. B (§ 106)
51. B (§§ 107 et s)
52. C et D (§ 107)
53. B (§§ 108, 109)
54. A (§ 111)
55. A et B (§ 100)
56. A et B (§ 101)
57. A (§ 102)
58. A (§ 102)
59. B et C (§ 116)
60. A (§ 127)
61. B (§§ 115 et s, 132, 134)
62. A, C et D (§§ 128 et s)
63. A (§ 131)
64. B (§§ 115 et s, 132, 135)
65. A (§§ 134 et 136)
66. A (§§ 133 et 181)
67. A (§§ 134, 136, 180)
68. B (§ 137)
69. A (§§ 135, 136, 181)
70. A (§§ 115, 132, 134)
71. B (§§ 138, 143, 144)
72. A, B, C et D (§ 144)
73. C (§§ 150, 236)
74. A et B (§ 146)
75. A et C (§ 149)
76. B (§ 152)
77. B (§ 141)
78. B (§ 141)
79. A et B (§ 142). Opération de police administrative, sauf si l'agent de police a l'impression, fondée ou non, que les papiers ne sont pas en règle. Son activité change alors de nature et se transforme en opération de police judiciaire.
80. B (§ 158)
81. B (§ 44). Le silence gardé pendant plus de deux mois par l'administration sur une demande vaut décision de rejet.
82. B (§§ 44, 166)
83. B (§ 166)
84. A (§ 168)
85. B (§ 157). L'accès est ouvert à tous pour les seuls documents à caractère non nominatif. Pour les documents à caractère nominatif, l'accès est limité aux personnes directement concernées.
86. B (§ 157)
87. A (§ 157)
88. A et B (§ 172)

89. B (§ 181)
90. B (§§ 180, 181)
91. B (§ 181)
92. B (§ 181). Les contrats passés entre un SPIC et ses usagers sont toujours des contrats de droit privé.
93. B (§ 190)
94. A et B (§ 191)
95. C (§§ 195 et s)
96. A (§ 209)
97. B (§ 196)
98. B (§ 197 bis)
99. B (§ 201)
100. A (§ 193)
101. A et B (§§ 201, 288)
102. A (§ 202)
103. A (§ 202)
104. A, B et C (§ 201)
105. A (§ 199)
106. A ou F (§ 199). La saisine de la CJCE n'est obligatoire que pour les juridictions suprêmes.
107. A (§ 205)
108. A (§ 205)
109. A et B (§§ 197, 197 bis, 200, 203 bis)
110. A et B (§ 209)
111. B (§ 209)
112. B (§§ 209, 210)
113. B ou C, selon les auteurs (§ 209).
114. B (§ 175)
115. A (§ 175)
116. B et C (§ 175)
117. B (§ 176)
118. B et C (§ 176)
119. B (§ 176)
120. B (§ 215)
121. B (§ 215)
122. A (§ 217)
123. B (§ 217)
124. B (§ 235)
125. B (§ 234)
126. B (§ 236)
127. B (§§ 239, 240)
128. A (§ 246)
129. D (§ 250)
130. A (§ 253)
131. B (§ 252)
132. A (§ 252)
133. B et D (§ 253)
134. B (§ 252)
135. C (§ 252)
136. A (§ 255)
137. A (§ 255)
138. B (§ 255)
139. B et C (§ 257)
140. B (§ 257)
141. B (§§ 237, 273 et s)
142. B (§§ 268 et s)
143. A (§ 264)
144. B (§§ 261 et 262)
145. A (§ 265)
146. B (§ 278)
147. D (§ 278)
148. B (§§ 273, 285 et s)
149. B (§§ 275, 279, 282, 284)
150. C (§ 288)

Troisième partie*

Conseils méthodologiques

* Cette partie a été rédigée par Sophie Collinet.

Le but de l'épreuve : qu'attend-on de vous ?

De la maîtrise :

– maîtrise du sujet par l'acquis des connaissances, mais aussi par votre capacité à les organiser pour répondre à la question qui vous est posée ;

– maîtrise de vos nerfs.

De la précision

Vous devrez vous efforcer de trouver « le mot juste », qu'il soit juridique ou non, pour exprimer votre pensée.

De la correction

Vous devrez inviter le correcteur à parcourir votre copie en élaborant une introduction et vous faciliterez son travail par une présentation claire.

Ces qualités ne sont pas propres à une épreuve. Elles reflètent ce qui vous sera plus tard demandé dans l'exercice de votre profession.

Pour aborder l'épreuve

Ayez confiance en vous

L'examen est une course contre la montre qui met vos nerfs... à l'épreuve. Le mot d'ordre est : ayez confiance en vous. Confiance en vous parce que, si vous vous êtes inscrit, c'est qu'une partie de vous, si infime soit-elle, est convaincue que vous avez une chance de réussir.

Vous allez sans doute, au terme de cette épreuve, être confronté au monde du travail. Que penserait un client, un employeur s'il vous voyait fébrile ou au contraire trop décontracté ?

Avec suffisamment de sang-froid, vous pouvez traiter n'importe quel sujet. Il présente toujours un intérêt particulier, même s'il vous paraît banal au premier abord. Il est toujours possible de le simplifier s'il vous semble complexe.

Ne cédez pas à votre angoisse de la copie blanche.

Savez-vous qu'entre un candidat ayant accumulé des connaissances et un autre sachant le strict minimum les jeux ne sont pas faits ? Le premier peut réussir mais il peut aussi se perdre dans son savoir, le second peut échouer mais il peut aussi réussir en utilisant au mieux ses connaissances et en les organisant d'une manière plus convaincante.

Gérez efficacement votre temps

Vous avez trois, quatre heures pour montrer de quoi vous êtes capable. Cet ouvrage vous permet de ne plus ignorer les connaissances de base, ni la façon de les mettre en valeur, et il vous donne les moyens de stimuler vos acquis (QCM, sujets).

Gérez efficacement votre crédit d'heures. Acceptez de consacrer beaucoup de temps à ce qui est important : le choix et la compréhension du sujet, la construction du plan et l'organisation des idées, la rédaction soignée de la conclusion et de l'introduction. Ménagez-vous des instants de détente pour prendre du recul. Évitez de perdre du temps à recopier vos idées.

Partir avant la fin de l'épreuve est signe de légèreté. Si vous avez fini, utilisez votre temps à relire activement et vérifiez que vous n'avez rien oublié (il est toujours possible de faire des renvois en fin de copie) ; si vous « séchez », donnez-vous les moyens de ne pas rendre copie blanche.

Quelques minutes permettent souvent de gagner des points. N'oubliez jamais que vous n'êtes pas le juge de votre copie. Donnez-vous les moyens de convaincre le correcteur que vous n'étiez pas là par hasard.

Prenez garde aux documents mis à votre disposition

C'est une arme à double tranchant : elle vous rassure puisque vous avez quelque chose « sous la main », mais elle peut aussi (et souvent) vous faire perdre du temps. Servez-vous-en uniquement quand vous savez ce que vous y cherchez. Ces documents vous permettent seulement de citer correctement une phrase, mais si vous ne le faites pas, le correcteur ne vous le pardonnera pas.

Choisissez tranquillement votre sujet

Au fil des pages qui suivent, vous vous rendrez compte que les différents types d'épreuves comportent les mêmes exigences : un savoir, une capacité à organiser, démontrer et convaincre, une aptitude à la présentation claire et concise.

Tout dépend donc de vous et du sujet ! Mais ne choisissez pas un sujet théorique si vous ne « sentez » pas rapidement un plan se dessiner, ni le sujet pratique si vous ne pouvez pas répondre aux questions les plus importantes.

Ménagez-vous quelques minutes de réflexion.

Conseils communs : comment présenter au mieux votre copie

1) La présentation formelle de votre copie

Écrivez lisiblement, quitte à écrire plus gros que d'habitude. Pensez à vous munir du feutre ou du stylo qui vous mette le plus en valeur.

Relisez votre copie pour corriger les fautes d'orthographe. Si vous rayez un mot, faites-le plutôt avec une règle et d'un seul trait.

Aérez votre copie pour faciliter la visualisation du plan.

2) Le ton

Pas de « je ».

Soyez précis, c'est-à-dire évitez les verbes « être », « faire », les adjectifs « formidable », « extraordinaire ». Par exemple, une décision du Conseil constitutionnel pourra être fameuse, remarquable, avoir une portée retentissante, elle ne pourra jamais être formidable. De même, évitez les phrases exclamatives.

Évitez les sigles ou, au moins, développez-les lors de leur premier emploi.

3) Soignez vos mots de liaison

Les mots de liaison soutiennent l'attention, relancent l'intérêt. Choisissez-les correctement et variez-les pour ne pas lasser votre correcteur.

Voici les principaux termes logiques et leur emploi :

– Les « additionneurs » :

Pour un premier élément : d'abord, en premier lieu, d'une part.

Pour une simple addition : encore, ensuite, de suite.

Pour une simple addition avec un second élément plus fort : en outre.

Pour un second élément étranger au premier : d'autre part (uniquement si vous avez précisé d'une part précédemment), par ailleurs. Pour un élément final : finalement.

– Les « soustracteurs » :

Toutefois, cependant, néanmoins, pourtant, mais.

– Les « conclusifs » :

Par conséquent, pour toutes ces raisons, en définitive.

– Les « explicatifs » :

Preuve : en effet.

Précision de vocabulaire : c'est-à-dire, en d'autres termes.

Illustration : ainsi, notamment, par exemple.

Renforcer une idée : d'ailleurs.

Étendre un sens : voire, et même.

Idée alternative : d'une part, d'autre part.

4) En cas d'oubli

Si vous avez oublié une partie trop longue pour être rajoutée dans votre copie, faites un renvoi en fin de copie.

Comment élaborer une dissertation de droit administratif

Vous analysez le sujet

La tentation est grande, face à votre peur de ne pas savoir, de vous laisser aller à une inspiration débordante dès la première lecture du sujet.

Le péril qui vous menace est de lire le sujet de la façon qui vous arrange et de traiter finalement un autre sujet.

L'analyse du sujet passe par quatre phases.

– Vous analysez les mots clefs.

Dégagez d'abord toutes les significations

Dans un sujet tel que « La portée de la distinction opérée par les articles 34-37 de la Constitution de 1958 », le terme qui doit être privilégié est : « portée ». Il ne s'agit pas de traiter de la distinction elle-même, mais de son importance et de ses conséquences : apparition d'un Conseil constitutionnel qui s'évade, dans les années 1970, du rôle limité qui lui était primitivement alloué ; relativisation de cette distinction par la jurisprudence du CC.

Examinez la forme du sujet

Est-il « neutre » (le divorce librement consenti) ou se présente-t-il sous la forme interrogative (le divorce est-il toujours librement consenti ?). Dans cette hypothèse, la moindre des choses est évidemment de répondre à la question posée ; la réponse doit apparaître clairement dans l'introduction et dans l'intitulé des principaux paragraphes.

– Vous rapprochez les termes du sujet.

Comment les termes s'éclairent-ils les uns les autres ? Quels sont les rapports qui existent entre eux : complémentarité, opposition, paradoxe, causalité, finalité... ?

Dans un sujet tel que « Circulaires et directives », l'erreur à ne pas commettre consisterait à traiter des circulaires, puis des directives. Le sujet impose de comparer ces deux catégories d'actes administratifs, de rechercher et de mettre en valeur ce qui les rapproche et ce qui les distingue.

– Vous délimitez le sujet.

Pour prendre « possession » d'un sujet, il faut mettre une clôture : le sujet, rien que le sujet, tout le sujet.

Vous devez donc vous poser une série de questions :

1) Faut-il envisager toutes les acceptions d'un terme, ou la proximité d'un autre terme vous impose-t-il de n'en retenir qu'une seule ?

« Le pouvoir réglementaire dans la Constitution de 1958 » et « Le pouvoir réglementaire sous la Ve République » ne sont pas un seul et même sujet. Le premier ne s'intéresse qu'aux dispositions du texte constitutionnel, alors que le second vous oblige à traiter non seulement de la théorie, mais aussi de la pratique.

2) Un sujet ne comporte qu'une seule notion ; quelles sont alors les notions voisines et les rapports entre elles ?

Le pouvoir réglementaire renvoie certes à la notion de pouvoir législatif, puisqu'il se définit essentiellement par rapport à lui, mais aussi au pouvoir d'orientation (directives) et d'interprétation (circulaires).

3) Dans quel cadre spatio-temporel devez-vous vous placer ? Si aucune indication n'est donnée, étendez votre réflexion, quitte à la réduire ensuite.

– Quel est le problème juridique que vous devez résoudre ?

1) Certains sujets sont énoncés sous forme interrogative. Pas de difficulté : le problème est déjà posé.

2) Le plus souvent, il s'agit d'un sujet « neutre ».

– Il contient alors, à n'en pas douter, une notion ou un problème qui devra obligatoirement se trouver au cœur de votre devoir. Par exemple, le pouvoir réglementaire du ministre.

– Il peut aussi faire référence à plusieurs notions qu'il faut alors mettre en rapport. Sont-elles complémentaires ou s'opposent-elles ? Exemples : Ampleur et signification de la privatisation du SP, contrat administratif et SP.

Vous cherchez les idées

Après vous être « contenu », l'heure est enfin venue de vous laisser aller à vos idées. Attention ! Vous devez rester vigilant. Vous êtes un capitaine sur un navire au milieu de la tempête et vous n'avez pour vous guider que le phare qui est au loin et que vous venez d'apercevoir. Ne le perdez pas de vue.

Deux phases dans votre démarche :

– Soyez spontané.

Prenez en note les idées qui vous passent par la tête. Cela vous rassure (vous « savez » quelque chose) mais cela vous permet aussi de trouver d'autres idées. Ne cherchez pas encore à savoir si elles sont exactement adaptées, mais restez en contact avec l'intitulé du sujet. Il est également inutile, à ce stade du travail, de trop soigner votre style.

Utilisez plusieurs feuilles de papier indépendantes qui, chacune, accueillent une famille d'idées. Espacez vos annotations. Attention, ce n'est pas encore l'heure du tri.

Que faire en cas de trop-plein ou en cas de panne ?

Calmez-vous ! L'essentiel est de rester l'esprit ouvert face au sujet. Vous paniquez ? Accordez-vous quelques instants de répit et prenez vos distances : pensez à vos vacances, à ce qui vous rassure, à ce que vous voulez... Laissez-vous aller.

Ne vous laissez pas envahir par des pensées défaitistes. N'oubliez pas qu'une épreuve c'est 80 % de maîtrise de soi et que tout le monde est dans la même situation que vous.

– Exploitez vos idées.

Vous allez troquer votre casquette de capitaine au long cours contre celle d'un maçon. Il est temps de regrouper vos matériaux avant de pouvoir construire.

Regroupez vos idées.

C'est facile si vous les avez déjà notées sur des feuilles séparées. Sinon, ne les recopiez pas inutilement : mettez des numéros à vos idées.

Regroupez les idées voisines, les faits, les exemples, les dates. Recherchez, entre plusieurs idées, quel est leur dénominateur commun.

Éliminez et complétez les idées.

Certaines idées ne sont plus adaptées ou trop superficielles. N'hésitez pas à les éliminer, d'autres vous viendront.

Complétez les idées restantes en vous aidant de schémas binaires :

– *Avantages/inconvénients :* le ministre ne dispose pas du pouvoir réglementaire général, ce qui présente des avantages pour la cohérence et l'unité d'action gouvernementale, et l'affirmation de la primauté du Premier ministre sur le reste du gouvernement. Les inconvénients sont à rechercher du côté de l'apparition de substituts qui peuvent se révéler fort dangereux : circulaires et directives.

– *Théorie/pratique :* les décisions de justice ont théoriquement autorité de chose jugée. Qu'en est-il dans la pratique ? Les SPIC sont théoriquement soumis au droit privé. Qu'en est-il dans la pratique ?

– *Causes/conséquences :* la privatisation du SP emporte d'importantes conséquences sur la notion même de SP, mais aussi sur les notions de contrat administratif et de décision administrative.

– *Constat/remèdes ou perspectives :* le régime de responsabilité pour faute de la puissance publique est-il adapté à certains dommages et à certaines situations actuelles ? Quelles sont les solutions envisagées par le législateur et par le juge ? Vous semblent-elles pertinentes et suffisantes ?

Vous élaborez votre plan (et vous le suivez)

Un plan : les correcteurs sont unanimes. Ils se plaignent du manque de cohérence des copies. Ils n'attendent pas de vous des idées en vrac. Ce n'est pas à eux de comprendre l'articulation de vos idées. Il ne s'agit pas seulement d'avoir des idées (c'est seulement une partie du travail), mais aussi de savoir les agencer pour démontrer la solution que vous apportez à une question.

Un candidat peut avoir une note honorable, ce sera souvent la moyenne, s'il a pris la peine d'élaborer un plan, même si sa copie n'est pas très épaisse. On ne vous note pas « au poids ».

Un bon plan : c'est un plan qui ne peut s'appliquer à un autre sujet. Il en existe généralement plusieurs, l'essentiel est qu'il soit argumenté. Votre correcteur appréciera votre plan s'il est bien argumenté et convaincant, même s'il est différent du sien.

Plusieurs phases :

– Esquissez votre plan.

Le fait d'avoir énoncé le problème à résoudre et d'avoir regroupé les idées vous a normalement mis sur la piste du plan. Si ce n'est pas encore le cas, relisez le sujet, relisez vos notes.

Il faut maintenant vous demander : avec les matériaux dont je dispose, de quelle manière (c'est-à-dire selon quelle logique, avec quelle articulation entre mes idées) vais-je répondre au sujet qui m'est posé (et à ce sujet précisément) ?

Trouvez, en une phrase ou deux, ce que vous inspire votre réflexion sur le sujet.

C'est cette phrase qui vous donne la charpente de votre réponse. Si le sujet posé est : « Le principe de continuité dans les SP », l'idée pourrait être que ce principe est certes consacré par de nombreuses théories jurisprudentielles, mais qu'il doit aussi être concilié avec le droit de grève.

Si vous dégagez plus de deux parties, demandez-vous si l'une d'elles ne peut pas s'intégrer aux autres et constituer par exemple une sous-partie ou un paragraphe important. Cette technique de la phrase clef vous permet d'être sûr de faire deux parties cohérentes.

– Complétez les sous-parties et les paragraphes.

Les sous-parties sont les quatre points forts (parfois plus) de votre démonstration. Elles viennent compléter la phrase clef.

Il doit exister un lien entre chaque sous-partie, qui peut être un rapport d'opposition, de complémentarité ou de contiguïté.

Dans chacune de vos sous-parties, organisez vos idées en paragraphes. Une idée (exemple, fait...) par paragraphe.

Reprenez votre liste d'idées numérotées et reportez les numéros dans votre plan. Vous évitez ainsi de perdre du temps à les recopier.

Il est toujours possible de répondre à un sujet en une seule phrase.

Élaborez votre démonstration autour de cette phrase clef.

Vous rédigez votre copie

Vous avez fait la plus grande partie du chemin et consommé une grande partie du temps mais cela est tout à fait normal. Il est temps de mettre en valeur ces acquis.

– Rédigez d'abord l'introduction et la conclusion.

Pourquoi les rédiger en premier ?

C'est par l'introduction et par la conclusion que vous donnez envie au correcteur de vous lire et de vous donner une note honorable. L'introduction énonce votre plan et le correcteur sait qu'il ne va pas seulement lire une avalanche d'idées mais bien une démonstration.

Quant à la conclusion, il est rare d'avoir suffisamment de temps pour la rédiger correctement. Rien de pire pourtant que de terminer sa copie par une conclusion sans queue ni tête, placée là juste parce qu'il faut qu'il y en ait une. Le correcteur vous quitte sur ces derniers mots. Si tout ne se joue pas sur la conclusion, vous pouvez, en la rédigeant préalablement, donner envie au correcteur d'augmenter un peu votre note.

Pourquoi une introduction ?

Quand vous rencontrez quelqu'un, vous ne vous demandez pas pourquoi vous lui dites bonjour.

Lorsque vous allez à une réunion, même si vous en connaissez le sujet, l'orateur le rappelle pourtant à tous.

De la même manière, et bien que le correcteur connaisse déjà le sujet, faire une introduction signifie que vous êtes bien élevé (bienvenue dans ma copie) et que vous êtes capable de respecter des conventions.

Ces deux qualités viennent s'ajouter à la maîtrise et à la confiance en soi. Vous devrez en faire preuve par la suite dans votre carrière. Pourquoi ne pas commencer tout de suite ?

Comment construire son introduction

La construction de l'introduction d'une dissertation de droit civil est classique. C'est le principe de l'entonnoir. Vous pouvez aussi imaginer que vous êtes en vol dans un hélicoptère et que vous descendez progressivement vers un point précis du territoire.

Commencez par une considération générale, une citation, un exemple, un événement tiré de l'actualité récente (on ne vous demande pas d'avoir une idée révolutionnaire) ou de la jurisprudence. Profitez-en pour poser le sujet et présenter brièvement sa nature et son intérêt. Puis exposez avec concision le point de vue où vous vous placez pour résoudre le problème soulevé par le sujet.

Terminez en annonçant votre plan, ce qui est d'autant plus facile que vous avez déjà élaboré votre phrase clef. N'hésitez pas à aller à la ligne.

L'introduction peut être plus ou moins longue selon les sujets, mais jamais trop longue, sinon c'est que vous avez commencé à traiter le cœur du sujet et c'est le signe qu'il manque une sous-partie ou un paragraphe à votre plan.

Comment construire sa conclusion

Le simple résumé de votre copie est à proscrire. Profitez de votre conclusion pour ouvrir le débat sur un autre aspect de la question que vous n'avez pas traité parce qu'il ne s'insérait pas dans l'axe du sujet. La conclusion est d'ailleurs l'occasion de vérifier la validité de votre plan : si elle paraît trop longue, il est probable que vous êtes en train de traiter une partie du sujet.

En reprenant l'exemple de l'hélicoptère, vous remontez au-dessus du territoire et vous regardez ce qui est à proximité. Il faut élargir le débat, ouvrir des portes.

– Rédigez votre copie.

Gardez sous les yeux votre plan détaillé et suivez-le.

Commencez toujours vos parties et vos sous-parties par des phrases courtes qui indiquent ce dont vous allez parler. Donnez des intitulés à vos parties et faites apparaître clairement le plan choisi.

Comment élaborer un exercice pratique

Qu'il s'agisse d'un commentaire d'arrêt ou d'une consultation, l'exercice pratique demande autant de rigueur que la dissertation et les mêmes qualités de démonstration.

Les réponses devront s'appuyer sur des fondements précis.

Attention donc au miroir aux alouettes, l'exercice pratique n'est pas « plus facile » qu'une dissertation.

Le commentaire de texte

Vous pouvez avoir à commenter un article de loi ou de la Constitution, un extrait des conclusions d'un commissaire du gouvernement, une phrase d'auteur...

Le commentaire de texte vous oblige à deux démarches successives : vous devez en premier lieu retrouver la construction du texte, sa logique interne, ses articulations. C'est seulement ensuite que vous pourrez élaborer votre réponse.

Préparation du commentaire

Elle dépend bien sûr de la nature du texte : court ou long.

Retrouvez la construction du texte.

Pour cela, aidez-vous des signaux visuels :

– le découpage du texte, la typographie (caractères italiques, gras), la subdivision en sections ou la numérotation ;

– la ponctuation ;

– les pronoms et les conjonctions :

les pronoms relatifs : qui, que, quoi, dont, où, duquel... ;

les conjonctions de coordination qui relient deux mots ou deux propositions de même nature : mais, ou, et, donc, or, ni, car ;

les conjonctions de subordination qui font dépendre une proposition d'une autre placée avant ou après : parce que, puisque, étant donné que (cause) ; de sorte que, si... que, tel... que (conséquence) ; afin que, pour que (but) ; avant que, pendant que, après que (temps) ; de telle manière que (manière) ;

– les mots guides :

les mots qui introduisent une opposition : en revanche, au contraire ;

les mots qui introduisent une énumération : à savoir, par exemple, notamment.

À l'aide de ces signaux :

– Séparez l'essentiel de l'accessoire : une idée peut être suivie d'un exemple ou d'un commentaire. Soulignez les mots clefs.

– Faites le plan du texte, ce qui est facilité par les liaisons que vous avez repérées. Classez les idées dégagées.

Élaboration du plan

Comme pour une dissertation, il faut élaborer un plan sans oublier l'adage essentiel : le texte, rien que le texte, tout le texte.

Deux écueils principaux : sombrer dans la simple paraphrase du texte ou, au contraire, s'en éloigner et transformer le commentaire en une dissertation sur un sujet voisin.

Enfin, il ne faut pas confondre le commentaire d'un extrait de conclusions d'un commissaire du gouvernement sur tel ou tel arrêt avec le commentaire de l'arrêt lui-même.

Les conclusions d'un commissaire du gouvernement sont seulement un avis donné au juge administratif et ne bénéficient donc d'aucune autorité de chose jugée.

Surtout, le jugement ou l'arrêt rendu peut être partiellement ou totalement conforme aux conclusions du commissaire du gouvernement, voire même totalement opposé à celles-ci. Il vous appartiendra alors d'en rendre compte et d'expliquer cette conjonction ou cette opposition.

L'introduction

Présentez le texte, sa nature et le contexte dans lequel il s'inscrit : s'il s'agit d'un article de la Constitution, de loi ou de règlement, référez-vous aux dispositions semblables ou contraires que vous connaissez ; quel est l'objet de l'article étudié, quels en sont les motifs, qui en a eu l'initiative ; s'il s'agit d'un ouvrage, replacez-le dans l'œuvre de l'auteur.

Terminez l'introduction en annonçant l'idée générale du texte à commenter et, donc, l'articulation principale de votre plan.

Les parties

Les deux parties doivent traiter du texte. Une copie qui ne commenterait le document proposé que dans sa première ou sa deuxième partie serait forcément mauvaise. Là encore, la technique de la phrase clef devrait vous permettre d'éviter cet écueil.

Le commentaire d'arrêt

Préparation du commentaire

1) Dégagez et regroupez les faits de l'espèce, qui peuvent être éparpillés dans le jugement ou l'arrêt. Placez-les dans l'ordre chronologique afin de reconstruire l'« histoire » de l'affaire qui a conduit à cette décision de justice.

2) Recherchez les éléments de la procédure qui a été suivie. Quelle est la juridiction qui s'est prononcée ? S'agit-il d'un jugement de première instance, d'un appel ou d'un recours en cassation ? Êtes-vous en présence d'une procédure de conflit ? Positif ou négatif ? Qui a saisi le juge administratif : un administré, le préfet, un ministre ?

3) Examinez le contenu du jugement ou de l'arrêt. Qui a gagné ? Pourquoi ? Quels sont les arguments retenus ou rejetés par le juge ?

Élaboration du plan

1) Introduction.

- Les faits.
- La procédure.
- Dégagez le (ou les) problème(s) de droit qui se posai(en)t en l'espèce.

Un seul problème de droit : votre plan doit être articulé autour de ce problème (contenu de la décision/portée).

Deux problèmes de droit d'égal intérêt ; chaque partie traitera de l'un d'entre eux.

Plusieurs problèmes de droit. Vous avez alors le choix entre :

a) regrouper de manière logique les problèmes de droit dans le cadre d'une articulation en deux parties ;

b) traiter rapidement du ou des problèmes de droit secondaires en fin d'introduction (quel est le problème ? Quelle solution lui donne le juge ? Le caractère stable et inchangé de la jurisprudence sur cette question) et construire ensuite le plan autour d'un ou de deux problèmes de droit.

2) Deux parties et quatre sous-parties qui devront nécessairement souligner la portée de la décision étudiée.

Est-ce un arrêt d'espèce confirmant une jurisprudence traditionnelle ? Une décision de principe innovant sur telle ou telle question, ou procédant à un revirement de jurisprudence ? D'autres solutions étaient-elles envisageables ?

Le cas pratique

Les sujets peuvent varier à l'infini, mais la structure reste toujours la même :

M. Dupont se trouve dans une situation qui l'amène à vous consulter. Le plan ne pose ici aucun problème, puisqu'il s'agit de répondre successivement aux questions posées. Pour chaque question, il faut :

– résumer les faits ;

– dégager et énoncer le plus clairement possible le (ou les) problème(s) de droit qui se pose(nt) ;

– proposer la (ou les) solution(s) envisageable(s) en confrontant le cas concret qui vous est soumis aux réponses que vous apportent la loi ou la jurisprudence. Quelle est la solution à retenir, et pourquoi ? Quelles sont les propositions qui doivent être écartées, et pourquoi ? Bien entendu, la loi ou les décisions de justice sur lesquelles vous vous appuyez doivent être citées le plus complètement et le plus précisément possible.

Quatrième partie

Mise en pratique de la méthode

Sujet 1
Existe-t-il une hiérarchie des normes en droit français ?

1) **Éléments de réponse**

– Qu'est-ce que la hiérarchie des normes ? Définition.

– Droit communautaire et hiérarchie des normes.

– Lacunes ou exceptions :

- contrôle de constitutionnalité des lois classique et QPC ;
- théorie des circonstances exceptionnelles ;
- théorie des actes de gouvernement ;
- circulaires et directives.

– Sanctions : contrôle de constitutionnalité exercé par le CC et contrôle de légalité, mis en œuvre par le juge judiciaire et le juge administratif.

2) **Phrase clef**

Cette phrase clef doit vous permettre de répondre à la question posée et d'élaborer votre plan.

Il existe une hiérarchie des normes en droit français, mais celle-ci connaît cependant des limites, lacunes ou exceptions.

3) **Plan détaillé**

Introduction

– Définition (§ 195)

– État de droit et hiérarchie des normes (§§ 1, 2, 195)

– Sanctions

– Annonce du plan :

L'existence d'une hiérarchie des normes en droit français revêt le caractère d'un principe (I), qui n'en souffre pas moins de certaines limites (II).

I. Le principe

A. **La pyramide des normes**

– La Constitution, le préambule et autres principes de valeur constitutionnelle/sanctions (§§ 196,197 et 197 bis).

– Le droit international (§§ 198 et s ; rapidement évoqué, dès lors que le droit communautaire sera étudié dans le paragraphe suivant). La jurisprudence récente consacre l'existence d'une responsabilité sans faute, causée par des lois contraires à des traités ou à des coutumes internationales (§ 288).

– La loi/sanctions (§§ 203 et s).

– Les PGD/sanctions (§§ 207 et s).

– Les règlements/sanctions (§§ 211 et s).

B. **Hiérarchie des normes et droit communautaire**

– Droit communautaire et Constitution. Si les juges français réaffirment la supériorité de la Constitution sur le droit communautaire, la jurisprudence la plus récente s'efforce de réduire les hypothèses de conflit en refusant de contrôler la constitutionnalité d'une loi (CC 10 juin 2004 loi sur l'économie numérique) ou d'un décret (CE Ass. 8 février 2007, soc. Acelor) transposant une directive européenne (§ 200). La QPC, introduite par la RC du 23 juillet 2008, est elle aussi interprétée pour ne pas heurter le droit communautaire (§ 197 bis).

– Droit communautaire et loi nationale. Il s'agit ici d'évoquer la jurisprudence qui consacre la supériorité du droit international sur la loi française – CE Nicolo (1989), Boisdet (1990), Rothmans et Arizona Tobacco Products (1992), CE Ass. 8 février 2007, Gardedieu (§§ 201, 202).

II. Ses limites

A. **Les lacunes du contrôle de constitutionnalité**

– La saisine facultative du CC : certaines lois ne sont pas contrôlées (lacune qui devrait être largement comblée par la QPC introduite par la RC du 23 juillet 2008).

– Le refus du CC de contrôler la constitutionnalité des lois référendaires : CC 6 novembre 1962, confirmé par CC 23 septembre 1992.

– Le refus du CC de contrôler, sauf exception, les lois se contentant de transposer des directives européennes (§ 200).

– Le refus du CE d'opérer un contrôle de constitutionnalité de la loi (§ 197), mais aussi des décrets transposant des directives européennes (CE Ass. 8 février 2007, soc. Acelor, § 200) ; refus aussi d'assurer la supériorité de la coutume internationale sur la loi nationale (§ 201).

B. **Les lacunes du contrôle de légalité**

– La théorie des actes de gouvernement (§ 47).

– Le régime juridique des circulaires et des directives (§§ 45, 76 et 77).

– Le maintien d'un contrôle restreint, voire même d'un contrôle minimum dans des hypothèses où le juge pourrait exercer un contrôle normal (§§ 234 et 235).

Conclusion

Sur la difficulté du maintien, face au droit communautaire, d'une pyramide de normes « coiffée » par la Constitution, et sur les progrès réalisés par la révision constitutionnelle du 23 juillet 2008, concernant le contrôle de constitutionnalité opéré sur les lois déjà promulguées.

Sujet 2

Le juge judiciaire, juge de l'administration

1) **Éléments de réponse**

– Juge judiciaire contrôle désormais une grande partie activité SP :

- SPIC ;
- SP gérés par une personne privée.

– Restrictions récentes du champ d'application des questions préjudicielles.

– Compétences traditionnelles en matière de protection de la liberté individuelle et de la propriété privée.

– Compétence concurrencée par l'institution d'un référé-suspension et d'un référé-liberté.

– Écarter la question de la responsabilité pour faute personnelle des agents publics.

2) **Phrase clef**

Avec le phénomène de privatisation du SP, le juge judiciaire est devenu le censeur d'une grande partie de l'activité administrative ; les nouvelles procédures de référé sont en revanche susceptibles de remettre en cause sa fonction traditionnelle de gardien privilégié de l'État de droit.

3) **Plan détaillé**

Introduction

– Définition de l'administration : conception organique (partiellement dépassée) ou fonctionnelle (§ 5) ?

– Phénomène de privatisation du SP : le droit administratif n'est plus le droit de l'ensemble de l'activité administrative, et le juge administratif n'est plus le seul juge de l'administration (§§ 3, 10 et s, 114 et s).

– Office du juge judiciaire favorisé par les restrictions apportées à la technique des questions préjudicielles (§ 15 et 19).

– Compétences attribuées au juge judiciaire par la jurisprudence, mais aussi par la loi (ex. §§ 14 et s).

– Concurrence des nouvelles procédures de référé, quant au rôle traditionnel du juge judiciaire, gardien de la propriété privée et de la liberté individuelle (§§ 53 et 54).

– Évacuer le problème de la responsabilité des agents publics. La distinction faute personnelle / faute de service a en effet pour objet d'interdire au juge judiciaire de connaître de l'organisation et du fonctionnement du SP (§ 250).

– Annonce du plan :

Avec la privatisation du SP, le juge judiciaire est devenu le censeur d'une grande partie de l'activité administrative (I), alors même que sa mission traditionnelle de gardien de l'État de droit se trouve désormais concurrencée par les nouvelles procédures de référé (II).

I. Le juge judiciaire, censeur d'une grande partie de l'activité administrative

A. **Le juge judiciaire contrôle une grande partie de l'activité des SP privatisés**

– Le contrôle de l'activité des SPIC (§§ 135 et 136).

– Le contrôle de l'activité des SPA gérés par une personne privée (§ 134).

B. **Le juge judiciaire contrôle une partie de l'activité des SP traditionnels**

– Le fonctionnement du SP de la justice (à évoquer, puisque la justice ne fait pas partie de l'administration, au sens organique et formel de ce terme, § 14).

– L'activité de la police judiciaire (§§ 140 et s).

– Tout ce qui ne fait pas l'objet d'une question préjudicielle devant le juge administratif (§ 15).

II. Le juge judiciaire, gardien privilégié de l'État de droit ?

La loi lui confère certaines compétences en la matière (donner quelques ex., § 16), mais aussi la jurisprudence : théories de l'emprise ou de la voie de fait, désormais concurrencées par la procédure de référé-liberté.

A. **La compétence du juge judiciaire en cas de voie de fait et d'emprise** (§§ 17 et 18)

B. **La concurrence des nouvelles procédures de référé administratif** (§§ 53 et 54)

Conclusion

Avec le développement du phénomène de privatisation du SP le juge judiciaire contrôle une part de plus en plus importante de l'activité administrative. Une compétence désormais concurrencée dans le domaine des libertés fondamentales, avec l'institution de procédures de référé devant le juge administratif.

Sujet 3

Le pouvoir réglementaire du ministre

1) **Éléments de réponse**

– Définition.

– Absence de pouvoir réglementaire général.

– Pouvoir réglementaire spécial et limité

• spécial ;

• indirect ;

• d'organisation du service.

– Existence de substituts

• circulaires ;

• directives.

2) **Phrase clef**

Le ministre ne dispose que d'un pouvoir réglementaire limité, renforcé toutefois par l'existence de certains substituts : circulaires et directives.

3) **Plan détaillé**

Introduction

– Définition (§ 211).

– Seuls titulaires du pouvoir réglementaire général au niveau national : PR et PM (*cf.* sur toutes ces questions §§ 212 et 213).

– Motifs de cette exclusion : cohérence et unité de l'action gouvernementale, centralisation, prééminence du PR et du PM...

– Annonce du plan : les ministres ne disposent que d'un pouvoir réglementaire spécial et limité (I), renforcé toutefois par la consécration de certains substituts (II).

I. Un pouvoir réglementaire limité

A. **Un pouvoir réglementaire spécial et indirect**

– Un pouvoir réglementaire spécial : habilitations législatives (§ 214).

– Un pouvoir réglementaire indirect par le truchement :

• du contreseing ;

• des préfets.

B. **Un pouvoir réglementaire d'organisation du service**, CE 7 février 1936, Jamart (§ 214)

II. La consécration de substituts

A. **Les circulaires** (§§ 45 et 76)

B. **Les directives** (§§ 45 et 77)

Conclusion

Sur la situation actuelle : le CC a admis, sous certaines conditions, la possibilité pour le législateur de confier l'exercice d'un pouvoir réglementaire d'exécution des lois à certaines AAI (CC 17 janvier 1989). Cet « éclatement contrôlé » du pouvoir réglementaire ne semble cependant pas devoir modifier la situation des ministres en la matière.

Sujet 4
Critère organique et contrat administratif

1) **Éléments de réponse**

– Définition.

– Critère nécessaire, sauf exceptions (§ 180).

– Critère insuffisant, que ce soit pour les contrats passés entre deux personnes publiques, ou les contrats passés entre une personne publique et une personne privée (§ 181).

2) **Phrase clef**

Au vu de certaines jurisprudences, le caractère nécessaire du critère organique peut apparaître problématique ; il est en tout état de cause insuffisant pour qualifier le contrat.

3) **Plan détaillé**

Introduction

– Définition.

– Sur la privatisation du SP, qui entraîne de nombreuses conséquences sur la notion même de SP, mais aussi sur leurs actes, décisions unilatérales et contrats.

– Le phénomène est particulièrement remarquable, s'agissant des contrats administratifs, avec la remise en cause, au moins partielle, de l'élément organique de leur définition.

– Annonce du plan :

Le critère organique apparaît insuffisant pour définir, à lui seul, le contrat administratif (I) ; dans certaines hypothèses, il se voit même directement contrarié (II).

I. Un critère insuffisant

A. **Le cas des contrats passés entre deux personnes publiques,** TC 21 mars 1983, UAP (§ 180)

B. **Le cas des contrats passés entre une personne publique et une personne privée**

Le critère alternatif (§ 181) :

• Le contrat doit contenir des clauses exorbitantes du droit commun : CE 31 juillet 1912, Soc. des granits porphyroïdes des Vosges.

OU

• Faire participer le cocontractant de l'administration à « l'exécution même » du SP : CE 20 avril 1956, époux Bertin.

II. Un critère dépassé ?

A. **L'exception**

Les contrats passés entre un SPIC et ses usagers : TC 17 décembre 1962, Dame Bertrand (§ 181).

B. **La médiatisation**

La jurisprudence relative à la théorie du « mandat » permet certes à deux personnes privées de conclure un contrat administratif ; encore faut-il que l'une d'elles agisse « pour le compte » d'une personne publique. Le critère organique ne disparaît donc pas complètement ; il est seulement médiatisé par cette jurisprudence (§ 180).

Conclusion

Même atténuée et relativisée, l'exigence du critère organique subsiste. La seule véritable exception relève de la volonté du juge d'ériger les relations entre un SPIC et ses usagers en un bloc de compétence au profit des tribunaux judiciaires. Cette volonté apparaît aussi dans le domaine de la responsabilité, où les dommages de travaux publics causés par un SPIC à ses usagers, et à ses usagers seulement (compétence des TA pour les dommages causés aux tiers), relèvent exceptionnellement de la compétence du juge judiciaire (§§ 135 et 136).

Sujet 5
Le cocontractant de l'administration

1) Éléments de réponse

– Il faut en premier lieu distinguer les contrats de droit privé (où le cocontractant se trouve dans une situation normale) et les contrats administratifs (où le cocontractant de l'administration se trouve dans une situation particulière, déséquilibrée et inégalitaire). Seule cette dernière hypothèse sera étudiée dans le cadre de cette dissertation (§ 178).

– Les considérations relatives à la satisfaction de l'intérêt général et au principe de continuité dans les SP se conjuguent pour placer le cocontractant de l'administration dans une situation inégalitaire (§ 184).

– Seule contrepartie aux prérogatives de l'administration : la règle de l'équilibre financier (§ 188).

2) **Phrase clef**

La situation inégalitaire qui est faite au cocontractant de l'administration lui est rendue supportable par la règle de l'équilibre financier.

3) **Plan détaillé**

Introduction

– Le sujet pourrait s'étendre au cocontractant de l'administration, et ce quel que soit le contrat envisagé (contrat de droit privé ou contrat administratif). Le sujet sera volontairement limité au cocontractant de l'administration dans le cadre d'un contrat administratif (§ 178).

– Situation particulière, inégalitaire faite au cocontractant de l'administration dans cette hypothèse (§ 184).

– Règle de l'équilibre financier (§ 188).

– Annonce du plan :

Dans le cadre d'un contrat administratif, le cocontractant de l'administration se trouve placé dans une situation inégalitaire (I), rendue supportable par la règle de l'équilibre financier (II).

I. Une situation inégalitaire

A. **Les prérogatives de l'administration dans le cadre contractuel** (§§ 185 et s)

B. **Les prérogatives de l'administration dans un cadre extracontractuel** (§§ 189 et s)

– La théorie de l'imprévision (§ 190).

– Cette obligation générale d'exécution mise à la charge du cocontractant de l'administration ne cède que devant la force majeure (§ 191).

II. Une situation rendue supportable par la règle de l'équilibre financier

Cette règle ne correspond pas seulement à des considérations d'équité. Elle se fonde sur la nécessité, pour l'administration, de trouver et d'attirer d'éventuels cocontractants.

A. **La théorie du fait du prince** (§ 192)

B. **La théorie des sujétions imprévues** (§ 190)

Conclusion

En grossissant le trait, il serait possible de systématiser les relations de droit public de l'administration et de ses cocontractants autour de deux obligations :

– l'administration n'a qu'une obligation : payer pour les modifications qu'elle impose ou que lui imposent les circonstances (dans ce dernier cas, l'indemnité d'imprévision ne couvre que partiellement les charges supplémentaires du cocontractant) ;

– le cocontractant n'a qu'une obligation : exécuter son contrat, quelles que soient les circonstances et les modifications que lui impose l'administration. Une seule exception : la force majeure.

Sujet 6

La décision administrative et le temps

1) **Éléments de réponse**

– Définition de la décision administrative (§§ 46 et s, 156 et s).

– Conditions d'existence : mesures de publicité ; décisions implicites (§§ 167 et s).

– Non-rétroactivité de l'acte administratif (§ 168).

– Principe de sécurité juridique (§ 169).

– L'acte administratif est un acte essentiellement contestable : REP, exception d'illégalité, recours contre les décisions refusant d'abroger ou de modifier l'acte administratif illégal (§ 224).

– Retrait, abrogation (§§ 175 et 176).

– Modulation des effets du retrait et de l'annulation (§§ 176 et 177).

2) **Phrase clef**

Le temps peut créer la décision administrative (décisions implicites). Ses effets sont ensuite très relatifs ; même devenu « définitif », l'acte administratif n'en demeure pas moins précaire et contestable, et le principe de sécurité juridique vient encore moduler les effets du temps sur les décisions administratives.

3) **Plan détaillé**

Introduction

– Définition de la décision administrative (§§ 46 et s, 156 et s).

– Conditions d'existence : mesures de publicité ; décisions implicites (§§ 167 et s).

– Non-rétroactivité de l'acte administratif (§ 168).

– Qu'est-ce qu'un acte administratif définitif (§ 224) ?

– Portée toute relative de cette qualité.

– Annonce du plan :

Le temps peut conditionner l'existence même de l'acte administratif ; cas des décisions implicites. Pour le reste, il n'emporte que des effets très relatifs, dès lors que même devenu « définitif », celui-ci n'en demeure pas moins précaire (I) et contestable (II).

I. Un acte précaire

A. **L'abrogation et le retrait de la DAU** (§§ 175 et 176)

B. **L'annulation contentieuse de la DAU** (§ 177)

II. Un acte contestable

A. **Avant l'acquisition de son caractère « définitif »**

– Présomption de légalité, que traduit le caractère non suspensif des recours contentieux. *Cf.* l'institution de nouvelles procédure de référé administratif (§§ 51 et s).

– Présomption simple, que peut renverser l'exercice d'un REP (§§ 226 et s).

B. **Après l'acquisition de son caractère « définitif »**

– L'exception d'illégalité (§ 50).

– Le recours ouvert contre le refus de l'administration de modifier ou d'abroger un acte illégal (§ 175).

Conclusion

Sur le caractère contestable de l'acte administratif, qui le différenciait autrefois profondément de la loi. Une opposition qui doit être fortement nuancée et relativisée, avec l'institution du recours en inconventionnalité et de la QPC.

Sujet 7

Commentaire de l'arrêt du CE du 26 octobre 1973 sieur Sadoudi

CE (26 octobre. 73 Assemblée. – 81.977. Sieur Sadoudi
mm. Franc, rapp. ; Bernard (A.), c. du g. ; Mes Lemanissier, Lemaître, av.).

REQUÊTE du sieur Sadoudi (Ahmed) tendant à l'annulation du jugement du 20 octobre 1970 par lequel le tribunal administratif de Paris a rejeté sa demande d'indemnité dirigée contre la Ville de Paris en réparation des conséquences dommageables du décès de son fils, le sieur Sadoudi (Amar), survenu le 21 mai 1965 des suites d'une blessure par balle infligée à l'intéressé par un de ses collègues et compagnons de chambre au foyer de l'amicale des Musulmans français au Pré-Saint-Gervais ;

Vu l'ordonnance du 31 juillet 1945 et le décret du 30 septembre 1953 ; le Code général des impôts ; CONSIDÉRANT qu'il résulte de l'instruction que, le 21 mai 1965, vers 22 heures, le sieur Mohand (Afir), gardien de la paix à la préfecture de police, en manipulant son pistolet de service, a tué accidentellement son collègue Sadoudi (Amar), alors qu'ils se trouvaient l'un et l'autre dans la chambre qu'ils partageaient au foyer géré par l'Association amicale des Musulmans français, 42 rue d'Estienne-d'Orves au Pré-Saint-Gervais ; que le sieur Afir n'était pas en service lors de l'accident mais qu'en vertu des règles d'organisation du corps auquel il appartenait il devait conserver son pistolet à son domicile ; que, dans ces conditions, compte tenu des dangers qui résultent pour les tiers de l'obligation faite aux gardiens de la paix de Paris de conserver une arme à feu en dehors du service, l'accident ne peut être regardé comme dépourvu de tout lien avec celui-ci ; que la circonstance que le sieur Afir ait commis, en l'espèce, une faute personnelle ne peut avoir pour conséquence de dégager la Ville de Paris de sa responsabilité vis-à-vis de la victime ; qu'il s'ensuit que le sieur Sadoudi (Ahmed), père de la victime, est fondé à demander la condamnation de la Ville de Paris, seule collectivité publique dont la responsabilité peut être engagée en l'espèce ; Cons. que le sieur Sadoudi (Ahmed) a demandé une indemnité de 60 000 F pour lui-même et de 3 000 F pour chacun de ses six enfants, mineurs lors de l'accident ; qu'il sera fait, dans les circonstances de l'affaire, une exacte appréciation de la douleur morale et du trouble dans les conditions d'existence du sieur Sadoudi en lui allouant, pour ce chef de préjudice, une indemnité de 10 000 F ;

Cons. que la victime apportait une contribution aux dépenses d'entretien de ses frères et sœurs mineurs ; qu'il y a lieu, en conséquence, de faire droit aux conclusions du sieur Sadoudi en fixant à 3 000 F par enfant le montant de l'indemnité due au titre des enfants mineurs ; (...)

1) **Éléments de réponse**

– Nouveau cas de faute personnelle non dépourvue de tout lien avec le service (§ 253).

– Nouveau cas de cumul de responsabilité (§ 255).

– Jurisprudence postérieure ?

2) **Problème de droit**

Est-il possible d'engager en l'espèce la responsabilité de la Ville de Paris ? Pour cela, il faut faire jouer la jurisprudence sur le cumul de responsabilité et, donc, admettre que la faute commise par le sieur Mohand est une faute personnelle non dépourvue de tout lien avec le service.

3) **Plan détaillé**

Introduction

– Les faits : un gardien de la paix tue accidentellement l'un de ses collègues avec son arme de service, alors qu'ils se trouvaient à leur domicile commun.

– La **procédure** : recours devant le TA de Paris, qui repousse la demande faite par le père de la victime ; appel devant le CE.

– Le **problème de droit** : est-il possible d'engager en l'espèce la responsabilité de la Ville de Paris ? Pour cela, il faut faire jouer la jurisprudence sur le cumul de responsabilité et, donc, admettre que la faute commise par le sieur Mohand est une faute personnelle non dépourvue de tout lien avec le service.

– **Annonce du plan** : l'arrêt Sadoudi prend place au sein d'une longue évolution jurisprudentielle. Il consacre une extension de la notion de faute personnelle non dépourvue de tout lien avec le service (I) et de la jurisprudence relative au cumul de responsabilité (II).

I. Une extension de la notion de faute personnelle non dépourvue de tout lien avec le service

A. **L'arrêt Sadoudi**

Nouvelle hypothèse de faute personnelle non dépourvue de tout lien avec le service. Le lien est ici instrumental et fonctionnel : le dommage a été causé par l'instrument du service (l'arme fournie à tout gardien de la paix par la puissance publique) et rendu possible ou favorisé par les règles de fonctionnement du service (§ 253).

B. **La portée de l'arrêt**

– Jurisprudence antérieure

• défaut de surveillance et lien instrumental : CE 18 novembre 1949, Mimeur ; 22 mars 1957, Jeannier ;

• défaut de surveillance : CE 13 décembre 1963, Occelli.

– Jurisprudence postérieure :

• lien fonctionnel seul : CE 18 novembre 1988, Raszewski ;

• refus d'une extension illimitée de la notion de faute personnelle non dépourvue de tout lien avec le service : CE 5 novembre 1976, min. des Armées c/soc. des laboratoires Bertier-Derol.

II. Une extension de la jurisprudence sur le cumul de responsabilité

A. **La jurisprudence antérieure**

Distinction faute personnelle/faute de service ; absence de cumul ; arrêt Anguet ; arrêt Lemonnier ; arrêt Mimeur (§§ 255 et s).

B. **L'arrêt Sadoudi** (§§ 253 et 255)

Conclusion

Sur la réduction continuelle de la notion de faute personnelle et sur l'importance des actions récursoires, qui peuvent seules permettre de « responsabiliser » les agents publics (§§ 256 et s).

Sujet 8

La responsabilité du service public hospitalier

1) Éléments de réponse

– Abandon de la faute lourde.

– Responsabilité pour faute (simple).

– Présomption de faute.

– Responsabilité sans faute.

2) **Phrase clef**

L'évolution des mentalités a induit de profonds changements en ce domaine ; ceux-ci affectent aussi bien les hypothèses de responsabilité pour faute que les hypothèses de responsabilité sans faute.

3) **Plan détaillé**

Introduction

– La responsabilité du SP hospitalier est une des meilleures illustrations du caractère spécifique du droit de la responsabilité de la puissance publique hérité de l'arrêt Blanco (§§ 239, 240 et 283) :

• îlots d'irresponsabilité. Certains dommages causés par le SP hospitalier ne constituent pas des préjudices au sens que le CE accorde à ce terme, et n'ouvrent donc pas droit à réparation (CE 2 juillet 1982, D^lle^ R / § 241) ;

• dans certaines hypothèses, responsabilité pour faute lourde jusqu'en 1992 (§ 264) ;

• responsabilité pour faute simple (§ 264) ;

• présomption de faute (§ 261) ;

• responsabilité sans faute (§§ 281 et s).

– L'évolution des mentalités a induit de profonds changements qui affectent les hypothèses de responsabilité pour faute (I) aussi bien que les hypothèses de responsabilité sans faute (II).

I. Modifications affectant les hypothèses de responsabilité pour faute

A. L'abandon de la faute lourde

– La dichotomie traditionnelle : responsabilité relative aux actes de soins courants fondée sur la faute simple/responsabilité relative aux actes médicaux ou chirurgicaux fondée sur la faute lourde.

– CE Ass. 10 avril 1992, époux V abandonne l'exigence de la faute lourde, ce qui permet notamment d'indemniser désormais le dommage résultant d'une succession d'erreurs qui, prises isolément, n'étaient pas constitutives d'une faute lourde (§ 264).

B. L'extension du régime de présomption de faute

– Régime inauguré en 1958 dans le domaine des vaccinations obligatoires (CE Ass. 17 mars 1958, Dejous), désormais soumis à un régime de responsabilité sans faute instauré par la loi du 1er juillet 1964.

– Conséquences dommageables, anormales et inattendues des soins courants ; *cf.* par exemple CE 9 décembre 1988, Cohen.

– Conséquences dommageables des recherches biomédicales, dès lors que les victimes espéraient en retirer un « bénéfice individuel direct » ; lois des 20 décembre 1988 et 23 janvier 1990 (§ 261).

II. Modifications affectant les hypothèses de responsabilité sans faute

Le désir de l'opinion publique de voir pris en compte l'aléa thérapeutique conduit le législateur comme le juge à étendre, non sans hésitation, le champ d'application de la responsabilité sans faute.

A. Les innovations législatives (§§ 281 et s)

– Hypothèse longtemps réduite à la loi du 1er juillet 1964 relative aux conséquences dommageables des vaccinations obligatoires.

– Lois des 20 décembre 1988 et 23 janvier 1990 indemnisant les victimes de recherches biomédicales, dès lors qu'elles n'espèrent retirer aucun « bénéfice individuel direct » des expériences auxquelles elles se prêtent.

– Loi du 31 décembre 1991 relative aux dommages causés aux victimes du sida à la suite d'une ou de plusieurs transfusions sanguines (§ 113).

– Loi du 19 mai 1998, relative à l'utilisation, par le SP hospitalier, de produits défectueux.

– Loi du 4 mars 2002 relative au droit des malades.

B. **Les innovations jurisprudentielles** (281 et s)

– Jurisprudence longtemps limitée aux dommages causés par des malades mentaux à la suite de méthodes de traitement privilégiant la thérapie en milieu ouvert ou semi-ouvert (CE 13 juillet 1967, département de la Moselle).

– CAA Lyon 21 décembre 1990, Gomez : dommages de caractère exceptionnel et anormalement grave résultant de l'utilisation d'une thérapeutique nouvelle.

– CE 9 avril 1993, Bianchi et CE 3 novembre 1997, hôpital Joseph-Imbert d'Arles : dommages ayant « un caractère d'extrême gravité », résultant de l'utilisation d'une thérapeutique présentant des risques connus, mais dont la survenance reste exceptionnelle. Jurisprudence reprise et assouplie par la loi du 4 mars 2002 relative aux droits des malades.

– CE 9 juillet 2003, Marzouk : dommages causés par les produits et appareils de santé utilisés par le SP hospitalier.

Conclusion

Sur le refus du juge de prendre en compte le seul aléa thérapeutique ; refus manifesté par le caractère exceptionnel et anormalement grave du dommage indemnisé sur le fondement d'un système de responsabilité sans faute.

Sujet 9

Commentaire de l'arrêt du CE du 29 décembre 1997, commune de Nanterre

Requête présentée pour la commune de Nanterre demandant au Conseil d'État :

1. l'annulation du jugement du 17 décembre 1993 par lequel le tribunal administratif de Paris a, sur déféré du préfet des Hauts-de-Seine, annulé les délibérations des 7 juin et 10 octobre 1989 du conseil municipal fixant les tarifs du conservatoire de musique et de danse pour l'année 1989-1990 ;

2. le rejet du déféré du préfet des Hauts-de-Seine devant le tribunal administratif de Paris ;

3. la condamnation de l'État à lui verser la somme de 14 232 F en application de l'article 751 de la loi du 10 juillet 1991 ; [...] Vu la loi n° 91-647 du 10 juillet 1991 ; le Code des tribunaux administratifs et des cours administratives d'appel ; l'ordonnance n° 45-1708 du 31 juillet 1945, le

décret n° 53-934 du 30 septembre 1953 et la loi n° 87-1127 du 31 décembre 1987 ; [...] Considérant que, par délibération des 7 juin et 10 octobre 1989, le conseil municipal de Nanterre a fixé les droits d'inscription au conservatoire municipal de musique en différenciant leur montant en fonction des ressources des familles des élèves et du nombre de personnes vivant au foyer ;

Considérant qu'il ressort des pièces du dossier que le fonctionnement du conservatoire de musique de Nanterre constitue un service public municipal administratif à caractère facultatif ; qu'eu égard à l'intérêt général qui s'attache à ce que le conservatoire de musique puisse être fréquenté par les élèves qui le souhaitent, sans distinction selon leurs possibilités financières, le conseil municipal de Nanterre a pu, sans méconnaître le principe d'égalité entre les usagers du service public, fixer des droits d'inscription différents selon les ressources des familles, dès lors notamment que les droits les plus élevés restent inférieurs au coût par élève du fonctionnement de l'école ; que, par suite, la commune de Nanterre est fondée à soutenir que c'est à tort que, par le jugement attaqué, le tribunal administratif, retenant l'unique moyen du déféré préfectoral tiré de la méconnaissance du principe d'égalité, a annulé les délibérations litigieuses ;

Considérant qu'il n'y a pas lieu, dans les circonstances de l'espèce, de faire application des dispositions de l'article 75-1 de la loi du 10 juillet 1991 et de condamner l'État à verser à la commune requérante la somme de 14 232 F qu'elle demande au titre des frais exposés par elle et non compris dans les épens ; [...] [annulation du jugement ; rejet du déféré].

1) **Éléments de réponse**

– Principe d'égalité (§§ 100 et s).

– Dérogations au principe d'égalité.

– Revirement de jurisprudence.

2) **Problème de droit**

– La décision d'une commune prévoyant d'instituer des droits d'inscription à une école de musique municipale, qui diffèrent selon les revenus des parents, constitue-t-elle une atteinte illégale au principe d'égalité ?

3) **Plan détaillé**

– **Les faits.**

– **La procédure** : la commune de Nanterre fait appel contre un jugement du TA de Paris, annulant une délibération de son conseil municipal relative à la fixation des droits d'inscription à l'école de musique (*cf.* sur cette question les §§ 32 et 37 concernant l'évolution des compétences du CE en matière d'appel).

– **Annonce du plan** : si l'arrêt se présente comme une application classique de la jurisprudence relative au principe d'égalité (I), il n'en consacre pas moins un revirement de jurisprudence au regard de l'arrêt Ville de Tarbes de 1985 (II).

I. L'illustration des règles présidant à la mise en œuvre du principe d'égalité

A. **Le principe d'égalité**

– Un principe essentiel du droit français, consacré par le CE et le CC.

– Une conception relative de l'égalité :

• discriminations interdites ;

• égalité et différence de situation des administrés ;

• égalité et intérêt général.

Sur toutes ces questions, *cf.* §§ 100 et s.

B. **L'arrêt Ville de Nanterre**

– La délibération en question n'est pas considérée comme portant une atteinte illégale au principe d'égalité.

– La solution est justifiée par l'intérêt général qui s'attache à ce que le conservatoire de musique puisse être fréquenté par les élèves qui le souhaitent.

II. Un revirement de jurisprudence

A. **L'arrêt Ville de Tarbes** (CE 26 avril 1985)

– L'arrêt Ville de Tarbes interdisait, pour ce qui est des écoles de musique municipales, toute discrimination tarifaire fondée sur les différences de ressources des usagers.

– Solution ancienne et isolée, puisque la légalité de telles discriminations avait été admise, concernant les crèches (CE 20 janvier 1989, centre communal d'action sociale de La Rochelle), les cantines scolaires (CE 10 février 1993, Ville de La Rochelle) et les centres de loisirs (CE 18 juin 1994, M. Dejonckeere).

B. **L'arrêt Ville de Nanterre**

– Solution contraire Ville de Tarbes.

– Conditions d'application :

• jurisprudence limitée à SPA locaux facultatifs ;

• droits d'inscription les plus élevés demeurent inférieurs au coût du service rendu ;

• cette « modulation » ne doit avoir aucune conséquence sur l'accès au SP, en ce sens qu'elle ne peut conclure à interdire l'accès du service aux usagers les plus favorisés ;

• enfin, cette modulation reste une simple faculté pour les communes, et non une obligation.

Conclusion

La solution de l'arrêt « commune de Nanterre » sera reprise et consacrée par la loi du 25 juillet 1998, relative à la lutte contre les exclusions. Le débat semble s'être amorcé dans la classe politique, concernant le contenu même du principe d'égalité.

Sujet 10
Commentaire de l'arrêt du TC du 25 mars 1996, préfet de la région Rhône-Alpes (M. Berkani)

MM. Waquet. rapp. ; Martin, c. du g.

Aff. : préfet de la région Rhône-Alpes, préfet du Rhône et autres c/Conseil de prud'hommes de Lyon. Jugement n° 3000

Vu, enregistrée à son secrétariat le 6 novembre 1995, la lettre par laquelle le garde des Sceaux, ministre de la Justice, transmet au Tribunal le dossier de la procédure opposant M. Berkani au Centre régional des œuvres universitaires et scolaires (CROUS) de Lyon-Saint-Étienne ;

Vu le déclinatoire de compétence présenté le 14 mars 1994 par le préfet de la région Rhône-Alpes, préfet du Rhône et tendant à ce que le conseil de prud'hommes de Lyon se déclare incompétent et renvoie devant la juridiction administrative la demande par laquelle M. Berkani réclame la condamnation du CROUS de Lyon-Saint-Étienne à lui payer des indemnités de préavis, de licenciement, de congés et des dommages-intérêts pour licenciement sans cause réelle et sérieuse ;

Vu le jugement, en date du 3 juillet 1995, par lequel le conseil de prud'hommes de Lyon a condamné le CROUS de Lyon-Saint-Étienne à payer à M. Berkani 25 849,78 francs au titre de l'indemnité de licenciement, 16 326,20 francs au titre de dommages-intérêts pour licenciement abusif ;

Vu l'arrêté du 3 août 1995 par lequel le préfet de la région Rhône-Alpes, préfet du Rhône, a élevé le conflit ; Vu, enregistrées comme ci-dessus, les observations présentées au nom de M. Berkani et tendant d'une part à ce que l'arrêté de conflit soit déclaré nul tant en raison de sa tardiveté que de l'appel interjeté par le CROUS de Lyon-Saint-Étienne devant la cour d'appel de Lyon et d'autre part à ce que la compétence du conseil de prud'hommes soit confirmée ;

Vu, enregistrées comme ci-dessus, le 15 décembre 1995, les observations du ministre du Travail et des Affaires sociales et tendant à ce que soit déclaré nul le jugement du 3 juillet 1995 du conseil de prud'hommes de Lyon et à ce que l'arrêté de conflit soit confirmé, par les motifs que l'article 21 du décret du 5 mars 1987 dispose que les personnels ouvriers sont des agents contractuels de droit public ;

Sur la régularité de la procédure de conflit :

Considérant que l'arrêté de conflit a été reçu par le procureur de la République près le tribunal de grande instance de Lyon dans le délai de quinze jours suivant la réception par le préfet de la copie du jugement du 3 juillet 1995 ; qu'ainsi l'arrêté de conflit n'est pas tardif ;

Considérant, par contre, qu'en statuant à la fois sur la compétence et sur le fond du litige le conseil de prud'hommes a méconnu les dispositions des articles 7 et 8 de l'ordonnance du 1er juin 1828 et que, dès lors, sa décision au fond, ainsi que la procédure subséquente, doivent être tenues pour nulles et non avenues ;

Sur la compétence :

Considérant que les personnels non statutaires travaillant pour le compte d'un service public à caractère administratif sont des agents contractuels de droit public quel que soit leur emploi ;

Considérant que M. Berkani a travaillé depuis 1971 en qualité d'aide de cuisine au service du CROUS de Lyon-Saint-Étienne ; qu'il s'ensuit que le litige l'opposant à cet organisme, qui gère un service public à caractère administratif, relève de la compétence de la juridiction administrative et que c'est à juste titre que le préfet de la région Rhône-Alpes, préfet du Rhône, a élevé le conflit ;

Décide :

Art. 1er : L'arrêté de conflit pris le 3 août 1995 par le préfet de la région Rhône-Alpes, préfet du Rhône, est confirmé. Art. 2 : Sont déclarés nuls et non avenus la procédure engagée par M. Berkani devant le conseil de prud'hommes de Lyon, le jugement de cette juridiction du 3 juillet 1995 et la procédure subséquente.

1) Éléments de réponse

– Conflit de compétence entre le juge administratif et le juge judiciaire.

– À quelles conditions les employés d'un SP peuvent-ils acquérir la qualité d'agent public ?

– Revirement de jurisprudence.

– Portée, avec certaines dérogations récentes, au principe posé par l'arrêt Berkani.

2) Problème de droit

– À quelles conditions les employés d'un SPA géré par une personne publique peuvent-ils acquérir la qualité d'agent public, dont les litiges relèvent de la compétence du juge administratif ?

3) Plan détaillé

– **Les faits :** un litige oppose M. Berkani à son employeur, le CROUS. M. Berkani saisit le conseil de prud'hommes.

– **La procédure :** conflit positif ; le conflit est élevé par le préfet qui estime que M. Berkani est un agent public, relevant comme tel du TA.

– **Problème de droit :** quelle est la juridiction compétente ? M. Berkani est-il un agent public ou un salarié de droit privé employé par un SPA géré par une personne publique ?

– **Annonce de plan :** l'arrêt Berkani opère un revirement de jurisprudence (I) qui conduit à une simplification du droit, au prix d'un renforcement du critère organique (II).

I. Un revirement de jurisprudence

A. **L'arrêt Dame Veuve Mazerand** (TC 25 novembre 1963)

– La dame veuve Mazerand est employée comme femme de service dans une école privée. Elle est alors salariée de droit privé employée par une personne publique gérant un SPA car elle ne participe pas directement à l'exécution même du SP ; les litiges relevant de cette première période relèvent donc de la compétence du juge judiciaire.

– Mais, dès lors qu'on lui confie une garderie, la dame veuve Mazerand participe directement au fonctionnement de ce SPA géré par une personne publique ; elle devient ainsi agent public et les litiges qui l'opposent à son employeur relèvent désormais de la compétence du juge administratif.

– Ce critère de la participation directe au SP sera mis en œuvre jusqu'à l'arrêt Berkani (§ 181).

B. **L'arrêt Berkani**

– Revirement de jurisprudence : le critère de la participation directe au SP est abandonné. Désormais, les personnels non statutaires employés par une personne gérant un SPA sont des agents publics et ce, quel que soit leur emploi (*cf.* 3e considérant ; *cf.* aussi § 181).

II. Une simplification du droit et un renforcement du critère organique

A. **Une simplification du droit en vigueur**

• Le critère de la participation directe au SP était difficile à mettre en œuvre (25 décisions du TC entre 1986 et 1996) et conduisait parfois à des solutions d'une grande complexité ;

• les chargés de TD d'une université sont des agents publics, mais pas les femmes de ménage ; les surveillants d'une cantine scolaire sont des agents publics, mais pas les serveurs ni les plongeurs...

• une même personne pouvait changer de statut dès lors que ses fonctions se trouvaient modifiées : TC 1963, Mazerand ; TC 29 juin 1987, Bungener.

B. **Le renforcement du critère organique**

– Le critère de l'arrêt Dame Veuve Mazerand était un critère fonctionnel reposant sur les fonctions assurées par l'agent.

– Le critère de l'arrêt Berkani illustre le renforcement du critère organique, puisque c'est désormais la seule appartenance à un SPA géré par une personne publique qui fait l'agent public. En revanche, les personnels employés par un SP géré par une personne privée sont, sauf exception, des salariés de droit privé, relevant comme tels du juge judiciaire (§§ 134 et 136).

Conclusion

Une simplification bienvenue, dans un contentieux du SP encore bien complexe, à laquelle la jurisprudence récente vient d'apporter certains tempéraments (TC 19 janv. 2004, Mme Devun ; 24 juin 2004, Mme Desbordes ; CE 22 oct. 2004, Lamblin : possibilité, pour une personne publique gérant un SPA et reprenant l'activité d'une personne privée, de maintenir les contrats de travail des salariés).

Index

(Les chiffres renvoient aux numéros de paragraphes)

Table des matières

Première partie
L'INTÉGRALITÉ DU COURS

TITRE 3
OBLIGATIONS

Deuxième partie

Troisième partie

Quatrième partie

Certifié PEFC
Ce produit est issu de forêts gérées durablement et de sources contrôlées.
PEFC 10-31-2568
pefc-france.org

Achevé d'imprimer en août 2012 par EMD S.A.S. (France)
N° éditeur : 2012/0653 - Dépôt légal : août 2012
N° d'imprimeur : 26983